W0190123

Friedrich Wagenfeld

# Bremen's Volkssagen

*Roland. Holzschnitt aus der Dilich-Chronik von 1603*

Friedrich Wagenfeld

# Bremen's Volkssagen

Neu ediert und mit
Erläuterungen versehen von
Bernd Ulrich Hucker

EDITION TEMMEN

4

Die Deutsche Bibliothek – CIP-Einheitsaufnahme

**Wagenfeld, Friedrich**: Bremen's Volkssagen / Friedrich Wagenfeld.
Neu ed. und mit Erl. vers. von Bernd Ulrich Hucker. –
Bremen : Ed. Temmen, 1996

ISBN 3-86108-121-0

NE: Hucker, Bernd Ulrich [Hrsg.]; Wagenfeld, Friedrich: [Sammlung]

© EDITION TEMMEN
Hohenlohestr. 21 — 28209 Bremen
Tel. 0421-344280 — Fax 0421-348094

Herstellung: Edition Temmen

ISBN 3-86108-121-0

# Inhalt

# Vorwort zur Neuausgabe

Exakt am heutigen Tage vor 150 Jahren verstarb in Bremen Friedrich Wagenfeld im Alter von erst 36 Jahren. Ein und ein halbes Jahrhundert Beschäftigung mit seinem Lebenswerk sind vergangen und immer noch ist der Ruf eines Fälschers an dem genialen Dichter haften geblieben. Zwar hatte der Göttinger Erzählforscher Will-Erich Peuckert schon 1960 über Wagenfelds Sagenbuch bemerkt, »daß es viel besser und brauchbarer als sein Ruf gewesen ist«, doch kam diese Einsicht in seiner umfangreichen wissenschaftlichen Sammlung *Bremer Sagen* nicht recht zur Geltung. Worin nämlich die eigentliche Qualität der Wagenfeldschen Texte besteht, dem ist Peuckert nicht weiter nachgegangen. Eine Neuausgabe von *Bremen's Volkssagen*, die zugleich ein Stück Ehrenrettung für ihren Sammler und Bearbeiter Friedrich Wagenfeld unternimmt, kann deshalb nur eine vollständige Ausgabe nach dem Original von 1844/45 sein, wie sie der Bremer Verleger Hans Kasten bereits 1928 angeregt hatte.

Entgegen der allgemeinen Ansicht und abweichend vom Titelblatt der Originalausgabe sind die Bremer Volkssagen nicht erst im Jahre 1845 im Verlag Wilhelm Kaiser erschienen. Die Brüder Grimm nämlich, von denen in der Zeit der Romantik so manche Anregung zur Herausgabe von Sagensammlungen ausging, verzeichneten schon 1844 den Erhalt der ersten beiden Wagenfeld-Lieferungen. Und der *Bremer Bürgerfreund* riet seinen Lesern bereits in der Ausgabe vom 8. August 1844 zur Anschaffung dieses Werks: »...es wird, wenn es so fortgeführt wird, ein kleiner Hausschatz für jede Familie sein.« Die Volkssagen sind demnach sukzessive in einzelnen Lieferungen herausgekommen, wobei auch die Möglichkeit zum Abonnement bestand. Das Titelblatt ist erst nachträglich zusammen mit dem Inhaltsverzeichnis und dem Vorwort Wagenfelds zu Anfang des Jahres 1845 erschienen. Mit sechs Lieferungen war dieser erste Band abgeschlossen, und in seinem Vorwort bekundete Wagenfeld die Absicht, »noch einige Hefte folgen zu lassen«. Tatsächlich sind im Verlauf des Jahres 1845 dann noch zwei der angekündigten Lieferungen im Umfang von je 48 Seiten erschienen. Für diesen (unvollendeten) zweiten Band ist jedoch weder ein separates Titelblatt noch ein neues Inhaltsverzeichnis angelegt worden.

Der erste Band enthält außerdem eine umfangreiche Liste der Subskribenten, die auf 16 Seiten alles verzeichnet, was in der Freien Hansestadt Rang und Namen hatte. Unter ihnen finden sich fast alle Senatoren, Älterleute und namhafte Firmen, unter anderem die traditionsreiche Weinhandlung Eggers & Franke. Neben dem Arzt Philipp Heineken und dem Freiheitskämpfer Heinrich Böse stehen Gelehrte wie Friedrich Ruperti, Pastor Georg Gottfried Treviranus und Wilhelm Ernst Weber, Staatsmänner und Politiker wie Johann Smidt, Arnold Duckwitz, Ferdinand Donandt und Gerhard Caesar. Zur Abnahme des Werkes hatten sich vor allem Bremer verpflichtet, doch unterzeichneten auch etliche Personen aus den Dörfern des Umlandes, einschließlich Strom, Stuhr und Vegesack. Aus New York subskribierte der Bremer Kaufmann G. Henry Koop – anschauliches Beispiel für die zunehmende Beteiligung des Bremer Wirtschaftsbürgertums am Überseehandel.

Mit der Erscheinungsweise in Einzellieferungen hängt vermutlich auch die Gliederung des Stoffes zusammen, die Wagenfeld sicherlich systematisch angehen wollte, aber mit Rücksicht auf die jeweils vorgegebene Länge von 48 Druckseiten pro Lieferung nicht stringent durchhalten konnte. Seine Zusammenstellung beginnt mit den Denkmalssagen aus dem Volksmund (Bd. I, Nr. 1–3) und wird mit einem größeren Komplex geschichtlicher Sagen fortgeführt. Den Auftakt der Denkmals- oder Wahrzeichensagen bildet folgerichtig die Gründungssage Bremens. Die Geschichts-sagen (Nr. 4, 9f., 12) umfassen auch Notizen (Nr. 5f., 8, 11) und Erzählungen (Nr. 4). Es folgen vier Sagen über bremische Erzbischöfe (Nr. 13–16) sowie weitere vier über Heiligenreliquien und Wunder (Nr. 17–20). Die Texte von Nr. 21–45 (und vorher schon Nr. 7) enthalten überwiegend Erzählungen aus der bremischen Kriminalszenerie, geschöpft aus den sogenannten *Nequamsbüchern*, doch wird diese Reihe immer wieder – vermutlich aufgrund der genannten Rücksichten auf die Verlagsinteressen – durchbrochen. Nr. 22 stellt – gewissermaßen als Nachtrag zur dritten Gruppe – den Hl. Rimbert aus Johann Renners *Chronica der Stadt Bremen* (1582) vor, auch Nr. 27 ist eine aus der Renner-Chronik gespeiste Novelle. Nr. 28 wählt Wunder- und Traumgeschichten Adams von Bremen nach Renners Bearbeitung aus, Nr. 39 ist eine zur Novelle ausgebaute, und mit einem Entführungsfall aus den Nequamsbüchern verflochtene Denkmalssage aus dem Stadtviertel St. Stephan, Nr. 43 abermals eine Renner folgende Geschichtserzählung. Erst ganz zum Schluß des ersten Bandes verläßt Wagenfeld die Gesellschaft von Schwerverbrechern und Zauberern. Nr. 46 und 47 enthalten die breit erzählten Sagen von den friesischen Häuptlingen Dedo und Gerold und dem Wiedergänger Hahl-awer.

In seinen zweiten Band plante Wagenfeld unter anderem die *Erzählungen von den Fahrten der Bremer ins heilige Land, von Gottes Allerheiligen Flut und die wunderbaren Sagen von den Stedingern* aufzunehmen. Während die Stedinger Sagen mit aufgenommen wurden (Bd. II, Nr. 19), fehlt die Sage von der Allerheiligenflut. Statt dessen enthalten die noch erschienenen Lieferungen außer den elf Stedingerkapiteln weitere 21 Sagen, die aus St. Stephan, dem Block- und Werderland und der Altstadt stammen. Hier ist kein sachliches Ordnungssystem mehr zu erkennen. Auf eine Hexensage folgen je eine Sage vom Schatzheben und von einem Spukschimmel (Nr. 2 und 3). Dann weitere sechs Hexenerzählungen (Nr. 4–9) und eine Sage vom Huckup (Nr. 10). Sodann wechseln Sagen von der Hexenjagd, von verhexten Gänsen und von Bauopfern einander ab (Nr. 11–14). Nr. 15–18 handeln von Hexen, einem Zauberer und einer meineidigen Magd. Nach der Stedingererzählung wird mit je einer Sage vom feurigen Rad, von einem Hexenritt und von der huckup-artigen *Saake* abgeschlossen (Nr. 20–22). Fraglich bleibt, ob Wagenfeld überhaupt beabsichtigte, diesen zwei Lieferungen des zweiten Bandes noch weitere folgen zu lassen, denn bei den Fahrten der Bremer ins heilige Land handelt es sich nicht um einen Sagenstoff, sondern um eine historisch beglaubigte Geschichtserzählung, die dann noch im Jahre 1846 als eigenständiges Büchlein ebenfalls bei Wilhelm Kaiser verlegt worden ist.

Anders als Wagenfelds Volkssagen enthält der vorliegende Band auch Abbildungen. Auf »märchenbuchartige« Illustrationen zum Inhalt der einzelnen Sagen wurde allerdings bewußt verzichtet. Die ausgewählten Ansichten, Landkarten und Darstellungen entstammen dem 16. bis 18. Jahrhundert und unterstreichen jenes altertümliche Flair »der Sittengeschichte und Meinungen unserer Vorfahren in der Sagenzeit«, das Wagenfeld in seinen Texten erhalten wollte.

Für die vorliegende Neuausgabe konnte auf zwei komplette Originaldrucke der Wagenfeldschen Volkssagen aus dem reichen Bestand des Staatsarchivs der Freien Hansestadt Bremen zurückgegriffen werden. Damit das Büchlein überall willkommen ist – in Kinderstuben, Klassenräumen und Studierzimmern –, wurde der Text neu gesetzt. Der angehängte Kommentar weist Wagenfelds Quellen nach und erklärt seltene Begriffe oder veraltete Ausdrücke. Bei der Gestaltung des Textes haben wir uns eng an die Vorlage gehalten und völlig darauf verzichtet, Eingriffe in Wagenfelds Sprache vorzunehmen, denn so bleiben die Eigenarten seines stimmungsvollen und romantisch gefärbten Stils erhalten. Hinsichtlich Orthographie und Interpunktion folgt unsere Ausgabe dem Originaldruck von 1844/45. Nur offensichtliche Druckfehler wurden beseitigt, fehlende An- und Abführungszeichen ergänzt, in vereinzelten Fällen die Interpunktion um der besseren Lesbarkeit willen angepaßt. Die von Wagenfeld vorgenommenen S p e r r u n g e n von Namen, Stichworten usw. blieben erhalten, und auch die Reihenfolge der Texte wurde nicht verändert. Nach genau 150 Jahren liegt somit die erste wirklich »vollständige und unveränderte« Neuausgabe von *Bremen's Volkssagen* vor.

Vechta, den 26. August 1996
Bernd Ulrich Hucker

# Bremen's

# Volkssagen.

Herausgegeben

von

Friederich Wagenfeld.

Erster Band.

Bremen.

Verlag von Wilh. Kaiser.

1845.

# Vorwort

Der wissenschaftliche Sagensammler muß eigentlich, einem ernsten Kärrner gleich, Alles bringen, was er findet, und wie er es findet. Das mag von großem Nutzen sein für die Untersuchungen über das germanische Alterthum. Ich glaube keiner Rechtfertigung zu bedürfen, daß ich die Sache aus einem mehr heitern Gesichtspunkt aufgefaßt habe; indeß werden einige Worte über die Einkleidung nicht überflüssig sein.

Manche Sage hat sich in ihrer ganzen Reinheit im Munde des Volks erhalten. Wer an einer solchen das Geringste ändern wollte, würde sie gänzlich verderben. Andere sind schon getrübter, und man sieht sich genöthigt, aus den verschiedenen Erzählungen den ursprünglichen Faden erst herauszusuchen, was indessen selten Schwierigkeiten hat. Eine dritte Art ist endlich die, wo sich nur Bruchstücke vorfinden, in denen aber, denkt man sich dieselben in einem möglichen Zusammenhang, oft die meiste Poesie liegt. Ich glaube keinen Tadel zu verdienen, wenn ich in diesem Fall einen solchen, durch Verflechtung mit Ereignissen aus der bremer Vorzeit, zu vermitteln gesucht habe. Denn die Sage enteilt unsern Mauern mit raschen Schritten, und ich meine, das kommende Geschlecht wird es uns Dank wissen, wenn wir auch dergleichen kleinere Stück von dem flatternden bunten Mantel der Enteilenden zu erhaschen suchen, ehe sie uns ganz entschwindet. – Man wird es ferner nicht mißdeuten, daß ich auch einzelne kurze, reinhistorische Notizen gebracht, da ich bloß solche gewählt habe, welche einen Beitrag der Sittengeschichte und Meinungen unserer Vorfahren in der Sagenzeit liefern. Da sich während der Herausgabe dieser Hefte der Stoff noch bedeutend gehäuft hat, so konnten manche Sagen hier keine Aufnahme finden. So, um nur einige zu nennen, die Erzählungen von den Fahrten der Bremer ins heilige Land, von Gottes Allerheiligen Flut und die wunderbaren Sagen von den Stedingern, jenem Volke das einen großen Theil des jetzigen Stadtgebiets bewohnte, gegen welche, wie gegen die Saracenen ein großes Heer von Kreuzfahrern zu Felde zog, und von dessen Tapferkeit die Chroniken des fernsten Auslandes mit Bewunderung sprechen, während sie ihre wunderlichen nächtlichen Zusammenkünfte mit Abscheu erzählen. Ich glaube deshalb, daß es meinen zahlreichen Gönnern und Freunden nicht unangenehm sein werde, wenn ich noch einige Hefte folgen lasse.

Bremen, im December 1844.

Friederich Wagenfeld.

# Erster Band

## I.
## Die Bremer Gluckhenne

Der Himmel war trübe und bewölkt und schaute drohend herunter auf ein Häuflein armer heimathloser Menschen, Männer, Weiber und Kinder, die mit ihren Kähnen mitten im Strom fischten. Sie hatten sich den Ueberfällen ihrer mächtigen Nachbarn entzogen; ihr ärmlicher Besitz freilich war nicht geeignet, die Raublust derselben zu reizen. Denn sie hatten nichts als ein paar Bretterhütten und ihre Kähne und Netze. Die hätten sie gern hingegeben, wenn sich der Feind damit hätte abfinden lassen, konnten sie doch diesen Verlust in wenigen Tagen ersetzen. Aber sie hatten noch ein anderes Gut, das der Feind anzutasten drohte, das war die   F r e i h e i t. Die hielten sie höher als Gold und wollten sie sich bewahren, um jeden Preis, selbst mit Aufopferung der geliebten väterlichen Wohnsitze.

So lagen sie denn im Flusse und spähten umher, ob nicht irgend ein günstiges Vorzeichen zu entdecken sei. Denn der Ort war so heimlich und der Fluß so fischreich, daß sie sich gern an diesem Ufer niedergelassen hätten. Aber es ward Abend, und sie waren sehr traurig, daß die Geister des Landes ihnen kein Zeichen gesandt und zu sich eingeladen; sie jammerten und wehklagten und waren trostlos, daß sie nun weiter ziehen müßten aus dieser schönen Gegend.

Jetzt drang plötzlich ein Strahl der sinkenden Sonne durch das Gewölk und erhellte die ganze Landschaft mit einem wundersamen Glanz. Da bemerkten sie eine Henne, die sich und ihren Küchlein einen sichern Ruheplatz suchte für die Nacht, und jubelnd sprang alles Volk aus den Schiffen, um der Henne zu folgen, die mit ihrer kleinen Schaar einen Hügel hinanging und sich mit ihrer Brut im hohen Heidekraut verbarg. Sie beschlossen nun, dies Ereigniß, worin sie ein Bild und Spiegel ihrer eignen Lage erblickten, anzusehen als ein günstiges Zeichen und an der Stelle, wo die Henne ein schützendes Obdach gefunden, ihre Hütten wieder aufzuschlagen. Dieser Hügel sollte fortan der Hort der Freiheit sein.

So wurde in uralter Zeit der Grund gelegt zu der Stadt Bremen, und da die neuen Ansiedler sich hauptsächlich vom Fischfange nährten, so mag man mit vollem Rechte sagen, daß d a s  F i s c h e r a m t das älteste sei in der Stadt. Die Henne aber mit ihren Kleinen sieht man deutlich ausgehauen über dem z w e i t e n  R a t h a u s b o g e n und gilt noch heutiges Tags weit und breit für ein W a h r z e i c h e n  d e r  S t a d t  B r e m e n.

## II.
## Kindeshand, die sich an der Mutter vergreift, wächst zum Grabe heraus.

Zu Anfang des 14. Jahrhunderts wohnte eine arme Witwe in der Nähe des Jodenbergs vor dem Doventhore in einem Häuschen, das ihr die reiche S c h w a n k e geschenkt hatte, die Frau C o n r a d s  v o n  V e r d e n, bei deren Eltern sie lange Jahre als treue und fleißige Magd gedient hatte, weshalb sie auch in ihren alten Tagen von dieser mancherlei Unterstützungen erhielt. Freilich hatte sie eine Tochter, die in der Stadt an einen wohlhabenden Mann, einen Gerber, verheirathet war; aber dieselbe war von harter und stolzer Gemüthsart, und als der Rath zu jener Zeit den Gerbern ihre Rolle gab, wodurch sie die Berechtigung erhielten, in Zukunft eine Zunft zu bilden, so fuhr der Hochmuthsteufel so ganz und gar in die neue Frau Meisterin, daß sie sich der Mutter schämte und ihr am Ende sogar verbot, je wieder ihr Haus zu betreten.

Die alte Frau war stumpf und gebrechlich, selbst mit dem Spinnen wollte es nicht mehr vorwärts, und sie hätte umkommen müssen ohne die Hülfe fremder Leute. Aber das nahm ein Ende mit Schrecken, als der mächtige C o n r a d  v o n  V e r d e n, der sich in Verbindung mit seinen reichen Vettern mehrere Gewaltthaten erlaubt hatte, mit seiner ganzen Sippschaft und der Stadt vertrieben wurde. Da konnte sie nicht mehr mit ihrem Henkeltopf hingegen, um von der Frau S c h w a n k e die Ueberbleibsel des Mittagsmahles zu holen, wie sie seit Jahr und Tag gewohnt war, und nun trieb sie die bittere Noth, die Mildthätigkeit ihrer Tochter in Anspruch zu nehmen; es war ein harter Schritt für sie, und mit zitternder Hand langte sie nach dem Stabe, womit sie ihren schwankenden Gang schon seit längerer Zeit zu unterstützen gezwungen war.

Unterwegs stand sie mehrmals still; sie fürchtete einen heftigen Auftritt mit ihrer Tochter, und überlegte, ob es nicht gerathener sei, ihre Noth jedem Andern zu klagen, als eben ihrem Kinde, als sie plötzlich vor dem Hause ihres Schwiegersohns stand. Noch einen Augenblick war sie unschlüssig; dann aber ermannte sie sich und trat hinein. »Ist sie doch meine Tochter, mein einziges Kind,« murmelte sie leise vor sich hin: – »Gott der Herr und der heilige Willhadus werden ihren harten Sinn ändern.«

Sie trat in die Wohnstube, wo sie die ganze Familie beim Mittagsessen vereinigt fand. Sie war zuerst sehr verlegen, sie, in so ärmlicher Kleidung, diesem Reichthum gegenüber, wovon das Hausgeräth und die ganze Einrichtung zeugten, und rang vergebens nach Worten, um ihr Anliegen vorzubringen. Als sie sich darauf etwas gesammelt hatte, schilderte sie in einfacher, ungekünstelter Rede die Hoffnungslosigkeit ihrer Tage, auf die ergreifendste Art.

Dem Schwiegersohn trat das Wasser in die Augen; aber er war ein schwacher Mann, der sich von seiner Frau ganz beherrschen ließ und um Alles in der Welt nicht gewagt hätte, eine selbstständige Verfügung zu treffen, wie sie sein Herz ihm gebot; denn er würde mit Freuden die alte hülflose Frau zu sich ins Haus genommen haben, hätte es einzig von ihm abgehangen. So aber schaute er erst fragend zu seiner Frau hinüber, ob er auch ihrer Zustimmung gewiß sein könne. Aber Entsetzen ergriff ihn, als er ihr Gesicht sah. Es war ihm nichts Neues, daß sie selbst bei geringen Anlässen in heftigen Zorn gerieth; aber eine solche Wuth, eine solche widerliche Verzerrung ihrer Züge hatte er noch nie gesehen. Es war, als wenn bei dem Anblick ihrer Mutter ein böser Geist in sie gefahren sei; die Röthe des aufwallendes Zorns wich einer fahlen Leichenblässe und mit den funkelnden Tigeraugen schien sie das Wesen, dem sie ihr Leben und Dasein verdankte, das mit mütterlicher Fürsorge ihre Jugend behütet und in kranken Tagen sie so treu gepflegt hatte, durchbohren zu wollen.

Erschrocken sieht sich die Alte nach einem Stuhl um, denn ihre Kräfte drohen sie zu verlassen. Bei dem Manne siegt in diesem Augenblick das menschliche Gefühl über die Furcht vor seiner Frau, und er eilt hinzu, um die Halbohnmächtige aufzufangen. Bis dahin hat die Meisterin ruhig dagesessen, ohne ein Wort zu sprechen oder sich nur zu rühren. Jetzt mit einem Male kömmt ihr Grimm zum Ausbruch, wie ein zermalmendes Gewitter, das schon eine Zeitlang drohend am Himmel gestanden. Sie stößt ihren Mann mit Riesenkraft zurück und stürzt sich wüthend auf die eigene Mutter, wie ein wildes Thier, um sie zu mißhandeln, weil sie es gewagt, gegen ihr ausdrückliches Verbot vor ihr zu erscheinen. Sie schlägt sie mit Fäusten und wirft sie endlich zur Stubenthür hinaus.

Da lag sie auf der Hausflur, das Gesicht zur Erde gewendet; sie regte sich nicht mehr, und vergebens war die Aufforderung der Tochter, aufzustehen. Der unnatürliche Zorn der Letztern ist plötzlich verraucht bei diesem jammervollen Anblick; ihr ist, als werde ihr in diesem Augenblick eine Decke vor den Augen weggezogen, als werde sie jetzt erst inne, gegen wen ihr blinder Jähzorn gewüthet.

»Mutter!« rief sie, entsetzt über ihr Beginnen – »Vergieb mir! komm an das Herz deiner sündigen, reuigen Tochter. Bei Gott und allen Heiligen, wenn die zarteste Sorgfalt, die liebevollste Pflege im Stande ist, das Andenken an den greuelvollen Frevel aus deinem Gedächtniß zu vertilgen, so sollst du ihn vergessen.«

Von tiefstem Mitleid ergriffen, beugte sie sich über die Unglückliche, um sie aufzurichten; nie wollte sie sich wieder von ihr trennen und ihr nie wieder Anlaß zur Klage geben. Aber diese Sinnesänderung kam zu spät und mit Schrecken bemerkte sie, daß sie ihre Liebkosungen an eine Leiche verschwendete.

Dem irdischen Richter entging die Meisterin; denn es stellte sich heraus, daß die Alte nicht sowohl in Folge der Mißhandlung, als vielmehr vor Angst und Schrecken gestorben sei. Es wohnt aber ein Richter über den Wolken, der sich im Lohnen und Strafen durch keine irdischen Rücksichten und Spitzfindigkeiten bestimmen läßt. Die Meisterin starb bald darauf eines jähen Todes, und mit Grauen bemerkte der Todtengräber einige Tage nach der Beerdigung, daß die Begrabene ihre Hände, womit sie ihre Mutter gemißhandelt hatte, zum G r a b e  h e r a u s s t r e c k e, wie dies Wunder noch heut zu Tage, in Stein verewigt, im D o m s u m g a n g e zu sehen ist.

## III.
## Die Gräfin Emma und der Krüppel.

Die Gräfin Emma von Leßum war eine Frau von außerordentlicher Frömmigkeit. Seit dem Tode ihres Gemahls L ü d g e r lebte sie sehr eingezogen und fand ihre einzige Freude am Wohlthun. Besonders reich bedachte sie die Geistlichkeit und schenkte der Kirche in Bremen, als sie den Erzbischof L i b e n t i u s predigen hörte, zwei Kreuze, eine Altar-Tafel und einen Kelch, alles von Gold und Edelsteinen verfertigt, zwanzig Mark löthigen Goldes an Werth. Aber ihre Freigebigkeit beschränkte sich nicht auf die Geistlichkeit.

Einst war der Herzog B e n n o v o n S a c h s e n in Leßum zum Besuch bei der Witwe seines verstorbenen Bruders L ü d g e r. Sie ritten, umgeben von einem stattlichen Gefolge, am frühen Morgen bei der Stadt B r e m e n vorüber, um die Güter der Gräfin, die unter andern einen großen Theil des jetzigen Stadtgebiets umfaßten, in Augenschein zu nehmen. Da nahten sich, im Vertrauen auf die Milde der Gräfin, einige Abgeordnete der Bürgerschaft und klagten über den Mangel an Weideland für ihr Vieh. Die Gräfin hörte ihnen mit Theilnahme zu und versprach, ihrer Noth abzuhelfen. Sie wollte ihnen – sagte sie – an Wischen und Weiden geben, soviel ein Mann in einer Stunde umgehen könne.

Da wurde der Herzog besorgt, daß die Gräfin bei ihrer bekannten Herzensgüte zu weit gehen und zu viel von dem kostbaren Erbe verschenken möge, das ihm oder seinen Kindern zufiel nach ihrem Tode. »Ihr solltet lieber die Frist auf einen ganzen Tag ausdehnen«, sagte er ärgerlich.

Die Gräfin aber überhörte den Vorwurf, der in seinen Wort lag und erwiederte sanft: »Der Herr hat mich reich gesegnet an irdischen Gütern; es mag Euer Wort gelten.«

Diese Zustimmung der Gräfin kam ihm vollends unerwartet, und er sann darauf, wie die Sache rückgängig zu machen sei. Da kam ihm plötzlich ein listiger Gedanke, er verbarg seinen Ingrimm unter einer glatten Miene und nahte sich mit gleisnerischen Worten seiner Schwägerin: »Da Ihr Euch«, sagte er, »in dieser Angelegenheit meinem Rathe so schnell gefügt habt, so überlaßt Ihr es mir auch wohl, die Sache sogleich ins Werk zu richten.«

Emma willigte arglos in sein Begehren, und nun kam die Tücke des Herzogs zum Vorschein; denn er sprengte die Straße hinab bis zu einem Bettler, bei dem sie so eben vorbeigeritten waren, und dem die Gräfin ein reichliches Allmosen gespendet. Er hatte im Vorüberreiten recht wohl bemerkt, daß der Mann ein armer K r ü p p e l war. Verwundert folgte ihm der ganze Zug.

»Soll ich also« – wandte er sich schadenfroh an die Gräfin – »dafür sorgen, daß Euer Befehl pünktlich vollstreckt werde, so will ich Euch auch den Mann zeigen, der sogleich seinen Weg antreten möge.«

Da brachen die Bürger aus in lautes Wehklagen, daß durch des Herzogs arge List die Freigebigkeit ihrer Wohlthäterin so schnöde vereitelt sei. E m m a aber stieg herunter von ihrem Rosse, legte ihre Hand wie segnend auf das Haupt des armen Krüppels und betete leise. Die Bürger standen verzweiflungsvoll daneben; denn sie kannten den Mann und wußten, daß er ohne fremde Hülfe sich nicht vom Platz bewegen könne. Des Morgens brachten ihn mitleidige Menschen an die Straße und des Abends mußten sie ihn wieder heimholen. Der Bettler selbst war über die Zumuthung der hohen Frau erstaunt, als sie ihm winkte, aufzubrechen, und sah zweifelnd zu ihr in die Höhe. »Versuch's doch nur,« sagte die Gräfin, und der Krüppel setzte sich in Bewegung. Gehen konnte er nun freilich nicht, da der Gebrauch der Füße ihm gänzlich versagt war; er kroch also auf den Händen, und ein Diener der Gräfin folgte ihm, um alle hundert Schritt auf seiner Bahn einen Pfahl einzuschlagen. Im Anfange waren die Bürger traurig, und die Meisten gingen voller Mißmuth zu Hause; denn was sollten sie von einem Krüppel erwarten. Der aber kroch und kroch, immer gleichmäßig weiter, ohne Ruhe und Rast, und als die Bürger gegen Mittag wieder hinausgingen, wurden sie auf das Angenehmste überrascht; denn soweit das Auge reichte, erblickten sie die hellschimmernden Pfähle in einer langen, langen Reihe und im Hintergrunde in einem ungeheuren Bogen; so ging es fort und im Abendschein konnte man schon von der Stadt aus deutlich den Krüppel arbeiten sehen, wie er näher und näher kam. Als die Sonne sank, langte er bei der Stadt an, und es war eine Weide eingezäunt, viel umfangreicher, als die Bürger ursprünglich gehofft hatten und fast zu groß für ihren Bedarf. Dies war im Jahre 1032.

Auf diese Wiesen, die jetzige B ü r g e r w e i d e, treiben noch heutiges Tags die bremer Bürger ihr Vieh gegen eine unbedeutende Einschreibegebühr.

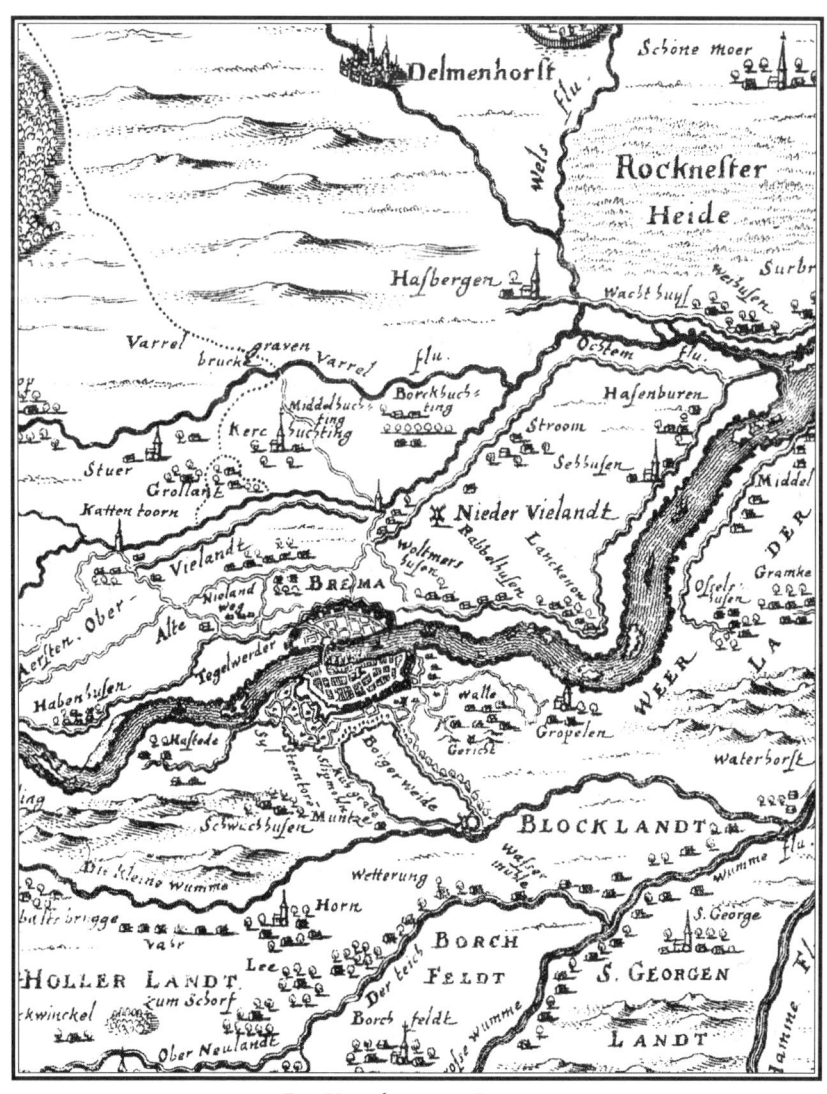

Die Umgebung von Bremen.
Ausschnitt aus der Weserkarte von Matthäus Merian
in der Topographia Saxoniae Inferioris von 1653

Den Krüppel aber haben die Bremer zeitlebens in Ehren gehalten, und auch die dankbare Nachwelt hat seiner nicht vergessen. Sein Bildniß sieht man z w i s c h e n   d e n   F ü ß e n   d e r   R o l a n d s ä u l e  in Stein ausgehauen. E m m a lebte noch vierzig Jahre nach dem Tode ihres Mannes, eine Stütze und Trost für die Armen und Nothleidenden. Sie wurde nach ihrem Tode im Dom unter einem viereckigen blauen Stein begraben. Was den habsüchtigen Herzog und seine Familie anlangt, so wurde ihre Erwartung, nach Emma's Tode ihren ganzen Nachlaß zu erben, bitter getäuscht. Denn ihre Schätze an Silber, Gold und edlem Gestein hatte sie an milde Stiftungen vermacht, und die Grafschaft fiel an Kaiser Conrad, dessen Gemahlin Gissa auch nach Bremen kam, um die Güter in Augenschein zu nehmen. Und selbst als nach Verlauf mehrer Jahre des Herzogs Sohn, D e t h m a r, mit der Grafschaft belehnt wurde, sollte er sich des Genusses dieser Güter nicht lange erfreuen. Denn als der Kaiser Heinrich, in Begleitung des Erzbischofs Adalbert, nach Leßum zog, wurde er von einer Mordbande angefallen und verdankte die Erhaltung seines Lebens nur der äußersten Anstrengung des Erzbischofs und seiner Leute. Als die Sache näher untersucht wurde, sagte Dethmars eigener Knecht Arend, es sei sein Herr gewesen, der den Hinterhalt gelegt habe, und als der Graf seine Unschuld durch einen Zweikampf beweisen wollte, verlor er sein Leben.

## IV.
## Der Scharfrichter Adelarius und der Teufel Bassa

### 1. Das Klingen des Schwerts

Es war um Jacobi im Jahre 1539 als der Meister Adelarius mit seinem Knecht von Gröpelingen zurückkam; sie gingen schweigend neben einander her auf dem Deiche. Plötzlich erschallte von der Stadt her ein großes Getümmel, wie das Schreien und Jubeln einer großen Volksmenge, und verwundert richteten sie ihre Blicke dorthin. Da sahen sie zwei große Schiffe mitten im Strom treiben, die Weser hinunter in rascher Fahrt; denn es war drei Tage hindurch unausgesetzt ein gewaltiger Regen gefallen, und der Wasserstand hatte eine um diese Jahreszeit ungewöhnliche Höhe erreicht. Jene beiden Fahrzeuge aber waren die neuen Siedeschiffe, die, mit starker Besatzung versehen, das bremische Geschwader verstärken sollten, welches in der Nordsee kreuzte zum Schutz der bremischen Schiffahrt gegen die Seeräubereien des Junkers Balthasar. »Die werden ihm wacker zusetzen,« meinte der Meister. »Lauter ausgesuchtes Volk! Und was für Geschütz! Ich war gestern am Theerhofe, als es auf die Schiffe gebracht wurde; Alles fest und neu und blank wie ein Spiegel. Am Ende fassen sie meinen lieben Junker wohl noch selber.« – Er schwieg, ergänzte aber seine Rede durch eine sprechende Gebärde, indem er mit seinem Stabe einen vielsagenden Hieb durch die Luft zog; denn er war wohlbestallter Scharfrichter der Stadt Bremen und konnte seine Freude nicht verbergen bei dem Gedanken, daß es ihm vielleicht aufbehalten sei, diesem grimmigen Feinde der guten Stadt den Todesstreich zu versetzen.

Jetzt machte der Strom eine Wendung und entzog die Schiffe dem Auge der Nachschauenden. Die beiden Wanderer machten sich also wieder auf und setzten langsam ihren Weg fort.

»Ich weiß nicht, wie es kommt,« sagte der Knecht; »aber der Anblick der Schiffe hat mich ganz traurig gemacht.«

Der Meister achtete nicht auf die Bemerkung, und Beide freuten sich, als sie endlich den mühsamen Weg, um die Stadt herum nach der Osterthorsvorstadt zurückgelegt hatten. Hier wohnte Adelarius an dem Weserdamm, der in späteren Zeiten, so sich die Punken und leichten Dirnen in der Scharfrichterei aufhielten, der Punkendeich genannt wurde.

Gegen Abend zog ein Gewitter herauf, das sich mit großer Gewalt entlud. Nach dem Regen saß der Meister mit dem Knechte und der alten Magd, seinen einzigen Hausgenossen, unter der großen Linde vor der Thür, um der Abendkühle zu genießen und der Aussicht über den Strom, der weit und breit das Land überschwemmt hatte. Der Donner grollte noch im fernen Osten, hin und wieder fiel ein großer Regentropfen aus dem Laube des Baums; es war ein stiller schöner Abend.

Plötzlich vernahm man drinnen in der Kammer, wo neben des Meisters anderm Geräthe auch sein gutes Schwert hing, einen Klang, der war fein und klar und hallte lange Zeit nach. Bestürzt sahen die Hausgenossen auf ihren Herrn; der entblößte das Haupt und sprach ein andächtiges Vaterunser. Denn er und die Seinigen kannten den Klang und seine Bedeutung.

Und wiederum erdröhnte das Klingen und noch einmal, und es wollte kein Ende mehr nehmen; es war wie fernes, fernes Glockenläuten. Da sprang Adelarius entsetzt von der Bank auf, und der Knecht und die Magd folgten ihm voller Schrecken ins Haus. Achtzigmal hatte das Schwert gedröhnt und den Meister erwartete also eine blutige Ernte, so reich, wie sich die ältesten Leute nicht zu denken wußten.

Zuletzt wand sich noch ein Klang hervor aus dem geöffneten Fenster, der war grell und schrillend, und in demselben Augenblicke sank der Knecht ächzend zu Boden. Ihm war, als wenn das alte Eisen sich in seine Brust senkte. Voll Mitleid richtete der Meister den Besinnungslosen in die Höhe und brachte ihn zu Bette. Still setzte sich Adelarius am folgenden Morgen zum Frühstück; er hatte die Nacht kein Auge zugethan.

## 2. Die Seeräuber

Die nächsten vierzehn Tage ging ein Jeder seinen Geschäften nach, in Erwartung der Dinge, die da kommen sollten. Jetzt kamen die Siedeschiffe wieder heim von ihrer Kriegsfahrt; sie hatten einen Seeräuber gefangen genommen mit seinem ganzen Volk, der hieß Franz Böhme. Denselbigen hatte Junker Balthasar zum Capitain ernannt und mit Raubschiffen ausgemacht und ihm Bestallung gegeben auf die Bremer und Danziger; aber er tastete Freunde und Feinde an, wen er bekommen konnte. Bei einem Zusammentreffen mit den Hamburgern erkundigte er sich, wo die bremer Orlogschiffe sein möchten. Die antworteten, sie wären bereits wieder zu Hause gefahren. Also lief Franz Böhme mit dem Raub in die Ossebalge, um Balthasar'n das Gut zu bringen. Denn er hatte ein Schiff mit Zucker genommen und die Mannschaft über Bord geworfen. Wenn er aber geglaubt hatte, daß die Luft rein wäre, so hatte er sich bitter getäuscht, denn als er zur Ossebalge kam, fand er daselbst fünf bremer Schiffe, zum Orlog ausgerüstet, als den Tonnen-Boyert, zwei Siedeschiffe, eine Barke und die Pinasse, und wollte sich eilends wieder in See begeben; aber der Wind war ihm entgegen, und das Zuckerschiff gerieth auf den Grund. Als nun das Tonnenschiff anlief und zu ihm einschoß, da gab sich Franz Böhme mit den Seinigen gefänglich und in der Bremer Hände, und die Bremer Schiffe nahmen sie mit bis zur Wittenborg, wo die Gefangenen und die beiden Schiffe dem Bremer Rath überantwortet wurden.

Die Kriegsleute auf den Bremer Schiffen waren freilich mit diesem Verfahren übel zufrieden, denn sie wollten die Gefangenen gegen ein starkes Lösegeld freigeben; aber ihre Bestallung lautete anders, nämlich, daß die Kriegsleute sollten die halbe Beute haben und einen Gulden von jedem Gefangenen.

Von der Wittenborg wurden die Gefangenen in zwei Eichen nach Bremen gesandt und Tausende von Menschen liefen auf der Schlachte zusammen, um die Männer zu sehen, die so lange das Schrecken der bremer Seefahrer gewesen waren. Auf den Raubschiffen hatten die Bremer auch drei Danziger Leute gefunden, die in die Gefangenschaft der Räuber gerathen waren, so wie einen Mohren und einen französischen Steuermann; die wurden in die Herberge gelegt. Die Seeräuber aber, einundachtzig an der Zahl, wurden in vier verschiedene Gefängnisse vertheilt. Vier davon, die im Fangthurm saßen, versuchten zu entkommen. Mit Hülfe ihrer Kleidungsstücke hatten sie sich heruntergelassen und waren mit einem Kahn die Weser hinunter bis zur Hunte gefahren; da aber wurden sie von den bremer Bootsleuten erkannt und wieder nach der Stadt gebracht.

Der Meister trat in die Kammer, hub das blanke Schwert von der Wand, betrachtete es prüfend von allen Seiten und fuhr dann und wann mit einem wollenen Lappen darüber hin. Es war am Mittwochen nach Michaeli, und so eben hatte er von den Bremer Herren den Befehl erhalten, sich am folgenden Morgen zeitig mit seinem Schwerte einzustellen.

Er war ganz versunken im Anblick des wunderbaren Eisens, das mit klagender Stimme jedes Mal vorher verkündete, wenn es sich in Menschenblut baden sollte. Da trat sein Knecht zu ihm herein und sagte kurz und rund, er wollte gehen in die weite Welt, so weit ihn seine Füße tragen wollten.

Adelarius erschrack; denn was sollte er morgen beginnen, allein und ohne Gehülfen. Er machte ihm bittere Vorwürfe und suchte ihn zurückzuhalten.

Aber der Knecht stand auf seinem Stück; er war nach der Stadt gewesen, in der Nähe des Fangthurms; da hörte er sich beim Namen rufen von einer wohlbekannten Stimme, und als er in die Höhe schaut, sieht er seinen leiblichen Bruder am Gitterfenster unter den gefangenen Räubern.

»Da habt Ihr die Deutung des einundachtzigsten Klanges,« sagte er, »der mit das Herz zerreißen wollte, und nun hoffe ich, lieber Meister, daß Ihr meinem Vorhaben nichts in den Weg legen und mich zwingen wollt, an dem eigenen Fleisch und Blut Hand anzulegen und meinen leiblichen Bruder abzuthun.« Adelarius war ein gutmüthiger Mann und für sein Handwerk beinahe zu weichherzig. Wenn er einen Verbrecher zu foltern, oder einen armen Sünder eines Kopfes kürzer zu machen hatte, so konnte er mit den armen Schelmen das innigste Mitleid haben. Doch war ihm dies in der Ausübung seines Berufs durchaus nicht hinderlich, und er hatte manche arge Hexe mit feinen Daumenschrauben, seinen spanischen Stiefeln und seiner Leiter zum Geständniß ihrer teuflischen Künste gebracht, und manchen Stadtverräther, Aufrührer und Seeräuber mit glühenden Zangen gezwickt, gerädert, gehenkt oder geköpft und ihre abgeschlagenen Häupter gar kunstgerecht auf dem Pfahl befestigt, Alles zur vollkommenen Zufriedenheit seiner Herrn. Aber, wie gesagt, er war im Allgemeinen von milder Gemüthsart; deßhalb rührte ihn das Unglück seines Knechtes und er ließ ihn ziehen, obgleich er wohl sah, daß er durch seine Abreise in die größte Verlegenheit gerathen würde.

### 3. Fabian

Mit Einbruch der Nacht hatte Adelarius Alles zugerüstet für den andern Tag. Er saß noch ein Stündchen und überdachte den ganzen Vorfall; und es gereute ihn, daß sein Gehilfe von dannen gezogen war.

Da klopfte es spät um Mitternacht ans Thor, die Hunde fingen an zu bellen, und der Meister nahm verwundert die Laterne, um nachzusehen, wer draußen wäre. Aber kaum hatte er aufgemacht und den Ankömmling ins Gesicht geleuchtet, als er schrocken zurückfuhr. Einen solchen Gesellen meinte er in seinem Leben noch nicht gesehen zu haben, und auch die Hunde krochen leise winselnd in ihren Winkel.

Der Mann war anzuschauen wie ein Riese, und in Haltung und Gebärden, wie er sich von Jugend auf den Halawer vorgestellt hatte. Statt des Hutes hatte er ein buntes Tuch um den Kopf geschlagen; er trug ein rothes Wamms und weite blaue Hosen. Mit der Linken hielt er ein kurzes Mäntelchen über der Brust zusammen, während er in der Rechten einen tüchtigen Wanderstab trug. Der mächtige Bart beschattete ein stark gebräuntes Antlitz, und die Augen schienen bei dem Dämmerlicht der Laterne zu glänzen.

Die ganze Erscheinung, so unerwartet wie sie kam und zu so ungewöhnlicher Stunde, konnte den ehrlichen Adelarius wohl etwas bestürzt machen.

»Was ist Euer Begehr in der späten Nacht,« fragte der Meister, der sich schnell zu fassen suchte. »Ich habe mit Euch ein Wörtlein zu reden,« erwiederte der Angeredete, »und wenn es Euch angenehm ist, so gönnt Ihr mir wohl unterdessen einen Platz auf der Ofenbank. Ich bin sehr müde von der Reise.«

Adelarius hatte sich den Burschen indeß ein wenig genauer angesehen und gefunden, daß er doch nicht so ganz schrecklich sei, wie er ihm im ersten Augenblicke vorgekommen, und daß wohl hauptsächlich seine fremdartige Tracht ihn überrascht habe. Auch hatte der Klang seiner Stimme etwas Zutrauen erweckendes. Er leuchtete ihm also, nachdem er vorsorglich das Thor wieder verriegelt hatte, in die Stube, nahm ihm gegenüber Platz und lud ihn freundlich ein, sein Anliegen vorzutragen.

Der Fremde erzählt nun, wie er nach langjähriger Abwesenheit in seine Heimath zurückgekehrt sei, um sein väterliches Erbe anzutreten. Er sei guter Leute Kind aus dem Stift Verden, habe sich in jungen Jahren auf die Reise begeben und sei nach Wien gerathen. Dort habe er sich anwerben lassen zum Kriege gegen den allgemeinen Erbfeind der Christenheit, sei im Ungarlande in türkische Gefangenschaft gerathen und habe ein armseliges Sclavenleben geführt, bis der Bassa von Belgrad ihn wegen seiner Körpergröße unter die Zahl seiner Trabanten aufgenommen. Im vorigen Jahre endlich habe er Gelegenheit gefunden, der verhaßten Sclaverei zu entfliehen; aber bei seiner Rückkehr in die Heimath habe er gefunden, daß seine Eltern, Geschwister und Verwandschaft unterdessen verstorben und verdorben seien. Da er nun vernommen, wie der Meister der guten Stadt Bremen dieser Tage ein schweres Stück Arbeit vorhabe, so habe er gemeint, es würde demselben angenehm sein, einen tüchtigen Gehülfen zu haben, welcher der Sachen kundig wäre; so sei er denn heute in aller Frühe aufgebrochen, um bei guter Zeit einzutreffen. Aber die Wege seien zu schlecht gewesen, und nur mit großer Anstrengung sei es ihm gelungen, in einem Tage die Reise abzumachen.

»Meint Ihr nun, Meister« – schloß er seine Rede, – »daß ihr mich gebrauchen könnt, so bleibe ich bei Euch. Wo nicht, so vergönnt Ihr mir diese Nacht wohl ein Lager auf dem Heuboden. Morgen will ich Euch dann nicht länger beschwerlich fallen.«

Der Meister hatte der anspruchslosen Erzählung des Mannes mit Vergnügen zugehört und verbarg ihm nicht, aus welcher großen Verlegenheit er durch sein Anerbieten gerissen würde. Besonders gefielen ihm die Andeutungen des Weitgereisten von seinen Erlebnissen unter den Türken, und gern hätte er noch ein Stündchen mit ihm geplaudert. Aber er bedachte, daß sein Gast der Ruhe sehr bedürftig sei, und daß er selbst ja auch morgen zu rechter Zeit frisch und munter zur Stelle sein müsse. Und dann waren ja auch die langen Winterabende vor der Thür.

Er brachte den Fremden also auf die Bodenkammer, und als er sich endlich auch selbst zur Ruhe begab, segnete er das Geschick, das ihn so augenfällig aus der Verlegenheit gerissen.

Als der Tag anbrach, ging er, um den Knecht zu wecken, den er noch im festen Schlafe glaubte. Der aber stand schon auf dem Hofe am Brunnen, wusch sich und sang mit heller Stimme sein Morgenlied. Adelarius sah mit Wohlgefallen seinem Treiben zu und machte im Stillen die Bemerkung, daß er ihm gestern, bei seinem Eintritt ins Haus, doch eigentlich Unrecht gethan habe. Er war nichts weniger als abschreckend, obgleich es ein großgliedriger Gesell war, der eines Kopfes Länge über den Meister emporragte.

»Ich wünsche Euch einen guten Morgen,« rief er jetzt, als er den Meister in der Thür stehen sah. »Es ist sehr frisch, und es wird heute den ganzen Tag kühl bleiben; denn wir haben Ostwind.«

»Und demnach wird es für uns ein sehr heißer Tag werden,« – meinte der Meister – »selbst wenn, wie verlauten will, auch nur die Hälfte abgethan werden soll.«

»Das ist Kleinigkeit,« erwiederte der Andere. »Mit dieser meiner Hand habe ich zum Öftern an einem Tage Hunderten die Köpfe abgeschlagen. Denn unser Bassa liebte ein solches Schauspiel und Niemand wußte es ihm so zu Dank zu machen, wie ich. Deßhalb war ich auch bei ihm in großem Ansehn, obgleich er sonst die Christen verfolgte und vertilgte, wie und wo er nur konnte. Denn der Bassa war ein eingefleischter Teufel.«

Der Meister freute sich, als er sah, daß er den rechten Mann getroffen. Als sie zusammen gefrühstückt und sich mit einem Glase Weins, wie es der Brauch ist, gestärkt hatten, begaben sie sich auf den Weg. Adelarius schritt voran; der Andere trug das Schwert hinter drein, eingewickelt in eine rothe Decke. Sie waren angewiesen, sich nach dem Anscharithore zu begeben, um die armen Sünder in Empfang zu nehmen. Mit diesen stand es folgendermaßen.

### 4. Das Gericht.

In der Frühe war das Gericht gehalten. Es war am Donnerstag nach Michaelis als der Capitain Franz Böhme und Ladewig, ein Herr von der Morkirchen, sammt fünfzehn Gefangenen von dem Osterthore und achtzehn andern vom Fangthurm vor Gericht gebracht und also angeklagt wurden durch den Notar Nicolaus:

»Gegenwärtige Seeräuber haben diesen verwichenen Sommer sich freventlich und eigenmächtig unterstanden, die gemeinen handthierenden Kaufleute, gegen Ihro kaiserliche Majestät, unsers allergnädigsten Herrn, ausgekündigten Befehl und Landfrieden, auch wider alles Recht und Billigkeit, auf der gemeinen offenbaren See zu beschädigen, über ihre eigenen Bestallungsbriefe, – die doch in sich selbsten nichtig und nach keinerlei Recht gültig sind, aus dem Grunde, weil sie vom Junker Balthasar gegeben sind, der in des heiligen Reichs Acht erkläret und declariret, – und haben hochgemeldeter kaiserlichen Majestät Untersassen beleidigt, und haben auch der löblichen Könige von Frankreich, England und Portugal Untersassen an ihren Schiffen, Völkern und Gütern tadelig und gewaltig beschädigt, auch aus einem portugiesischen Schiffe 182 Kisten mit Zucker und drei Säcke mit Baumwolle, dazu einen Mohrian genommen; noch aus einem französischen Schiffe ein und zwanzig Tonnen Häring und Fische, und einen Mann, Jacob genannt, item noch einem andern Franzosen genommen ein Schiff mit Steinkohlen, und aus einem englischen Schiffe ein Tapetenstück und ein Handrad. Und sind sie mit den genommenen Gütern und Schiffen allhier zur Stelle gebracht und dermaßen bei scheinbarer That befunden worden, daß sie solches nicht widerlegen noch läugnen konnten.«

Es wurde darauf ein Brief vorgelesen, so Frau Maria, Statthalterin der Niederlande, des Kaisers Schwester, an den Rath zu Bremen geschrieben, des Inhalts: »da die Seeräuber ihren Unterthanen Gewalt angethan, sollte man das Recht darüber ergehen lassen.«

Darauf antworteten die Gefangenen also: Erstlich das Schiff anlangend, so hätten sie es im Treiben gefunden. Zum Zweiten, so hörte der Zucker den

Juden zu und keinem Christen. Zu Dritten, so hätten sie einen Herrn und Bestallungsbriefe.

Hierauf wurde geantwortet, sie wüsten wohl, wie sie das Schiff im ersten Angriff verfolgt und gejagt hätten, ehe die Leute davon gelaufen wären und ins Boot gefallen und vor ihnen gewichen, in der wilden See aus hoher Noth.

Daß auch der Zucker den Juden sollte gehören, dem wäre nicht also, wie aus des Raths zu Antwerpen Bescheinigung hervorginge.

Was endlich die Bestallungsbriefe betreffe, so seien dieselben kraftlos, da der Aussteller derselben, der Junker Balthasar, in die Acht erkläret sei; auch hätten sie die Bestallung in vielen Punkten übertreten und könnten damit nicht bestehen.

Da nahm der fromme Herr Vogt das Wort: »Hier hört ihr, wie diese Gefangenen von der Königin nach genugsamer Erkundigung für offenbare Seeräuber ausgerufen und beschrieben werden. So ist auch ihre begangene That kund, rüchtig und offenbar. Darum wollet Ihr einen Mann finden, der ein Urtheil finde, das recht sei.«

Also wurde das Urtheil gefunden, daß man sie alle mit dem Schwerte hinrichten sollte, damit sie die böse That nicht mehr ausübten, und jetzt war die Reihe an Adelarius und seinen Gehülfen, ihre Kunst zu zeigen. Den Herrn von der Morkirchen enthauptete er zwischen den Pforten innerhalb des Anscharithors und legte die Leiche mit Hülfe seines Knechts in einen Sarg, damit sie in der Anscharikirche begraben würde. Das geschahe um seiner Freunde willen.

Franz Böhme aber mit den Übrigen wurde zum Thore hinausgeführt nach dem Jodenberge. Der Knecht griff ins Haar und wußte mit einem gewandten Ruck den Kopf aus den Schultern zu ziehen, so daß dem Meister die Arbeit außerordentlich erleichtert wurde*.

---

*Den ersten Tag wurden hingerichtet: der Capitain F r a n z  B ö h m e , L a d e w i g, ein Herr von Morkirchen, R e m b e r t  T i e l e, Unterhauptmann, G e r d  S c h l a d o d t, Hans Perlenstricker, Matthias Schulte, Hans von Erfurt, Joachim Behrens, Jakob Uhtermarke, Johann Cornelis, Henrich von Kampen, Michael Sondergeld, Johann von Rostock, Willm von Steinwick, Augustin von Nielose, Dierich von Dockum, Dierich von Jever, Jakob von Zwoll, Lambert Claussen, Dode von Franecker,

Die Leichen wurden auf St. Remberti Kirchhof begraben, damit hatte Adelarius nichts weiter zu schaffen. Aber am Abend des zweiten Tages fuhr er mit seinem Knecht nach Walle, um die abgeschlagenen Häupter auf dem dortigen Galgen herumzunageln. Mit zweien machte man eine Ausnahme aus Rücksicht auf etliche Bürger, und so wurde der Kopf Remberts von Tiele und der des Gerd Schladodt neben ihren Leichnamen begraben.

## 5. Das Treiben des Gastes

Das waren heiße Tage gewesen für den Meister und es war ihm wohl zu gönnen, wenn er jetzt auf längere Zeit Ruhe hatte. Er war mit der Geschicklichkeit seines neuen Knechts außerordentlich zufrieden und behielt ihn gern bei sich.

Derselbe nannte sich Fabian und war ein sinniger Mann, der heilsame Tränke und Salben für Menschen und Vieh zu bereiten wußte. Das hatte er im fernen Ungarlande erlernt von einem weisen Meister. Wenn Adelarius

---

Wessel von Kampen, Siebrand von Stavern, Michael von Dortmund, Willm Rüte, Büchsenschütz, Franz Tegeler, Johann Morse von Kampen, Willm Schotte, Burfyend von Leiden, Christopher von Jever, Bastian, Trommelschläger, Claus Boll, Otto von Beilen, Lambert aus dem Haag, Hermann von Vechte und Ernst von Heverden. Des andern Tages: Carsten Bagge, Tonnies von Utrecht, Ede von Jever, Schwamm von der Langenstraße, Adrian von Franecker, Johann von Groningen, Johann von Kampen, Remmert von Esens, Peter Helschevor, Juck Beneken von Esens, Peter Rujaner, Tilmann von Arkelens, Marten Wever, Berend von Steinfurt, Jakob Alsine, Steffen von Minden, Johann Tegeler, Hans von Deventer, Laurenz aus Fünen, Thomas Holste, Fähnrich, Marten von Kolberg, Hans von Geldern, Hans Hildebrand, Kind von Antwerpen, Hinrich von Pönen, Berend von Nergenag, Hänschen von Steinwick, Cornelius von Dort, Egbert von Zwoll, Hans von Zütphen, Robert von Kampen, Sondergeld von Norden, Henrich von Oldenburg, Joachim Mecklenburg, Hans Schanter, so wie die vier Jungen: Johann Engelsteen, Johann Franzen, Johann Alberßen und Johann Tegeler. Da bei den Meisten der Geburtsort angegeben ist, so sieht man, wie diese Bande aus aller Herren Länder sich zusammengefunden hatte.

nun vollends erwog, wie derselbe in der Welt herumgekommen sein, die
entlegensten Städte gesehen, mit den verschiedenartigsten Menschen verkehrt habe, so kam er, – der auf der Meisterei geboren und erzogen war
und dessen Ausflüge sich einzig auf das Stadtgebiet beschränkt hatten, –
sich klein und unbedeutend vor im Vergleich mit jenem. Er unternahm
jetzt beinahe nichts mehr, ohne die Kenntnisse und Erfahrungen Fabian's
zu Rathe gezogen zu haben und gerieth darüber unvermerkt in ein Abhängig-
keitsverhältniß zu dem Knechte, so daß er sich nicht einmal getraute, ihm
seine häufigen Abendwanderungen zu verbieten, sondern sich damit begnügte, ihn zu warnen, er solle sich nicht zu weit vom Hause entfernen.

Er sei noch vor wenigen Augenblicken, pflegte er dann zu sagen, auf den
Deich hinausgetreten, um nach Wind und Wetter zu sehen. Da habe er dann
deutlich zu dreien Malen den Halawer gehört, und als er mit einem andächtigen Vaterunser zu Hause gegangen sei, habe er deutlich etwas Weißes in
der Dunkelheit bemerkt, wie eine weiße Gans. Die Nacht sei keines Menschen Freund, und was dergleichen wohlgemeinte Reden mehr waren.

Der also Vermahnte konnte sich dann des Lachens nicht erwehren. Er
glaubte nicht, sagte er, was die alten Weiber sagten, und fürchte sich weder
vor Halawer noch vor der weißen Gans.

In der ersten Zeit kam die Sache dem Meister bedenklich vor; denn
Halawer, dessen Stimme so häufig in stürmischen Regennächten vom Werder herüberschallte, und die Gans, die so oft in träger, graunvoller Unbe-
weglichkeit am Wege lag, waren für ihn so wohl, als für die ganze Umgegend schreckliche Dinge, und wer mit solcher Geringschätzung davon
sprach, der konnte unmöglich ein guter Christ sein.

Hörte er ihn dann aber wieder des andern Tages ein frommes Morgenlied singen, so schwanden diese Bedenklichkeiten, und nach mancherlei
Unterredungen, welche er mit dem Knecht gepflogen, kam er endlich selbst
zu dem Glauben, daß die Geister und Wesen der Finsterniß einem gläubigen Christen nichts anhaben könnten.

Ja, so sehr gewöhnte er sich an den wunderbaren Mann, daß er ihn
nicht selten auf seinen Ausflügen begleitete und am Ende sein steter Nacht-
gefährte war.

Jener aber streifte nicht aus Uebermuth umher, sondern um allerlei Kräu-
ter und Blüten zu sammeln, von denen er wußte, daß ihnen, zur Zeit des

*Hinrichtung durch Köpfen.*
*Kupferstich von Daniel Chodowiecki, Ende des 18. Jahrhunderts*

Neumonds und zur Vollmondszeit gepflückt, besondere Heilkräfte inne
wohnen. Davon kochte er dann seine Tränke und lehrte die Bereitung auch
den Meister.

So war ein Tag, wie der andere, und ruhig und in Frieden ging manches
Jahr vorüber. Der Knecht, oder vielmehr der Freund – denn das war Fabian
dem Meister schon längst geworden, – mußte denn auf ihren gemeinschaft-
lichen Zügen die Begebenheiten seines vielbewegten Lebens erzählen, und
was er in fremden Landen Merkwürdiges gehört und gesehen. Und je trau-
riger und grausiger die Geschichten waren, je lieber hörte sie Adelarius.

Auch däuchte ihm, daß sie sich besser anhörten im freien Felde bei
dunkler Nacht, als bei der hellen Lampe in der Stube, wo es nicht halb so
graulich war.

Aber vor Allem lieb war ihm die Geschichte von dem grausamen Bassa
von Belgrad, der sich in Blut gebadet und ein Menschenleben nicht höher

geachtet habe, als eine Seifenblase, die ein leiser Hauch des Mundes vernichtet, und der Tausende von Christen in Ungarn gemordet und Weiber und Mädchen in die schmählichste Sclaverei geführt. Und endlich, wie rührend war es ihm, wenn der Erzähler auf die schöne Fatime zu sprechen kam, die den Mann trotz seiner Wildheit so innig geliebt.

»Ich lasse es mir nicht ausreden,« – pflegte der Erzähler dann zu schließen –»daß es Tränke giebt, die den Blutdurst rege machen, und man sagt, daß der Bassa dergleichen zu nehmen pflegte.«

Das war der regelmäßige Schluß von Fabian's Erzählung, oder vielmehr die regelmäßige Wendung, welche sie gegen das Ende zu nehmen pflegte.

»Sicherlich giebt es solche Mittel« – warf Adelarius dann ein – »und mein eigener Vater pflegte sich derselben vor einer Hinrichtung zu bedienen. Im gewöhnlichen Leben wurde er ohnmächtig beim Anblick des Bluts; hatte er aber das Tränklein zu sich genommen, dann hatte er nicht Ruhe noch Rast, dann mußte er Blut sehen. Und es ist mir noch gar wohl erinnerlich, daß er einstmals, als die Hinrichtung ausgesetzt war, wie ein Rasender nach Hause zurückkehrte und der ersten besten Henne, die er auf dem Hofe fand, den Kopf herunterschlug. Erst beim Anblick des rinnenden Bluts wurde er von seiner Seelenangst befreit. Ich glaube, ich habe schon neulich davon geredet.«

Und der gute Adelarius hatte recht, er hatte seinem Fabian das schon erzählt; aber nicht einmal, sondern tausendmal, so oft nämlich die Rede auf die schöne Fatime gekommen war. Diese Unterbrechung war die einzige, die sich der Meister bei der Schilderung von Fatimes Leiden erlaubte; aber er ließ es sich auch nicht nehmen, sie regelmäßig anzubringen, sobald die Erzählung bis zu diesem Punkte gediehen war.

»Sonst wäre es auch unerklärlich,« ließ sich dann Fabian zum völligen Beschluß vernehmen, – wie der Bassa eines Tages mit der Wildheit eines Tigers sich auf das einzige lebende Wesen, das er liebt, und von dem er wieder geliebt wird, auf die schöne Fatime wirft, und ihr ohne alle Veranlassung mit einem einzigen Hiebe seines krummen Säbels den Kopf vom Rumpfe herunterschlägt.«

»Erst als er das Blut sprützen sieht, kommt er zur Besinnung, und sieht, wen er in seinem verblendeten Grimm erschlagen. Da erfüllte er sein Gemach mit Jammern und Wehklagen. Denn er hatte nun an sich selber die

Erfahrung gemacht, wie es schmerzt, wenn das Liebste, was Einer auf der Welt hatte, dahin ist, und es hatte den Anschein, als wenn diese Begebenheit von günstiger Einwirkung auf seine wilde Bosheit werden würde.«

»Aber die Änderung war doch nur von kurzer Dauer; denn er fing schon wenige Wochen nachher wieder an zu wüthen, und fürchterlicher, als vorhin. Selbst seine nächste Umgebung, zu welcher auch ich gehörte, war jetzt nicht mehr sicher vor den gräßlichen Ausbrüchen seiner Laune; deswegen benutzte ich auch die erste beste Gelegenheit zur Flucht, auf die Gefahr hin, seinem Löwen vorgeworfen zu werden, im Fall man mich wieder eingeholt hätte. Ja, ja, dieser Bassa war ein Teufel!« –

So ging es sieben Jahre hindurch und der Meister wußte die Historie von dem Teufel Bassa, wie er den Tyrannen zu nennen pflegte, längst auswendig. Da ereilte ihn der härteste Schlag, der ihn nur treffen konnte.

Sein treuer Freund und Gefährte nämlich erkrankte und wurde von Tage zu Tage schwächer, so daß Adelarius sich genöthigt sah, noch einen zweiten Knecht in Dienst zu nehmen. Da kam eines Tages ein Fuhrmann gegangen, der erzählte unter tausend Thränen, daß er einen schweren Balken hingefahren habe, zu dem neuen Bau in der Hutfilterstraße, der zum Besten der seefahrenden Armen dort aufgeführt werde, und nun habe ihn das große Unglück betroffen, daß bei einer Wendung sein Sattelpferd gestürzt sei.

»Zwei Gulden« – sragte er, »kostet der Scheffel Roggen und der Scheffel Hafer acht und zwanzig Grote. Da ist es denn kein Wunder, wenn ein ehrlicher Mann in Schulden geräth, bei der theuren Zeit. Und nun dies noch! Da liegt mein armes Thier, mein bester Brotverdiener, mausetodt an der Straßenecke.«

Fabian versicherte ihn, er wolle Sorge tragen, daß es fortgeschafft würde. Es war aber Niemand bei der Hand, da der Meister mit Hans nach Hastädt gegangen war.

Da spannte er, trotz seiner Schwäche, den Braunen in den Karren und fuhr nach der Stadt, um das todte Thier zu holen, trotz des lebhaften Widerspruchs der alten Magd, die ihn nicht fortlassen wollte. Aber er war ein pünktlicher Mann und hätte um Alles in der Welt nicht die Rückkehr des Meisters abgewartet, da derselbe vielleicht erst gegen Abend heimkehren konnte. In diesem Fall blieb das Aas liegen, und der Meister hatte von seinen Obern einen harten Verweis wegen seiner Fahrlässigkeit zu gewärtigen.

Um ihn tiefe Kränkung zu ersparen, fuhr also Fabian nach der Stadt, und achtete seiner Schwäche nicht. Auch kam er Nachmittags zurück, aber so gänzlich entkräftet, daß er sich alsbald zu Bett legen mußte. Es ging schnell mit ihm zu Ende, und am dritten Tage starb er, ungeachtet der sorgfältigen Pflege von Seiten des Meisters und der andern Hausgenossen. Das Jahr 1546, das Todesjahr seines geliebten Fabians, blieb dem guten Adelarius fortan unvergeßlich.

## 6. Der Zauberer Wolfgang Albrecht

Dem Meister däuchte es, als wenn er nun seines Lebens nie wieder froh werden könnte; er hielt sich auch von aller menschlichen Gesellschaft fern, selbst von seinen beiden Hausgenossen, und wenn er ihnen etwas zu sagen hatte, so that er es in einem rauhen, abstoßenden Ton. Dazu wurde er schwach und kränklich, besonders plagte ihn ein böser Husten. Er härmte sich ab und wurde mager und elend.

Zwar ging er nach wie vor, um nach heilsamen Kräutern zu suchen bei Mondenlicht und Sternenschein; denn seine Tränke, in deren Bereitung er von Fabian unterwiesen war, hatten weit und breit einen guten Namen, und er hielt es für seine Pflicht, die Leidenden und Hülfesuchenden, die immer in großer Anzahl zu ihm strömten, nicht zu verlassen.

Aber es war nicht ohne geheimen Widerwillen, daß er diese Wanderungen unternahm; denn nichts in der Welt war mehr geeignet, das trostlose Gefühl, daß er nun so ganz verwaist und verlassen sei, in ihm hervorzurufen, als eben diese Züge. Auch war er immer sehr niedergeschlagen, wenn er heimkehrte.

So trieb er es vier Jahre lang. Da mochten seinen treuen Hausgenossen den Jammer nicht länger ansehen und die Magd redete dem Knecht zu, ein ernstliches Wort mit dem Meister zu sprechen und ihm die Augen zu öffnen über seinen unchristlichen Wandel. Wenn sie sich den Mann vorstellte, wie war er so lieb und so fromm, ehe Fabian das Haus betreten, und welche Gewalt hatte der Fremdling in wenigen Wochen über ihn erlangt, daß er mit ihm ziehen mußte zu Werken, die das Tageslicht scheuen, und hatte ihn ganz und gar umgarnt, daß er ihn lenkte und leitete, wie ein unmündig Kind.

Und diese Bande waren keineswegs mit seinem Tode gelöst. »Wahrlich«, – sagte sie, »wer über das Grab hinaus eine solche Gewalt über den Zurückbleibenden übt, der muß ein arger Zauberer gewesen sein.« Da wurde dem Meister angesagt, wie er sich fertig zu halten habe, des andern Tages abzuthun den Tischler Wolfgang Albrecht.

Derselbe wohnte an der Hukpforte, und ein Schiffer, der von seinem Fahrzeug, das hinter der Mauer lag, zu Hause ging, wunderte sich noch so spät am Abend Licht zu sehen in der Wohnstube des lustigen Gesellen. Er trat also an die Fensterlade, wo ein großes Astloch eine freie Uebersicht des ganzen Gemachs erlaubte und bemerkte, nicht ohne Grauen, wie der Mann bei düstrem Lampenschimmer zwei dünne Stäbchen kreuzweise über einander legte und langsam und wohlbedächtig mit einem kupfernen Nagel zusammenfügte.

Dabei konnte er deutlich bemerken, wie er ab und an in ein Buch schaute, das neben ihm auf dem Tische lag; auch glaubte er, ein leises Gemurmel zu vernehmen.

Entsetzt trat er von seinem Astloch zurück und ging mit leisen Schritten eilends von dannen, um im sichern Hause Schutz zu finden vor solchen Werken der Finsterniß. Nun begab es sich aber, daß zu derselben Zeit das Rondeel auf dem Schwanengatt gebaut wurde, an welchem die Bürger Tag und Nacht arbeiteten. Auch legten einige von den Herren des Raths die Hand ans Werk, um den Eifer der Arbeiter noch mehr anzufeuern.

Da hatte der Rathsherr Cord Wachmann, der sich eine starke Entzündung des Auges in der feuchten Nachtluft zugezogen, an jenem Abend das Unglück, daß ihm das Auge auslief. Das vernahm folgenden Tags der Schiffer, und nun wurden ihm die böse Tücke und Zauberei seines Nachbarn klar.

Auf seine Anklage wurde denn auch Wolfgang Albrecht sogleich zur Haft gebracht, und obgleich er behauptete, nichts Unrechtes gethan, sondern bloß spät Abends in seinen Berufsgeschäften gearbeitet, und dabei, seiner Gewohnheit nach, mitunter einen Vers in der Bibel gelesen zu haben, so half ihm alles das nichts; und es war vergebens, daß er seine Richter aufforderte, sie sollten nachsuchen lassen, ob sich in seinem Hause etwas Verdächtiges fände.

Denn, fand man auch wirklich das Geräth, worin sich die Stäbchen mit dem Kupfernagel befanden, und außer der Bibel ein zweites Buch, so war es klar, daß er mit Hülfe seiner dienstbaren Geister das Alles umgewandelt und aus seinem Beschwörungsbuch eine Bibel gemacht hatte.

So lag denn also sein Verbrechen klar am Tage, und er wurde als offenkundiger Zauberer, der unter Beschwörungen den Leuten mit einem kupfernen Nagel die Augen ausschlug, zum Tode verurtheilt.

Als des Herrn Camerarius Diener, der dem Meister die Botschaft ausrichtet, sich wieder entfernt hatte, blieb Adelarius nachdenklich in der Hausthür stehen. Denn er fühlte sich sehr angegriffen und schwach. Dennoch mußte er seine Pflicht thun, wollte er nicht Amt und Brod verlieren. Seinem Hans allein konnte er das Geschäft nicht anvertrauen, und mit heißem Schmerze gedachte er seines dahingeschiedenen Fabians, wie er einstmals so unerwartet als ein ersehnter Helfer seine Schwelle überschritten hatte. Alle die alten Geschichten tauchten wieder auf, und lebhaft stand auch das Bild des Teufels Bassa vor seiner Seele. Das war eine glückliche, wonnevolle Zeit! Und jetzt, wie war er so elend und verlassen.

»Ich glaube,«sagte Hans, der schon lange auf eine Gelegenheit gewartet hatte, eine Erklärung herbeizuführen, — »ich glaube, lieber Meister, in diesem Augenblicke Eure innersten Gedanken zu lesen. Ihr beschäftigt Euch schon wieder, nach Eurer täglichen Gewohnheit, mit dem Bilde jenes Mannes, der Euch auf so wunderbare Weise in seinen Netzen gefangen hielt, in dessen Händen Ihr ein willenloses Werkzeug waret, und der am Ende sogar die Macht über Euch gewann, daß er Euch verlocken mochte von Eurem Christenglauben und verführen zu sündlichen Werken der Finsterniß.«

»Ihr wißt, ich meine es gut; ich habe schon zu lange geschwiegen. Nun mögt Ihr mir es nicht übel deuten, wenn ich es wage, zu reden, und zu rathen.«

»Vertraut Euch und Euren Kummer einem der ehrwürdigen Herrn in der Stadt. Vielleicht mag Euch ein Geistlicher Mittel und Wege an die Hand geben, Euch von diesem Zauber zu befreien. Denn bei ruhiger, unbefangener Überlegung werdet Ihr selbst einräumen müssen, daß der, welcher im Tode noch so große Gewalt auf den Überlebenden ausübt, ein mächtiger Zauberer, wenn nicht der Leibhafte selbst in Menschengestalt gewesen sein müsse.

Ein wehmüthiges Lächeln flog über des Meisters bleiches Antlitz bei dem gutgemeinten Vorschlage des Knechts, und milde erwiederte er ihm folgendermaßen:

»Zauberer giebt es nicht, Hans, wie Du sie Dir denkst. Nur ist Manchem ein tieferer Blick in das Wesen und die Kräfte der Natur vergönnt, und solche Männer bringen alsdann Dinge zuwege, die, obgleich ganz naturgemäß, doch dem Uneingeweihten als übernatürlich erscheinen. Und was den Teufel anlangt, – hast Du ihn gesehen? Habe ich ihn gesehen? Oder wer hat ihn überhaupt gesehen? Meiner Meinung nach ist der eine Mensch der Teufel des Andern.«

Entsetzt über des Meisters gottlose Reden, wandte sich der Knecht seitwärts. »O, Ihr ungläubiger Mann,« rief er, »worin haben Euch die glatten Worte des Verführers gebracht. Es giebt keine Zauberer sagt Ihr, und morgen soll ein solcher Verbrecher, dessen arge List die Obrigkeit und die Herren von der Geistlichkeit an den Tag gebracht haben, von Eurer Hand des Todes sterben.«

»Jetzt sehe ich, für Euch ist keine Rettung mehr. Der eine Mensch ist nach Eurem Ausspruch der Teufel des andern. Nun wohl, verblendeter Meister, so öffnet doch nur Eure Augen; Ihr habt, ohne daß Ihrs gewollt oder gedacht, das rechte Wort gesprochen. Jener Mann war Euer Teufel, oder vielmehr es war der Teufel selbst, der leibhafte Satanas, welcher Menschengestalt angenommen. Ich mag nicht länger mit Euch unter einem Dache hausen, und morgen ist es das letzte Mal, daß ich in der Stadt Bremen einem armen Sünder die Hände zusammenbinde und den Kopf zum Hieb in die Höhe ziehe. Sobald als das Werk gethan ist, schnüre ich mein Bündelchen und ziehe in die Welt hinaus. So mag ich doch wenigstens meine arme Seele retten.«

Adelarius lächelte über den Eifer des guten Hans. Er freute sich, daß er wenigstens so lange bleiben, und ihn nicht, wie Fabian's Vorgänger so ganz und gar im Stich lassen wollte. Da er fühlte, daß er der Ruhe und Stärkung für den morgenden Auftritt sehr bedürftig sei, so begab er sich zeitig zu Bett.

Aber er hatte sehr unruhige Träume, und der Teufel Bassa, dessen Andenken den Tag über in seiner Seele sich erneuert hatte, ließ ihm auch im Schlaf wenig Ruhe. Er spürte denn auch beim Erwachen eine große Mattigkeit in seinem ganzen Körper; indeß hoffte er, mit Gottes allmächtiger Hülfe, den Streich mit gewohnter Kraft zu führen und begab sich gefaßt nach der Stadt. Sein Hans ging schweigsam hinter ihm drein.

Als sie beim Pranger angelangt waren, mußte Adelarius zuvörderst das
Zauberbuch und die übrigen Geräthschaften des Verbrechers verbrennen.
Alsdann verband Hans dem armen Sünder die Augen und legte ihm den
Riemen unters Kinn, vermittels dessen er den Kopf zwischen den Schul-
tern heraushob, so daß der Hals schlaggerecht wurde.

Den Meister fröstelte während dieser Zubereitungen; eiskalte Schauer
liefen durch alle seine Glieder, und als er das Schwert erhob zum Todesstreich, erging es ihm wunderbar. Er sah nicht einen Kopf vor sich, sondern
sieben, wußte nicht, welches der rechte sei und schlug jämmerlich darauf
los, so daß das Haupt des Verbrechers erst nach wiederholten Hieben vom
Rumpfe getrennt wurde.

Adelarius hörte nur noch das Schreien des aufgebrachten Volks; das währte
aber nur einen Augenblick; dann floß Alles vor den Augen des Meisters durch
einander, und er sank ohnmächtig zu Boden. Hans brachte ihn mit großer
Anstrengung zu Haus, er hatte mit dem hülflosen Zustande des Meisters das
innigste Mitleid; aber als er ihn heimgebracht, da hätte man ihm alle Schätze
der Welt bieten können, er würde nicht geblieben sein. Denn der Meister
war doch einmal zeitlich und ewig verloren und er fürchtete, der Aufenthalt
in des gottlosen Mannes Hause möchte auch seiner Seele verderbenbrin-
gend sein.

### 7. Der Teufel Bassa

Der Meister aber war sehr krank, er lag im heftigsten Fieber und redete
fortwährend die wunderlichsten Dinge von dem Teufel Bassa und seinen
Gesellen. Seine einzige Pflegerin war nun nach Hansens Abgang die alte
Magd; aber was sollte sie viel anfangen mit dem Kranken. Die einzige La-
bung, welche sie ihm bieten konnte, waren jene Tränke, die des Meisters
eigene Hand kunstgerecht bereitet hatte und wovon immer ein guter Vorrath
in Bereitschaft gehalten wurde; denn sie waren weit und breit berühmt.

Auch schien das Mittel anzuschlagen und der Kranke bekam gegen
Abend Ruhe und Schlaf. Da schlich sich die Alte auf ihren Socken zur Thür
hinaus; denn es kam ihr vor, als wenn Jemand ans Hofthor pochte. Und sie
hatte sich nicht getäuscht, es war Hans, der, nachdem er einige Stunden
Wegs fortgewandert war, die Sache noch einmal bei kaltem Blut überlegt
hatte. Da erinnerte er sich der vielen Wohlthaten, welche er von dem Mei-

ster empfangen hatte und er schämte sich, daß er den Meister jetzt in Krankheit und hoher Noth verlassen wollte.

Alsbald kehrte er um, seine Hitze und geringe Ueberlegung verwünschend, und beflügelte seine Schritte, um seine Undankbarkeit wieder gut zu machen durch verdoppelten Eifer.

Aber er kam zu spät. Wäre er von Anfang an da geblieben, so wäre es wohl ganz anders gekommen. Denn der Schlaf des Meisters war unruhig und leise, und als er nun den Knecht mit der Magd da draußen sprechen hörte, sprang er wild von seinem Lager empor.

»Da ist er,« rief er in gräßlicher Fieberangst und war mit einem Satze am Fenster. »Da ist der Teufel Bassa; so hat er mich endlich doch aufgefunden in meiner einsamen Wohnung und ist gekommen, mich zu verderben. Ich werde ihm nicht entrinnen.«

Mit einem einzigen gewaltigen Stoß war das Fenster aus den Angeln gehoben, und wie der Hirsch dem die Hunde auf den Fersen sind, floh Adelarius dahin durch das Feld, die einsamen Fußsteige, die ihm bei Nacht und Nebel so bekannt waren, wie am Tage. Dort wurden ihm die alten Historien seines Freundes noch lebendiger; denn hier war es, wo Fabian sich mit ihm in traulichem Gespräch ergangen, und wo er ihm so oft vom Bassa erzählt hatte. Keuchend rennt er fort, den Geschöpfen seiner kranken Einbildung zu entgehen. Er stürzt, und zerschlägt sich im Fallen das Gesicht und die Knie. Er lechzt nach Ruhe und glaubt sich sicher in der Niederung; aber da braust er schon um die Ecke, der Teufel Bassa, mit seinem Schimmel, und dem krummen Säbel zum Todesstreich erhebend. Der Meister rafft sich eilends empor, um dem eingebildeten Verfolger zu entgehen und schaut links und rechts während seiner Flucht, ob denn nirgends Rettung zu finden sei in seiner großen Noth.

Da sieht er lustige Feuer vor sich brennen, von deren Wiederschein beleuchtet die hohen Thürme der Anschars- und Stephanskirche, mit Tageshelle in den dunklen Nachthimmel emporragen. Es waren die Pechflammen, dem Schwanengatt gegenüber, welche allnächtlich brannten, um den Bürgern, welche dort arbeiteten, das nöthige Licht zu verschaffen.

Denn seit Pfingsten waren diese beschäftigt – aus Mißtrauen gegen die Absichten des Herzogs Erich, der mit einem starken Heere in Verden lag – das Rondeel am Schwanengatt zu bauen, den Wall bis zum Anscharsthore fortzuführen und den Stadtgraben auszutiefen. Den Tag über arbeitete daran abwechselnd der dritte Theil der Bürgerschaft, und diejenigen, welche sich einfanden, um des Nachts die Arbeit fortzusetzen und die Erde aus dem Graben herauszukarren, erhielten guten Lohn.

Der nächtlichen Schanzgräber wegen brannten also die Feuerpfannen, und Adelarius sah dieselben keineswegs zum ersten Mal; denn die Arbeit dauerte schon viele Wochen. Aber in diesem Augenblick erkannte er sie nicht; er sah blos den schimmernden Glanz, und wie die arme Fliege sich in die Lichtflamme stürzt, so flog er dem hellen Scheine zu. Das wußte er, dort mußte ihm Schutz werden; denn er sah die vielen dunklen Gestalten hin- und wiederfahren und hörte das Gesumme vieler Stimmen, und mit einem weiten Satze fuhr er mitten unter das Getümmel im Stadtgraben.

Keuchend und mit fliegender Brust stand er da, eine unheimliche Gestalt mit geisterblassem Antlitz, verwildertem Bart und verwehtem Haar; sein leichtes weißes Nachtgewand flatterte im Winde. Wäre eine feindliche Kugel unter den Haufen gefahren, so konnte die Wirkung nicht stärker sein.

Erschreckt floh Alles aus einander; aber Adelarius lief hinterdrein und schrie:»So haltet doch Stand, ihr guten Männer, rettet mich; mit vereinter Kraft werden wir dem grimmigen Reiter, dem Teufel Bassa widerstehen. Sieben Jahre lang hatte ich ihn gern, ich hatte ihn lieb gewonnen und war glücklich in seinem täglichem Umgange. Nach der Zeit war es mir versagt, seine liebe Stimme noch ferner zu vernehmen, denn er war für mich verstummt. Aber ich wußte ihn auswendig von Wort zu Wort, und er war mein einziger Trost in den Tagen meines Jammers. Ich glaubte ihn fern und meinte, er würde mich nicht finden; aber nun ist der Schreckliche in mein Haus gekommen, um meine Seele zu verderben. Steht, steht! Rettet, rettet!«

Aber seine Worte erschallten vergebens und trugen nur dazu bei, die Flucht der Menschen zu befördern und das allgemeine Entsetzen zu vergrößern; ein Jeder suchte der Erste zu sein, um aus der Tiefe des Grabens zu kommen und sich vor dem schrecklichen Gesellen zu retten.

Jetzt war der Kranke ganz verlassen, und trostlos sah er umher, ob denn jede Hülfe ihm versagt sei. Da bemerkte er den einzigen Mann, der sich nicht hatte fortreißen lassen von der allgemeinen Flucht und im Graben neben ihm stand. An den wandte er sich und erkannte ihn; es war Diedrich Bohlmann, der über die nächtlichen Arbeiten die Aufsicht zu führen, aus der Bürgerschaft erwählt war. Dieser hatte sogleich im ersten Augenblick den unglücklichen Meister an der Stimme erkannt und war beherzt geblieben, um seinem tollen Beginnen zuzuschauen.

Da hatte der Rasende einen lichten Augenblick; die gewaltige Anstrengung hatte die Heftigkeit des Fiebers gebrochen, und todtmüde sank er auf den feuchten Boden hin.

»Ich bin sehr krank und elend, lieber Herr,« – sagte er mit klagender, sterbender Stimme. »Wollt die Güte haben und mit einen von den Arbeitern mitgeben, daß er mich zu Hause geleite. Hier ist es so kalt und rauh, und, wofern Ihr nicht Sorge für mich tragt, so muß ich umkommen.«

»Wohl werde ich für ein Unterkommen sorgen, Meister Adelarius,« sagte der Angeredete mit feierlichem Ernst und winkte einigen Männern, die sich durch ihres Vorgesetzten Unerschrockenheit ermuthigt, allmälig wieder eingefunden hatten.

»Ihr habt doch die Worte des Mannes gehört, Ihr guten Männer«, wandte er sich dann an die Herzutretenden.

Und als sie einstimmig bejahten und hinzufügten, wie sie aus seinen Reden vernommen, daß er sieben Jahre Zauberei getrieben und Umgang gepflogen mit dem Teufel Bassa, und daß er selber ausgesagt habe, der Teufel hätte ihn in den Stadtgraben gejagt, da nahm Bohlmann wieder das Wort.

»Nun wohl,« sagte er, »Ihr seht also, was unsre Pflicht ist. Laßt uns ihn ergreifen, binden und zum Herrn Camerarius bringen.«

Es geschah, wie er gesagt hatte, und der Herr Camerarius ließ ihn noch in derselbigen Nacht in den Hurrelberg werfen.

## 8. Die Hochzeit des Meisters

Da lag der Arme ohnmächtig hingestreckt auf den kalten Steinen des Gefängnisses in spärlicher Nachtkleidung. Allein der Frost rief bald seine Lebensgeister zurück, nicht aber den Gebrauch seiner Vernunft. Er brüllte, daß die feuchten Wände einen schauerlichen Wiederhall gaben, man solle ihn erretten aus den Klauen des Teufels Bassa, der bei ihm sei, ihn zu erwürgen. Das Geschrei verdoppelte sich, und der Gefängnißwärter zog sich voller Angst die Bettdecke übers Gesicht, um von dem gräulichen Toben nichts zu hören. Das nahm aber auch bald ein Ende, und gegen Morgen wurde es mäuschenstill in der Zelle.

Denn ein mitleidiger Schlaf hatte den Kranken beschlichen, und liebliche Träume entschädigten ihn für die Leiden der herben Wirklichkeit. Er schwebte hoch durch den Himmel, neben, unter und über sich die klaren funkelnden Sterne, und es wurde immer heller und heller. Dann umgaben ihn wieder die gewohnten irdischen Gestalten, und er sah die Stadt und das Land und den Strom und die Menschen.

Aber die Menschen waren ganz anders geworden; sie waren milder und lächelten ihm freundlich zu. Es war Alles so, wie sein Fabian ihm in vertraulichen Unterredungen die Zukunft so oft geschildert hatte. Und sie umringten ihn und drückten ihm mitleidig die Hände und riefen einmal über das andere: Adelarius, du armer Meister, du armer, armer Märtyrer.

Hier fand er sich heimisch, und beruhigt legte er sich unter einem blühenden Apfelbaume ins hohe Gras, und die Männer stellten sich ehrerbietig daneben, um seinen Schlummer zu bewachen. Da träumte ihm, daß ein Mann von wilden Geberden vor ihm stände, die Laterne in der Hand. »Gottlob,« sagte er barsch, »da haben wir ihn ja noch, der Teufel hat ihn uns diese Nacht noch gelassen. Nun wollen wir ihn ins Verhör bringen.«

Mit Schaudern fuhr er empor aus dem Schlaf und freute sich, nur geträumt zu haben. Da traten einige Männer zu ihm, hoben ihn sanft auf einen prachtvollen Thronsessel und trugen ihn langsam fort, durch das jubelnde, jauchzende und drängende Volk hin.

Ein Jeder wetteiferte, ihm die größten Ehrenbezeugungen zu erweisen, ein Jeder wollte ihn sehen, und die Mütter hoben ihre Kleinen empor und sagten: »Sehet den armen Märtyrer, den lieben Meister Adelarius.« Solche Theilnahme und Verehrung erfüllte ihn mit süßer Freude.

Aber während er schwelgte in den süßesten Gefühlen, hatte ihn die Wirklichkeit mit eiserner Kralle gepackt. Es war ein Glück für den Armen, daß der Fieberwahnsinn die ganze Umgebung mit einem goldenen Schimmer überkleidete, und daß die bittere, nackte Wahrheit ihm nur als ein ängstigender Traum erschien.

Denn während er sich fortgetragen wähnte, geehrt und gefeiert; während er den Ruf der Huldigung, das Freudengeschrei und die Anerkennung eines jubelnden Volks zu vernehmen glaubte, lag er auf einer elenden Tragbahre, ein Gegenstand des Abscheus; die Bürger waren bei Haufen zusammengelaufen, um den Scharfrichter Adelarius zu sehen, und Verwünschungen auszustoßen über das Haupt des bösen Zauberers, dessen nächtliches Treiben schon schon seit Jahren verdächtig war, und der sich nun selbst, von fürchterlicher Gewissensangst getrieben, den Händen der Gerechtigkeit überliefert hatte. Er wurde vor Gericht gestellt, war aber so schwach, daß er kaum mehr sprechen konnte. Er gestand Alles, was man von ihm verlangte, daß er ein arger Zauberer sei, und einen siebenjährigen Umgang gepflogen mit dem Teufel Bassa. Jetzt aber habe sich die ganze Sache geendet; in jenen finstern Zeiten habe ihn der Bassa ganz eingenommen und besessen. Nun aber sei es heller worden und des Bösen Reich zu Ende für immer. Und er, Adelarius, habe ihn zum Teufel gejagt und die arme Menschheit auf ewig von seiner Herrschaft erlöst. Deßhalb auch werde er so hoch geehrt und habe seinen feierlichen Einzug gehalten, umgeben von den Segnungen eines ganzen Volks. Heute sei er ganz glücklich und er feire seinen Hochzeitstag.

Die Richter verurtheilten Adelarius, der so frech sich selbst des berüchtigten Bundes angeklagt hatte, und jetzt sein Geständniß so unumwunden bestätigte, zum Tode; und, in Ansehung, daß der Mann vom Teufel so gehetzt und abgemattet sei, daß er es augenscheinlich nur noch wenige Stunden machen werde, beschloß man das Urtheil sogleich zu vollziehen.

Zu diesem Behuf war der Scheiterhaufen schon errichtet, und Hans stand daneben, angethan mit des Meisters rothem Mantel. Denn ihm war das Amt desselben übertragen, und er sah sich genöthigt, sein Meisterstück abzulegen an seinem ehemaligen Herrn. Er war sehr niedergeschlagen und bedurfte der Aufmunterung etlicher Bürger, welche ihm zuriefen, guten Muth zu fassen. Der arme Meister wurde nun seinen Händen überliefert, und Hans suchte vergebens eine Thräne in seinem Auge zu zerdrücken, als er dem Armen die Hände auf dem Rücken zusammenband und an dem Pfahl befestigte. Mit einem tiefen Seufzer legte er den Brand an die Theertonne.

Adelarius aber schien seiner grimmen Noth und Pein schon entrückt, er feierte seine Hochzeit und stand am Pfahl mit selig verklärten Zügen, unbekümmert um den schwarzen Rauch und die prasselnden Flammen. Kein Laut, kein Schmerzgeschrei; es herrschte eine Todtenstille und deutlich konnte man den Gesang der Lerche hören, die in fröhlichen Trillern hoch in der Luft über dem Scheiterhaufen schwebte.

# V.
# Blutregen.

Im Jahr 864 regnete es Blut, drei Tage und vier Nächte. An manchen Orten
zeigten sich steinharte Würmer, welche den Feldfrüchten sehr schädlich
waren, so daß viele Menschen Hungers starben. Auch stellte sich eine ver-
heerende Viehseuche ein, und die Hunde, welche von dem Aase gefressen
hatten, verkamen, daß sie kein Wild fangen konnten, lebendig oder todt.

—◦—

Im Jahr 1008 war ein sehr großes Wasser in den 12 Tagen nach Weihnachten und stand 7 Tage. Später, am Palmsonntage fielen an mehren Stellen
den Leuten Blutstropfen auf die Kleider.

—◦—

Den 8. Februar 1574 ließ der Erzbischof Heinrich III. bei A r e n d  W e s -
s e l s ein Ermahnungsschreiben drucken und im ganzen Stift von den Pre-
digern ablesen, des Inhalts, daß sie das Wort zur Buße ermahnen und alle
Freitage, oder, wo dies nicht mit Bequemlichkeit geschehen könnte, am
ersten Freitage in jedem Monat eine Bußpredigt, Betemesse und Litanei
halten sollten, und solches um der Wunderzeichen willen, welche man täglich vor Augen hätte, als Krieg, Pestilenz, theure Zeit, Armuth, allerlei seltsame und unerhörte Krankheiten, Sturmwinde, hohe Wasserfluthen und
dergleichen Zeichen mehr.

Darunter war auch die erschreckliche Verfinsterung des Mondes, die
man das Jahr vorher am 8. December erlebte. Der Mond war voll und
schien hell, wurde aber drei Stunden lang verfinstert und war fürchterlich
anzusehen, roth, gelb, blau, grün und fahl.

Und in derselbigen Nacht regnete es Blut im Erzstift Bremen. Die Frau
von der Lieth zu Kranenburg nahm eine handvoll Schnee, darauf das Blut
gefallen, mit sich ins Zimmer, und als der Schnee zerschmolz, duftete das
zurückbleibende Blut wie eine Rose.

—◦—

## VI.
## Feuerregen.

Im Lande Holstein war es vor Alters Sitte, die Menschen zu verkaufen, Diesen unchristlichen Brauch hat A n s c h a r i u s abgeschafft. Er zog auch nach Friesland und tadelte die Einwohner, daß sie am Sonntage arbeiteten, und als sie seiner Worte nicht achteten, strafte er sie mit Feuer vom Himmel.

## VII.
## Der gottlose Armenvogt.

Zu Anfang des 17. Jahrhunderts lebte in Bremen ein Armenvogt; der hatte seine Herzensfreude, wenn er Einen ins Halseisen schließen konnte und war überglücklich, wenn ihm der Herr Camerarius einen Bettler und Herumtreiber zu diesem Behuf überantwortete; und hätte er Mittelmaaß gehalten, er hätte diese Lust haben können all sein Lebelang. Das Einschließen war sein einziger Gedanke, und wenn er einem armen Manne begegnete, so faßte er ihn scharf ins Auge, nicht um zu erforschen, ob er auch wohl betteln ginge und strafbar wäre, sondern wie er sich ausnehmen würde im Halseisen. Ja, seine Leidenschaft verblendete ihn zuletzt ganz und gar, daß er auch, unbekümmert um die Folgen, aufs Gerathewohl und ohne des Herrn Camerarius Wissen die Leute einschloß, wie sie ihm zusammen zu passen schienen. Er hatte die Gewohnheit, immer zwei Mann neben einander zu stellen, und da er die Gegensätze liebte, so konnte er, hatte er den einen fest, an einem halben Dutzend Vagabonden vorbeilaufen, ohne ihnen ein Haar zu krümmen. Bemerkte er dann endlich einen Menschen, der ihm g a h t l i c h und passend schien, so half kein Bitten und Sträuben; der Armenvogt war ein kräftiger Bursche, und der Andere mochte schuldig oder unschuldig sein, er mußte in's Eisen. Gerd pflegte es aber so zu halten, daß er, wenn er einen Kurzen und Dicken hatte, einen Langen und Magern daneben schloß, wobei er es denn einzurichten wußte, daß der Lange sich bedeutend bücken mußte, während er den Kleinen dergestalt befestigte, daß er gezwungen war, sich auf den Fußzehen in die Höhe zu richten und den Hals übermäßig zu verlängern, wollte er nicht ersticken.

Da hatten denn die Vorübergehenden ihr Gelächter über das seltsame Schauspiel, und der Armenvogt stand bescheiden neben seinem Werk und betrachtete es als eine belobende Anerkennung seiner Laune, wenn die Leute sagten:»der G e r d  G e e l o g e ist doch ein gottloser Strick.« Aber der Krug geht so lange zu Wasser bis er bricht, und diese Erfahrung machte auch Gerd.

Denn es begab sich einst, daß er den großen Cord Lange stehen hatte und ängstlich umherlief, um das Gegenstück zusuchen; er war in Verzweiflung, daß sich nichts finden wollte. Da kommt mit einem Male ein Bauer die Straße herauf, an dem Gerd auch nicht das Geringste auszusetzen findet. Derselbe hatte dicke rothe Backen und war so breit wie lang. Aber lang war er eigentlich gar nicht und hätte bequem unter dem großen Cord weglaufen können.

Ihn sehen und greifen war eins bei Gerd, und vergebens sträubte sich der Dicke seinem handfesten Widersacher zu entgehen, der ihn die Straße entlang zerrte.

Da bog unversehens der Herr Camerarius um die Ecke und fragte Gerd voller Erstaunen, was er mit seinem Meier zu schaffen habe. Erschrocken ließ der Angeredete seinen Raub fahren und bat demüthig um Verzeihung für seine Eigenmächtigkeit. Er habe es nicht gewußt, daß der Bauer des Herrn Camerarius Meier sei; er habe ihn bloß aus Gottlosigkeit einschließen wollen. Der Camerarius war aber nicht gesonnen, dergleichen unzeitige Gottlosigkeit und Scherz zu dulden und ließ den Gerd Geeloge in den Hurrelberg setzen.

# VIII.
## Schreckliche Mißgeburt.

Im Jahr 1013 wurden zwei Kinder zugleich geboren, deren Mund wie ein Gänseschnabel war und deren rechter Arm einem Gänseflügel glich. Am dritten Tage nach ihrer Geburt lachte der eine dem Andern zu; da wurden Beide getödtet, weil Jedermann bei diesem Anblick sich des Grausens nicht erwehren konnte.

## IX.
## Dreifacher Nonnenmord, durch eine Magd entdeckt.

Im Jahr 1052 wohnte der Bürgermeister C o r d v o n G r ö p e l i n g e n in dem Eckhause an der O b e r n - und K r e y e n s t r a ß e. Die Gesindestube lag nach hinten hinaus an der Letzteren. Es war ein unfreundlicher Octoberabend, und der Sturm pfiff unheimlich durch die enge Gasse unter dem Fenster her. Da fuhr eine der Mägde, welche beim hellen Schein der Lampe spannen, in die Höhe; es fiel ihr plötzlich schwer aufs Herz, daß sie die kupfernen und zinnernen Geschirre, die sie des Nachmittags so blank geputzt hatte, auf dem Hofe vergessen habe, wo sie leicht gestohlen werden konnten. Da richtete sich des Bürgermeisters alter gefälliger Diener langsam auf von der Bank, um ihr diese Arbeit abzunehmen und holte Kessel und Pfannen ins Haus. Er war froh, als er das Geschäft vollendet hatte; denn draußen war es sehr rauh, es wehte ein starker Wind und rabenschwarze Wolken zogen rasch durch die Luft, gleich einem dräuenden feindlichen Heere.

»Hier ist es besser« – hub er an, nachdem er wieder in die Stube getreten war und seinen frühern Platz auf der Bank eingenommen hatte. »Hier ist es besser als draußen und ich bedaure jeden Christenmenschen, der bei diesem Unwetter unterwegs sein muß.«

Da lachte die jüngste von den Mägden, eine rasche Bauerndirne, die erst vor Kurzem nach der Stadt gekommen war; sie meinte, wer nur nicht auf verbotenen Wegen gehe, den brauche es nicht zu kümmern, ob es heller lichter Tag sei oder dunkle Nacht; sie sei von der Geest gebürtig, wo die Häuser in weiter Entfernung von einander lägen. Da sei es ihr mehr als einmal begegnet, daß sie sich bei ihres Vaters Schwester verspätet; aber dennoch habe sie lieber in der dicksten Finsterniß zu Hause gehen, als die Ihrigen durch ihr gänzliches Ausbleiben beunruhigen wollen.

»In heller, warmer Stube und unter vielen Menschen hat sich schon Mancher großer Thaten gerühmt,« sagte spöttelnd der Diener. »Ich möchte aber einmal sehen, wenn Dich Jemand beim Worte nähme, mein vorlautes Jüngferlein.«

»Die Nacht,« erwiederte das Mädchen bescheiden, aber doch mit Festigkeit, »ist keines Menschen Freund, und ich spräche Unwahrheit, wenn ich sagen wollte, daß mir eine solche nächtliche Wanderung besonderes Vergnügen gewährt. Mag ich indeß damit einen neuen Rock gewinnen, so bin ich erbötig, noch diesen Abend eine ferne Botschaft auszurichten, die wenigstens eine Stunde Zeit erfordert.«

»Gut,« sagte der Diener, der das rechte Mittel gefunden zu haben glaubte, ihr mit einem Schlage die Sache zu verleiden. »Du erhältst von mir morgen einen Rock, so schön er bei dem Meister Jeremias zu haben ist, wenn du also gleich hingehst zur Gerichtsstätte bei dem Jungfrauenkloster und bringst mir das Barett des armen Sünders, der neben dem Galgen auf dem Rade liegt.«

Er hoffte, der Rabenstein und die Nähe des Todten sollten ihr alle Lust benehmen, und dann wollte er sich recht lustig machen über ihre Prahlerei.

Aber er hatte sich gewaltig verrechnet; denn das Mädchen erhob sich in freudiger Eile, nahm die Andern zu Zeugen der Wette und entfernte sich mit schnellen Schritten. Der Bürgermeister hörte das Knarren der Hausthüre und fragte seinen Diener, wer so spät das Haus verlassen habe.

Der erzählte denn, wessen sich die Magd unterfangen, und der Herr lächelte über das kühne Wagniß und meinte, sie werde wohl bald wieder umkehren; denn nimmer werde sie sich getrauen einen Ort zu betreten, vor dem auch wohl ein beherzter Mann zu dieser Stunde zurückbeben möge.

Das Mädchen aber befahl Gott und der Jungfrau Maria ihr Beginnen und ging getrosten Muthes die O b e r n s t r a ß e hinunter, wo sie bald ins freie Feld gelangte; denn die S t e p h a n s s t a d t war noch nicht gebaut, und gerade auf dem Hügel, wo sich jetzt die Kirche erhebt, stand das Diebesgericht oder der Galgen, dem zum Gedächtniß noch heutzutage jener ganze Stadtheil das G a l g e n v i e r t e l pflegt genannt zu werden.

Trotz ihrer Herzhaftigkeit konnte sie sich des Grauens nicht erwehren, als sie zum Hochgericht hinanstieg; denn es rührte und regte sich oben, und sie vernahm von Zeit zu Zeit ein Scharren im Sande, wie wenn der arme Sünder heruntergestiegen sei von seinem luftigen Sitz, um sich bei dunkler Mitternacht ein Grab zu machen. Sie hielt unwillkührlich inne und schaute verstohlen nach der Stadt zurück. Dabei tönte es in der Luft wie lautes Wehklagen und Schmerzgeschrei und Todesröcheln; aber das verhallte rasch im Winde, und nun faßte sie sich ein Herz.

Denn sie fühlte wohl, wenn sie noch einen Augenblick zaudere, daß sie, von Grausen überwältigt, so nahe am Ziele die Flucht ergreifen müsse. Sie hörte schon im Geist das Hohngelächter des Knechts und der Mägde, ihr Ehrgefühl siegte über die Furcht, und mit wenigen Schritten stand sie am Rade. Da sah sie denn, daß die Ursache jenes verdächtigen Geräusches ein Pferd gewesen, welches dort angebunden stand; das war unruhig und scharrte mit den Vorderfüßen ungeduldig am Boden. So wie es die Magd neben sich bemerkte, drängte es sich, wie hülfesuchend, an dieselbe, und es war deutlich, daß das edle Thier ein Grauen empfand an dem unheimlichen Orte. Während sie den Hals des Rappen streichelte, schaute sie hinauf nach dem armen Sünder. Der war ein mächtiger Räuber gewesen sein Lebelang und hatte die Umgegend weit und breit in Schrecken gesetzt. Nur durch List war man seiner habhaft geworden; denn die stärksten Männer, welche gegen ihn ausgezogen waren, ihn zu fangen, hatte er mit leichter Mühe überwältigt und todtgeschlagen. Jetzt aber war er still und friedlich an seinem Ort und ließ sich ruhig das Barett abziehn von der Hand einer schwachen Magd.

Da stand sie nun mit dem Siegeszeichen im Arm am Rabenstein; vor sich den Todten, dessen entfesseltes Haar sich im Winde hob und das bleiche Leichenantlitz peitschte; neben sich den gespenstigen Gaul, der immer unruhiger und zudringlicher wurde; über sich hoch in den Lüften erneute Klagetöne und das Wimmern eines Sterbenden – und dennoch machte sie keine Anstalt zum Fortgehn.

Denn sie war ein Weib; die Neugier siegte über alle Schrecken der Umgebung, und sie beschloß, nicht eher von dannen zu gehen, bis sie erkundet, wessen das Pferd sei, und was es mit dem nächtlichen, unheimlichen Treiben an der andern Seite des Hügels für eine Bewandniß habe.

Da das Gewölk sich verzogen hatte, und die Sterne sich zeigten am dunklen Nachthimmel, so wurde es etwas heller und es war ihr vergönnt, die Gegenstände in einiger Entfernung zu unterscheiden. Um nicht gestört zu werden in ihrer Beobachtung, hielt sie sich hinter dem Pferde verborgen und sah nun, wie ein Seitenpförtlein im Kloster sich aufthat, und eine Nonne hervorging, zu der sich bald ein Mannesbild gesellte. Sie schlugen vereint die Richtung nach dem Hochgericht ein und schienen traulich mit einander zu kosen.

Da sah man plötzlich das Glänzen einer blanken Wehr im Sternen-
schimmer, ein dumpfer Schrei ertönte, die Nonne brach zusammen, und
der Räuber stürzte sich auf seine Beute, wie der Habicht auf die Taube.
Als die Magd die Gräuelthat verüben sah, da sträubte sich das Haar der
Lauscherin, und sie hätte beinahe ihre Fassung verloren. Nun war ihr einziger Gedanke, diesem entsetzlichen Aufenthalt so schnell wie möglich zu
entrinnen, und mit einem raschen Griff hatte sie das Pferd losgebunden;
sie schwang sich hinauf und ritt der Stadt zu. Sie hatte nicht nöthig, das
Thier zur Eile anzutreiben; denn es floh aus eigenem Antriebe den Schrek-
kensort und führte in ungeheuren Sätzen seine leichte Bürde zu den Wohnungen der Menschen.

Im Hause ihres Brotherrn war man indessen in der gespanntesten Erwartung. Zu Anfang erwartete man immer noch, die Magd werde sich doch
besinnen und in Kurzem umkehren. Als sie aber eine Stunde wegblieb und
noch eine, da wurde man ihretwegen besorgt, und der Bürgermeister, der
ebenfalls wach geblieben war, um den Ausgang zu erwarten, machte dem
Diener Vorwürfe, daß er mit der Herzhaftigkeit eines schwachen Mägd-
leins ein freventliches Spiel getrieben.

Da brauste es plötzlich die Obernstraße herauf; aber es war nicht das
Sausen des Windes, sondern Pferdegetrappel, das sich mit reißender Schnelle näherte. In wenigen Augenblicken hielt der Reiter gerade vor des Bürgermeisters Hause still, und Alles stürzte an die Thür, um das neue Abenteuer zu schauen, und zu sehen, was der späte Bote noch bringe. Da schwang
sich die Magd leicht herunter vom Pferde und hielt den Staunenden freudig das Barett entgegen.

»Ich habe die Wette gewonnen,« rief sie, »und morgen bekomme ich
den neuen Rock.«

»Den sollst du haben, du kühne Magd, und ich für meinen Theil lege
noch ein neues Wamms dazu,« sagte Herr Cord. »Nun aber sprich, was hat
es mit dem Pferde für eine Bewandniß?«

Als sie nun die nächtliche Frevelthat erzählt hatte, da befahl der kluge
Herr, das Thier in den Stall zu bringen. Am Morgen wolle man es vor der
Hausthür anbinden, dann werde der Mörder sich schon einstellen, um sein
Eigenthum zurückzufordern.

Und so geschah es. Am folgenden Morgen trat ein Mann ins Haus von wildem Aussehen, der ein großes Bündel unter dem Arm trug und ohne viele Umstände sein Pferd zurückverlangte. »Es ist mir,« – sagte er trotzig – »diese Nacht entlaufen, und ich danke Euch, daß Ihr es eingefangen und an die Straße gebunden habt, so daß ich es ohne große Mühe habe wiederfinden können.«

So hatte er sich selbst, ohne daß er es wußte, als den Mörder angegeben, und die Gerichtsdiener, welche im Hause des Bürgermeisters waren verborgen gehalten, traten hinzu und legten ihn in Fesseln. Als er sich verrathen sah, gestand er die schwarze That ein; er hatte nach einander drei Klosterjungfrauen beredet zur Flucht mit ihren besten Schätzen, und sie dann alle drei erwürgt, beraubt und in den Sand verscharrt.

Er erhielt den verdienten Lohn. Das Kloster aber wurde dieses Vorfalls wegen von seiner vorigen Stelle nach Lilienthal verlegt.

# X.
## Das Wunderhorn

Jene Jungfrau, welche ums Jahr 989 dem Grafen Anton I. von Oldenburg auf dem Osenberge das Trinkhorn überreichte, mag auch in der Nähe der Stadt Bremen ihr Wesen getrieben haben. Mit dem genannten Horn aber hat es folgende Bewandniß.

Der Graf hatte sich in der Hitze des Jagens von seinem Gefolge verirrt; er wünschte sich einen Trunk, weil es sehr warm war. Da öffnete sich plötzlich ein Sandhügel, und heraus trat ein schönes Mädchen; sie überreichte dem Dürstenden ein, mit Getränk angefülltes, Horn und versprach ihm dabei Einigkeit und Gedeihen in seiner Familie, wenn er es leeren würde.

Dem Grafen kam die Sache nicht geheuer vor; trotz des verzehrenden Durstes, welcher ihn plagte, enthielt er sich doch des Trinkens, und während er auf seinem Schimmel von dannen sprengte, goß er den Inhalt des Geschirrs rückwärts auf sein Thier. Bald darauf fand er seine Diener und ritt mit ihnen nach Oldenburg, wo denn bei genauer Untersuchung sich ergab, daß dem Pferde von der Schärfe des Getränks das Haar ausgegangen war.

Dies Trinkgeschirr wurde noch lange Jahre hindurch in Oldenburg als
ein großes Kleinod den Begehrenden mit Ueberreichung eines Trunks Wein
gezeigt; es war mit wunderbaren Figuren, Bildern und unbekannten Wappen, in Gestalt eines Jägerhorns, künstlich gebildet. Die Bestandtheile desselben haben die Goldschmiede anfänglich für Gold mit einem Zusatz von
Silber gehalten; als aber nachgehens ein Fuß davon zerbrochen, hat man
befunden, daß es sich nicht hat schmelzen lassen, ja gar kein Feuer annoh-
men wollen, daher es auch kein Künstler hat anfügen, noch auch erkennen
mögen, wovon dies Horn gemacht sei. Es wurde insgemein das oldenburgische goldene Horn genannt, hatte inwendig einen starken Geruch, der
ihm nicht zu benehmen stand, daher der Trunk etwas widerlich fiel.

In der Folgezeit ist es nach Kopenhagen gekommen.


# XI.
## Von einer großen Theurung im 9. Jahrhundert

Im letzten Jahre des 9. Jahrhunderts, nämlich im Jahre 899, war eine solche
Hungersnoth, daß die Leute, um Ihr Leben zu fristen, sich unter einander
selbst verzehrten.


# XII.
## Von der Marterburg

Zu Anfang des zehnten Jahrhunderts kamen die Hunnen, welche das ge-
sammte Deutschland mit ihren Raubschaaren überschwemmt hatten, auch
nach Bremen, steckten die Kirche in Brand und mißhandelten und tödteten
die Priester vor dem Altare.

Da erfolgte ein starkes Gewitter; Viele von dem Gesindel wurden vom
Blitz erschlagen, die Uebrigen entflohen voller Schrecken aus dem Dom,
liefen in blinder Angst nach der Weser und fanden ihren Tod in den Wellen.
Da zu jener Zeit die Tiefer und Wachtstraße noch nicht bebaut waren, so
befand sich zwischen der Kirche und dem Fluß ein großer, freier Platz.

Schlimmer noch erging es einem andern Haufen, welcher über die Domsheide rannte, um das Osterthor zu erreichen und sich zur Stadt hinauszu-
retten. Denn er wurde von den Bürgern, welche, die Angst der Heiden
sehend, sich schnell gesammelt hatten, zurückgetrieben und in die nächste
Straße hineingedrängt. Glaubten aber die Räuber, sich in der engen Gasse
gegen ihre Verfolger ohne große Anstrengung vertheidigen und ungefährdet nach der Weser zurückziehen zu können, so irrten sie sich gewaltig.
Denn es öffneten sich plötzlich die Fenster über ihren Häuptern, und die
Weiber gossen siedendes Wasser und Oel auf sie herab, so daß sie eines
jämmerlichen, martervollen Todes sterben mußten.

Von dieser Begebenheit hat auch jene Straße ihren Namen erhalten; sie
heißt noch bis auf den heutigen Tag M a r t e r b u r g .

## XIII.
## Hojer's Himmelfahrt.

Als der Erzbischof Hojer (905–15) gestorben war, wurde er in der St. Michaelis Capelle im Osten des Doms beigesetzt. Als man nach hundert und
zwanzig Jahren diese Capelle ausbessern wollte, war von seinem Leichnam
auch nicht die geringste Spur mehr zu entdecken, obgleich einige seiner
Kleidungsstücke noch wohl erhalten waren. Deshalb glaubten die Leute,
daß ihn der Herr zu sich in den Himmel genommen habe.

## XIV.
## St. Anschar's Traum

A n s c h a r , der in spätern Jahren (848–65) Erzbischof von Bremen war,
hatte in seiner Jugend einen sonderbaren Traum. Seine Mutter war eine
gottesfürchtige Frau, die aber schon starb, als er erst 5 Jahr alt war. Sein
Vater schickte ihn nun zur Schule. Aber er ging noch zu sehr mit kindi-
schen Gedanken um und spielte lieber, als daß er hätte lernen sollen. Da
däuchte ihm in einer Nacht, daß er sich an einem Ort befände, von wo er
keinen Ausweg sah. Aber nahe dabei lief ein lustiger Weg vorüber, auf wel-

chem schöne Frauen in weißen Gewändern lustwandelten, worunter auch
seine Mutter war. So wie er sie erblickte, wollte er zu ihr hin, sah aber gar
keinen Pfad, der ihn hätte hinüberführen können. Da rief die Schönste
unter den Frauen:»Sohn, willst Du zu Deiner Mutter kommen?« – und als
er dies bejahte, fuhr sie fort:»Willst Du unserer Gesellschaft theilhaftig
sein, so mußt du alle Bosheit meiden und die Kinderschuhe ausziehen.
Denn wir hassen und verfluchen alle bösen und eitlen Dinge und kommt
auch Niemand in unsern Orden, der zur Eitelkeit Lust hat.« Nach diesem
Gesichte hat Anschar angefangen, sich fromm und gottesfürchtig zu halten, daß sich seine Mitschüler darüber verwunderten, wie er in der kurzen
Zeit sich so gar verändert habe.

# XV.
## Adaldag's Traum

Adaldag (Erzbischof v. 936–88) brachte von seiner Reise aus Italien vielerlei Reliquien mit, die er dem Dom schenkte, oder an die Stiftskirchen
vertheilte. Den Leichnam des heiligen Victor brachte er nach Bassum. Dort
erschien ihm Anschar im Traum und ermahnte ihn, die Kirche zu Bücken
nicht untergehen zu lassen. Seit jener Zeit widmete Adaldag derselben eine
besondere Sorgfalt.

# XVI.
## Der alten Friesen Seeabenteuer

Zur Zeit des Erzbischofs Bezelin, mit dem Beinamen Allebrand (1035–
43), unternahmen einige vornehme Friesen eine Entdeckungsreise, um sich
davon zu überzeugen, ob die gewöhnliche Meinung, daß sich im Norden
der Weser kein festes Land mehr finde, gegründet sei. Der Volksglaube
dachte sich dort nur eine ungeheure, unbegränzte Meeresfläche, die L i b e r -
s e e genannt.

*Holzschnitt aus Wilhelm Wessels »Kurtze / ordentliche Beschreibung*
*Der Ertzbischöffe und Bischöffe im Löblichen Ertz-Bisthumb Bremen...«, 1617*

Jene Gesellschaft ging also muthig in See, ließ Dänemark rechts, England zur Linken liegen und gelangte nach den orkadischen Inseln; jetzt ließen sie Norwegen rechts liegen und erreichten nach langer Fahrt das eisige Island. Als sie von diesem Lande abfuhren zur Weiterreise und jene Gewässer bis zu den äußersten Enden durchschifft hatten, so daß sie alle Eilande hinter sich liegen sahen, empfahlen sie ihr kühnes Wagniß dem allmächtigen Gott und dem heiligen Willehad; denn sie geriethen in eine undurchdringliche Finsterniß und bald darauf in einen heftigen Meereswirbel. Sie flehten darauf die Barmherzigkeit Gottes an, daß er nur ihre Seelen zu sich nehmen möge. Da wurden sie durch eine heftige Gegenströmung zurückgeworfen, so daß sie durch diese, ihnen zu rechter Zeit gewordene, Hülfe Gottes aus der augenscheinlichsten Gefahr gerettet wurden; denn jetzt war es ihnen möglich, durch angestrengtes Rudern dem Strudel zu entkommen.

Aus jenem gefahrvollen Dunkel, jenen Strömungen und jener Kälte waren sie also wieder erlößt; da kam ihnen nach einiger Zeit eine von hohen, steilen Klippen umgebene Insel zu Gesicht, welche fast das Ansehn einer ungeheuern Stadt mit gewaltigen Festungswerken hatte.

Einige von den Reisenden stiegen ans Land, um das Innere des Eilandes zu untersuchen. Da fanden sie zur Mittagszeit die Menschen in unterirdischen Höhlen verborgen. Vor den Thüren dieser Höhlen lag eine unendliche Menge Geschirre von Gold und köstlichem Metall. Sie nahmen davon, soviel sie tragen konnten und eilten froh zu ihren Schiffen zurück. Da sehen sie plötzlich hinter sich Menschen von wunderbarer Größe, nur mit einem einzigen Auge mitten auf der Stirn; vor ihnen her verhältnißmäßig große Hunde in gewaltigen Sprüngen, die auch einen von den Schiffern erreichten und sogleich in Stücken rissen.

Den übrigen Friesen gelang es, unversehrt ihre Fahrzeuge zu erreichen; sie wurden aber bis auf die hohe See von den schreienden Riesen verfolgt. Nach allen diesen Fährlichkeiten kamen sie endlich nach Bremen zurück, wo sie dem Erzbischof Allebrand Alles der Reihe nach erzählten und dem frommen Christus und dessen Bekenner Willehad, der glücklichen Heimkehr wegen, ihre Dankopfer darbrachten.

## XVII.
## Wunderbare Wirkung des Genusses des Abendmahls.

Der Erzbischof L ü d e r i c h s (840–47) Zeiten war eine Magd, die nahm Gottes Leichnam in den Ostern und lebte drittehalb Jahr hindurch, ohne irgend eine irdische Speise zu genießen.

## XVIII.
## St. Victors Erscheinung im Dom

Im Jahre 1311, als man am St. Victorstage dem Heiligen zu Ehren im Dom eine feierliche Prozession veranstaltet hatte, und der Domdechant, Herr Boege, über der Taufe stand zwischen dem Diacon und Subdiacon, sprach er zu den beiden Herren, die sich neben ihm befanden: »Wer mag der stolze Ritter sein, der da mitten im Dom steht?«

»Herr,« – erwiederten sie »mit Eurem Willen und Urlaub, da steht ja Keiner.« »Seht Ihr Niemand jenseits der Taufe stehen?« fragte der Dechant noch einmal. Und als sie es wiederum verneinten, und auch der Kämmerer, welchen er befragte, nichts sehen wollte, ging der Dechant nach der Seite hinüber, wo der Ritter stand, redete ihn an und bat ihn, daß er St. Peters Brot mit ihm essen möchte. Jener antwortete, daß ihm solches nicht zuständе. Als ihn aber der Dechant um seinen Namen fragte, erwiederte er: »Ich bin Victor, den ihr hier begeht in der Ehre Gottes.«

Da sah alles Volk, wie der Dechant niederkniete, um dem Heiligen seine Ehrfurcht zu erweisen. In demselben Augenblick aber war dieser verschwunden, und der Dechant erzählte nun alle Dinge, die ihm mit St. Victor begegnet waren.

## XIX.
## Der Mehlkasten des Domdechanten.

In den Jahren 1315 und 16 war eine außerordentliche Theurung in allen
Landen, und viele Menschen mußten Hungers sterben. In Lievland war
die Noth gränzenlos, und in Polen, der Kornkammer eines großen Theils
des europäischen Nordens, war damals solcher Mangel, daß die Eltern ihre
Kinder aßen; die Leichen wurden aus den Gräbern hervorgescharrt und
die Diebe aus dem Galgen genommen und verzehrt. In Bremen kostete
der Scheffel Rocken 24 alte Grote.

In diesen schweren Zeiten ließ Herr Boege, der Domdechant, Korn
und Mehl unter die Armen vertheilen, auch täglich einen Scheffel Mehl
verbacken, zum Besten der Bettler, welche die Thüren seines Hauses bela-
gert hielten. Endlich machte ihm das Gesinde Vorstellungen über seine
Verschwendung und deutete darauf hin, wie er selbst in Verlegenheit kommen wurde, wenn sein Vorrath erschöpft wäre.

Da gebot Herr Boege alles Korn zusammen zu fegen in den Kasten und
nicht abzulassen vom Almosengeben; Gott der Herr würde Alles wieder
ersetzen.

Und siehe da, die Diener kamen zurück und meldeten dem Dechanten,
alle Winkel und Ecken seinen voller Korn. Da fing der fromme Herr, von
dankbarer Rührung überwältigt, an zu weinen und gebot seinen Leuten,
daß sie den Armen noch zweimal soviel geben sollen als vorhin.

Zu Bremen war noch Brot zu haben für Geld, in vielen andern Ländern
aber nicht, und wenn Jemand einen Pfennig Werths Brot von eines Bäk-
kers Fenster nahm, so wurde nicht so genau darauf gesehn.

# XX.
## St. Oleffs Sarg

### 1. Die Huldigung des Erzbischofs

Im September des Jahres 1579 ging es sehr lebendig her in der Stadt Bremen. Von des Morgens früh bis zum späten Abend sah man die Bürger mit ihren Waffen in den Straßen, wie sie zur Musterung zogen oder von ihren Sammelplätzen in kleineren Abtheilungen sich wiederum nach ihren Wohnungen verfügten. An allen Kreuzstraßen wurden Pfähle eingerammt und mit Ketten versehen, um die Straßen im Nothfall absperren zu können.

Den 22. langte die waffenfähige Mannschaft aus Neuenkirchen an, bei funfzig Mann stark und folgenden Tags die Wehrpflichtigen aus Bremerlehe, hundert und neun Hakenschützen und hundert und vierzehn Mann mit langem Gewehr; diese ganze auswärtige Mannschaft wurde bei den Bürgern in die Kost gelegt,

Ein Fremder, der die Veranlassung dieser Anstalten nicht gewußt hätte, würde geglaubt haben, die Stadt rüste sich zu einem großen Kriege; aber alle diese Vorbereitungen galten einer friedlichen Feierlichkeit. Denn man erwartete den Herrn Erzbischof Heinrich, den dritten dieses Namens, welcher sich wollte huldigen lassen, und die Stadt hatte beschlossen, Alles aufzubieten, was zur Verherrlichung des Einzugs dieses mächtigen Fürsten, der zugleich Bischof von Osnabrück und Paderborn war, beitragen konnte.

Schon im August hatte der Rath vier Rathmänner beauftragt, in jedem Kirchspiel die Bürger aufzuzeichnen, Mann für Mann, und welcherlei Gewehr ein Jeder hätte. Davon gingen zwei umher in U. L. Fr. und Martini-Kirchspiel, als Behrend Kolzenberg und Heinrich Schweeghusen, und in Anschars- und Stephani-Kirchspiel Karsten Regenstorp und Lüder Lösekanne.

Da wurden befunden in den beiden kleinen Kirchspielen als U. L. Fr. und St. Martini zwei und funfzig Rott haussitzender Bürger, 867 Mann an der Zahl, Söhne, Knechte, geistliche Leute, Schuldiener, Herrendiener und Küster ungerechnet. Aber die beiden großen Kirchspiele waren noch bedeutend stärker, so daß der Rath im Stande war, dem Erzbischof eine stattliche Kriegsmacht zu zeigen, und als am 25. der Einzug wirklich erfolgte, wurden die Bürger folgendermaßen in den Straßen aufgestellt.

Die Bürger von St. Stephani unter ihren Hauptleuten Hinrich Salomon und Karsten Regenstorp (zwei Rathmännern) und ihren Fähndrichen Hinrich Laves und Borchert Schwermann, so wie die von St. Anschars mit ihrem Hauptmann Schwerder Schulte und ihrem Fähndrich Johann Gröning, genannt Hannibal, standen vom Anscharsthore zu beiden Seiten der Straßen wohlgerüstet bis an die Haakenstraße. Die kurze enge Straße dann beim Hurrelberg war nicht besetzt. Darauf vom Marktplatz bis Clüvers Hof an der Domsheide, wo der Erzbischof absteigen wollte, standen die Bewohner von U. L. Fr. und Martini; bei jenen war Arend Laves Hauptmann und Alexander Bicker Fähndrich, bei diesen war Hauptmann Gerd Wessels und Fähndrich Arend Balleer. Die Schützen endlich, geführt von Hauptmann Hermann Schomaker und dem Fähndrich Hans Nolken, standen auf dem Marktplatz in der Kütelbank in Schlachtordnung.

Da war ein großes Volk bei einander, und waren die Leher und Neuenkirchener unter die Bürger vertheilt.

Dem Erzbischof zogen entgegen der Adel aus den Aemtern Langenwedel und Thedinghausen, die Abgeordneten des Domkapitels und die Grafen von der Lippe mit dem osnabrückischen und paderbornschen Adel. Von Seiten des Raths, die Bürgermeister Erich Hoyer und Carsten Steding und der Syndicus Christoph Wedekind. Bei Oslebshausen begegneten sie ihm und schlossen sich seinem stattlichen Gefolge von 500 Pferden an. In seiner Begleitung befand sich auch Hinrich Ranzau, königl. dänischer Statthalter in Holstein, und Jobias von Quelen, Amtmann zur Steinburg bei Itzehoe.

Als er vor der Stadt anlangte, wurden alle groben Geschütze rings um die Stadt gelöst, so wie auch die Schlange auf dem Anscharsthurm.

Des Erzbischofs Vortrab bildeten 132 Reiter mit 3 Trompetern; die waren in Seide und Sammt gekleidet, mit Federbüschen und sonst reich geschmückt.

Darauf folgte der Erzbischof und hatte neben sich laufen einen Haufen Trabanten, theils aus Land Wursten, theils aus dem Stift, in Roth und Weiß gekleidet, voran 6 Trompeter.

Der ganze Nachtrab war in schwarzen Harnischen, und die Hengste dieser Abtheilung waren von ausgezeichneter Schönheit.

Der Fürst hielt nun unter dem Geläute aller Glocken des Doms seinen Einzug und wurde an der Domsheide von der Geistlichkeit in Empfang genommen, die sich dort in langen, eigens für diese Gelegenheit angeschafften Kleidern, aufgestellt hatte. Es war zwischen vier und fünf Uhr, als er vor seinem Hof anlangte, und als er abstieg, erhielt Segebade, der Marschalk, seinen Leibhengst, nach alter Gewohnheit.

Der Rath sandte dem Erzbischof diesen Abend zwei Last roth und weiß Bier, zwei Fäßer Wein, vier fette Ochsen, zwanzig Schaafe, zwei Lachse und eine große Menge Hafer.

Folgendes Tags fanden die eigentlichen Huldigungsfeierlichkeiten Statt; das Domkapitel und die Stiftsritterschaft leisteten im Dom, die beiden Kämmerer im Namen des Raths und der Stadt auf dem Rathhause den Eid. Zuerst begab sich der Erzbischof zu Pferde nach der Domkirche. Vor ihm her gingen drei Ritter neben einander, darauf die Vikarien und dann die Kanoniken aus allen vier Stiften. Jetzt kam der Erzbischof, Heinrich der Dritte, ein Sohn des Herzogs Franz zu Sachsen, Engern und Westphalen, ein stattlicher Herr von dreißig Jahren. Er trug einen langen schwarzen Sammtrock, mit Zobel gefüttert; die Pagen, welche ihm folgten, waren in braunem Sammt, mit goldenen Schnüren. Den Beschluß machten die Ritterschaft, die Geistlichen und die Dienerschaft.

Als der Gottesdienst beendigt war, welchem der Fürst in einem prachtvoll mit Sammt ausgeschlagenen Stuhl unter dem Lektor beiwohnte, huldigte ihm das Kapitel auf dem Chor, und nach einigem Zögern auch die Ritterschaft. Von da ritt er nach dem Rathhause und stieg an der Treppe bei U. L. Fr. Kirchhof ab, wo er von den Trompetern und Heerpaukern begrüßt wurde. Jetzt las der bischöfliche Kanzler den beiden Kämmerern den Eid vor: »Ihr beiden Kämmerer nehmet von wegen E. E. Raths und der ganzen Gemeinheit dieser Stadt Bremen gegenwärtigen unsern gnädigen Landesfürsten und Herrn auf für Euren rechten Landesherrn, und Ihr wollet und sollet hinfort seiner fürstlichen Gnaden treu und hold sein, derselben Bestes wissen und Arges wenden, wie fromme Leute von Rechtswegen schuldig sind.«

Die Angeredeten erhoben dann ihre beiden Hände zu Gott im Himmel und leisteten damit stillschweigend, ohne ein einziges Wort dabei zu sprechen, den Huldigungseid. Da wurde geschenkt Klarett und Wein, und grüner Ingwer und Backwerk herumgereicht, und der Fürst begab sich einstweilen wieder nach seinem Hof, bis die nöthigen Vorkehrungen zur Mahlzeit auf dem Rathhause getroffen waren. Dort wurde er denn mit seiner

Ritterschaft und Geistlichkeit herrlich bewirthet mit mancherlei Gerichten, Konfekt, und anderm künstlichen Gebäck aus Zucker; es wurde getrunken Wein, Hamburger und Eimbeker Bier und also ein köstliches Mahl gehalten unter lustigem Trompetenschall, und wenn man ans Fenster trat, sah man unten auf dem Marktplatz die erzbischöflichen Trabanten mit einander kämpfen. Damit waren die Gastereien noch keineswegs zu Ende. Denn am folgenden Tage bewirtheten die Aelterleute den Fürsten auf dem Schütting, und man wollte die Bemerkung machen, daß er dort viel fröhlicher gewesen sei; es war daselbst unter andern ein mit Geschütz versehenes Schiff aufgehängt, welches zur Belustigung der Anwesenden tüchtig kanonirte.

## 2. Der Sarg

Solche Pracht war seit Menschengedenken in der Stadt Bremen nicht zu schauen gewesen, und aller Orten, wo es etwas zu hören und zu sehen gab, war ein großes Gedränge von Bürgern und Fremden.

Es wohnte aber zu jener Zeit hinter der Mauer, unweit der Aschenburg ein Kahnschiffer, Karsten Tiemann genannt. Der blieb, während alle seine Nachbarn die Häuser hinter sich verschlossen, um mit Weib und Kind nach dem Domshof und dem Markte zu gehen, des herrlichen Schauspiels zu genießen, ruhig daheim. Er saß in Schweigen versunken auf einem großen Stuhl am Fenster und schaute gedankenvoll nach den Fahrzeugen, die, mit allerlei bunten Flaggen geziert, auf dem Strom lagen. Das war das Einzige, was ihm von all' den Festlichkeiten zu Gesicht kam, da er wegen eignen Siechthums und der Krankheit seines Kindes das Haus hüten mußte, und es würde ihn weiter nichts an des Fürsten Aufenthalt in der Stadt erinnert haben, wenn nicht seit einigen Tagen auf der benachbarten Aschenburg eine Dame von hohem Range mit zahlreicher Dienerschaft eingekehrt wäre, von welcher man nicht wußte, ob sie die Gemahlin eines Herrn vom Gefolge oder gar eine Anverwandte des Erzbischofs selbst sei.

Im Hintergrund des Zimmers saß Tiemanns Frau neben dem Lager ihres kranken Kindes. Sie war mit Stricken beschäftigt, und bückte sich von Zeit zu Zeit über den schlummernden Knaben, um seinen Athemzügen zu lauschen. Wandte sich dann der Mann herum und sah ihr fragend ins Auge, so nickte sie ihm zu mit tröstlicher, beruhigender Gebärde, obgleich sie

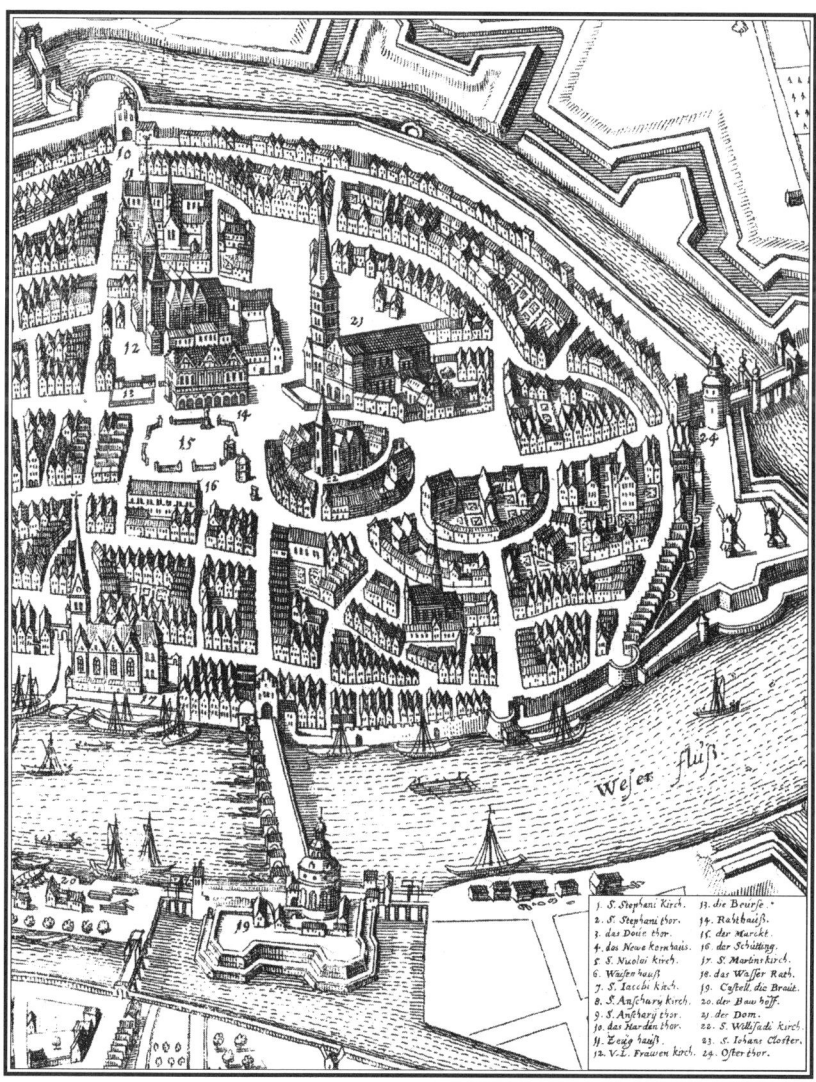

1. S. Stephani Kirch.
2. S. Stephani thor.
3. das Doue thor.
4. das Newe kornhaus.
5. S. Nicolai kirch.
6. Waisen hauß.
7. S. Iacobi kirch.
8. S. Anschary kirch.
9. S. Anschary thor.
10. das Harden thor.
11. Zeug hauß.
12. V. L. Frawen kirch.
13. die Beurse.
14. Rathhauß.
15. der Marckt.
16. der Schütting.
17. S. Martini kirch.
18. das Wasser Rath.
19. Castell die Braut.
20. der Baw hoff.
21. der Dom.
22. S. Willsadi kirch.
23. S. Iohans Closter.
24. Oster thor.

*Ausschnitt aus der Bremen-Vogelschau von Matthäus Merian*
*in der Topographia Saxoniae Inferioris von 1653*

selbst wenig Hoffnung hatte, daß das Kind genesen werde. Aber sie wollte
seines Kummers schonen und verheimlichte sorgfältig ihre Befürchtungen.
Vor Jahren war Karsten ein wohlhabender Mann gewesen und hatte sich
in dieser Beziehung mit einem jeden seiner Nachbarn messen können. Das
hatte sich aber gewaltig geändert; es war, als wenn ein Unstern ihn verfolgte.
Was er auch unternehmen mochte, es wollte ihm nichts gelingen. Als er sich
verheirathete, entsagte er, durch die Bitten seiner Frau bewogen, dem See-
leben und kaufte sich einen Kahn, um mit Frachtfahren auf der Weser sein
Brot zu verdienen; von dem Augenblick an aber hatte er beständig Unglück,
und wenn er nach zurückgelegter Reise seine Einnahme mit den Unkosten
verglich, so fand er sich stets im Nachtheil. Bald zerriß der Sturm die Segel
und beschädigte das Tauwerk, bald hatte das Schiff einen Leck, und obgleich Karsten die Ausbesserung selbst besorgte, so ging doch die edle Zeit
darüber verloren; ehe er sich's versah, war dann der Winter vor der Thür,
und mit der Schiffahrt war es für das laufende Jahr vorbei. Dazu kam, daß
seine Kinder im Frühjahr von der Seuche, an welcher so viele Menschen
starben, ergriffen und bis auf den kleinen Franz von derselben hinweggerafft
wurden. Manchen schönen Thaler trug Karsten hin für die Arzneien; denn er
wandte Alles daran, seine Lieblinge zu retten, und als sie dennoch unterla-
gen, verschlangen die Begräbnißkosten den Rest seiner Habe.

So gerieth er in Schulden, die Unglücksfälle folgten sich Schlag auf Schlag,
und es war jetzt so weit mit ihm gekommen, daß in der künftigen Woche sein
Haus auf dem Rathhause bei brennender Kerze verkauft werden sollte; mit
dem Fahrzeuge hatten es seine Gläubiger nicht besser im Sinn, und dem
Anschein nach war der Bettelstab für ihn die einzige Zuflucht.

Aber, war auch sein Vermögen dahin, so verzagte er dennoch nicht und
hoffte, wenn er nur erst selbst wieder hergestellt sein würde, seine Familie
mit seiner Kunstfertigkeit ernähren zu können. Denn er war ein tüchtiger
Schiffszimmermann; als solcher hatte er manches Jahr zur See gefahren.
Dabei war er ein Meister in allerlei Schnitzwerk, und der Stuhl, in welchem
er saß, ein Werk seiner Hände, konnte ein genügendes Zeugniß ablegen
von seiner Geschicklichkeit.

Trat man in die Wohnstube, so erblickte man allenthalben die Spuren
der bittersten Armuth; kaum, daß sich der nothwendige Hausrath vorfand,
da Karsten alles irgend Entbehrliche verkauft hatte, um nur die dringend-

sten Bedürfnisse zu befriedigen. In dieser ärmlichen Umgebung mußte denn der erwähnte Stuhl besonders auffallen, ein Meisterwerk der Bildschnitzerei, mit reichen Blumengewinden und prächtigen Gestalten von Löwen, Drachen und Greifen, und auf den Ungeheuern ritten anmuthige Kindergestalten und musicierende Englein. Der Lehnsessel des Erzbischofs konnte nicht köstlicher sein.

Dies Geräth hatte Karsten ohne Hülfe eines Andern verfertigt; und es war ihm vor Kurzem ein ansehnliches Stück Geld dafür geboten; aber obgleich die bittere Noth ihn schon zu manchen Aufopferungen gezwungen hatte, von dem Stuhl konnte und wollte er sich nicht trennen. Ja, als seine Frau ihm bittend ins Auge blickte, daß er zuschlagen solle, gerieth er fast in Zorn und verbot ihr ein für alle Mal, von solchen Dingen zu sprechen.

Zwar seien sie jetzt, meinte er, in Kümmerniß und Elend; aber er habe doch noch Aussicht, wenn er nur erst wieder etwas zu Kräften gekommen sei, sich und die Seinen ehrlich durchzubringen; sei aber der Stuhl erst verkauft, so würden Noth und Armuth unwiderruflich für immer ihren Wohnsitz unter seinem Dache aufschlagen.

Er hatte schon bei verschiedenen Gelegenheiten ähnliche Aeußerungen gemacht, aus denen hervorging, wie er glaube, das Schicksal und Gedeihen der Familie hange mit dem Besitz des Stuhls eng zusammen. Drang aber seine Frau in ihn, ihre die Sache zu erklären, dann schwieg er geheimnißvoll. Denn er fürchtete, durch eine unumwundene Erzählung in den Ruf des Papismus und der Gottlosigkeit zu kömmen.

Nämlich in jungen Jahren hatte er als Schiffszimmermann eine Reise nach Drontheim gemacht, und dort war ihm ein höchst ehrenvoller Auftrag zu Theil geworden. Denn da die Schweden den wunderthätigen Körper des heiligen Oleff's, welcher im Jahr 1029 seinen Tod gefunden, in ihre Gewalt zu bekommen trachteten, brachten ihn die Normänner bei Seite. Er war aber ganz unversehrt, ohne die mindeste Spur von Verwesung und die Todeswunde noch deutlich zu schauen. Allein der Sarg, der bereits über ein halbes Jahrtausend alt war, wollte beinah aus einander fallen, und man erkundigte sich deswegen nach einem tüchtigen Zimmermann, dem man die Verfertigung des neuen Todtenkastens übertragen könnte. Da fragte man hin und her, in der Stadt und auf den Schiffen, und es wurde keiner gefunden, der sich des Dinges unterziehen mochte, als Karsten Tiemann (1565).

Derselbe gab sich also an die Arbeit und lieferte in kurzer Frist ein Werk, das durch die Schönheit der Darstellungen aus dem Leben des Heiligen, so wie wegen der geschmackvollen Verzierungen allgemeine Bewunderung erregte. In diesem kostbaren Schrein sollte hinfort St. Oleff ruhen, und eine Menge Bauern warf Gold und Silber mit hinein, Gott und dem Heiligen zu Ehren. Aber man vergaß auch des Meisters nicht, und er erhielt eine reiche Belohnung.

Karsten schüttete denn allerdings hoch erfreut die blanken Silberthaler in seinen Beutel; aber den besten Lohn hatte er sich, seiner Meinung nach, schon selber genommen. Das waren zwei tüchtige Splitter von dem alten Sarge des Märtyrers, und er gedachte, ihr Besitz müsse glückbringend für ihn sein.

Deßhalb hob er sie auch sorgfältig auf bei der Rückfahrt, und als er nun sein eigenes Hauswesen einrichtete, da hätte ihm Niemand sein Geräth zu Dank machen können. Er machte sich selbst darüber her, und als Stühle, Tische und Laden fertig waren, da hätte er auch gern seinen Heiligthümern einen würdigen Schrein bereitet, um dieselben in seinem Zimmer aufzubewahren. Das durfte er aber nicht wagen in der gewöhnlichen Weise, vor seiner Frau und seinen Nachbarn. Da gab er, um jedem Verdacht von vorn herein zu begegnen, dem Behälter die Gestalt eines Sessels und brachte die eigentliche Reliquienlade, an jeder Seite von einem Engel bewacht, in der Rückenlehne an; dahinein legte er, ohne Jemandes Vorwissen den größten jener Splitter. Den zweiten, kleinern, hatte in im Maste seines Fahrzeugs verborgen, und glaubte nun steif und fest, jede Unternehmung müsse ihm jetzt gelingen, zu Lande sowohl wie zu Wasser.

Aber, wie er sich auch mühte und arbeitete, Tag und Nacht, es ging Alles bei ihm den Krebsgang, und erst jetzt, wo er beinahe schon an den Bettelstab gekommen war, kamen ihm andere Gedanken, und es wollte ihm bedünken, als habe er doch wohl nicht recht gehandelt, daß er sich auf die morschen Alterthümer gar so fest verlassen. Ja dies Vertrauen erschien ihm jetzt sündlich; war er doch, wie dazumal schon die ganze Stadt, der neuen, gereinigten Lehre zugethan, welche die Verehrung der Heiligen verdammt, und er nahm sich zu verschiedenen Malen vor, einen Geistlichen über seine Zweifel zu Rathe zu ziehen.

### 3. Johann Knecht

Diese Gedanken beschäftigten ihn auch heute wieder, und er überlegte, ob es nicht gerathen sei, seiner Frau, welche doch so treulich Noth und Kummer mit ihm theile, Alles zu offenbaren.

Da trat der Knecht zur Stube herein, brummte einen mürrischen Gruß und setzte sich in die andere Fensterecke. Er stemmte die Ellenbogen auf den Tisch und stützte nachdenklich sein Haupt. Das war ein finsterer Bursche, Namens J o h a n n   K n e c h t, aus Bremerlehe gebürtig und seit einigen Monaten bei Karsten im Dienst für die Kost. Die Magd war gegangen, als die Bissen kleiner wurden; Johann hatte bis heute ausgehalten, aber nicht aus Anhänglichkeit gegen seinen Herrn, sondern weil er nirgends anders hin wußte.

Denn seit es bekannt geworden, in welcher Nähe sich derselbe mit dem Teufel befunden, wollte ihn keiner, und Karsten, der doch, so lange er noch das Fahrzeug hatte, bei seiner Kränklichkeit nicht allein fertig werden konnte, behielt ihn nicht ungern, da er, wenn auch schweigsam und verschlossen, doch rührig bei der Arbeit war.

Man erzählte sich aber von ihm, daß er drei Personen vor und nach betrogen und sich bei einer jeden verwünscht habe, ihn sollte der Teufel holen, wenn er sie nicht ehelichte. Als er nun im Monat März dieses Jahrs (1579) von Lehe nach Weddewarden in Begleitung eines jener Mädchen ging, wurde er unvermerkt aufgenommen, ohne daß seine Begleiterin ihn hätte von dannen fahren sehen; sie hörte bloß das Sausen und Brausen in der Luft. Er aber wurde zu Weddewarden ins Sieltief bis an den Hals ins Wasser niedergesetzt, in der Nähe der Windmühle und rettete sich mit genauer Noth. Seit der Zeit hatte er eine Leichenfarbe, und Jedermann ging ihm aus dem Wege. Deßhalb war ihm der Aufenthalt in der Heimath unerträglich geworden, er war nach Bremen gewandert und hatte bei Karsten Tiemann eine Zuflucht gefunden.

Als Johann einige Zeit vor sich hingebrütet hatte, erhob er sich und trat zu seinem Herrn. »Für meine frühern Vergehungen,« hub er an, »habe ich meinen Lohn genugsam empfangen, wie Ihr selber wisset. Ich habe mir solches zur Lehre dienen lassen und meinen Lebenswandel geändert. Aber, daß ich nun auch noch für Andere büßen, daß ich dieselbe und vielleicht eine noch schlimmere Strafe, als die frühere, ohne mein Verschulden erlei-

den soll, ist unerhört und ich bitte Euch flehentlich, mir in Eurem Hause
eine Schlafstelle einzurichten. Auf dem Fahrzeuge werde ich, mag es gehen
wie es will, keine Nacht wieder zubringen.« 
Karsten horchte neugierig auf und erkundigte sich nach dem neuen
Abenteuer.

Da erzählte der Knecht, wie er seit einigen Nächten um die Mitternacht-
stunde durch ein Hin- und Wiederlaufen im Schiffe, durch Poltern und
Gekreisch geweckt und mit dem Fahrzeuge über Land und Meer entführt
werde, und daß er nie zur Ruhe kommen könne, bis die Glocke Eins geschlagen. Dann sei es wieder still und am Morgen, wenn er aufstehe, sei
Alles in bester Ordnung, und das umhergestreute Blätterwerk und die zer-
pflückten Zweige, die er auf dem Verdeck finde, die einzige Erinnerung an
den nächtlichen Unfug.

Gestern Abend habe er aus Neugier das Schiff mit Asche bestreut, ob
man etwa aus den Fußtapfen einen näheren Aufschluß erhalten könnte; da
habe er durch einander gefunden die Spuren von Menschen, Hühnern und
Gänsen. Das Ding sei ihm zu graulich, und wenn es nicht möglich sei, daß
er in Zukunft im Hause schlafen könne, so sei er gesonnen, noch heute
seinen Wanderstab weiter zu setzen.

Karsten hatte ihm mit ungläubiger Miene zugehört und suchte ihm die
Sache aus dem Kopfe zu reden; als aber Johann endlich mit Bestimmtheit
erklärte, vier Pferde sollten ihn die Nacht nicht wieder nach dem Kahne
bringen, erhielt er seinen Abschied. Der Hausherr nahm sich indeß vor,
das Ding selbst näher zu untersuchen; denn er betrachtete das Ganze als
eine leere Erdichtung und argwöhnte, es möge sich ein Liebhaber zu dem
Fahrzeuge gefunden und, um jeden Andern vom Aufbieten zurückzuschrek-
ken, den Knecht bestochen haben, dasselbe durch dergleichen Erzählungen in Verruf zu bringen.

Die Frau betrachtete das ganze Vorhaben als zu gewagt und wollte ihren Mann durchaus nicht gehen lassen, als er nach dem Abendbrote sich
anschickte, nach dem Kahn hinunter zu gehen, um die Nacht auf demselben zu verweilen. Sie wußte wohl, daß sie ihm mit ihrer Gespensterfurcht
nicht kommen dürfe; sie wies daher auf seine schwächliche Gesundheit
hin und gab ihm zu bedenken, wie schädlich ihm der nächtliche Aufenthalt
auf dem Wasser sein würde.

## 4. Die Ausfahrt

Was sie aber auch Alles vorbringen mochte, er wußte sie endlich doch zu beruhigen, und um 9 Uhr, als es vollkommen finster war, begab er sich an Bord.

Er war ein für jene Zeiten aufgeklärter Mann, der nie einen Spuk erlebt und niemals Gespenster gesehen hatte und deswegen bei jeder Gelegenheit seine Zweifel über das Vorhandensein übernatürlicher Dinge äußerte. Er pflegte auch wohl hinzuzusetzen, daß es ihm lieb sein würde, wenn ihm einmal wirklich dergleichen zu Gesicht käme.

Da stand er denn auch straff und trotzig am Mast, in Erwartung der Dinge, die da kommen sollten. Auf der Aschenburg waren sämmtliche Fenster erleuchtet, und Pauken- und Trompetenschall gab Kunde von dem fröhlichen Bankett. Auch war es noch lebendig in den Straßen, Leute mit Laternen gingen hin und her und in einer Schenke am Ufer vernahm er deutlich lauten Wortwechsel, der sich mit einer heftigen Schlägerei endigte.

Allmählig verschwanden die Leute von den Straßen, der Trompetenschall war verstummt, die Lichter in der Burg wurden ausgelöscht und auf dem Wasser lagerte sich eine undurchdringliche Finsterniß. Es wurde spät und still. Von Zeit zu Zeit schrillte der Wetterhahn auf dem Dache der Aschenburg, wenn der Wind umsprang; auch hallte der dumpfe Ruf der Runde von der Natel beim Fangthurm zu ihm herunter, und die Kirchenglocken ließen sich von Viertelstunde zu Viertelstunde vernehmen.

Dann war Alles wieder ruhig, und das Knarren der Taue, so wie das leise, ununterbrochene Plätschern der Wellen war das einzige Geräusch, das zu seinen Ohren drang.

Jetzt hatte er volle Muße, des Knechts Erzählung noch einmal zu überdenken. Er sah das ganze Ereigniß im Geiste vor sich, das Verdeck bevölkerte sich mit verdächtigen Menschen und geheimnißvollem Geflügel, Alles drängte sich zu ihm, und bestürmte ihn mit Fragen, wie er hierher gekommen und was sein Begehr sei.

Er zuckte unwillkürlich zusammen, wollte sich aber seine Furchtsamkeit nicht selbst eingestehn, sondern schob sein Schaudern und Frösteln darauf, daß der Wind schneidender und die Luft kälter geworden sei.

Die Glocke schlug zehn, sie schlug halb eilf, und er suchte nach einer Stelle, wo er sich verbergen und unbemerkt seine Beobachtungen anstellen möchte. Aber oben auf dem Verdeck konnte seines Bleibens nicht sein, das sah er wohl, und er mußte sich schon entschließen, hinunter zu gehen, um dort einen Schlupfwinkel zu suchen.

Ueber seinem Hin- und Wiedergehen schlug es drei Viertel auf eilf, und ohne sich weiter zu besinnen, oder nach einem andern Platz umzusehen, verfügte er sich ungesäumt in seine Schlafkoje, verriegelte die Thür hinter sich und legte sich nieder.

Was sollte er auch noch länger da oben in der Kälte stehen, und sich von dem Johann zum Besten haben lassen. Und wenn sich dennoch im Verlauf der Nacht etwas Verdächtiges sollte hören lassen, so war er ja immer bei der Hand. Auch konnte er ungesehen Manches durch die Spalte der geöffneten Thür bemerken.

Kaum lag er im warmen, sichern Bette, als der erste Schlag der eilften Stunde vom Stephanithurm her über das Wasser dröhnte, und in demselben Augenblick vernahm Karsten über sich ein Trappeln und Scharren, ein Laufen und Wandern, wie wenn ein großes Volk sich auf dem Verdeck aufstellte, und mit Grausen machte er die Erfahrung, daß der Knecht nichts als die lautere Wahrheit geredet.

Jetzt wäre er gern wieder zu Hause gewesen, und er machte sich die bittersten Vorwürfe, daß er die Ermahnungen seines Weibes verachtet und sich von seinem frevelhaften Uebermuth zu solchem Wagniß hatte hinreißen lassen; aber seine Reue kam zu spät, und er mußte nun alles ruhig über sich ergehen lassen.

Sein einziger Trost lag in der Voraussetzung, daß die da oben seinen Aufenthalt im Schiffe nicht bemerkt haben, und also auch seinen Vorwitz nicht bestrafen würden. Aber er sah bald, daß er sich getäuscht, und daß die verdächtige Gesellschaft ihn in seinem Versteck allerdings entdeckt habe. Denn im Nu waren Kisten und Kasten vor die Thür seines Verschlages gewälzt, offenbar aus dem Grunde, um ihm das Lauschen unmöglich zu machen. Indessen wurde ihm weiter kein Leid zugefügt.

Das war Alles das Werk eines Augenblicks, und die Glocke war noch im Schlagen, als es oben mäuschenstill wurde. Er horchte ängstlich und zerbrach sich vergeblich den Kopf, was er in seiner Lage beginnen sollte.

Da verhallte der eilfte Schlag, und mit fürchterlicher Schnelle ging es von dannen. Es war, als hätten sich die Schwerter an den Seiten des Schiffes in Räder verwandelt, und als wären die Segel zu mächtigen Rossen geworden, so rollte und schnaubte es vorwärts; die Wogen klatschten mit donnerähnlichem Brausen gegen die Planken des Fahrzeugs und zischten im Zurückprallen, wie wenn man glühendes Eisen ins Wasser taucht.

Und durch das entsetzliche Getöse und Geheul hörte der Unglückliche das Lachen und Kichern vieler Menschen und das Stampfen von Tanzenden auf dem Verdeck. Die Sinne wollten ihm schier vergehen vor Angst und Schrecken, und er befahl seine Seele in Gottes Hand.

Allmählig verhallte das Getöse und mit einem Ruck stand das Schiff. Da hörte er denn, an dem Stolpern und Fallen, daß die Gesellschaft in großer Eile das Schiff verließ. Als alles ruhig und still war, dankte und pries er Gott, daß er ihn in dieser Noth und Gefahr so gnädiglich behütet. Er war aber zu aufgeregt, als daß er hätte schlafen können, und, da er glaubte, daß der Spuk für diese Nacht nicht wiederkehren werden, so wollte er noch eine Viertelstunde auf's Verdeck gehen.

Es kostete ihm viele Mühe, die Kisten und das Geräth, womit die Thür seines Behälters verbollwerkt war, zurückzuschieben; indeß wich dasselbe endlich seinen Anstrengungen, er öffnete die Thür und schwang sich aufs Verdeck.

Aber welche Überraschung wartete seiner? Wo war die späte Mitternachtsstunde, wo die rauhe Herbstnacht? Hoch stand die Sonne am Himmel und beleuchtete die Landschaft mit hellem Glanz.

Er lag mit seinem Fahrzeuge in einer geräumigen Bucht, vor ihm eine große Stadt mit Hunderten von Thürmen, deren vergoldeten Kuppeln wie Edelsteine funkelten; zu beiden Seiten prächtige Gärten, die sich bis an das Gewässer erstreckten, so daß die hohen schlanken Bäume im Wasser zu stehen schienen, und sich in genau begränzten Umrissen in der klaren Fläche spiegelten. Cedern und Kokospalmen ragten mit ihren stolzen Häuptern hoch empor über das Ufer, und wundersame Blumen schauten träumerisch in die Fluten. Das war ein Himmelsblau! Das war ein üppiges saftiges Grün! Er rieb sich zu wiederholten Malen die Augen, um sich zu überzeugen, ob er auch wirklich wach sei. Die ganze Umgebung war für ihn eine neue Welt. Dazu diese Thätigkeit, dies rege Leben rings um ihn her.

Es lagen viele Schiffe in der Bucht vor Anker, und die Böte, mit halb-
nackten, singenden Mohren bemannt, schossen pfeilschnell rechts und links
an ihm vorüber nach der Stadt hin, oder von einem Schiffe zum andern.

Und nun gar im Hintergrunde die Stadt mit ihren Mauern, Thürmen,
Pallästen und Basteien, und das regsame Treiben am Ufer; hier wurden
Schiffe befrachtet, dort wurden welche entladen, und noch etwas weiter
hin ließ das Getümmel und Gedränge auf das Dasein eines großen Markt-
platzes schließen. Karsten konnte sich lange Zeit von seinem Staunen nicht
erholen; endlich faßte er sich ein Herz und rief ein paar vorüberfahrende
Matrosen an. Er erhielt keine Antwort, denn sie mochten ihn wohl nicht
verstehen. Dafür lachten sie ihm recht höhnisch ins Gesicht und zeigten
dabei eine Reihe Zähne, die gegen ihre dunklen Züge abstachen, wie frisch
gefallener Schnee auf dem schwarzen Brachlande.

Es hätte sich auch wohl der ernsthafteste Mann bei seinem Anblick des
Lachens nicht erwehren könne. Es war außerordentlich heiß, denn die Sonne
sandte ihre glühenden Strahlen senkrecht herunter, und es regte sich auch
kein Lüftchen, welches Kühlung hätte bringen können; nun stand Karsten
auf dem Vorderdeck, eingehüllt in eine dicke Tuchjacke, und große Wasser-
stiefel an den Füßen; dabei hatte er die Klappen seiner norwegischen Pelzmütze, die noch von seinen Fahrten nach Bergen und Drontheim herstamm-
te, sorgfältig über die Ohren gezogen, und an seinen Händen trug er Hand-
schuhe von Bärenfell. So pflegte er sich zu kleiden, wenn er die Nacht über
auf dem Schiffe verweilen mußte, oder bei rauhem, kalten Wetter. Bald
aber fühlte er das Unbequeme seiner Kleidung, dicke Schweißtropfen perl-
ten von seinem Gesicht herunter, und er warf Pelzmütze, Jacke und Hand-
schuhe von sich.

Obgleich er nicht wußte, wie er eigentlich daran sei, so überwältigte
doch bald die Neugier seine Furchtsamkeit, er band seine Jölle los und
fuhr mit derselben nach der Stadt.

Da wogten Menschen durch einander von allen Farben, mit schwarzen,
braunen und weißen Gesichtern; die kauften und verkauften, und während eine große Menge von Sclaven damit beschäftigt war, die gekauften
Güter und Ballen fortzuwälzen, wurden auf Maulthieren frische Vorräthe
herbeigeführt.

Das war ein Gewühl, wie in einem Ameisenhaufen; und nun vollends
das Gewimmel, wenn etwa ein vornehmer Herr oder eine reiche Dame des
Wegs zogen; jene auf prächtigen reich geschirrten Hengsten, umgeben von
starken, bewaffneten Schaaren, diese in zierlichen Palankyns, hinter wal-
lenden, seidenen Vorhängen, die sie nur verstohlen lüfteten, um manchmal
zu lauschen. Ja es wollte Karsten einmal bedünken, als hätte er das Gesicht
einer Frau, die bei seinem Anblick erschrocken und eilig den Vorhang herunter ließ, schon früher einmal gesehen.

Allein er schalt sich einen Thoren und Träumer und machte einige Schritte vorwärts; in das Menschengewoge aber wagte er sich nicht hinein.

Das nahm denn auch mit jedem Augenblick überhand, und zuletzt zog
noch ein Haufen vorüber, größer und glänzender, als alle früheren. Voran
lief eine Schaar von Trabanten, um mit ihren Speeren Platz zu machen.
Alles wich in scheuer Ehrfurcht zur Seite und es zeigte sich ein Mann, auf
einem mächtigen Elephanten reitend. Der trug ein reich gesticktes Ge-
wand, und seine Waffen blitzten von Perlen, Juwelen und Gold. Dann kam
der reisige Zug und wollte kein Ende nehmen, und die Pracht der Waffen
und Rüstungen übertraf Alles, was Karsten je der Art gesehen hatte. Das ist
sicherlich der König dachte er, und war begierig den Namen des Landes zu
erfahren.

Er trat also zu einer Schildwacht, welche er am Strande neben sich bemerkte, und deren Aufmerksamkeit er schon seit längerer Zeit auf sich
gezogen hatte; aber als er zur Antwort erhielt, sie wären hier in Ostindien,
da hätte ihn beinah der Schlag gerührt.

»In Ostindien!« rief er einmal über das andere und konnte seines Erstaunens nicht Herr werden. In Ostindien! Ich getraue mich mit meiner
Nußschaale nicht zur Weser hinaus nach Nordernei und Helgoland, und
nun fährt diese Gesellschaft mit mir nach dem fernsten Erdwinkel, nach
Ostindien, wohin man sich sonst doch nur in großen starkbemannten Schiffen wagt.«

Zugleich dachte er mit schwerem Herzen an sein ferneres Schicksal.
Das war klar, gelangte er nicht wieder in derselben Weise, wie er gekommen war, nach seiner Vaterstadt zurück, so sah er sie auch niemals wieder,
und er war in dieser fremden Welt verlassen und verloren. Dabei fiel ihm
seine Frau ein, die ihm so dringend von seinem Vorhaben abgerathen hat-

te, und das kranke Kind. Wer sollte denen jetzt das Brod verdienen, wenn er in Ostindien war!

Er setzte sich auf einen großen Stein und fing bitterlich an zu weinen. Da trat die Schildwacht herzu, die seine Gedanken errathen hatte und forderte ihn auf, gutes Muths zu sein.

Wie er gekommen, so werde er auch wieder von dannen fahren. Schon drei Tage nach einander sei die Gesellschaft mit dem Fahrzeuge zur Mittagszeit eingetroffen, und jedesmal pünktlich nach Verlauf einer kleinen Stunde ginge dieselbe wieder in See. Darum möge er sich beeilen, an Bord zu gehen; denn schon sehe er sie zurück kommen.

Und wirklich bemerkte Karsten in der angegebenen Richtung eine Reihe von prächtigen Palankyns, die sich langsam dem Ufer näherten, und er glaubte sogar unter ihnen denselben zu bemerken, der ihm schon vorhin aufgefallen war.

So graulich für ihn die Gegenwart der wunderlichen Gesellschaft sein mußte, so lachte ihm doch bei diesem Anblick das Herz im Leibe; war er nun doch der Ungewißheit, ob er Weib und Kind jemals wieder sehen werde, gänzlich enthoben.

Gern hätte er sich in der Eile noch etwas gekauft, um es vorzeigen zu können als ein Andenken, wodurch er im Nothfalle seine Anwesenheit in Ostindien zu Hause beglaubigen möchte. Denn ohne ein solches würde doch ein Jeder seiner Erzählung spotten; aber er hatte unglücklicherweise, außer einem einzelnen bremer Groten, gar kein Geld bei sich.

Damit trat er zu einer Frau, die mit Limonen und Apfelsinen an der Straße saß und fragte, ob er für sein Geld etwas erhalten könne von ihrer Waare. Aufmerksam beschaute die Frau den Groten, und als sie den bremer Schlüssel sah, nickte sie ihm freundlich zu und steckte ihm alle Taschen voll von der süßen Frucht. Da sah er denn deutlich an der großen Menge der erhaltenen Limonen, daß die Schildwache ihm nichts vorgelogen habe, und daß er wirklich in Ostindien sein müsse; denn nur an Ort und Stelle, wo diese kostbaren Aepfel wachsen, konnten sie so billig sein.

Eilig begab er sich nun nach dem Kahn, denn er sah den Zug schon ganz in der Nähe, und kroch wieder in seinen Schlupfwinkel. Und wiederum hörte er das Trappeln und Stampfen über sich, und wieder wurden die Kisten vor seine Thür geschoben, um ihm die Aussicht und das Lauschen zu benehmen; und das Brausen und Sausen erneute sich, und er hörte wieder, wie sie oben tanzten, scherzten und lachten.

Das focht ihn aber Alles nicht an; war er doch überzeugt, daß die wilde Fahrt ihn wieder nach der Heimath trage. Nach einer Weile stand denn auch wieder das Schiff, wie das erste Mal, Alles polterte hinunter; helle Weiberstimmen kreischten durch einander, und Karsten glaubte aus dem Wirrwarr schließen zu dürfen, daß man etwas vermisse und suche. Da dröhnte die Glocke eins, es war der bekannte Ton vom Stephansthurm, und Karsten athmete hoch auf, als er sich wieder an Ort und Stelle wußte. Das Geräusch, wie lebhaft es noch so eben war, verstummte augenblicklich und unser Abenteurer, dem ein Stein vom Herzen gefallen war, wickelte sich fester in seine Decke, um zu versuchen, ob er jetzt nicht noch ein Paar Stunden schlummern könne. Ermüdet von den Strapazen dieser Nacht, fiel er bald in einen tiefen Schlaf.

Als er am Morgen erwachte, war ihm ganz eigen zu Sinn. Sein Kopf war wüst und wirr, und er stieg auf's Verdeck, um nach Wind und Wetter zu schauen. Das war immer des Morgens sein erstes Geschäft. Es fiel ein feines Naß, und über Stadt und Strom war, so weit sein Auge reichte, ein grauer Regenhimmel ausgespannt. Das Fahrzeug lag genau an derselben Stelle wie gestern, rechts der Fangthurm, vor ihm die Aschenburg und zur Linken im Hintergrunde der Stephansthurm, dessen Spitze durch den dichten Nebel seinen Augen verhüllt war.

Da lag nun die Wirklichkeit starr, fahl und kalt vor seinen Augen, und das blühende Leben der Nacht und das ganze Abenteuer, was konnte es anders sein, als ein phantastischer Traum, hervorgerufen durch die lebhafte Schilderung des Knechts.

Aber, was ist denn das? – Da liegen sie ja, die Blätter und Zweige, von denen Johann gesprochen, als den Wahrzeichen des nächtlichen Treibens! Jetzt muß jeder Zweifel schwinden in seiner Brust. Das ist das Laub der goldnen Limone, er erkennt es, und die herumliegenden Apfelsinaschalen geben Zeugniß von den nächtlichen Näscherinnen; und demnach ist es keine Täuschung, er hat sie wirklich gesehen, die Stadt und den Wald und die Blumen. Er erinnert sich der erhandelten Früchte, und auch sie findet er noch in seiner Tasche. Es ergreift ihn ein süßes Sehnen nach jenen glücklichen Gefilden, und er hat seiner Frau und seines Fränzchens in diesem

Augenblick beinah vergessen. Da schweift sein Auge hinüber ans Ufer nach seiner Wohnung, wo die Theuren weilen, und er dankt Gott im Stillen, daß er ihnen so wunderbar wiedergeschenkt ist. Er sieht, daß Thür und Fensterladen noch verschlossen sind und gedenkt ans Land zu gehen, um die Seinen zu überraschen.

Vorher aber bringt er allen Unrath und Gesträuch auf einen Haufen zusammen, um das Verdeck zu säubern; da glänzt es hell unter dem Laube hervor; hastig bückt er sich danach, und in den Händen des Erstaunten funkelt ein kostbarer silberner Becher mit Figuren und Wappen geschmückt. Er konnte sich nicht satt sehen an diesem herrlichen Meisterwerk. Aber siehe da, ist das nicht des Herrn Erzbischofs Wappen? Ein sonderbarer Gedanke fährt ihm bei diesem Anblick durch den Sinn; verstohlen sieht er nach den Fenstern der Aschenburg hinauf, wo alle Vorhange noch heruntergelassen sind.

Nun verbarg er das Kleinod unter seiner Jacke und begab sich ans Ufer, um vor seiner Hausthüre zu horchen, ob seine Frau noch nicht wach sei. Aber es herrschte Todtenstille im Hause, und wenn er nicht länger im Regen stehen wollte, so sah er sich genöthigt, seine Gegenwart durch Anklopfen kund zu thun.

Aber er wollte jedes Aufsehen bei den Nachbarn vermeiden und bediente sich also nicht des Klopfers an seiner Hausthüre, sondern pochte an die Fensterladen der Wohnstube, wo, wie er wußte, seine Frau mit dem kranken Kinde schlief, erst leise, und allmählich stärker. Aber das wiederholte Klopfen wäre nicht Noth gewesen, da die Frau schon beim ersten Zeichen aufgestanden war, um die Thür zu öffnen.

### 5. St. Oleff.

Karsten war durch die Erlebnisse der vergangenen Nacht abgehärtet und ziemlich auf Alles gefaßt; als er aber das geisterbleiche Antlitz seiner Frau sah, war er doch ein wenig bestürzt.

»Gottlob, daß du endlich kommst,« sagte die Frau mit einem Seufzer. Das war eine lange Nacht! Es war als wenn es nie wieder tagen würde.«

»Ich für meine Person« – erwiederte Karsten – »kann mich nicht beklagen, Langeweile gehabt zu haben, denn ich bin in Ostindien gewesen.«

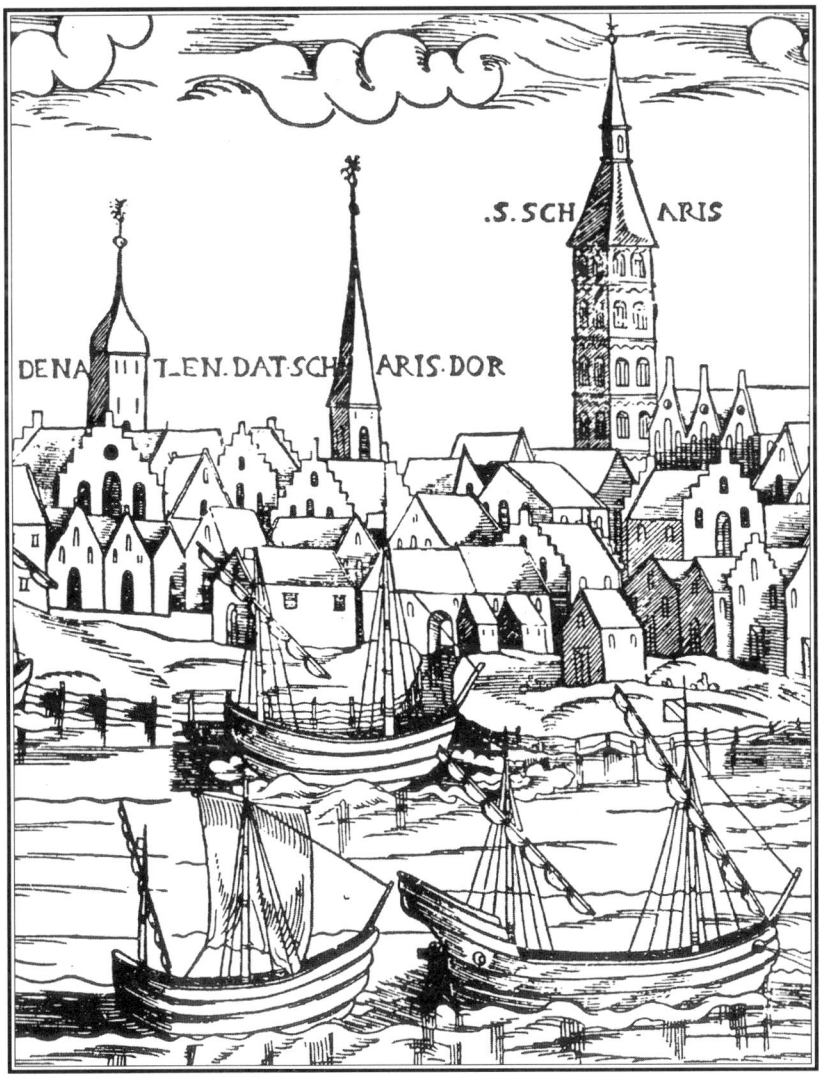

*Ausschnitt aus der Stadtansicht von Martin Weigel, 1550/64*

Die Frau schlug erschrocken die Hände über dem Kopf zusammen; als er ihr aber Alles haarklein erzählte und den Becher, besonders aber die Limonen hervorlangte, da mußte sie es ihm wohl glauben. Den Becher verschloß er sorglich in seinem Schrank.

»Es ist dies also eine Nacht der Wunder des Schreckens für uns Beide gewesen,« sagte die Frau. »Denn hier in der Stube war es auch nicht, wie es sein sollte. Was hier aber eigentlich vorgefallen ist, das weiß ich selbst nicht, wir müssen uns so lange gedulden, bis Franz aufgewacht sein wird; der kann uns nähern Aufschluß geben.

»Merkwürdig ist es denn doch« – meinte Karsten mit Kopfschütteln – »daß der Knabe mehr von der Sache wissen sollte, als Du.«

»Sprich doch etwas leiser,« – eiferte die Frau, – »daß er nicht erwache. Er schläft fest und ruhig, und ich hoffe, es ist zur Genesung.«

»Diese Nacht,« fuhr sie alsdann fort, »lag ich dort bei dem Knaben im Bett und konnte vor schweren Sorgen nicht einschlafen. Da war es mir, als wenn von jenem Stuhl aus ein schwacher Lichtschimmer sich in der Stube verbreitet. Erschrocken fuhr ich in die Höhe, denn mein erster Gedanke war, es möchte Brand sein im Hause. Allein dem war nicht so und nirgends eine Flamme zu sehen. Da erhob sich mit einem Male unser Franz und wollte zum Bett hinaussteigen. Ich suchte ihn zurückzuhalten, weil ich glaubte, er sei im Fieber, aber vergebens; mit größter Besonnenheit erklärte er mir, der stattliche Rittersmann, der sich auf jenen Stuhl gesetzt, habe ihn zu sich hergerufen und winke schon voller Ungeduld. Noch einmal sah ich hin, um mich von der Wahrheit dieser seltsamen Rede zu überzeugen, und während der Zeit entschlüpfte mir das Kind aus dem Bett.«

»Da hörte ich denn den Knaben in lautem Zwiegespräch mit einem Andern, dessen ich aber trotz aller Anstrengung nicht ansichtig werden konnte. Sie sprachen zwar mit lauter Stimme zu einander, aber dennoch war mir der Sinn der Worte durchaus unverständlich.

Allmählich verlosch der Dämmerschein, und Franz huschte wieder zu mir ins Bett herein. Ich wagte es nicht, ihn zu fragen, that vielmehr, als wenn ich schlief und nichts bemerkt hätte; er legte sich leise neben mich nieder und fiel bald in einen tiefen Schlummer. Du kannst dir leicht denken, daß ich, so aufgeregt wie ich war, die ganze Nacht kein Auge zugethan, und daß ich nie in meinem Leben den ersten Tagesschimmer mit solcher Sehnsucht erwartet habe, als heute.«

»Guten Morgen, lieber Vater,« – ließ sich jetzt eine zarte Kinderstimme aus der Ecke des Zimmers her vernehmen, und Fränzchen richtete sich, neugierig nach dem Tische hinschauend, in die Höhe. »Da sind sie ja wirklich,« fuhr er lächelnd fort, »die goldenen Aepfel, durch welche ich gesund werden soll.«

Damit sprang er von seinem Lager herab und nahm eine Limone von dem Tisch herunter, die er jubelnd in die Höhe hielt.

»Durch welche du gesund werden sollst?« – fragten Vater und Mutter zu gleicher Zeit.

»Nun ja« – fiel der Kleine mit Lebhaftigkeit ein, – »das hat er gesagt, der schöne Rittersmann und noch vieles Andere. Auch sei es nicht das erste Mal, daß er hier gewesen, aber Du und die Mutter, ihr wäret zu altklug und aufgeklärt, da hättet ihr ihn nicht gesehen. Von mir aber sei der fromme Kinderglaube noch nicht gewichen, und deshalb habe er sich mir offenbaren mögen. Dann fragte er mich, ob ich seinen Auftrag an dich ausrichten könne und wolle, und als ich dies freudig bejahte, so versprach er mir dagegen, du solltest mir schöne Goldäpfel mitbringen, davon ich sofort genesen würde. Darf ich sie denn hinnehmen, die prächtigen Früchte?«

»Die sollst du haben,« – erwiederte der Vater mit einiger Ungeduld. »Nun theile mir aber auch hübsch bedächtig des Ritters Auftrag mit.«

Das Kind sammelte sich jetzt einen Augenblick und bedachte sich, um nichts zu vergessen. Dann hub es von Neuem folgendermaßen an:

»Du habest, sagte der Mann, dich unrechtmäßiger Weise dessen angemaaßt, das fünfhundert Jahre lang die Stütze seines Hauptes gewesen. Das mögest du gläubigen Händen übergeben. Der fernere Besitz, wie er dir bisher Unheil bringend gewesen sei, werde dich am Ende völlig ins Verderben stürzen. Denn das Heilige sei in der Hand des Ungläubigen und Ungeweihten eine verzehrende Kohle. Die Geister der Finsterniß würden nach wie vor volle Gewalt über dich und das Deine haben, wolltest du den Rath verachten; seist du aber gesonnen, zu gehorsamen, so wäre jetzt eine Gelegenheit dazu, wie sie sich in deinem ganzen Leben dir nie wieder bieten würde. Darum sollest du die Anwesenheit des hochwürdigen Herrn

Erzbischofs benutzen und ihm die Heiligthümer hintragen; der würde dir lohnen mit Dank und Gold.«

Der Knabe hatte mit dem Ernst eines Erwachsenen gesprochen; jetzt war er ganz wieder Kind und spielte mit seinen Limonen.

Forschend sah die Frau auf ihren Mann; der wußte jetzt, daß jener stolze Rittersmann kein Anderer gewesen, als Oleff selbst, der königliche Heilige. Seine Ehehälfte war nicht wenig betreten, als er sie von der ganzen Geschichte in Kenntniß setzte und aufforderte, ihre Meinung darüber zu sagen.

Sie beriethen sich lange hin und her, bis Karsten sich entschloß, des Ritters Willen zu erfüllen und die Sache dem Erzbischof mitzutheilen. Freilich fühlte er sich durch die nächtlichen Anstrengungen sehr erschöpft; aber er meinte, nicht eher wieder Ruhe finden zu können, als bis er von den Sargstücken erlöst sei und begab sich also nach der Domsheide, um wo möglich den Fürsten selber zu sprechen.

Unterwegs hatte er seine Gedanken darüber, was die drohende Gebärde der Fremden möge zu bedeuten haben, welche er am Fenster der Aschenburg im Vorübergehn glaubte bemerkt zu haben.

Aber, was konnte die Fremde von ihm wollen, was sollte sie ihm drohen; die Sache kam ihm in Kurzem lächerlich vor, er mußte sich getäuscht haben. Er suchte dergleichen Grillen sobald als möglich los zu werden und dachte einzig daran, wie er dem hochwürdigen Herrn sein Anliegen vorbringen sollte.

Als er indeß vor Clüver's Hof angelangt war, sah er, daß es gar nicht so leicht sei, wie er sich das gedacht hatte, zu dem Erzbischof zu gelangen; denn zu beiden Seiten des Eingangs standen die Trabanten, welche ganz andere Männer, wie er war, zurückwiesen, wenn sie Einlaß begehrten.

Das schreckte ihn aber nicht ab; er trat keck hinzu und brachte sein Anliegen vor. Die Trabanten würdigten ihn nicht einmal einer Antwort, und einer derselben hielt ihm mit hönischem Lächeln die Hellebarde entgegen, als er Miene machte, vorwärts zu gehen.

Nun sah er wohl, daß mit diesen ungeschlachten Gesellen nichts anzufangen sei. Wollte er also seinen Vorsatz nicht ganz aufgeben, so blieb ihm nichts Anderes übrig, als einen der vornehmen Männer, welche er ungehindert ab und zu gehen sah, anzureden, ob ihm solcher nicht eine Unterredung mit dem Fürsten vermitteln wolle.

Er geduldete sich also, bis er sah, daß einer von den paderborn'schen Stiftsgeistlichen sich an der Pforte zeigt, stellte sich demselben bescheidentlich in den Weg und bat darum, ihm zu der gewünschten Zusammenkunft behülflich zu sein.

Der aber wies das Anliegen mit kurzen Worten zurück, indem er erwiederte, daß der Herr Erzbischof zu sehr überlaufen worden sei von allerlei Bittstellern und deshalb verboten habe, irgend Jemand zu ihm hereinzulassen, indem er in seinen Unterhandlungen mit dem bremer Rath und den benachbarten Fürsten durchaus nicht gestört sein wolle.

Allein, wenn die Sache von Wichtigkeit wäre, so möge er sich ihm nur unverzagt entdecken; er würde die Sache dann schon zu gelegener Zeit zur Sprache bringen.

Karsten kam der Vorschlag ganz gelegen. Denn die Nähe des Erzbischofs selber würde ihn, das fühlte er wohl, doch sehr beklommen gemacht haben.

Er erzählte also dem ehrwürdigen Herrn, der ihm mit solcher Leutseligkeit entgegen kam, ohne Rückhalt die ganze Geschichte von dem Sarge des heiligen Oleffs, wie er zu den verhängnisvollen Splittern gekommen sei, und wie er sie gehalten habe. In der vergangenen Nacht sei denn endlich der Heilige seinem Söhnlein erschienen und habe demselben offenbart, daß der Vater sich an den Kirchenfürsten zu wenden habe; derselbe würde ihm Aufschluß geben, wie er sich in Betreff jener kostbaren Ueberbleibsel zu verhalten habe.

Mit steigender Aufmerksamkeit lauschte der Herr Karstens einfacher Erzählung und suchte denselben im Laufe des Gesprächs immer weiter von Clüvers Hof, der Herberge des Erzbischofs zu entfernen. Jetzt schwieg Karsten, und sie befanden sich auf dem Marktplatz.

»Ich sehe es als eine besondere Fügung des Himmels an,« ließ der Geistliche nun vernehmen, – »daß du dich gerade an mich gewandt hast, mein Sohn, und ich hoffe, die Sache zu beiderseitiger Zufriedenheit zu Ende zu bringen.«

»Du bist, wenn ich recht verstanden habe, dem augsburgischen Bekenntniß zugethan, und hast dennoch, obgleich deine Satzungen solches verbieten, dem Heiligen in der Stille deine Ehrfurcht nicht versagt. Du kannst deshalb ermessen, mit welcher Inbrunst der wahre Gläubige sich jenem schätzbaren Heiligthume zuwendet, und da der ritterliche Heilige Dir befohlen hat, sein Eigenthum nicht länger mit ungeweihten Händen zu betasten, so muß es Dir angenehm sein, wenn ich Dir die Versicherung gebe, daß, im Fall Du mir dasselbe zu überlassen geneigt bist, der Gegenstand deiner bisherigen heimlichen Verehrung, ins Künftige prangen wird, mit würdiger Einfassung von Gold und Gestein, im Dom zu Paderborn, ein Trost und eine Labe für viele Tausende.«

»Dein guter Wille indeß, soll Dir nicht unvergolten bleiben, wie sich das von selbst versteht. Denn, wie Du sagst, bist Du, weil du das Heiligthum in blindem, unzeitigem Eifer bisher der Welt entzogen, von einer höhern Macht also gestraft, daß Du in Noth und Schulden gerathen bist. Deshalb ist es auch nicht mehr als billig, daß Dir jetzt, da Du mit aufrichtiger Reue Dein Vergehen gut zu machen suchst, Deine Noth gemildert und Deine Thränen getrocknet werden. Ich will Sorge tragen, daß Deine Schulden bis auf den letzten Schwaren bezahlt werden.«

Karsten hatte Mühe, seinen Jubel zu unterdrücken, der bei diesem willkommenen Anerbieten laut hervorzubrechen drohte. Mit wenigen Worten verständigten sie sich, wie sie es ferner bei dem Handel wollten gehalten haben und trennten sich dann, um nicht die Aufmerksamkeit der Vorübergehenden zu erregen. Karsten sollte, so war die Verabredung, sich Abends Punkt acht Uhr bei der Rolandsäule einfinden, um den ehrwürdigen Herren mit noch einigen andern von der paderbornischen Geistlichkeit, die sich dort ebenfalls einstellen sollten, unbemerkt nach seinem Hause zu führen, damit sie dort die Heiligthümer ohne Aufsehen in Empfang nehmen möchten. Dagegen sollte ihm alsdann die bedungene Geldsumme überantwortet werden. Beide Theile glaubten einen guten Handel gemacht zu haben und schieden vergnügt von einander. Beim Abschiednehmen sah Karsten, der zufälligerweise zur Seite blickte, wie eine Schwalbe, die in einiger Entfernung auf einem Pfahl gesessen hatte, sich gleichzeitig in die Lüfte erhob, und mit hellem Gezwitscher vor ihm her pfeilgeschwind die Langenstraße hinunter eilte.

Die Erscheinung dieses Vögleins in so vorgerückter Jahreszeit fiel ihm aber weiter nicht auf, und er schritt rüstig, einzig mit seinem Glück beschäftigt, seiner bescheidenen Wohnung zu. Er konnte sich recht lebhaft die Verwunderung seiner Frau über diesen plötzlichen Glückswechsel denken, und was für Augen seine Gläubiger machen würden, wenn er morgen zu jedem Einzelnen in's Haus gehen und ihm den Tisch voll blanke Thaler zählen würde. Und wie sollten ihn die Nachbarn beneiden; wie hatten sie schon gejubelt, daß es mit dem hochmüthigen Karsten Tiemann, der sich einen Stuhl gemacht habe, dessen sich der Erzbischof selber nicht zu schämen brauche, endlich so weit gekommen sei, daß man ihn in kurzer Zeit mit dem weißen Stecken von dannen möchte ziehen sehen.

Er schritt rüstig vorwärts und war schon bis zum Geeren gekommen; gerade wollte er an der großen Fischerstraße vorübergehn, als ihm ein Mann, der nach seinem Anzuge zu rechnen, der Diener einer hohen Herrschaft sein mußte, zu sich heranwinkte. Er stand am Eingang der genannten Straße, hatte ihn offenbar erwartet und forderte ihn jetzt auf, ihm auf die Aschenburg zu folgen.

### 6. Der Pokal.

Hätte er gestern oder vorgestern diese Aufforderung erhalten, so würde er sich darüber gewundert haben; er würde gefragt haben, was er auf dem Hause solle, welches er, obgleich es in der unmittelbaren Nachbarschaft seiner Wohnung lag, noch nie in seinem Leben betreten hatte. Seine Erlebnisse seit vier und zwanzig Stunden hatten ihn indeß so sehr abgestumpft, daß er so zu sagen, nichts mehr wunderbar fand und ungesäumt seinem Führer folgte. Ueber dem Thorwege der Burg saß eine Schwalbe, vielleicht dieselbe, welche Karsten schon auf dem Markte aufgefallen war, und schaute mit klugen Augen die Straße hinauf, als wäre sie neugierig, ob der Schiffer die Einladung annehmen werde, und als sie ihn wirklich kommen sah, schwang sie sich in die Höhe und verschwand ins Innere des Gebäudes, als wolle sie Botschaft bringen.

Jetzt schritten sie durch den Thorweg, der Diener voran, und gingen über den geräumigen, mit glattem Schiefer gepflasterten und in verschiedenen Zwischenräumen mit bequemen Steintreppen versehenen Vorplatz; zur Rechten erhob sich die hohe Mauer eines Seitenflügels der Burg; zur Linken lag, vor einem zierlichen Gitter eingefaßt, der Garten, dessen Bäume, über das Weserbollwerk emporragend, Karsten so häufig von seinem Fahrzeuge aus betrachtet hatte; denn es däuchte ihm, als belaubten sie sich dort oben früher und blieben länger grün als anderswo.

Endlich standen sie vor der eigentlichen Hausthür, und Karsten blickte unwillkührlich rückwärts; denn es wollte ihn bedünken, als wenn der Pfad vom Thorweg bis zum Eingang der Burg verhältnißmäßig sehr lang wäre. Auch streifte er mit einem Seitenblick den Garten und konnte nicht recht begreifen, wie es zugehe, daß die Räumlichkeit im Inneren des Gebäudes mit dem Aeußern so sehr im Widerspruch stände.

Freilich war die Aschenburg kein kleines Gebäude, indeß konnte man sie doch in wenigen Minuten umgehen. Und da lag nun, im Bereich derselben ein Garten vor ihm, mit Lustgehölz und Buchenhain, so groß, daß man sich schier darin verirren konnte.

Der Diener öffnete ihm die Gartenpforte, und nachdem er ihm bedeutet hatte, er solle den Weg hinaufgehen, der nach dem Sommerhäuschen führe, entfernte er sich.

Da stand nun Karsten und war unschlüssig, ob er vorwärts gehen, oder wieder umkehren sollte; denn es kam ihm sehr bedenklich vor, als er allerlei seltenes Geflügel, ausländische Hühner, Tauben, bunte Enten, langsam und ohne daß sie ihn im Geringsten beachtet hätten, in den Wegen dahin schreiten sah. Dazu stand vor ihm ein kleiner Mops; der schien ihm absichtlich den Weg zu versperren und bellte mit heiserer Stimme. Mit einem wahren Grauen aber erfüllte Karsten der Anblick eines schwarzen Katers, der bei hellem, lichtem Tage mit geschlossenen Augen unter einem Baume saß und wie ein Spinnrad im Schlafe brummte.

Da bot ihm eine knarrende Stimme einen guten Tag; unser Mann blickte umher, sah aber keinen Menschen. Als die Stimme den Gruß wiederholte, schaute er empor und bemerkte, wie an einem Aste über ihm in einem Messingkäfig ein grün und roth gefiederter Vogel hing, der ihn jetzt mit großem Ernst und weiser Miene zum dritten Male begrüßte.

Das war zu viel für Karsten, und er hätte sich gewiß von dannen gemacht, wenn nicht in demselben Augenblick die fremde Dame sich in der Thür des Sommerhauses gezeigt hätte. Mit eilenden Schritten kam sie den Weg herunter.

»Unglückseliger!« – rief sie ihm schon aus der Entfernung entgegen. »Warum wolltest du meinen Wink diesen Morgen nicht verstehen? Was führte dich hin zum Fürsten? Was hast du dem Geistlichen anvertraut? Läugne es nicht, daß du mit demselben gesprochen, meine Boten hintergehn mich nicht. Aber ich sage dir, du gehst nicht lebendig von dannen, wenn du ein einziges Wörtlein von einem gewissen Becher hast fallen lassen.«

Karsten beachtete die Drohung nicht weiter; denn ihm war durch die Erwähnung des Bechers ein Licht aufgegangen.

»Ich habe mich,« platzte er heraus, »also wirklich nicht geirrt, hohe Frau, als ich Euch die vergangene Nacht in Ostindien zu erblicken meinte.«

»Was ist das für dummes Geschwätz!« unterbrach sie ihn unwillig; »Ich rede von dem Becher; den ließ gestern Abend einer von den Edelknaben über das Geländer fallen, und er kann nur auf dem Verdeck deines Fahrzeugs, das gerade unter der Stelle lag, gefallen sein.«

»Ach so!« sagte Karsten. »Ich habe geglaubt, das Ihr ihn vermißt hättet auf der Rückfahrt von Ostindien her.«

»So laß endlich die thörichten Reden unterwegs,« sprach die Dame mit zorngerötheten Wangen. »Du hast den Becher gefunden und das Wappen an der Seite bemerkt? Es ist sehr erhaben gearbeitet und fällt leicht in die Augen.«

»Gewiß,« erwiederte er, »habe ich das edle Kleinod genau untersucht und mich über die treffliche Arbeit gewundert, denn Ihr sollt wissen« – setzte er selbstgefällig hinzu – »daß ich mich auf dergleichen wohl verstehe.«

»Das Wappen hast du erkannt?«

»Es ist das des Herrn Erzbischofs.«

»Und du hast es bei ihm zur Anzeige gebracht, daß der Pokal in deinen Händen sei?«

»Das habe ich ganz vergessen,« sagte Karsten kleinlaut, dem es schwer aufs Herz fiel, daß er durch seine Vergeßlichkeit den Verdacht auf sich geladen habe, als hätte er den Becher verheimlichen wollen.

»Du wirst auch in Zukunft darüber schweigen,« sagte die Dame, sichtlich beruhigt. »Der Pokal ist ein Geschenk des Fürsten, und der Hochwürdigste würde es sehr übel vermerken, wenn er jemals in Erfahrung brächte, mit welcher Fahrlässigkeit das Kleinod gehandhabt worden. So du mir es aber augenblicklich zur Stelle bringst, wirst du reichen Lohn empfangen.«

Karsten gab denn auch das Versprechen, sich augenblicklich mit dem Becher einzustellen; mit freudestrahlendem Antlitz machte er sich auf den Weg nach seiner Wohnung und segnete im Zuhausegehen das Andenken

St. Oleff 's, der ihm, seiner Meinung nach, für seine Willfährigkeit diesen neuen Glücksfall zugewendet hatte.

Als er ins Haus trat, bemerkte er kaum seinen Franz, der ihm lustig entgegen sprang. Der Genuß des kühlenden Fruchtsafts hatte das Kind in kurzer Zeit wieder hergestellt; jede Spur von Kränklichkeit war verschwunden, und das Knäblein, das noch gestern eine sichere Beute des Todes zu sein schien, jubelte mit kindlicher Lebendigkeit im Hause umher. Aber vergebens bestürmte er den Vater mit Fragen über sein langes Ausbleiben. Auch die Mutter war neugierig, was er ausgerichtet, und ob er seine fürstlichen Gnaden selber gesprochen habe.

Ohne viel Redens zu machen, trat Karsten zu dem Schranke hin, langte das köstliche Geschirr hervor, wickelte es sorgfältig in ein Tuch und gab nicht einmal seiner Frau genügende Auskunft.»Jetzt wird Alles zum guten Ende kommen, und die Nachbarn sollen sich über unsern Reichthum zu Tode ärgern.« Das war das Einzige, was er auf ihre vielfachen Fragen erwiederte, und ungesäumt machte er sich wieder davon.

Hatte er aber auf eine gute Belohnung gerechnet, so übertraf das Benehmen der Dame seine kühnsten Erwartungen. Er fand sie in ihrem Sommerhäuschen; dort dufteten die schönsten Blumen in kostbaren Gefäßen; an den Wänden hingen übergoldete Käfige mit singenden Vögeln, und zu ihren Füßen saß auf einem seidenen Kissen der schwarze Kater. Die Dame trat ihm schon in der Thür entgegen und riß ihm den Becher ungestüm aus der Hand. Als sie das Tuch zurückgeschlagen hatte und das Kleinod nun wirklich wieder in ihrer Hand sah, funkelte ihr Auge vor Freuden. Sie trat an den Tisch, füllte den Pokal mit blanken Thalern bis an den Rand und schüttete den ganzen Inhalt dem erstaunten Karsten wieder in sein Tüchlein, und als er einen Augenblick zögerte, den reichen Schatz zu sich zu nehmen, trat sie ungeduldig hinzu und wickelte eigenhändig das Tuch zusammen. Darauf prägte sie ihm nochmals ein, er solle sich nicht unterfangen, jemals von diesem Handel zu reden; auch habe sie vernommn, daß der Knecht sich darüber beschwert habe, daß aus dem Garten die Hühner und Tauben ihm aufs Verdeck geflogen seien und ihn des Nachts beunruhigt hätten, das solle nicht mehr vorfallen. Denn, da seine fürstlichen Gnaden in Kurzem abreisen würden, so sei sie, seine Freundin und stetige Begleiterin entschlossen, morgen in aller Frühe, vielleicht noch selbst diese Nacht, aufzubrechen. Da werde sie natürlich ihre lieben Vöglein keineswegs dahinten lassen. Karsten gelobt alles, was sie verlangte und trat wenige Augenblicke hernach mit leichtem Herzen und schwerem Beutel in seine Wohnstube.

Man kann sich denken, was die Frau für Augen machte, als Karsten den ganzen Tisch voll großer Silberthaler schüttete. Jetzt erst setzte er sich zu ihr, um ihr Alles ausführlich zu berichten und nebenher seinen Schatz zu überzählen. Daß sie ihm die tiefste Verschwiegenheit geloben mußte, versteht sich von selbst.

Nachdem der Mann sich gehörig erquickt hatte an Speis' und Trank, verschloß er das Geld in seine Lade, und berichtete nun erst von St. Oleff's Heiligthum. Dann legte er sich zu Bett, um noch ein paar Stunden zu schlafen, ehe er sich nach dem Markt begäbe, um die hochwürdigen Herrn nach seiner Behausung zu geleiten. Denn er war von dem Hin- und Herlaufen außerordentlich ermüdet. Es war ihm aber doch nicht möglich einzuschlafen, und seine Frau hatte nicht nöthig, ihn zur bestimmten Frist zu wecken, wie er ihr dringend anbefohlen, um die Zeit nicht zu verschlafen. Er stand zeitig wieder auf, um in der Dämmerung den Sargsplitter vom Kahn zu holen und denselben zu dem andern zu legen in den Schrein.

Darauf begab er sich nach seinem Standort. Es war erst halb acht, als er sich auf dem Marktplatz befand und stellte sich neben den Roland, um die Ankunft der Herrn zu erwarten; die erfolgte denn auch bald, und der ganze Haufe setzte sich nach Karstens Wohnung in Bewegung, doch so, daß immer zwei und zwei in einem größern Zwischenraume gingen, um der Aufmerksamkeit der ihnen Begegnenden zu entgehen. Ebenso ließ Karsten sie auch nur einzeln in sein Haus; denn sonst würden seine Nachbarn auf die Beine gekommen sein, die ihn sicher des Hoch-verraths und eines sträflichen Einverständnisses mit den Leuten des Erzbischofs würden beschuldigt haben. Da wäre es ihm schwer geworden, sich zu rechtfertigen; denn, hätte er auch den wahren Grund angeben wollen, so war das ebenfalls für ihn ein gefährlich Ding. Als der Letzte eingetreten war, verriegelte Karsten die Hausthür, und während seine Frau ihm leuchtete, öffnete er das geheime Thürlein an der Rückenlehne des Sessels, nahm das Kästchen heraus und überreichte solches dem Zunächststehenden. Der drückte den Inhalt mit Begeisterung an seine Lippen und sprach ein inbrünstiges Dankgebet. Ein Jeglicher küßte das Heiligthum, und reichlich flossen die Thränen der innigsten Rührung.

Jetzt trat der ehrwürdige Herr, mit welchem er diesen Mittag unter-
handelt, zu Karsten, ließ einen schweren Beutel in seine Hände gleiten
und nahm das Heiligthum zu sich. Darauf entfernten sich die Männer, wie
sie gekommen waren, ruhig und schweigend, und Karsten verschloß und
verriegelte die Hausthür hinter ihnen, um nun auch nachzusehen, ob die
Herren Wort gehalten. Als er den Tisch voll Goldgulden gezählt und die
Erfahrung gemacht hatte, daß die Geistlichen ebenfalls seine Erwartungen
übertroffen und ihm weit mehr gegeben hätten, als ursprünglich bedungen
war, starrte er gedankenvoll vor sich hin auf das Gold, und seine Frau konnte
sich nicht genug wundert, daß ihn der ungewohnte Anblick nicht gleich ihr
zu lauter Fröhlichkeit hinriß.

»Mir ist doch etwas judasmäßig bei dem Handel zu Sinn,« fuhr Karsten
auf, als er merkte, daß seine Frau ihn erwartungsvoll ansah. »Wollte ich die
Sachen vom Halse los sein, so durfte ich kein Geld dafür nehmen. Dies
Gold riecht nach Blut. Es sind die dreißig Silberlinge, um welche unser
Herr verrathen ist.«

Die Frau hatte ein minder zartes Gewissen; sie betrachtete das Ganze
als einen ordentlichen Handel, und die Goldstücke als rechtmäßig erwor-
benes Eigenthum. Indeß blieb sie doch stumm bei Karstens Selbstanklage
und sann vergebens darüber nach, wie sie ihren Mann trösten und beruhigen möge.

Da erhob sich mit einem Male der kleine Franz in seinem Bette, wo er die
ganze Zeit ruhig geschlafen hatte, ohne durch die Anwesenheit der vielen
Männer oder durch das Zählen des Geldes im Schlafe gestört zu sein. Wiederum sah er lächelnd nach der Gegend der Stube, wo der bekannte Sessel
stand und nickte mit dem Kopfe. Darauf wandte er sich an seinen Vater und
erzählte, der Rittersmann sei so eben wieder dagewesen und habe freundlichen Abschied genommen für immer. Dabei habe er ihm aufgetragen, dem
Vater zu danken und ihm nochmals zu sagen, daß fortan dem Hause reiches
Glück bescheert sei, als Lohn für seine Folgsamkeit; und daß er sich keine
Grillen und unnütze Gedanken machen solle. Die blanken Gulden und Thaler
sollten ihm besser bekommen, als die morschen Splitter.

Nun verschwand auch der leiseste Vorwurf seines Gewissens, und fröhlich herzte er sein Weib und den Knaben; Noth und Kummer war auf immer von seinen Lieben verscheucht, und die lachendste Zukunft wartete

ihrer Aller; denn wenn alle Schulden abgetragen waren, so blieb noch eine bedeutende Geldsumme übrig, wie der Vater schon berechnet hatte. Voll von ihrem Glück legten sich die Hausgenossen endlich zur Ruhe. Aber die Frau weckte den Mann mitten in der Nacht und machte ihn aufmerksam auf den Lärm in der Straße. Er stand auf und stellte sich behutsam ans Fenster, von wo aus er Alles genau mit ansehen konnte, ohne selber gesehen zu werden; denn obgleich die Mondsichel am Himmel stand und die ganze Landschaft mit einem falben Dämmerlicht erleuchtete, so war doch die Vorderseite seiner Wohnung vollkommen verdunkelt, weil der Mond schräg über dem Hause stand. Da bemerkte er denn, wie das Gefolge der fremden Dame Anstalten traf zur Weiterreise, und wie die Abfahrt zuletzt wirklich vor sich ging. Voraus ritten einige Reisige und Trabanten mit langen Speeren, gerade wie er in Ostindien gesehen hatte. Alsdann kam die große Kutsche, mit sechs Pferden bespannt, worin die hohe Reisende saß, umgeben von ihren Frauen. Darauf die Mohren in Weiß, und die Edelknaben, blutroth gekleidet, welche Vögel auf ihren Händen trugen, an silbernen Fußketten, oder eingeschlossen in prächtigen Käfigen.

Karsten wollte bedünken, daß sie Alle zu ihm herauf sahen, obgleich er in der dicksten Finsterniß stand, und auch die Dame schaute aus dem Kutschenfenster mit leuchtenden Augen und grüßte ihn zum Abschiede. Als Alles vorüber war, da kam noch ein einzelner Reiter, welcher den Zug schloß. Der trug eine Mütze von grauem Pelz und ritt einen mächtigen, schwarzen Hengst; wenn der ausschritt, dann sprühten die hellen Funken aus den Steinen. Auch dieser Reiter grüßte herauf zu Karsten, welcher deutlich erdfahlen, grinsenden Züge Johann Knecht's erkannte. Karsten legte sich eilends wieder ins Bett.

Am andern Morgen erwachte Karsten erst, als die Sonne schon hoch stand und hell zum Fenster herein schien. Er ging zu seinen Gläubigern und bezahlte seine Schulden. Jetzt betrieb er sein Geschäft nach wie vor und Alles, was er unternahm, gelang ihm, so daß sein Wohlstand von Tage zu Tage sich mehrte. An das Kopfschütteln und die spitzen Reden der Nachbarn kehrte er sich wenig, die sich vergebens die Köpfe darüber zerbrachen, ob er wohl auf rechtmäßige Weise zu dem vielen Gelde gekommen sein möge.

# XXI.
## Raubmord in der Pelzerstraße 1527.

Zwei Männer aus dem Viehlande, Hinrich Wendel zum Kattenthurm und des Rathmanns Berend Schaarhar Meier, Albert Quersmann von Woltmershausen, hatten sich in Lüders Hause bei St. Martini verabredet, Barthold Heinecken, der in der Pelzerstraße wohnte, zu ermorden und zu berauben. Da Wendels Tochter Becka bei Heinecken im Dienst war, so schien die Ausführung leicht. Sie kamen also auf Neujahrsabend im Jahre 1527 außer dem Brückethor beim Burgwalle über die Mauern bei der Mühle heimlich zur Stadt herein und begaben sich nach dem Schauplatz des beabsichtigten Verbrechens. Bei Tiele Cleven Hause an der Queerenstraße überredeten sie die Mägde, sie ins Haus hereinzulassen, worauf sie Barthold Heinecken samt seiner Frau im Bette mit Hellebarden und Äxten erschlugen; Wendels Tochter, die ihnen mit Vorwissen der andern Magd, einer Friesin, Namens Anna Hayen, die Hausthüre geöffnet hatte, hielt ihnen auch das Licht bei dem Morde. Die Räuber erbeuteten einen Beutel mit Geld und andere Sachen und entfernten sich, nachdem sie die Hausthür wieder verschlossen hatten, auf demselben Wege, den sie gekommen waren; die Mägde verließen ebenfalls das Haus und nahmen die Flucht. Als am folgenden Morgen die Thür verschlossen blieb, erregte dies den Verdacht der Nachbarn. Sie machten davon die Anzeige beim Camerarius, welcher das Haus öffnen ließ. Alsbald fand man die verstümmelten Leichen, und als nun auch die Mädchen vermißt wurden, ließ der Camerarius die Dirne sammt ihrem Vater vom Kattenthurm hereinholen und brachte sie bald zum Geständniß. Darnach wurde auch Albert Quersmann auf der Weserbrücke ergriffen und mit Wendel gepeinigt, worauf auch diese Beiden die That gestanden.

Die beiden Männer wurden kurz nach heil. 3 Könige beim Galgen aufs Rad gesetzt, Wendels Tochter aber, ein Mädchen von 16 Jahren, einige Zeit nachher lebendig unterm Galgen begraben. Dabei wurden ihr vorher die Haare aus dem Nacken gebürstet, eine Sode oder viereckte Rasenstück auf den Mund gelegt, und der Büttel trat ihr mit den Absätzen aufs Leib, worauf sie eingescharrt wurde.

Die andere Magd, Anna Hayen entkam glücklich mit ihrem Antheil an dem Raube, und hat man nie wieder etwas von ihr gehört.

## XXII.
## Sagen von St. Rembertus.

Als die Normannen auf ihren Raubzügen auch in Friesland einfielen und gegen Norwiede (jetzt Norden genannt) vorrückten, um dasselbe zu plündern und zu zerstören, beredete der Bischof Rembertus (865–888), welcher sich gerade in jener Gegend befand, die Friesen, dem gefürchteten Feinde kühnlich entgegen zu gehen. Durch seine Aufforderung ermuthigt, fielen die Christen über die gelandeten Raubschaaren her und machten zehntausend dreihundert und sieben und siebzig Normannen nieder. Auch von den Übrigen, welche ihr Heil in der Flucht suchten, kamen noch viele um beim Uebergang über die Flüsse.

Dies, durch Rembert bewirkte, Wunder blieb noch nach Jahrhunderten bei den Friesen in gutem Andenken; der Hügel, auf welchem der Heilige während der Schlacht im Gebet stand, ist mit ewig grünendem Rasen bekleidet, und auf dem einem Steine sind besondere Zeichen eingehauen, um die Geschichte zu verewigen.

Auch besaß der heilige Mann die Macht, Verstorbene wieder von den Todten zu erwecken, wie er denn auch sonst mancherlei Wunder that. So soll er bei einer stürmischen Ueberfahrt nach Schweden durch sein Gebet das brausende Meer beschwichtigt, auch bald hernach einen Blinden durch die Firmelung sehend gemacht haben. Auch befreite er eines Königs Sohn von einem unsaubern Geiste, unter dem Beistand verschiedener anderer Bischofe. Der Geist schrie bei dieser Gelegenheit zum Öftern aus dem Munde des Besessenen, daß Rembertus der einzige unter ihnen wäre, der sein Amt würdig verwalte, und der zu seiner Qual gekommen sei. Dieser Fürst war vermuthlich des Königs Ludwig Sohn, Karl, welcher in den letzten Jahren des Erzbischofs Rembert der Regierung entsetzt wurde und seines Bruders Sohn, Arnulph zum Nachfolger erhielt. Der Vorfall selbst aber ereignete sich in Frankfurt.

Rembertus war sanft und mitleidig. Seine Hauptsorge war, den Armen Almosen zu geben und Gefangene aus der Sklaverei los zu kaufen. Als er einstmals in die Gegend von Schleswig kam, wo er den neubekehrten Dänen eine Kirche erbaut hatte, bemerkte er eine große Mengen von gefesselten Christensclaven. Da sprengte er ihre Fesseln durch sein Gebet, gab,

*Holzschnitt aus Wilhelm Wessels »Kurtze / ordentliche Beschreibung*
*Der Ertzbischöffe und Bischöffe im Löblichen Ertz-Bisthumb Bremen…«, 1617*

um sie los zu kaufen, in Ermangelung des Geldes, sein Pferd dahin, und kehrte zu Fuß nach Hamburg zurück.

Nicht minder merkwürdig ist es, daß er die Seele eines verstorbenen Priesters, welcher ihm in einem Gesichte erschien und ihn um seinen Beistand anflehte, durch vierzigtägiges Fasten bei Wasser und Brot aus dem Fegefeuer erlösete. Als er endlich wegen Alter und Schwachheit seinem Amte nicht mehr vorstehen konnte, nahm er den Adelgar zum Gehülfen. Nach seinem Tode wurde er, seiner Verordnung zufolge, außerhalb der Kirche des heiligen Petrus an der Ostseite begraben.

## XXIII.
## Dirk Dröge und Gretje Schröder.

Dirk Dröge, aus Neuenkirchen gebürtig, wurde am 23. Febr. 1600 mit dem Rade gerichtet, dann auf dasselbe gelegt, und ein Galgen darüber hergebaut. Er hatte viele Diebstähle begangen an Kleidern, Flachs, Ochsen und Schweinen. Außerdem hatte er vor drei Jahren einen bezechten Landsknecht in einem Hohlwege mit einem Kluven- oder Spring-Stock erschlagen, aber nichts bei ihm gefunden. Auch hatte er Marten Oltmanns Haus zu Neuenkirchen angesteckt, wodurch drei Häuser in Feuer aufgingen. Bei dieser That war ihm Gretje Schröder behülflich gewesen, welche das Feuer herbeigetragen hatte. Mit dieser Gretje war überhaupt nicht gut spaßen; denn als des Vogt's zu Stotel, Frerich Müllers Sohn im Verein mit zwei Fußknechten ihr einiges Tuch abgenommen, auch ihren Vater gezwungen hatte, ihnen 2½ ℔ zu geben, sandte sie und Dröge des Nachts einen Fehdebrief nach Stotel. Die Stoteler verglichen sich mit den Beiden und schickten ihnen 8 ℔, worüber sie einen förmlichen Empfangsschein ausstellten. Solcher Uebelthat halber wurde also Dirk gerädert und Gretje denselben Tag am Galgenberge enthauptet. Ihr Körper wurde unterm Galgen begraben.

## XXIV.
## Das verhängnisvolle Würfelspiel.

Den 18. Januar 1600 wurde über den entleibten Johann Wolpmann am Markt
ein Blutgericht gehegt und dessen Bruderssohn Frerich Wolpmann als Thäter
verschrien. Die That geschah in Meinert Schulten Hause, wo Peter Velder-
mann einen Ochsen verspielen ließ, welcher von ihrer Vieren, als Johann
Wolpmann, Peter Beedermann, Hermann Schulte und Jost Barnenföhrer auf
gleich hohe Augen gewonnen ward. Als sie von Neuem warfen, wurde der
Ochse dem Johann Wolpmann allein zu Theil. Als nun dieser ihn wieder aufs
Spiel setzte und Meinert Schulten Sohn das Thier gewann, gerieth Frerich
Wolpmann so sehr in Wuth, daß er seinen Oheim entleibte.

## XXV.
## Der Erzbischof am Brückethor.

Als der Erzbischof Johann Friedrich am 12. August 1600 auf einer Reise
von Oldenburg her, mit einigen Kutschen ins Brückethor fuhr, und die Tag-
wacht seine fürstlichen Gnaden geziemend fragte, wer er wäre und von
wannen er käme, und er selbst oder seine Leute verkehrte Antworten
ertheilten, ließ die Wacht den Schlagbaum bis auf weitern Bescheid nieder,
worauf endlich seine fürstl. Gnaden sich offenbarten.

## XXVI.
## Die sieben Faulen.

Als die Stephansstadt noch nicht gebaut war, befanden sich in dortiger Gegend nur Kohlhöfe und Ackerland. Aber die Ländereien waren nur von
mittelmäßigem Ertrage; denn ein großer Theil bestand aus Sandboden,
und die niedrig gelegenen Striche waren der Ueberschwemmung der Weser ausgesetzt.

Da hielt sich denn, wenn auch der Fluß schon längst in seine Ufer zurückgetreten war, das Wasser in den Niederungen bis tief in den Sommer hinein, und giftige Dünste, ausgebrütet von den heißen Sonnenstrahlen, verpesteten die Luft.

Darum wurde die ganze Umgegend auch sehr wenig bewohnt, und nur die ärmeren Bürger, welche hier ein Stück Land besaßen, und für die eine Wohnung in der eigentlichen Stadt zu theuer war, hatten sich hier angesiedelt.

Vor vielen, vielen Jahren nun wohnte daselbst ein Mann, welcher nach der Größe seines Grundbesitzes zu rechnen, sehr reich hätte sein müssen, der aber dennoch der ärmste war unter allen seinen Nachbarn. Denn seine Kohlstücke waren die dürrsten und sandigsten und sein Grasland fast das ganze Jahr hindurch ein beständiger Sumpf, so daß er nur in sehr trocknen Jahren auf eine kleine Heuernte rechnen durfte. Deswegen hielt er auch keine Kuh, sondern begnügte sich mit einer Ziege, obgleich die Milch derselben für seinen Hausstand bei Weitem nicht zureichte.

Es war freilich bei ihm von Gesinde keine Rede; aber sein Hausstand war nichts desto weniger bedeutend zu nennen. Denn er hatte sieben Söhne, einen noch größer und stärker wie den andern. Die schlenderten den ganzen Tag umher, schauten ins Wasser und sahen nach Wind und Wetter, und wenn sie am Mittage zu Hause kamen, hatten sie Hunger, wie die Wölfe; denn nichts in der Welt schärft so sehr die Eßlust, als der Aufenthalt in freier Luft und am fließenden Wasser.

Da saßen sie denn um den großen Eichentisch herum, die sieben Riesen, und es war eine Pracht, zu schauen, wie es ihnen schmeckte. Nach dem Essen gingen sie ein Stündchen auf den Heuboden, legten sich der Reihe nach hin zum Schlafen und schnarchten, daß die Wände dröhnten, und wenn sie sich gehörig wieder gestärkt fühlten, dann reckten und streckten sie sich und gingen wieder langsam nach dem Ufer, um den Fischern zuzusehen, wie sie Lachs und Stör fingen, und wie die Schiffe lustig stromauf und ab segelten.

So wie die Sonne zur Ruhe gehen wollte, schickten auch sie sich an zur Heimkehr und zum Schlafengehen. Vorher aber nahmen sie erst eine tüchtige Abendmahlzeit zu sich. hatten sie sich aber einmal zur Ruhe gelegt, dann schliefen sie auch wie die Bäume, fest und unerwecklich, bis

die Sonne hoch am Himmel stand und die kleine Schaar zum Frühstück
rief.

In dieser Weise trieben sie es Jahr ein, Jahr aus, einen Tag wie den andern, in stetem Müssiggange, so daß sie in der ganzen Nachbarschaft nur
unter dem Namen der sieben Faulen bekannt waren.
Das wußten sie recht gut; aber was kümmerte sie das Geschwätz der
Welt. Sie hatten ein gut Gewissen, und wenn sie zu Hause kamen, war der
Tisch gedeckt. Da waren die Reden neidischer Nachbarn leicht vergessen.
Der Vater gab ihnen wohl mitunter zu verstehen, daß er älter werde und
sich zu ihnen versehe, daß sie ihm unter die Arme greifen würden. Das war
aber lächerlich; denn der hatte ja selbst so wenig zu schaffen, daß er mei-
stens den ganzen lieben Tag auf der Bank vor dem Hause saß, oder mit den
vorübergehenden Nachbarn über das Wetter sprach. Auch pflegte er stun-
denlang mit untergeschlagenen Armen in seine Wasserlachen zu schauen
und Vergleichungen darüber anzustellen, wie viel glücklicher Harm, Klaus
und Kunz seien, daß sie gutes, trocknes Land und gesundes Heu hätten,
Dann seufzte er tief, drehte sich um und ließ es beim Alten.

Die Mutter melkte die Ziege, kochte Rüben und Kohl, besorgte Feurung
und Wasser, und war überhaupt die Einzige, welche Sorge trug fürs Hauswesen.

Dies Leben hatte lange gewährt, als die Brüder doch endlich anfingen,
Langeweile zu empfinden, daß sie so gar ohne Beschäftigung wären. Auch
sahen sie, wie ihre Altersgenossen bei andern Leuten in Diensten standen,
sich etwas verdienten und emporkamen.

Da sprach der Aelteste zu den Uebrigen: »Ihr wißt, daß mir, als dem
Erstgebornen der väterliche Hof gebührt, von Rechtswegen; allein ich ver-
zichte auf mein Vorrecht zu Gunsten unsers jüngsten Bruders. Ich will in
Dienst gehen bei fremden Leuten und hoffe mir in Kurzem so viel zu erwerben, daß ich mir selbst einen Hof kaufen kann.«

Die Rede fand allgemeinen Beifall; sie beschlossen Alle, desgleichen zu
thun und das Haus zu verlassen; selbst der Jüngste wollte nicht daheim
bleiben, denn es schien ihm etwas Großes, Knecht zu sein und Geld zu
verdienen.

Sie gingen also von Haus zu Haus, ihre Dienste anzubieten, ein riesig
Volk, mit breiten Schultern und straffen Sehnen und Schenkeln. Aber es

erging ihnen nicht nach Wunsch; denn wo sie hinkamen, da fingen die Leute an zu lachen, und Einer sprach höhnisch zum Andern: »Da sind die sieben Faulen, um Arbeit zu suchen. Ihres Vaters Hof nährt sie nicht mehr; so wollen sie sich bei uns in die Kost legen. Aber sie haben keine Lust zur Arbeit, und hier kann nur ein fleißiger Knecht Aufnahme finden. Weg mit den sieben Faulen!«

Sie gingen von Haus zu Haus, erst bei ihren Nachbarn in der Vorstadt, dann in der Stadt selbst, Straß' auf, Straß' ab; aber da war Niemand, der sie in Dienst nehmen wollte, und auch, wer sie nicht kannte von frühern Zeiten her, nahm sich vor ihnen in Acht. Denn das böse Gerücht war ihnen vorausgegangen.

So kamen sie den Abend heim, müde, verdrießlich und hungrig. Die Mutter trug ihnen ihr Abendbrot auf, aber zum ersten Mal in ihrem Leben wollte ihnen solches nicht schmecken.

Auch legten sie sich nicht sogleich nach dem Essen aufs Lager, wie sonst ihre Gewohnheit war, sondern sie saßen schweigsam auf der Bank, mit gesenktem Haupte, die Arme über der Brust gekreuzt und die Beine bis in die Mitte der Stube von sich gestreckt.

Der Vater empfand Mitleid mit der Lage der Knaben, die gern vorwärts wollten in der Welt und denen man keine Gelegenheit geben wollte, ihre Kräfte und Geschicklichkeit zu zeigen. Er suchte sie zu trösten und versprach, ihnen Arbeit genug zu geben. Er wollte sich, wie er sagte, in Zukunft um nichts mehr kümmern und ihnen die ganze Besorgung der Wirthschaft allein überlassen.

Die Übrigen mochten nichts erwiedern; sie schauten auf den Aeltesten, was der sagen würde. Der drehte sich herum zu dem Alten, er konnte sich nicht länger halten. »Hättest Du,« – sagte er zornig, – »Beschäftigung für uns gehabt, so wären wir nicht ohne unsre Schuld in den Verdacht der Trägheit gerathen und könnten jetzt unser Glück machen als Knechte. Das Bischen Erbsen und Bohnen kannst du mit Gemach allein pflanzen, und das Heu aus der Lache zu fischen ist ebenfalls nicht beschwerlich. Die ganze Wirthschaft mag füglich ein alter Mann, wie du, besorgen, und wird sich leichtlich Keiner von uns daran vergreifen. Wir wollen aber arbeiten, und da wir in der Heimath allenthalben zurückgewiesen sind, so gehen wir morgen in die weite Welt.«

Es war vergebens, daß der Vater sie von ihrem Vorhaben abrieth, es war
vergebens, daß sich die alte Mutter die Augen aus dem Kopfe weinen wollte; als der Tag graute, nahmen sie Abschied und gingen ihres Wegs, der
aufgehenden Sonne entgegen, ohne sich nach den armen Eltern umzusehen, die jammernd in der Hausthür standen und ihnen nachschauten.
Als sie ihnen aus den Augen entschwunden waren, gingen die beiden
Alten ins Haus zurück, um sich recht auszuweinen, daß sie nun so gänzlich
verlassen seien. Ihr einziger Trost war, daß der Hunger die Knaben zurückführen würde, und deßhalb schauten sie fleißig nach der Gegend hin, in
welcher jene verschwunden waren; aber wie sie auch spähen mochten, von
den Söhnen war nichts zu hören und zu sehen; so ging es einen Tag wie den
andern; die Eltern erwarteten vergeblich die Rückkehr der Kinder, und als
die Sache von einem Vollmond bis zum andern sich nicht änderte, verzwei-
felten die Eltern gänzlich, ihre Söhne jemals wieder zu erblicken, und klagten, daß sie ihre alten Tage in gänzlicher Verlassenheit zubringen sollten.

Jahr und Tag war verlaufen, und man hatte die Fortgewanderten beinahe vergessen. Da hörte man plötzlich das Geschrei: »Da kommen sie wieder zurück, die sieben Faulen,« und Alles stürzte an die Thüren, um die
Ankömmlinge in Augenschein zu nehmen. Die trugen Schaufeln und allerlei Geräth, schauten weder rechts noch links und gingen trotzig ihres Wegs,
ohne Jemand zu grüßen.

Der Eltern Freude über die Heimkehr der Söhne läßt sich nicht beschreiben. Die waren in fernen Landen gewesen und hatten dort gelernt,
daß man gar nicht nöthig habe, in die weite Welt zu gehen, wenn man
wirklich Lust hat zur Arbeit. Was sie aber diesen Abend mit den Eltern
geredet, und welche Entwürfe sie dem ungläubigen Vater vorgelegt, das
wurde Keiner von den neugierigen Nachbarn gewahr; denn ins Haus wagte
sich Niemand hinein, und von den sieben Brüdern kam nicht ein Einziger
vor die Thür.

Am andern Tage sah man aber ein seltsames Schauspiel. Da zogen die
sieben Faulen mit Spaten und Schaufeln nach der Wiese des Vaters und
machten einen tiefen Graben, worin das Wasser aus den Sümpfen nach der
Weser geführt wurde; in kurzer Zeit was das ganze Grundstück entwässert.
Darauf errichteten sie am Ufer hin einen hohen Damm, zwischen den beiden Sandhügeln, welche das väterliche Erbe zu jeder Seite begränzten,

wodurch die Ländereien gegen künftige Ueberschwemmungen geschützt wurden. In der ersten Zeit hatten die Nachbarn geglaubt, die sieben Brüder hätten sich wirklich gebessert und wären die fleißigsten Menschen von der Welt geworden; denn von Morgen bis zum Abend sahen sie dieselben im Graben stehen und vom Hahnschrei bis in die sinkende Nacht Erde hinführen zum Damm. Als aber das trockengelegte, schlammgedüngte Land im Verlauf des Sommers das schönste Grad und duftigen Klee trug, so dick und hoch, wie man in der ganzen Umgegend noch nie erlebt hatte, und nun die sieben Brüder hinauszogen, zu mähen anfingen und ohne Mühe den reichen Segen hereinbrachten in die neue Scheune, die sie in der Zwischenzeit erbaut, da kam ihre Tücke und Arglist an den Tag. »Der alte Vater,« sagten sie Nachbarn, »war ein fleißiger Mann und scheute keine Mühe all sein Lebelang. Der stieg getrost ins Wasser bis ans Knie und schnitt sich kümmerlich sein Gras, wenn ihm etwas gewachsen war. Die Söhne haben sich das Ding bequemer gemacht. Sie haben keine Lust zur Arbeit.«

Jetzt kam der Herbst und die sieben Faulen trugen Steine herbei und Holz und bauten ein großes Haus neben der Wohnung des Vaters. So schnell ging der Bau von Statten, daß man hätte meinen sollen, das Haus wachse aus der Erde hervor, und ein Fremder hätte die Brüder für fleißige Arbeiter gehalten, so emsig waren sie daran, Kalk zu bereiten, Holz herbeizuschaffen und die Steine zu vermauern. Wer sie aber näher kannte, wußte, was er von ihrem Fleiß zu halten hatte. Auch wurde es bald ruchbar, daß der Älteste sich eine Braut ausgesucht habe, und als gegen Ende des Herbstes die Hochzeit war, und der junge Mann mit seiner Frau das neue Haus bezog, da sagten die Nachbarn: das Volk ist zu bequem; sie befürchten, daß ihnen das alte Haus zu klein werde und sind zu faul, um sich einzuschränken und mit Wenigem zu behelfen.

Als das Frühjahr kam, bestellten die Brüder das Land, und da sie bis zur Heuernte mancherlei Muße hatten, so bauten sie noch fünf Häuser in einer Reihe neben des Vaters Haus. Das eine war noch bunter angestrichen, als das andere und sie schimmerten in allen Farben des Regenbogens. Da vermutheten die Nachbarn schon vorher, was nun erfolgen würde, und als die Heuernte vorüber war, da feierten die fünf folgenden Söhne ihre Hochzeit mit Jubel und Musik, und ein Jeder bezog mit seiner jungen Frau eins von den neuen Häusern, zum großen Aergerniß der frommen Nachbarn, welche in Genügsamkeit und Gottesfurcht mit ihren Schwiegersöhnen unter einem und demselben Dache hausten. Der jüngste Sohn blieb im älterlichen Hause zurück; ihm hatte der älteste Bruder sein Anrecht auf dasselbe abgetreten, zum Heirathen war er aber noch zu jung.

So standen also die sieben Häuser in angemessenen Zwischenräumen in einer langen Reihe, von hinten und zu beiden Seiten von Obst- und Gemüsegärten umgeben, die sie durch dichte Dornhecken gegen das eindringende Wild zu schützen suchten. Denn sie waren zu träge, um, wie die Nachbarn, in den kalten Winternächten, die Haasen aus ihrem Kohl zu verscheuchen und schliefen lieber.

Darauf baute sich ein Jeder seinem Hause gegenüber Stallungen und Scheunen. Denn sie hatten jetzt reichliches Futter für ihre Kühe, und ihr Viehstand gedieh vortrefflich. Auf diese Weise entstand eine lange und breite Straße, welche sie zu beiden Seiten mit Lindenbäumen bepflanzten und in der Mitte mit einem tüchtigen Steinpflaster versahen; und, wenn etwa ein Vorübergehender fragte, wie die schönbelaubte Straße heiße, und wer darin wohne, was konnten die Nachbarn, wollten sie der Wahrheit getreu bleiben, anders antworten, als, daß die Bewohner der Straße die sieben Faulen seien, welche nicht die Lust hätten, nach dem oslebshauser Holze zu gehen, um der frischen Waldluft zu genießen, wie hier seit undenklichen Zeiten der Brauch gewesen, und sich deshalb Laubgänge vor ihren eignen Thüren angelegt; auch seien sie zu faul, und das bei Regenwetter und schlechten Wegen beschmutzte Schuhwerk wieder zu reinigen. Sie hätten deshalb lieber den kostbaren Steinweg angelegt, den sie auch bei der schlechtesten Witterung rein und sauber hielten, als nach Landessitte auf kothigen Wegen gehen wollen. Denn sie scheuten auch die kleinste Mühe und seien zu jeder Arbeit verdorben.

Endlich kam die Zeit, daß auch der jüngste Bruder ein Weib nahm. Mit Freuden trat ihm der Vater das Hausregiment ab, und die Hochzeit wurde ebenfalls mit großer Pracht gefeiert.

Viele Jahre lebten die Brüder also in größter Eintracht, und merkwürdig war es, daß ihr Wohlstand von Tage zu Tage wuchs, während sie nur halb so geschäftig waren, wie die Nachbarsleute. Sie gingen nicht ins oslebshauser Holz, sie saßen des Nachts nicht im Kohl, um die Haasen zu vertreiben; wo es aber galt, etwas zu Wege zu bringen, wodurch sie sich in

*Ausschnitt aus der Stadtansicht von Martin Weigel, 1550/64*

der Faulheit stärken konnten, da waren sie darüber aus, Tag und Nacht mit großer Anstrengung.

Wie sie denn noch in ihren alten Tagen mitten in ihrer Straße anfingen zu graben und zu wühlen, daß die Nachbarn neugierig über die Zäune schauten und sich die Köpfe zerbrachen über das neue Beginnen. Mit der Zeit aber erhob sich daselbst ein schöner Brunnen und das Räthsel war gelöst. Das war das letzte von ihren Stücken, aber auch darin verläugnete sich nicht ihr angeborner Hang zur Trägheit. Lange schon ruhten die Eltern der sieben Faulen im Grabe; aber es gab noch viele unter den Nachbarn, die den rechtschaffenen Vater gekannt hatten; wie viel tausend Mal hatte der nicht in seinem Leben einen Eimer Wassers aus der Weser geholt. Und nun waren die Söhne und ihre Weiber zu stolz und zu träge, um das Wasser vom Flusse heraufzuschleppen; deshalb also war es, daß der Brunnen gegraben wurde. Das war ihr letzter Streich, aber er sah ihnen ganz ähnlich.

Fragt aber jetzt Einer nach der Straße, wo die sieben Tagediebe gewohnt haben, der komme zu uns nach der Faulenstraße. Die schönen Linden sind zum großen Theile verschwunden, der Brunnen aber steht noch, wahrscheinlich in oft erneuerter Gestalt, gerade mitten in der Straße.

## XXVII.
## Hänschen von Halberstadt.

### 1. Der quade Johann von Weihe.

Im Anfange des 16. Jahrhunderts lebte in Weihe ein Mann, welcher weit und breit unter dem Namen: der quade oder schlimme Johann bekannt war. Wer ihm nicht nothwendig kommen mußte, der ging ihm gern hundert Schritt aus dem Wege, um nur nicht mit ihm in Berührung zu kommen. Denn er raubte und mordete, und es war ihm einerlei, wen er beschädigte, Geistlich oder Weltlich. So erzählten sich die Kinder im Dorfe, daß er es gewesen, der dem Pfaffen den unrechten Weg gewiesen, obgleich Andere die Schuld auf seinen, eben so berüchtigten Nachbarn, Wubbern Lange schoben. Es wollte aber der Pfaff nach Rom reiten; da zeigte ihm Einer den verkehrten Steig durch's Wasser in der Nähe des Dorf's, daß er

vom Pferde fallen und elendiglich ertrinken mußte. Zu Nacht war alsdann
der Körper herausgezogen und der Geldbeutel vom Gürtel geschnitten.
Solcher losen Streiche wurden dem schlimmen Johann mehr zur Last gelegt, doch hütete man sich wohl, ihm Solches ins Angesicht zu sagen; denn
Jedermann fürchtete seine Rache.

Aber während Alles seine Gegenwart floh, wie die Nähe eines wilden,
blutdurstigen Raubthiers, lebte ihm daheim ein menschliches Wesen, das ihn
mit begeisterter Liebe umpfing und im Fall der Noth sein Leben für ihn
eingesetzt haben würde. Das war ein Knabe und Soldatenkind, Johannes
geheißen; den hielt er wie seinen Sohn. Der Landsknecht war zu ihm gekommen, das feine Knäblein an der Hand und hatte um einen Platz gebeten
zum Sterben. Denn er war von einer tödtlichen Seuche ergriffen, konnte
sich kaum noch aufrecht halten, und es ging schnell mit ihm zu Ende.

Der quade Johann, so schlimm er auch sein mochte, solcher Jammer
mußte sein hartes Herz erweichen, und unaufgefordert versprach er dem
Sterbenden, für das Kind zu sorgen, wie für seinen eignen Sohn. Beruhigt
schloß jener seine Augen und der kleine Johannes oder Hänschen, aus der
Gegend von Halberstadt gebürtig, hatte einen andern Vater.

Der hielt treulich sein Wort, er hielt Hänschen wie sein leibliches Kind;
da derselbe von feinem Körperbau war, so wollte er ihm keine schweren
Arbeiten zumuthen, sondern schonte des zarten Knaben, wo er nur konnte
und mochte, und, um ihn auch in Zukunft möglichst von körperlicher Anstrengung zu bewahren, wollte er ihn überreden, den geistlichen Stand zu
ergreifen.

Das war aber dem Hans durchaus nicht recht; denn, obgleich er schwach
von Körper war, so besaß er doch einen hohen, kühnen Geist, dachte an
Nichts, als Schlachten und Krieg und stieg oft in der Stille auf den Boden
des Hauses, wo des Vaters Schwert und Hellebarde im Winkel standen, um
die edlen Waffen zu prüfen und sorgfältig zu reinigen von Schmutz und Rost-
flecken. Er liebte aber seinen Pflegevater zu sehr, als daß er ihn durch offenen Widerspruch hätte kränken mögen und, um ihn zufrieden zu stellen,
begab er sich häufig zu dem Pfarrer des Orts, der den gelehrigen Knaben mit
Freuden in den Geheimnissen der Religion und in den gottesdienstlichen
Gebräuchen unterwies. Schon meinte der Geistliche in dem Lehrlinge einen
Pfeiler der Kirche zu erblicken, und der quade Johann sah ihn fast jede Nacht

im Traum auf der Kanzel. Da ereignete sich ein Vorfall, der den Letzteren vor
der Zeit unter die Erde brachte, den Pflegesohn aber nicht allein von dem
verhaßten geistlichen Joch befreite, sondern auch seinen unter der Asche
glimmenden ursprünglichen Wunsch, sich dem Soldatenstande zu widmen,
zur lodernden, verzehrenden Flamme anfachte.

Der erwähnte Vorfall war in dem Leben des quaden Johanns zwar nichts
Neues, nur eine einfache Mordgeschichte. Es war im Jahr 1516, als er in
Soltauen Haus vor dem Osterthore, binnen der Stadt, mit Johann Rippen
aus der Thedinghauser Marsch in Streit gerieth und ihn nach seiner Weise
todtschlug. Er entkam glücklich aus der Stadt, wurde friedlos gelegt und
hätte nun wohl gethan, sich eine Zeitlang außer Landes zu begeben; da würde die Sache sich noch wohl gütlich haben beilegen lassen, oder wäre vergessen worden, wie so manches Andere. Keiner war besorgter um den quaden
Johann, als sein Pflegesohn, oder eigentlicher gesagt, er war der Einzige, der
ihn zu retten wünschte. Denn in der ganzen Umgegend war wohl nicht leicht
Einer zu finden, der nicht in der Stille gewünscht hätte, daß den Bösewicht
endlich einmal die verdiente Strafte treffen, und dadurch das Dorf und die
Nachbarschaft von einer Landplage befreit werden möge.

Der quade Johann pflegte über die kindische Furcht seines Hänschens
zu spotten, wenn dieser den schlimmen Pflegevater eindringlich ermahnte,
sein wüstes Leben zu ändern, oder doch wenigstens vorsichtiger zu verfahren in seinem Thun und Treiben.

»Mein Handwerk,« – pflegte er zu sagen, – »gebe ich nicht auf; ich bin
zu alt, um noch ein anderes zu lernen; und ins Bockshorn jagen laß ich
mich nun und nimmermehr. Die Bremer scheinen mir außerdem etwas träge und lässig geworden zu sein; sie werden mich schon laufen lassen. Es ist
nicht das erste Mal, daß ich verschrien und friedelos gelegt bin.«

Aber wenn er die Bremer für träge gehalten hatte in Ausübung der Ju-
stiz, so belehrte ihn Hänschen, der einige Monate später nach der Stadt
auf Kundschaft geschickt war, eines Andern. Derselbe hinterbrachte ihm,
daß seit kurzer Frist Harm Ehrenborg, weil er an Eggerd Eggers einen
Todschlag begangen, geköpft, daß Marten Rehker aufs Rad gelegt sei, will
er die Ringstädter Kirche bestohlen, und daß man um Simon und Juda
zwei Weiber lebendig verbrannt habe, nämlich Gretke, Heyn Lyndemanns
Ehefrau, und Alke Lamberts.

Alke hatte Gretken ein wächsern Bild gemacht und in dem Haupt Nadeln verborgen, mit dem Unterricht, solchen zu drücken und dabei den Namen Johann Godfrieds auszusprechen; dann würde er sehr im Kopfe gepeinigt und gemartert werden, wie es auch eingetroffen. Dergleichen Bildnisse hatte sie noch für mehre Andere verfertigt, auch böse Frösche zu Pulver verbrannt und ihre Nachbarinnen unterwiesen, ihre Feinde damit zu vergeben.

Auch habe man Cord Eggers wegen Verstoß gegen die guten Sitten am Pranger ausgestrichen, demselben ein Ohr abgeschnitten und ihn darauf verwiesen, mit dem Bedeuten, sich der Stadt auf zehn Meilen Wegs nicht zu nähern.

Da erkannte Johann mit Schrecken, daß sie noch wach wären in Bremen, und richtete seine Züge mehr nach den Dörfern in der Gegend von Hoya und Thedinghausen. Aber der Krug geht so lange zu Wasser bis er bricht, und auch Johann hatte eine blinde Stunde. Er verübte einen Einbruch in Habenhausen, wobei er übermannt und ergriffen wurde. In Bremen bekannte er, unbefragt und ohne Pein, alle seine Vergehungen und wurde auf Vorbitten seiner Freunde mit dem Schwert begnadigt. Dies war um Bartholomaei 1517.

## 2. Die Landsknechte

Das war der härteste Schlag, der das arme Hänschen treffen konnte. Mit Johann hatte er seinen Ernährer und Versorger, seinen zweiten Vater verloren. Zur Arbeit hatte ihn derselbe, wegen seiner Schwächlichkeit, nie angehalten, und selbst wenn er Kraft und Geschick dazu gehabt hätte, keiner von den Nachbarn würde den Zögling des gefürchteten Räubers ins Haus genommen haben. Zum geistlichen Wesen, wozu ihn sein Pflegevater bestimmt, hatte er keinen Trieb, zum Betteln zu viel Ehrgeiz; er wäre lieber Hungers gestorben, als daß er die Mildthätigkeit fremder Menschen angesprochen hätte. Aber was sollte er denn eigentlich beginnen?

Bei den Nachbarn mochte er keinen Rath und Trost suchen; er ging ins tiefster Bekümmerniß aufs hohe Feld. Tausend Pläne durchkreuzten seinen Kopf, der eine noch abenteuerlicher als der andere. Am liebsten wäre er Soldat geworden, wie sein leiblicher Vater gewesen; aber er sah wohl ein, daß er zum Waffenhandwerk noch nicht kräftig genug sei. Freilich hatte er das sechszehnte Jahr bereits zurückgelegt, für sein Alter war er aber außerordentlich zart. Unstät lief er umher, sein Gehirn brannte fieberhaft, erschöpft setzte er sich auf einen großen Stein.

Da lag es vor seinen Blicken, das stolze Bremen mit den hohen, sonnenhellen Thürmen, die feindselige Stadt, die ihm sein Liebstes auf Erden, seinen Vater ermordet. In diesem Augenblick vergaß er es, daß nur die Gerechtigkeit gewaltet habe, er sah in dem Getödteten nichts, als einen Märtyrer, schnöde verurtheilt von den kalten Reichsstädtern, unschuldig hingewürgt von Henkershand, und er schwor einen heiligen Eid, die schreckliche Rache zu üben an der Stadt und ihren Bewohnern, wegen des verübten Mordes.

Aber je länger er hinüberstarrte nach der trotzigen Veste, welche seit Jahrhunderten die Angriffe mächtiger Fürsten zurückgewiesen, deren zahlreiche Bürgerschaft alle Anschläge der Feinde mannhaft zu Nichte gemacht hatte, desto lebhafter wurde bei ihm das Gefühl seiner Ohnmacht, und er konnte seiner Wuth nur durch bittere Thränen Luft machen.

Da erschallte hinter ihm in weiter Ferne fröhlicher Gesang, und als er sich zurückwandte, sah er einen langen Zug von Männern mit blinkenden Waffen des Wegs daher ziehen. Das war ein Fähnlein Landsknechte, die zogen zum Erzbischof; denn er rüstete sich gegen die Würster.

Diesen Vorfall betrachtete Hänschen als einen Fingerzeig von oben, lief ins Haus zurück und holte des Vaters Schwert und Hellebarde von der Bodenkammer. Hastig gürtete er den langen Hauer um seine Lenden, der weit hinter ihm drein schleppte, nahm den gewichtigen Spieß auf seine Schulter und stellte sich auf eine Anhöhe, bei welcher die Kriegsleute vorüber ziehen mußten.

Als die bärtigen, sonnverbrannten Männer ihre Augen aufhoben, wunderten sie sich über die Maaßen, was doch die sonderbare Gestalt zu bedeuten habe, und des Lachens und Spöttelns wollte kein Ende nehmen. Als sie aber näher kamen und den zarten Knaben mit dem blassen Gesicht sahen, der beinahe von der Wucht der schweren Waffen erdrückt wurde, traten sie mitleidig näher und fragten, was sein Begehr sei. Und als er erklärte, wie er bereit sei, mit ihnen zu ziehen zu Ehr' und Beute in Kampf und Tod, und daß auch sein Vater dasselbe Gewerbe getrieben, da lobten sie insgesamt seinen Muth, nahmen ihn mit sich und versprachen dem Kleinen, gute Kameradschaft mit einander zuhalten.

Und sie hielten redlich ihr Wort. Denn wenn ihn auf dem Marsche die ungewohnte Schwere der Waffen drückte, so fanden sich im Augenblicke ein halbes Dutzend, die sich erboten, seine Hellebarde zu tragen. Sein besonderer Freund und Beschützer aber war Hans von der Kloppenburg, ein riesiger Mann, der ihn vom ersten Augenblick an lieb gewonnen und gleichsam an Kindesstatt aufgenommen hatte. Derselbe nahm sich seiner auf alle Weise an, so daß er ihn auch wohl, wenn er in den heißen Sonnenstrahlen ermüdete, eine Strecke Wegs in seinen Armen trug. Denn um Alles in der Welt hätte er den muthigen Knaben nicht dahinten gelassen.

So wurde er in kurzer Zeit ein Liebling des Fähnleins, und es läßt sich denken, wie wohl ihm diese allgemeine Zuneigung thun mußte. Bisher einzig geliebt von seinem Pflegevater, im Uebrigen von der ganzen menschlichen Gesellschaft ausgestoßen und geächtet, war er mit einem Male der Gegenstand der zartesten Aufmerksamkeit, der zuvorkommendsten Sorgfalt so vieler tapfern Männer geworden; das mußte sein Selbstgefühl auf's Höchste erregen. Dies äußerte sich auch gar bald vortheilhaft in seinem Aeußern. Sein Gang wurde stolz und frei, und jene kleinern Dienstleistungen, welche ihm in der ersten Zeit so willkommen gewesen waren, und die ein jeder von den Gefährten ihm so gern erwies, lehnte er unwillig ab. Die Sonnenstrahlen färbten allmählig seine Wangen, und dies Leben und Wirken in freier Luft, dies lustige Kriegerleben stärkten seine Kräfte in auffallender Weise.

Endlich vereinigte sich der Haufe mit den übrigen Streitkräften des Erzbischofs und die Feindseligkeiten nahmen ihren Anfang. Die Ursach' aber dieses Krieges war folgende.

Die Wurster wollten in diesem Jahre dem Erzbischof Christoph nicht die hohen Abgaben geben, welche er verlangte, sondern vermeinten, ihrer Pflicht ein Genüge zu thun, wenn sie ihm so viel entrichteten, als sie mit Erzbischof Heinrich übereingekommen waren, und worüber sie Siegel und Brief hätten, nämlich 1200 Tonnen Gerste, 600 Tonnen Hafer, 450 Gulden Grasgeld, und 400 Gulden und 10 Mark Lübisch Ochsen- und Schweinegeld.

Deshalb zog der Erzbischof ins Land mit 3000 Landsknechten und anderm Volk und gewann es, obgleich die Wurster sich mannhaft vertheidigten, wobei ihrer 500 Männer und 300 Weiber umkamen.

Als der Erzbischof nach Beendigung dieses Krieges die Knechte bezahlen sollte, konnte er nicht das nöthige Geld zusammenbringen, da mußte ihm das Stift 4200 Gulden auf Zinsen geben. Um aber die Aufrührer besser im Zaum zu halten, baute er zu Weddewarden ein Schloß, genannt der Morgenstern. Die Landsknechte aber verliefen sich; Mancher ging zu Haus, die Meisten suchten neue Abenteuer.

Hänschen hatte den ganzen Kriegszug mitgemacht, ohne daß ihm vom Feinde wäre ein Härchen gekrümmt worden. Das hatte er seinen Gefährten zu verdanken; denn er war zu verschiedenen Malen in großer Gefahr gewesen. Aber seine Genossen, besonders der große Hans von der Kloppenburg, wollten lieber ihr Leben wagen, als daß sie ihn ins Verderben hätten gerathen lassen.

Der mannliche Hans wollte jetzt einmal nach seiner Heimath, nach dem Städtchen Kloppenburg, um zu sehen, wie es den Seinigen erginge; denn er war in vielen Jahren nicht zu Hause gewesen und hatte große Beute gemacht an Geld und Geldeswerth. Das wollte er Alles zu seinen Verwandten in Sicherheit bringen. Er hätte gern seinen jungen Schützling mit sich genommen; der aber war nicht zu bereden nach so kurzer Thätigkeit sich schon zur Ruhe zu begeben, sondern dürstete, seitdem er den rechten Gebrauch der Waffen erlernt hatte, und sich kräftig und reisig genug fühlte, sie zu handhaben, nach einer Gelegenheit, sich auszuzeichnen. Denn er war ehrgeizig von Jugend auf, und es schien ihm das traurigste Loos, als gemeiner Landsknecht zu sterben. Aber sein Körper hatte sich auffallend rasch entwickelt, so daß er keinem Altersgenossen an Kraft nachstand, die Meisten an Behendigkeit und Stärke übertraf; er war jung, vor ihm lag ein langes, langes Leben. Es kam blos darauf an, sich hervorzuthun, und eine Veranlassung dazu konnte sich bald finden. Dann wurde ihm ein Fähnlein anvertraut, und wer erst ein Fähnlein befehligte, wie leicht stieg der nicht zum Feldhauptmann empor, und wenn er erst diese hohe Würde bekleidete, konnte es sich gar wohl ereignen, daß er seine Heerhaufen gegen die Stadt Bremen führen mußte. Keine Stadt ist so fest, daß sie nicht durch Gewalt oder List überwältigt werden möge, und wenn es ihm vergönnt sein sollte, als Feldherr in die besiegte Veste einzuziehen, in die Stadt, der er selbst den Untergang, und deren Bewohnern er die blutigste Rache geschworen hatte, dann, – ja dann —

Sein Kopf wirbelte bei diesen Gedanken, und um keinen Preis hätte er sich bereden lassen, mitzuziehn nach Kloppenburg, und die glänzende Laufbahn, die er sich ausgemalt hatte, wenn auch nur auf kurze Zeit zu verlassen. Während also sein Beschützer den Weg nach der Stadt Bremen hin einschlug, folgte er einem starken Haufen, der im Oberlande sich Beschäftigung versprach, und Jahre lang ließ er sich in der ganzen Umgegend nicht wieder sehen.

### 3. Des Erzbischof's Zorn.

Mittlerweile ereigneten sich Dinge in Bremen, derentwegen die Stadt mit dem Erzbischof in große Unlust und Unfrieden gerieth, so daß kluge Leute im Voraus urtheilten, dies sei der Keim langjähriger Mißhelligkeit und fortdauernder Feindseligkeiten. Denn im Jahre 1522 verkündigte Heinrich von Zütphen, ein gelehrter, beredter Augustiner zuerst die reine Lehre, wie er sie aus dem Munde Luthers vernommen hatte, und als die Geistlichkeit sich über den Mönch beschwerte, daß er grobe Irrthümer und Ketzereien verbreite, wurde der Rath, auf Fürbitte der Bürgermeister, vermocht, sich des Predigers anzunehmen und vor Gewaltthätigkeiten zu schützen. Als solches die Klerisei inne ward, fing sie an zu zürnen und zu schnarchen, und zog ihrer ein Theil zum Erzbischof, Herzog Christoph von Braunschweig, der ein eifriger Papist war und stellten ihm vor, wie dies ein Handel der bedenklichsten Art sei.

Der Erzbischof schickte deshalb seine Räthe nach der Stadt, um des Ketzers Auslieferung zu verlangen; aber vergeblich. Als er nun sah, daß seine Drohungen nichts fruchteten, sandte er wiederum andere Leute, welche den Rath mit schönen und glatten Worten überreden sollten.

Dieselben führten den Herrn recht umständlich zu Gemüthe, sie möchten sich vorher wohl bedenken, ehe sie sich um eines verlaufenen Mönchs willen in große Gefahr und Weitläufigkeit setzten, vornämlich, weil derselbe nicht allein den päpstlichen und kaiserlichen Satzungen zuwider lehre, sondern auch ein gefangener Mann wäre.

Solches zu erweisen, übergaben sie ein Schreiben von des Kaisers Schwester Maria, der Statthalterin der Niederlande, darin dieselbe mit harten Worten die Auslieferung ihres Gefangenen, des Bruders Heinrich von Zütphen, von den Bremern verlangte.

Aber der Rath antwortete, er bleibe bei seiner vorigen Erklärung. Da Alles dies vergebens war, schrieb der Erzbischof einen Landtag und Provinzial-Concilium aus nach Buxtehude, wohin auch Bruder Heinrich entboten wurde, um sich von der Anklage der Ketzerei zu reinigen. Unter diesen Umständen hüteten sich die Bürger aus der Anscharsgemeinde wohl, ihren Prediger hinzusenden. Derselbe aber schrieb die Hauptartikel seiner Lehre nieder und schickte diesen Aufsatz auf das Concilium nach Buxtehude, mit dem Erbieten, wenn er in einem oder anderm Satze aus heiliger Schrift Irrthums überwiesen würde, denselben auszulöschen und sich gern weisen zu lassen. Sein Antrag lieb aber unbeantwortet.

Es hat aber bald darauf der Erzbischof die päpstlichen und kaiserlichen Decrete, in denen Dr. Luthers Lehre auf dem Reichstage zu Worms verworfen und verdammt wurden, publiciren und anschlagen lassen; allein die Stadt hat sich an des Erzbischofs und anderer Geistlichen Grimm und Zorn wenig gekehrt, und Bruder Heinrich fuhr immer fort mit seinem Predigen und war alle Zeit bereit, Jedermann Antwort zu geben, seiner Lehr halben.

Die Pfaffen hatten freilich keine Ruhe, und sandten täglich ihre Kapellane in die Predigt, daß sie ihn in seiner Lehre fangen möchten; aber Gott bewies seine Wunder, und bekehrte etliche von den Pfaffen, daß der meiste Haufe, bei der Rückkehr zu den Domherrn, Heinrichs Lehre für Recht erkannte. Sie sagten, sie hätten ihr Lebelang von keinem Menschen solche Lehre vernommen; sie könnten sein Wort nicht verfolgen.

Die Stadt aber beschloß, den Drohungen des Erzbischofs die Stirn zu bieten und besserte die Festungswerke, wo es Noth that, wie denn auch (1523) der Stephanithorsgraben nach der Weser hin ausgetieft und weiter gemacht wurde. Auch begann man mit dem Bau des Zuchthauszwingers, unter Leitung des Baumeisters Jacob Vockes aus Völlenhof. Aber während die Städter diese Anstalten trafen, sich im Fall der Noth zu verteidigen, war auch der Erzbischof nicht müssig. Seine Rüstungen waren zwar noch nicht soweit gediehen, daß er die Stadt in offener Fehde hätte angreifen können; auch gab er vor, das Heer, welches er zusammenziehe, sei lediglich dazu bestimmt, die wiederum abgefallenen Würster zu züchtigen. Allein der Versuch, welchen er machte, sich einer festen Stellung in der unmittelbaren Nähe der Stadt zu bemächtigen, öffnete den Bürgern die Augen über seine eigentlichen Absichten.

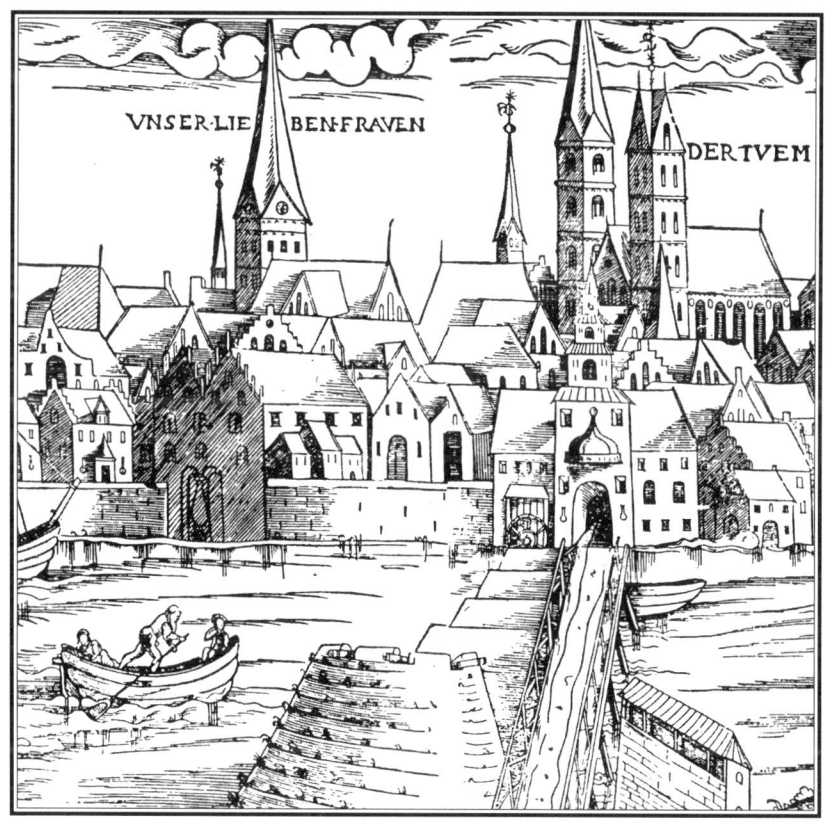

*Ausschnitt aus der Stadtansicht von Martin Weigel, 1550/64*

Ein großer Theil der Landsknechte nämlich, welche der Fürst von allen Seiten her zusammenzog, war im Stift Verden gelagert; des bessern Unterhalts wegen hatte man dieselben vorläufig auf die Dörfer vertheilt, die Standquartiere aber so gewählt, daß sich die Spitze derselben nur wenige Stunden von der Stadt Bremen befand. In einem einzigen Tagemarsch konnte sich die sämmtlichen Heerhaufen vor der Stadt vereinigen.

Der äußerste Haufen lag in Uphusen, und der Anführer hatte vorsorglich auf einen der hohen Sandhügel, die sich in der Nähe des Dorfes befin-

den und die Aussicht nach der Stadt Bremen hindern, einen Wachtposten
hingestellt; der konnte von der hohen Warte weit umherschauen ins Land,
ob Verdacht oder Gefahr vorhanden sei.

Daß aber der Führer großes Gewicht darauf lege, daß der Posten wach-
sam sei und seine Pflicht thue, ging daraus hervor, daß er sich häufig selber
hinaus begab, und nicht daheim blieb, es mochte stürmen oder regnen. So
stand er auch eines Morgens neben der Schildwacht, den wilden grimmigen Blick nach der Stadt gewandt, als sein Nebenmann ihn auf einen Wanderer aufmerksam machte, der durch die Wiesen daher kam von der Weserseite, und dessen Hellebarde ihn als einen Kriegsmann bezeichnete. Da er
seine Schritte gerades Wegs nach dem Dorfe richtete, so war vorauszuset-
zen, daß er in erzbischöfliche Dienste treten wollte, und der Hauptmann
stieg hinunter, dem willkommenen Gesellen entgegen. Denn die sämmtlichen Führer der erzbischöflichen Kriegsvölker hatten den bestimmten Auftrag, ihre Streitkräfte zu vermehren, wo und wie sie nur könnten.

Ihre Wege liefen dicht oberhalb des Dorfes zusammen, und der Hauptmann, welcher zuerst beim Kreuzweg anlangte, verweilte einen Augenblick,
um den Ankömmling zu erwarten, der langsam und mit müden Schritten
näher kam.

Das war, soviel sich aus der Entfernung abnehmen ließ, ein tüchtiger
Kerl, wie er im Felde zu gebrauchen war, von riesenhaftem Wuchs.

Noch zehn Schritte war er vom Hauptmann entfernt, da blieb er plötzlich stehen, stieß den Schaft seiner Hellebarde in die Erde, daß das Mord-
gewehr dröhnend feststand und stemmte beide Hände mit Verwunderung in die Seiten. Dann trat er näher mit raschen Schritten und rief mit
fröhlichem Erstaunen: »Ist es denn möglich, Hänschen, oder trügen mich
meine Augen? Nein! Die bist Niemand anders, als Hänschen von Halberstadt!«

»Ei Du mein Hans von der Kloppenburg,« rief der Hauptmann, der
mit Freuden seinen alten Freund und Beschützer seit Jahren zum ersten
Mal wieder erblickte. »Woher des Wegs und wohin?«

»Wohin ich will,« versetzte Hans, »magst du leichtlich errathen. Ich
wollte ins Dorf zum Herrn Hauptmann, um erzbischöfliche Dienste zu
nehmen. Daß ich aber mein Hänschen hier finde als hochgebietenden Befehlshaber, ist mir eben so unerwartet, als erfreulich.«

»Du kommst mir wie gerufen,« erwiederte der Hauptmann. »Ich wollte diesen Abend einmal hinüber, um zu sehen, ob sich die Dinge drüben in der Nähe wirklich so gefährlich anlassen, und da könnte mir nichts erwünschter sein, als die Begleitung eines Mannes, auf den ich mich verlassen kann.«

»Da sieht man gleich,« sagte der Riesige mit bitterm Spott, »daß wir uns recht lange nicht gesehen haben, denn sonst würde des Dir nicht unbekannt sein, daß ich mich der guten Stadt Bremen nicht nähern darf auf fünf Meilen Weges bei Verlust meines Kopfes.«

»Ei das wäre!« – fiel der Hauptmann mit spöttischem Ernst ein. »Die Sache mag wohl des Erzählens werth sein. Aber komm' mit mir in meine Herberge.«

Sie gingen zusammen ins Dorf, und unterwegs berichtete Hans von der Kloppenburg, wie er damals bei ihrem Scheiden sich nach der Heimath begeben. Sein Weg habe ihn über Bremen geführt, und da wäre er in der Stadt Sold getreten; aber nicht in Meinung, dort zu bleiben, sondern nach Empfang der Löhnung, heimlich weiter zu gehen. Das habe er denn auch ausgeführt, sei aber wieder ertappt, zurückgebracht, am Pranger ausgestrichen und zu ewigen Tagen auf fünf Meilen Wegs verwiesen. »Schon jetzt« — schloß er seinen Bericht, »habe ich mich viel zu weit vorgewagt, und sie würden mir das Haupt herunterschlagen, wenn sie mich hier träfen. Deswegen aber sei unbesorgt Hänschen, ich werde dennoch diesen Abend mit Dir gehen.«

»Ich habe diesem Volke Rache geschworen,« rief der Hauptmann mit geballten Fäusten, »als ich noch ein unmündiger Knabe war, weil sie meinen Vater gemordet, und die Zeit ist nahe, wo meine Hand sie treffen wird mit aller Schwere. Mir ist der Auftrag geworden, die Gelegenheit der Stadt möglichst genau zu erkunden, und wie weit die Bürger sind mit ihren Schanzen und Befestigungen. Deswegen will ich diesen Abend hinüberreiten in der Dämmerung, und Du, den dies Volk auf so schandbare Weise mißhandelt hat, wegen geringer Ursach', wirst mich begleiten. Könnte man zu dieser Unternehmung ein paar grimmigere Feinde der Stadt wählen als uns?«

Sie waren jetzt in Hänschens Wohnung angelangt, und der Hauptmann ließ dem Ankömmling zuvörderst eine Stärkung verabreichen. Dann setzte er ihm seine ferneren Plane aus einander.

»Vor dem Osterthore,« – sagte er, »liegt auf einer Höhe das Kloster St. Pauli. Meine Gedanken sind, dasselbe zu besetzen, und mit Wall und Graben zu befestigen; dann haben wir ganz in der Nähe der Stadt eine feste Burg und sichere Zuflucht, von wo aus wir den Bürgern ungestraft unsäglichen Schaden zufügen und uns für die erlittene Schmach auf das Grausamste rächen können.«

Alles wurde auf den Abend in Stand gesetzt; der Hauptmann traf die nöthigen Anordnungen, wie sich ein Jeder zu verhalten habe während seiner Abwesenheit, und die Sonne stand noch am Himmel, als ein Paar rüstige Gaule vorgeführt wurden. Noch einmal prägte Hänschen seinen Untergebenen die größte Behutsamkeit und Vorsicht ein; dann bestiegen die Beiden ihre Pferde und trabten lustig davon; weil es aber noch hell war, so ritten sie nicht gerades Weges nach der Stadt, sondern seitwärts ab, um sich derselben auf geheimen Pfaden zu nähern.

Endlich, als es bereits dunkelte, waren sie bei der Bürgerweide, und weil sie nicht wagen durften, irgendwo Einlaß zu begehren, so banden sie ihre Rosse an einen Baum, und gingen behutsam durch die Kohlgärten, um an den Stadtgraben zu gelangen und von dort aus unbemerkt die neuen Festungswerke in Augenschein zu nehmen.

Zwar war es kein Mondschein, indeß so sternhell, daß sie nothdürftig die Lage und Höhe der neuen Befestigungen schätzen konnten. Sie hatten ihre Forschungen außer dem Stephansthore begonnen und gingen am Stadtgraben entlang, wo sie dann zuletzt das Osterthor, und, was die Hauptsache vor der Hand war, die Gelegenheit des Paulsklosters ersehen wollten.

Aber sie waren noch nicht weit geschritten, als menschliche Stimmen hinter ihnen laut wurden, und besorgt verbargen sich die beiden Abenteurer in den Erbsen, die am Wege standen. Die Stimmen kamen näher, und es dauerte nicht lange, so schritten zwei Männer an dem Versteck vorüber, wovon der Vorderste eine Blendlaterne trug, die er außerdem sorgfältig mit einem Tuche verhängt hatte, so daß nur auf dem Boden unmittelbar vor den Füßen der nächtlichen Wanderer ein schwacher Lichtschimmer sichtbar war. Sie gingen sehr behutsam, traten leise auf und sprachen in gedämpften Tönen.

»Die Beiden mögen sich auch nicht sehen lassen,« flüsterte Hans, als sie vorüber waren. »Sie gehen denselben Weg mit uns. Wie wär's, wenn wir ihnen auf dem Fuße folgten und sie ein wenig beobachteten?«

»Wir wollen die Stoßrappiere in Bereitschaft halten,« erwiderte der ju-
gendliche Hauptmann. »Damit werden wir uns zur Noth die beiden Nacht-
vögel vom Leibe halten. Nun aber leise, daß sie uns nicht gewahren.«
Sie gingen eine Zeitlang hinter ihnen her, bis sie sahen, wie die Beiden
bei der Michaeliskirche Halt machten und sich eine Zeitlang mit einander
beriethen. Dann bemerkten sie deutlich, daß der Eine an der Seite empor-
klomm und mit einiger Anstrengung ein Fenster erbrach und mit der Laterne, welche ihm von seinem Begleiter hingereicht wurde, im Innern des
Gotteshauses verschwand.

»Ein Paar Galgenvögel!« murmelte der Hauptmann. »Ihr Treiben riecht
ein wenig nach Kirchenraub, mit den Leuten wäre etwas anzufangen. Wir
müssen aber sehr behutsam sein, wenn wir sie angeln wollen ohne Aufsehn
und Geräusch.«

»Der Eine hält die Wacht,« sagte der lange Hans. »Wenn wir den haben,
so soll uns der Andere auch nicht entgehn. Aber laß mich nur machen. Bleib
Du hier zurück, wenn er vielleicht hierher entwischen will.«

Nach diesen Worten ging er behutsam eine Strecke zurück und gelangte in einem weiten Bogen hinter die Kirche. Ein leiser Schrei benachrichtigte den Hauptmann, daß der Fang gelungen sei und neugierig und erfreut begab er sich an Ort und Stelle.

Hans hatte den Kerl vor sich am Boden liegen und drückte ihm die Kehle
zusammen, daß er sich nicht rühren noch regen konnte. So wie der Hauptmann herzutrat, ließ er ihm etwas mehr Willen, aber unter der Androhung,
ihn sogleich zu durchbohren, sofern er nur den geringsten Laut von sich
geben würde. Mit der einen Hand hielt er sein Schlachtopfer indeß noch
immer am Boden fest, während die andere in seiner Tasche nach einer Leine
suchte. Die war denn auch bald gefunden, und in wenigen Augenblicken
band Hans ihm kunstgerecht die Hände auf dem Rücken zusammen.

Jetzt zeigte sich auch oben am Fenster der Lichtschimmer wieder, und
während der Hauptmann neben dem Gefangenen blieb, machte sich Hans
fertig, auch den Andern zu erwischen. Der stieg leise und arglos in die
Fensteröffnung und war mit einem behenden Satz am Boden; aber er war
noch schneller übermannt als der Erste; denn da er in der einen Hand die
ausgelöschte Laterne trug, in der andern aber einen schweren Beutel hielt,
so war er vollkommen unfähig, irgend Widerstand zu leisten. Die Laterne

warf Hans ins Kohlland, denn was sollte er damit anfangen, den Beutel
aber, der beim Ringen auf die Erde gefallen war, hob er begierig auf, wog
ihn auf der Hand und schob ihn sorgfältig in seine Tasche.

Die beiden Gefangenen wußten nicht, wie ihnen geschah; auch hatten
sie keine Zeit sich lange zu besinnen, so eilig wurden sie von ihren Siegern
durch die Kohlgärten geführt, bis an der Bürgerweide, wo die Pferde standen, Halt gemacht wurde. Hier war es einsam, und der Hauptmann konnte ein vorläufiges Verhör anstellen, ohne eine Ueberraschung besorgen zu
dürfen.

Nachdem er den Räubern beruhigend zugesprochen und sie von ihrer
Besorgniß, daß er sie den Händen der Obrigkeit überantworten würde,
befreit hatte, verlangte er, sie sollten ihm in allen Stücken die getreue Wahrheit berichten. Das versprachen sie mit Freuden und erzählten, daß sie
bremer Bürger seien, Vater und Sohn, jener Heinrich Wöltjen, dieser Johann mit Namen. Es wäre nicht das erste Mal, daß sie auf den Raub aus-
gingen, und hätten sie schon verschiedentlich Ochsen gestohlen. Diese
Nacht sei der Vater, während der Sohn die Wacht gehalten, in die Kirche
gestiegen, weil er verkundschaftet habe, daß dort Geld niedergelegt wäre.
Auch sei es ihm gelungen, die beiden Kisten zu öffnen; aus der des Küsters
habe er fünfzig bremer Mark genommen und aus der andern, worin das
Geld für Gretje Meyer aufbewahrt werde, fünfzehn. Nun sei ihnen der
Raub wieder abgejagt, auch machten sie weiter keinen Anspruch daran,
wenn ihnen nur das Leben und die Freiheit geschenkt würde.

»Ihr sollt leben und frei sein, auch eurer Beute nicht verlustig gehen, ja
ich werde euch noch dazulegen. Vorläufig aber müßt ihr euch bequemen,
einige Stunden Wegs mit uns zu machen.«

Der Hauptmann und Hans stiegen zu Pferd und ließen die Gefangenen, die sich mühsam fortschleppten, nicht aus den Augen. Mit Tagesanbruch waren sie am Ziel, im Dorfe Uphusen.

Nachdem die Gefangenen in sichern Verwahrsam gebracht waren, begaben sich die beiden Reiter einige Stunden zu Bett, um sich von den Beschwerden der Nacht zu erholen. Es war schon hoch am Tage, als der Hauptmann erwachte und die beiden Kirchenräuber vor sich kommen ließ. Sie
mußten ihm jetzt einen ausführlichen Bericht abstatten von der Zahl der
waffenfähigen Mannschaft in der Stadt, von den Vorräthen und den neu

errichteten Befestigungen. Als sie ihm nun erzählten, daß die Bürgerschaft wohl gerüstet und in den Waffen geübt wäre, daß die Kornvorräthe neuerdings ergänzt und Mauern, Gräben und Wälle im besten Stande seien, da sah er wohl, daß mit so geringen Mitteln, wie ihm zu Gebote standen, gegen die Stadt selbst nichts auszurichten, daß es aber die höchste Zeit sei, wenn er auch nur sein erstes und nächstes Ziel, die Besetzung des Pauliklosters, ins Werk richten wolle. Den Gefangenen deutete er dann, daß sie ihre Haft noch einige Tage mit Geduld ertragen möchten. Im Uebrigen stellte er ihnen jetzt schon ihren Raub unverkürzt zu Händen, um ihnen zu zeigen, daß er sie nicht aus Habsucht mit sich genommen hätte, sondern lediglich, um genauere Kundschaft von den Angelegenheiten der Stadt zu erlangen. Damit waren denn auch Beide sehr zufrieden und ließen sich geduldig in ihr Gefängniß zurückführen.

Daß der Hauptmann seinen Hans für die Herausgabe der Kirchengelder reichlich entschädigte, versteht sich von selbst. Da das Kloster übrigens hoch lag, sehr fest gebaut war und des Nachts gute Wacht darin gehalten wurde, wie die Gefangenen ausgesagt hatten, so beschloß Hänschen von Halberstadt den Ueberfall bei hellem, lichtem Tage auszuführen, wo die Knechte zum Theil im Felde beschäftigt waren, und die Klosterleute weniger Obacht gaben, indem sie sich um diese Zeit keines Angriffs versahen. Er ließ also seinen ganzen Haufen, der aus etwa fünfzig Fußknechten und einigen Reitern bestand, zusammen kommen und rückte mit ihnen vor, indem er zugleich einen Boten in die nächsten Quartiere sandte, mit der Aufforderung, ihm schleunig mit aller Macht zu folgen, indem er, im Fall die Bürger versuchen sollten, ihn wieder zu vertreiben, ohne Mühe das Kloster zu behaupten gedachte, bis die Verstärkung eintreffen würde. Aber, obgleich er mit möglichster Vorsicht seinen Zug bewerkstelligte, konnte er doch nicht verhindern, daß die Klosterleute zeitig genug Kunde davon erhielten, um auf ihrer Huth zu sein.

### 4. Zerstörung des Klosters St. Pauli.

In der Stadt hatte man übrigens längst eingesehen, wie wichtig die Stellung auf dem Paulsberge sei und wie gefährlich für die Stadt, wenn es dem Erzbischof einfallen sollte, das Kloster zu besetzen. Deswegen hatte der Rath

schon Unterhandlungen gepflogen mit dem Abt Henrich Junge, und demselben das Baginenhaus (auf dessen Stelle jetzt das reformirte Waisenhaus
steht) nebst der gegenüberliegenden Nicolai Kirche einzuräumen versprochen, wenn er das Kloster St. Paul an die Stadt abtreten wollte. Der Abt
hatte sich aber beständig geweigert, diesen Vorschlag anzunehmen, weil er
seiner Meinung nach draußen vor der Stadt nichts zu besorgen hatte. Da
wurde ihm mit einem Male gemeldet, daß ein Haufen bischöflicher Knechte
und Reiter im Anzuge sei, um das Kloster zu besetzen und in Zeit von
wenigen Stunden anlangen könnte. Nun entsetzte er sich und sandte einen
Eilboten mit der Schreckensnachricht in die Stadt.

Es traf sich aber gerade, daß die beiden im Eide sitzenden Bürgermeister vor dem Rathhause saßen, als ihnen die Meldung geschah. Die riefen
zu sich einen beherzten Bürger, den Lohgärber Henrich Vollmers, und fragten ihn, ob er nicht Rath wüßte, wie das Kloster herunter zu werfen wäre?

Der meinte, er wolle schon Rath schaffen, trat auf den Marktplatz und
beredete die Bürger, nach Hause zu eilen und sich mit Waffen und Werkzeug zu versehen. Als solches geschehen war, fielen sie das Kloster an und
zerstörten es desselbigen Tags, daß davon nichts stehen blieb, als das Mauerwerk. Das Übrige wurde fortgetragen, geplündert und Preis gemacht,
daher den Mönchen großer Schaden geschah. Solches war im Jahre 1523.

Das Mauerwerk aber war zu fest, um dasselbe in der Kürze herunterzu-
bringen. Da gab der Rath dem Schmiedeamt, dessen Mitglieder sich überhaupt bei dieser ganzen Angelegenheit durch ihre ritterliche Unerschrok-
kenheit ausgezeichnet hatten (weshalb sie auch mit herrlichen Privilegien
begabt wurden) ein Jahr alle Bürgerwerke frei, auch die Wacht, daß sie die
Mauern bis auf den Grund abbrachen. Von den Kieseln, die in der Mauer
waren, fing man an, den Steinweg nach dem Wartthurm zu legen.

Der Abt fuhr übrigens am Schlimmsten bei der Sache. Hätte er das
Anerbieten des Raths angenommen, so hätte er an den städtischen Gebäu-
den einen anständigen Ersatz gehabt. Jetzt konnte er darauf keinen Anspruch machen und zog zum Grafen Anton von Oldenburg, dem er die in
der Grafschaft Oldenburg belegenen Klostergüter übertrug, in Meinung,
reichen Lohn dafür zu erhalten. Der Graf aber schickte ihn in ein Mainzer
Kloster, wo er kaum seine Nothdurft hatte, und hielt ihm keine von seinen
Versprechungen, so daß Herr Junge bald nachher vor Verdruß starb.

Der kühne Plan Hänschens von Halberstadt war also an der Wachsamkeit und Entschlossenheit der Bürgerschaft gescheitert. Die Aufmerksamkeit des Erzbischofs war aber dadurch in besonderem Grade auf den kühnen und unternehmenden jungen Mann gelenkt.

Verdrießlich über den mißlungenen Ueberfall wandte sich der Fürst im folgenden Jahre (1524), nachdem er die Kirchen im Stift Verden schonungslos ihres Silberschmucks beraubt hatte, in's Erzstift Bremen, setzte seine Rüstungen fort, und als sein Heer auf 8000 Landsknechte angewachsen war, fiel er auf Laurentius ins Land Wursten, um die abgefallenen Einwohner zu züchtigen. Diesen Horden gab er das Land preis und Alles, was darinnen war; nur den Grund und Boden behielt er sich vor. Vergeblich setzten die Wurster sich zur Wehr; es wurden ihrer 700 erschlagen. Die Knechte brannten und raubten durch das ganze Land, nahmen alle Glokken aus den Kirchen und führten sie mit sich hinweg.

Mit diesem siegstrunkenen Haufen gedachte der Erzbischof die Stadt Bremen anzutasten. Er forderte von den Bürgern die Wiederherstellung des Klosters St. Pauli, so wie eine Buße von 25000 Goldgulden, sonst wollte er ihnen Bremen zu enge machen. Die Bürger aber achteten der Drohungen nicht sonderlich; sondern fuhren fort, die Stadt mehr und mehr zu befestigen. Alle Bäume in der Umgegend wurden umgehauen und der Graben vor dem Abbenthor angelegt. Auch wurde auf Stephani die Wichelnburg gebaut von Wicheln und andern Bäumen, desgleichen das Erdhaus von Anschars Thore. So wollte man des Bischofs erwarten.

Der aber besann sich eines andern, als er sah, daß sich seine Gegner nicht einschüchtern ließen, gedachte, sich ein ander Mal an ihnen zu rächen und entließ alle seine Kriegsleute.

Die zogen freudig von dannen, mit großer Beute und noch größeren Hoffnungen. Denn sie hatten vernommen, wie der König von Frankreich in Welschland eingefallen sei und den Beistand kriegserfahrner Männer nicht verschmähte, und mancher Graubart, der schon jenseits der Alpen gewesen war, wußte die Herrlichkeit und den Reichtum des italischen Landes nicht genug zu rühmen. Deshalb trat der Haufe wohlgemuth seine Wanderung nach dem Süden an.

Aber mochten auch alle Tausende jenem fernen Lande entgegenjubeln, in der Brust zweier Männer erregte der Abzug die bittersten Gefühle. Hänschen von Halberstadt und sein Freund hatten sich in ihren vertraulichen Unterhaltungen von Nichts unterhalten, als von der bevorstehenden Belagerung Bremens; ihrem Haß erschien es ein Leichtes, mit solcher Heereskraft die Stadt zu überwältigen, und mit Behagen redeten sie von der Plünderung, dem Brand und der gänzlichen Verwüstung derselben, wie eines andern Jerusalems. Und nun mußte ihre Erwartung so schmählich getäuscht werden! Deswegen war es auch kein Wunder, daß die beiden Männer still und schweigsam waren bei dem Frohlocken der Uebrigen. Als sie aber über die Weser gezogen waren, konnte Hänschen es sich nicht versagen, seinen Feinden wenigstens einen Schrecken einzujagen. Oft gedachte er in seinem Innern, wie er verfahren würde, wenn ihm der ganze Haufen zu Gebote stände. Aber ein einiges Oberhaupt hatten diese Horden nur, wenn sie wirklich im Felde standen; in diesem Fall gab ihnen der Landesherr, in dessen Dienste sie getreten waren, einen Führer. War der Krieg beendigt, so gehorchte jedes Fähnlein wieder nur dem selbsterwählten Hauptmann, und so stand auch unserem Hänschen nur ein kleines Häuflein zu Gebot. Aber es gelang ihm dennoch, unter Vorspiegelung reicher Beute, einen großen Theil der übrigen Hauptleute für seinen Plan zu gewinnen.

Der Stadt selbst, das sah er wohl bei ruhiger Ueberlegung, war in der gegenwärtigen Zeit, wo dieselbe erst neuerdings mit Festungswerken versehen war, und von den vorsichtigen Bürgern aufs Sorgfältigste bewacht wurde, auf keine Weise beizukommen. Das Gebiet derselben aber war den räuberischen Schaaren größtentheils Preis gegeben, wenn es ihnen gelang, unbemerkt am Arster Thurm vorüber zu kommen.

Wenn nun auch die Bürger sicher waren vor Hänschens Anschlägen hinter Wall und Mauern, so sollten die Untersassen wenigstens seine Rache fühlen, und in hellen Haufen zogen die Landsknechte gegen den Arster Thurm. Aber ohne Widerstand konnten sie den Paß nicht gewinnen; denn die Viehländer hatten sich dort in der Eile zusammengezogen und schossen unverzagt unter die Anrückenden. Die aber schwenkten sich so, daß sie unter das Geschütz kamen, trugen Heu und Stroh zusammen und steckten solches in Brand. Als die Viehländer den dicken Rauch bemerkten, glaubten sie, der Thurm brenne und sprangen zum Fenster hinaus, um sich zurückzuziehen, kamen aber größtentheils ums Leben, weil der Feind ihrer unten wartete mit Spießen und Hellebarden.

Mittlerweile wurden die Glocken geschlagen in der Stadt, und die Bremer zogen zu Roß und zu Fuß mit vier Quartier-Stücken den Räubern unter Augen; aber von panischem Schrecken ergriffen, flohen sie eilends zurück nach der Stadt und ließen ihr Geschütz in Feindes Hand. Doch hatte dieser Ausfall wenigstens zur Folge, daß die Landsknechte nicht weiter das Land verwüsteten, sondern, trotz den Vorspiegelungen Hänschens, die Gegend verließen und ihren vorausziehenden Brüdern unaufhaltsam folgten. Doch nahmen sie die Geschütze mit und schenkten sie dem Herzog von Lothringen, als sie durch sein Land zogen; von da gingen sie zum König von Frankreich in Italien.

### 5. Der Feldhauptmann.

Hänschen von Halberstadt hatte aber nicht Ruhe noch Rast in fernen Landen, er mußte wieder nach seiner Heimath, um der Stadt Bremen so nahe zu sein wie möglich. Denn wenn auch alle seine Anschläge mißlungen waren, so gab er seine Rache doch nicht auf.

Es hatte zwar den Anschein, als wenn die Stadt sich mit dem Bischof versöhnen würde, wie sie demselben auch im folgenden Jahre (1525) mit Schiffen, Mannschaft und Lebensmitteln zur Hand war, als er die wiederum abgefallenen Wurster züchtigen wollte. Kam der Friede wirklich zu Stande, dann hatte Hänschen alle Hoffnung verloren, jemals sein Müthchen an der Stadt zu kühlen; als aber die eigentlichen Unterhandlungen sich zerschlugen, hatte er wieder Muth.

Es kamen nämlich auf Michaelis Abend zu Bremen als Unterhändler, auf Seiten der Stadt die Gesandten des Raths von Lübeck, Hamburg, Lüneburg, Stade und Buxtehude; von der Gegenpartei erschienen die eignen Räthe des Erzbischofs, so wie die Räthe Herzog Heinrichs und Herzog Erichs von Braunschweig. Die Verhandlungen fanden im Dom Statt und dauerten acht Tage. Dr. Chlianus hielt des Erzbischofs Worte, von Seiten der Stadt sprach Dr. Hieronymus Schurf, der von Wittenberg dazu verschrieben war; der antwortete ordentlich und meisterlich auf alle Artikel.

Der Bischof kam aber während der ganzen Zeit nicht in die Stadt, sondern wohnte auf einem Vorwerk in der Nähe des Paulsbergs.

Als die acht Tage um waren und Klage und Antwort gehört, wurde nichts beschlossen, und es zog Jeder wieder nach Haus.

Der Rath schenkte dem Doctor Schurf 100 Goldgulden, und sein Diener Andreas Schulpt blieb zu Bremen in des Raths Diensten als Schreiber. Der Dr. Schurf war ein geschwinder Jurist und verdiente viel Geld, welches er doch alles wieder verbrachte. Aber jene 100 Goldgulden hielt er zusammen, gab keinen davon aus und pflegte sie oft zu betrachten. Von Bremen aber hatte er auch im Uebrigen eine gute Meinung und erzählte wohl, daß er Zeit seines Lebens in vielen Städten gewesen sei, nirgends aber habe er so viel Grauköpfe und weise Männer im Rath gesehen, als eben in der Stadt Bremen.

Wiederum waren die Wurster abgefallen, und der Erzbischof beschloß, die Aufrührer ein für alle Mal so zu züchtigen, daß sie für immer ruhig sein müßten, und sollte ihr Name dabei von der Erde vertilgt werden.

Als dies kundbar wurde, strömten die Landsknechte herbei, aus aller Heren Länder, um Theil zu nehmen an der reichen Beute, so daß ihrer in kurzer Zeit etliche Tausend bei Bremerlehe versammelt standen.

Der Erzbischof begab sich bald darauf in eigner Person in ihr Lager, um die fremden Söldner in Augenschein zu nehmen und einen Anführer für sie zu ernennen. Da begab es sich, daß ihm unter allen versammelten Hauptleuten der kräftige Hänschen von Halberstadt am Besten gefiel; und als er mit ihm redete, und sich auch seiner frühern Verdienste erinnerte, ernannte er ihn trotz seiner Jugend zu seinem Feldhauptmann.

Obgleich dies das Ziel war, dem Hänschen sein Lebelang zugestrebt hatte, so glaubte er doch anfangs zu träumen, als ihm seine Ernennung kund gethan wurde. Denn er war unter allen versammelten Hauptleuten der jüngste, und es war fast ein unerhörtes Ereigniß, bei der Besetzung dieses hohen Postens eine lange Dauer der Dienstjahre so ganz unberücksichtigt zu lassen.

Jetzt also stand er an der Spitze Tausender von kriegskundigen Männern, wie er sich so oft gewünscht. Zwar war der Feind ein anderer, als den er aufgesucht haben würde, wenn er unabhängiger, unumschränkter Herr gewesen wäre. Aber die Streitigkeiten mit der Stadt waren keineswegs beseitigt, und Hänschen tröstete sich damit, daß er nach Beendigung des Wurster Feldzugs hoffentlich seine Waffen gegen die widerspenstigen Bürger kehren müsse.

So unerwartet er aber den Gipfel des Söldnerstandes erstiegen hatte, so wurde er auch wieder heruntergestoßen, als die Aussicht zum Kriege nach kurzer Zeit wieder verschwand.

Die Wurster nämlich, als sie den großen Ernst des Landsherrn erfuhren und sahen, was er für gewaltige Rüstungen machte, mochten das Schicksal der alten Stedinger fürchten, schickten Abgeordnete an den Erzbischof und unterwarfen sich, indem sie sich zu einem jährlichen bestimmten Zins verstanden. Dadurch ward der Zorn des Fürsten besänftigt, und er gab dem versammelten Heere den Befehl, sich schleunigst aufzulösen und sein Land zu verlassen.

Man denke sich den Grimm der raublustigen Horden, als die sichere Beute ihren gierigen Klauen durch diesen Machtspruch plötzlich entrückt wurde, und die Muth Hänschens, der sich in seinen Träumen von kriegerischem Glanz und fürchterlicher Rache an den verhaßten Bremern so getäuscht sah. Denn so wie sich die Heerschaaren auflösten, nahm seine Feldherrnwürde von selbst ein Ende, und er behielt blos die Führung seines eigenen Fähnleins.

Aber die Heerhaufen durften nicht länger verweilen und mußten aufbrechen. Mißmuthig zogen die Schaaren fort bis in den vierten Tag; da kamen sie nach Osterholz. Dort wurde Rast gemacht, denn es wurde früh dunkel. Es war im Monat Januar und es herrschte eine schneidende Kälte. Das aber hielt Hänschen nicht zu Haus. Er war wiederum in der Nähe Bremens, und seine Rachegedanken wurden alsdann lebendiger und ließen ihn keine Ruhe. Er ging zornig ins Freie, durchs Feld, bis er an das alte Hünengrab kam, das noch aus grauer Heidenzeit herstammt. Hell beschien der Mond die gewaltigen Steine, daß sie weithin schimmerten durch's Feld. Er stieg hinauf und wandte sich nach der Richtung, wo Bremen liegen mußte, und er glaubte deutlich die Thurmspitzen zu erblicken. Er blieb eine lange Weile in dieser Stellung, in tiefes Sinnen versunken, bis er sich plötzlich umwandte und mit einem raschen Satze seinen hohen Standpunkt verließ. Es war ein kühner Entschluß in seiner Seele zur Reife gediehen. Er war nämlich Willens, die Gewalt, welche ihm auf so kurze Zeit verliehen war, wo möglich auf immer sich zu sichern. Dann sollten die Bremer seinen Grimm spüren.

In kurzer Zeit war er in seinem Quartiere angelangt und beschied dorthin die sämmtlichen Hauptleute, weil er ihnen wichtige Vorschläge und Mittheilungen zu machen habe.

Als dieselben versammelt waren, malte er ihnen mit eindringlicher Beredsamkeit, wie schimpflich sie behandelt seien. Mit der Aussicht auf reiche Beute habe man sie aus der Nähe und Ferne herbeigelockt, und jetzt, wo man ihrer nicht mehr zu bedürfen glaube, lasse man sie laufen, wie die Schulknaben, in ihren Erwartungen und Hoffnungen aufs Bitterste getäuscht.

»Gehen wir nun wirklich aus einander,« setzte er hinzu, »wie man uns geboten hat, so zeigen wir dadurch, daß wir keines bessern Looses würdig sind. Wenn wir uns aber nicht zerstreuen, sondern treulich zusammenhalten, so wird kein Fürst oder Herr und ein Haar krümmen, sondern wohin wir uns wenden, da spielen wir die Herrn. Wo unser Lager steht, da sind wir die Fürsten.«

Diese Worte wurden mit ungetheiltem Beifall aufgenommen, und Hänschen fuhr folgendermaßen fort:

»Wenn ihr aber meinem Rathe folgen wollt, so ist es dringend Noth, daß wir ein Oberhaupt erwählen, dem Alle gehorchen, sonst wird Zwiespalt kommen, und wir werden dem Ersten, dem Besten, der uns antasten wird, zum Raube und in alle Welt zerstreut, wie ein Bienenschwarm, dem der Weisel fehlt. Ich war dazu bestimmt, Euch gegen die Wurster zu führen, aber mit Freuden räume ich meine Stelle, so Ihr mir einen Würdigeren nennt.«

Da riefen Alle wie ein Mann: »Hänschen von Halberstadt soll uns führen und unser Feldhauptmann und Herzog sein.«

Und er wurde hinausgeführt ins Freie, wo die Knechte standen in Erwartung der Dinge, die von den Hauptleuten beschlossen wurden. Und als ihnen Alles kund gethan war, sprang Hans von der Kloppenburg hinzu mit einem großen Schilde. Auf diesen mußte Hänschen treten, und er ward mit demselben emporgehoben von Hauptleuten und Knechten, daß sein Brustharnisch wunderbar erglänzte im Mondenschein. »Ich habe dich als einen armen schwachen Knaben getragen,« sagte Hans von der Kloppenburg, »und nun muß ich auch noch die Ehre erleben, dich zu halten und zu tragen als unsern gemeinsamen Kriegsfürsten.«

*Das Hünengrab zu Osterholz.*
*Kupferstich aus Christian Nikolaus Rollers »Versuch einer Geschichte*
*der Kaiserlichen und Reichsfreyen Stadt Bremen.«, 1799*

Da war Freude und Jubel im ganzen Heer über den neuen Herzog.

Wie der aber spät Abends in seinem einsamen Schlafgemache saß und den ganzen Hergang noch einmal überdachte, konnte er sich kaum finden in das unerwartete Glück. Schlafen konnte er nicht; die Nacht dauerte ihm eine Ewigkeit, und mit Ungeduld wünschte er den Morgen herbei. Jetzt sollte die Stadt seine schwere Hand empfinden, und mit Tagesanbruch wollte er in ihr Gebiet einbrechen.

Aber schon denselben Abend war es im Ort ruchbar geworden, daß die Knechte eine Soldatenherrschaft errichtet, und am andern Morgen mit dem Frühsten gelangte die Botschaft nach Bremen, so daß es Hänschen nicht gelang, die Stadt zu überrumpeln, als er in der Morgendämmerung sich aufmachte. Doch kam er glücklich durch die Burg, und erschien im Stadtgebiete als ein Feind gar unentsagt und ungewarnter Sachen. Die Zollbude wurde sogleich erbrochen und die vorhandenen Gelder in Sicherheit gebracht.

Da sandte der Rath hinaus auf heiligen Drei König-Abend, daß die Hauptleute auf den andern Tag möchten nach Gröpelingen kommen und anzeigen, aus was für Ursachen sie das Gebiet als Feinde betreten hätten und als Feinde sich hielten.

Wiewohl nun Hänschen von Halberstadt eine vermessene Antwort gab, so begehrte er dennoch, daß der Rath ihm drei bis vier Tage erlauben möchte, dort zu herbergen, so wolle er sich aufmachen auf ein ander Feld. Denn, da es ihm mißlungen war, die Stadt durch Ueberfall zu gewinnen, so mußte er vor der Hand seinen Plan wieder aufgeben.

Nach Verlauf einiger Tage schiffte der ganze Heerhaufen über die Weser und wandte sich nach der Grafschaft Diepholz, wo diese Banden auf eine entsetzliche Weise hausten, bis die benachbarten Herrn und Grafen sich rüsteten, die ungebetenen Gäste zu vertreiben.

Als diese Mähr sich verbreitete, hielt ein Jeder gute Wacht auf viele Meilen in der Runde, um sich die Horden vom Leibe zu halten, wenn sie ihren bisherigen Aufenthalt verlassen sollten. Auch die Stadt Bremen schärfte ihren Untersassen auf dem linken Weserufer ein, genaue Obacht zu geben, daß die Feinde nicht durch den Arster- oder durch den Wartthurm ins Gebiet eindringen möchten, falls sie sich wieder nach der dortigen Gegend wenden sollten.

Und Hänschen's Sinn stand allerdings wieder nach Bremen; er wollte ein Zusammentreffen mit den Fürsten und Grafen, die sich wider ihn sammelten, vermeiden, da er keine Veste hatte, wohin er sich im Fall einer Niederlage ziehen konnte. Es tauchte deshalb der Gedanke in ihm auf, sich der Stadt Bremen zu bemeistern, aber nicht, um dieselbe zu zerstören, wie er bisher in seiner gränzenlosen Rachsucht gewünscht, sondern ihre günstige Lage zu benutzen, um dorthin die kriegslustige, rüstige Mannschaft aller Gegenden zu versammeln und mit starkem Arm die Küsten der Nordsee und das Binnenland als unumschränkter Fürst zu regieren.

Er versammelte deshalb seine Truppen und brach gegen Bremen auf. Er zog die ganze Nacht fort, und mit Tagesanbruch erblickte er den Wartthurm.

Er machte nun Halt, damit die Leute zum Wartthurm nicht aufmerksam werden möchten, wenn ihnen der ganze Heerhaufen zu Gesicht käme.

Er wählte einige von den Knechten aus, auf welche er sich verlassen konnte, und diese mußten, als Kaufleute gekleidet, durch den Thurm reiten. Sobald sie über die Brücke gelangten, war es ihnen ein Leichtes, die schwache Besatzung zu übermeistern, und jetzt brach der ganze Haufe aus dem Hinterhalt hervor und zog durch den Paß.

Wäre die Besatzung wachsamer gewesen, es wäre ihr nicht schwer gefallen, durch das Aufziehen der Zugbrücke dem Feinde den Uebergang unmöglich zu machen.

Schon so oft hatte Hänschen seiner Feindin gegenüber gestanden, aber ohne daß er es in seiner Macht gehabt hätte, derselben einen wesentlichen Schaden zuzufügen, und so erging es ihm auch diesmal. Er hatte einen stattlichen Heerhaufen von 5000 kriegs- und waffenkundigen Landsknechten unter seinen Fahnen, er stand im Angesicht der feindlichen Stadt, bis an deren Thore seine Leute ungescheut vordrangen; aber er hatte kein Geschütz, und deshalb konnte er sich nicht unterfangen, eine regelmäßige Belagerung anzustellen.

Die Städter waren demnach ganz sicher vor dem Feinde, das Viehland aber litt furchtbar durch das Einlager der Knechte.

Hänschen hatte sein Hauptquartier in Woltmershausen, wo er von seinem Fenster aus die Stadt und jede verdächtige Bewegung von jener Seite her übersehen konnte. Die Knechte lagen zerstreut auf allen Dörfern.

Hans von der Kloppenburg war jetzt immer um ihn und mußte ihm in allen Dingen mit Rath und That zur Hand gehen. Eines Abends kam er in dessen Begleitung ziemlich spät von Lankenau zurück, wohin er geritten war, um zu sehen, ob an dem jenseitigen Weserufer wirklich verdächtige Bewegungen vorfielen, wie gemeldet worden.

Es war sehr dämmerig, als plötzlich eine Schildwacht, welche am Deich stand und bei der sie vorbereiten mußten, vortrat und die Reiter ersuchte, einen Augenblick zu verweilen, bis Alles wieder in gehöriger Ordnung sei. Der Feldherr sowohl, als sein Begleiter rissen ihre Schwerter heraus bei dieser unvermutheten Aufforderung; denn sie glaubten im ersten Augenblick, der Mann komme in feindseliger Absicht. Als aber Hans in ihm den ehrlichen Thomas erkannte, der immer sich mit dem Geisterreich befaßte, und dessen erste Frage in jedem neuen Quartier nach den Gespenstern der Umgegend war, da fing er laut an zu lachen.

»Um Gotteswillen,« flüsterte Thomas, indem er sich möglichst nahe an
die Reiter drängte, »dort reitet er mit seinem Ochsen durch die Wiese;
wenn er Dein Lachen hört, sind wir alle zusammen verloren.«
»Wer ist denn der Gefährliche,« fragte Hänschen ungläubig.
»Drüben in der Vorstadt,« erwiederte mit leiser, schauriger Stimme die
Schildwacht, »starb ein reicher geiziger Mann und ward begraben. Damit
aber wars nicht vorbei, sondern er mußte alle Nacht zurückkommen und
die Seinigen plagen, wie er ihnen auch Zeit seines Lebens keine Ruhe gelassen hatte. Das wurden die Zurückgebliebenen müde, ließen einen frommen Pater kommen, der dessen kundig war und dieser brachte ihn herüber
über die Weser und bannte ihn in dies Feld.«
»Nun?« fragte Hänschen »und da vertreibt er sich wohl damit die Zeit,
an diesem Weserufer die Leute zu necken und zu beschädigen.«
»Die Menschen läßt er in Frieden, denn er hat keine Gewalt über sie,
so lange sie ihn in Ruhe lassen; wer ihn aber nicht geruhig seines Wegs
ziehen läßt, dem bricht er den Hals; aber das Vieh plagt er sehr und es ist
sein liebster Zeitvertreib, auf Ochsen und Kühen zu reiten und sie halb
todt zu jagen.«
»Wer hat Dir denn nun wieder dies alte Weiber-Märchen aufgebunden?«
sagte Hans von der Kloppenburg.
»Der Mann, der es erzählt hat, mußte es wohl genau wissen,« erwiederte
Thomas. »Es war ein Bürger aus der Stadt, der heimlich gegen das Verbot
seiner Herren Wein ins Lager geführt hatte. Vor etwa acht Tagen traf ich
ihn im Wirthshause zu Lankenau, und da hab ich mir alles haarklein erzählen lassen. Und daß er kein Lügner ist, hab' ich eben mit meinen eignen
Augen gesehen. Denn der Bursche, von dem er erzählte, reitet im Augenblick auf einem Ochsen durch die Wiesen und treibt ihn dermaßen an, daß
ihr noch selbst das Brüllen des geängstigten Thiers hören mögt. Deßhalb
habe ich mir auch unterstanden, Euch in den Weg zu treten, um Euch den
grauenvollen Anblick zu ersparen.«
»Das ist der Ochsendieb,« rief Hans mit zorniger Stimme, »der den
Aberglauben dieser dummen Wichte sich zu Nutzen macht, um jede Nacht
sich einen stattlichen Braten aus unserer Heerde zu holen.«
Kaum hatte er diese Worte ausgesprochen, als Hänschen voller Entrüstung über die freche Verwegenheit des Burschen sein Pferd herumwarf

und über den Graben setzte, der den Weg von den Wiesen trennte. Sein treuer Begleiter folgt ihm Augenblicks und im Nu waren die beiden Reiter in der Richtung verschwunden, von woher noch immer das dumpfe Gebrüll des Ochsen ertönte.

Thomas blieb allein zurück auf seinem Posten und sprach ein Stoßgebet mit Zittern und Zagen über das frevelhafte Beginnen der beiden Davoneilenden.

Aengstlich horchte er auf die Fußtritte der Rosse, die er aber bald nicht mehr vernahm auf dem weichen Rasen. Statt dessen hörte er kurz darauf ein Mordgeschrei, das auf grausige Weise durch die Lüfte hallte und er war überzeugt, daß die Ungläubigen ihre Verwegenheit mit dem Leben gebüßt hatten.

Die aber waren dem Brüllen gefolgt und sahen nach wenigen Augenblicken wirklich den gefürchteten Ochsenritter, der in der Dämmerung vor ihnen hertrabte.

Aber Hänschen sowohl als Hans von der Kloppenburg waren Männer, die keine Furcht kannten, so lange sie noch die gute Klinge in ihrer Hand wußten, und ließen sich durch ein solches Gaukelspiel nicht irre machen.

Mit einem weiten Satz war der Feldherr neben dem Reiter und führte mit flacher Klinge einen so gewaltigen Hieb über den breiten Rücken desselben, daß er mit lautem Geschrei zur Erde stürzte.

»Ochsendieb,« brüllte Hans von der Kloppenburg: »so wärst du endlich ertappt. Morgen, das schwöre ich Dir, sollen die Raben an den Ästen des nächsten Baumes deine Gebeine benagen!«

Damit war er vom Pferde herunter und drückte den Ergriffenen mit riesiger Kraft zu Boden.

»Wer ihr auch sein mögt« – rief der Gefangene mit letzter Anstrengung, da seines Gegners Faust ihm die Kehle zuschnürte, – »wer ihr auch sein mögt, habt Erbarmen mit einem Manne, der euch von großem Nutzen sein kann.«

Hans lockerte bei diesen Worten seine Krallen ein wenig, um dem Elenden die Rede zu erleichtern, wenn er vielleicht Etwas von Wichtigkeit mitzutheilen hätte, wie aus seinen Worten hervorzugehen schien.

Diese Gelegenheit benutzte denn auch sofort der Gefangene, und berichtete, wie er den Ochsenraub eigentlich bloß aus Langeweile betrieben

habe; der eigentliche Zweck, weshalb er sich im Lager seit acht Tagen auf-
gehalten habe, sei, den Feldherrn zu sprechen und ihm verschiedene Aner-
bietungen zu machen.

Es habe ihm aber bisher nicht gelingen wollen, dem Herrn zu Worte zu
kommen, obgleich er überzeugt sei, daß derselbe ihr sogleich vor sich lassen würde, wenn er nur wüßte, daß er es sei, der ihn zu sprechen begehre.
Denn es sei nicht das erste Mal, daß er mit demselben in Berührung kommen würde; es habe ihn derselbe schon in frühern Zeiten einmal, gerade,
nachdem er seinen Gottesdienst beendigt, mit sich nach Uphusen genommen, um sich nach vielen Sachen zu erkundigen.

»Laß ihn nur los den frommen Mann,« rief Hänschen lauf auflachend,
der Johann Wöltjen, den Kirchenräuber, schon an der Sprache wieder erkannt hatte.

»Ich merke, du treibst immer noch Dein altes Gewerbe, und wenn es
sein muß, auch unter der Maske eines Abgeschiedenen und Gebannten.
Aber folge mir sogleich in mein Quartier, da wollen wir die alte Bekanntschaft erneuern.«

»Gott im Himmel,« rief Johann Wöltjen, dem jetzt erst die Augen aufgingen, »müßt Ihr mich wieder auf dem fahlen Pferde ertappen! Ich hoffe
aber, daß Ihr dergleichen Menschlichkeiten übersehen werdet, wenn Ihr
meinen Vorschlag vernommen habt, wie Ihr Euch der Stadt oder wenigstens der Geschütze auf dem Walle bemeistern mögt.«

Sie waren jetzt wieder am Wege angelangt, wo Thomas auf der Wacht
stand. Der bekreuzte und besegnete sich bei ihrer Annäherung und war
nicht wenig erstaunt, als er den Mann, der ihm vorher vorbeigeritten war,
jetzt ruhig des Weges daherkommen sah, den Ochsen am Strick nach sich
ziehend, und bewacht von den beiden Reitern. Der Auftrag, das Thier wieder zur Heerde zurückzuführen, erfüllte ihn mit einem heimlichen Grau-
en, er durfte aber natürlich keine Einwendungen machen.

Der Feldherr aber entfernte sich mit seinem Begleiter und dem Gefangenen nach Woltmershausen, und in Kurzem waren Alle den Augen des
furchtsamen Thomas entschwunden, der noch lange Zeit, den gespenstigen Ochsen am Strick, dastand und dem Zuge nachstarrte.

Im Quartier des Feldherrn angelangt, trug Johann Wöltjen den Beweggrund vor, der ihn verleitet habe, sich in's feindliche Lager zu begeben. Er

gedachte nämlich eine gute Belohnung zu gewinnen, wenn er dem feindlichen Feldhauptmann behülflich wäre, sich des Geschützes der Stadt zu bemächtigen. Dies aber wollte er dadurch bewerkstelligen, daß er in der Stadt ein Haus in Brand steckte; die Bürger würden beim Anblick des Feuers sich von den Wällen zurückziehen, um zu löschen, vermeinte er; dann sollte Hänschen mit einer guten Anzahl von Schiffen über die Weser setzen und die Wälle bespringen. Wenn er sich dann auch nicht im Besitz der Stadt sollte behaupten können, so würde jedenfalls bedeutendes Geschütz entführt werden mögen, bevor die Bürgerschaft sich in gehörige Verfassung gesetzt hätte, den Feind zurückzutreiben.

Hänschen hörte aufmerksam zu. Die Sache schien ihm einzuleuchten.

»Aber, woher nehmen wir die Fahrzeuge,« sagte er nach kurzem Besinnen, »die Bremer haben Sorge getragen, daß auch nicht einmal ein Dielenschiff am diesseitigen Ufer gefunden wird.«

»Auch das habe ich bedacht,« erwiederte Wöltjen. »Es liegen mehr als zehn große Weserkähne an der Aschenburg und hinter der Mauer. Mein Vater wird denselbigen Abend dafür Sorge tragen, daß solche von ihren Ketten und Tauen erlöst, stromab treiben, wo Ihr sie mit leichter Mühe hier werdet ans Ufer ziehen können.«

Je genauer Hänschen den Plan prüfte, desto einleuchtender wurde ihm die Sache, und er verabredete mit Wöltjen Tag und Stunde der Ausführung. Als Lohn für seinen Verrath bedang sich der Letztere 10 rheinische Gulden, und im Fall des Gelingens eine Zulage.

Jetzt oder nie, dachte Hänschen und rüstete zur bestimmten Zeit seine Mannschaft. Alles war in der größten Erwartung und Hoffnung, besonders als in der Abenddämmerung ein Kahn dahertrieb von der Stadt, der mit leichter Mühe den Deich herangezogen wurde.

Zu gleicher Zeit röthete sich der Abendhimmel von Feuergluten, und von der Stadt her erschallte dumpfer Feuerlärm; aber es langte kein zweites Schiff an, und die Feuersbrunst war bald gelöscht. Denn der Anschlag der beiden Stadtverräther Heinrich und Johann Wöltjen war schnell zur öffentlichen Kunde gekommen; sie wurden Beide ergriffen und wegen dieser und anderer Missethaten mit dem Schwert gerichtet.

Nun verging allen der Muth; und je sicherer Alle auf das Gelingen der Unternehmung gerechnet hatten, desto größer war die allgemeine Verstim-

mung, die zuletzt damit endigte, daß Hänschen seines Feldherrnamts entledigt wurde. Denn man sah es nur zu deutlich, daß alle Unternehmungen
unter seiner Leitung mißlangen.

Da verließen die Landsknechte das Viehland, nachdem sie fünf Wochen weniger zwei Tage den Einwohner alle möglichen Drangsale angethan,
und zogen in vieler Herren Land, bis sie verliefen. So endigte Hänschen's
Herrlichkeit.

Der Rath der Stadt Bremen aber gab Befehl, Hänschen von Halberstadt, den bischöflichen Hauptmann, dessen Haß gegen die Stadt man seiner Anhänglichkeit an der katholischen Lehre zuschrieb, lebendig oder todt
einzuliefern, wegen des unsäglichen Schadens, so er derselben zugefügt.

Da begab es sich in kurzen Jahren, daß Hänschen zu Rekum kam und
solches verkundschaftet wurde nach Bremen. Da sandte der Rath etliche
wackere Männer hinaus, sich des grimmigen Feindes zu bemächtigen.

Das war aber nicht so leicht; denn er wehrte sich wie ein wildes Thier
und kam nicht eher zur Ruhe, als bis ihn Gödje Tielebahr, ein Bürger, mit
seiner Hellebarde durch den Leib rannte.

Seine Leiche wurde auf einen Kahn gebracht, nach Bremen gefahren
und auf Stephani Kirchhof beerdigt; da mußte er ruhen in Feindesland.

## XXVIII.
## Sagen vom Erzbischof Adalbert.

Dieser außerordentliche Mann, dem es ein Leichtes gewesen wäre, die höchste Stufe in der damaligen Christenheit zu erlangen, daß heißt, Papst in Rom
zu werden, verschmähte dies Anerbieten, um einen eigenen Patriarchenstuhl
zu gründen, und er hatte die Stadt Bremen dazu ausersehen, daß sie, so wie
Rom im Süden das Haupt der Christenheit war, in eben der Weise die Metro-
polis des Nordens werden sollte. Zu seinem Kirchsprengel gehörten alle durch
die Bemühungen der bremischen Erzbischöfe zum Christenthum bekehrten
Länder, Dänemark, Schweden, Norwegen; ja das ferne Island und das damals noch stark bevölkerte Grönland schickten Gesandschaften an ihn und
baten um Prediger. Aber durch sein Streben nach der völligen Landeshoheit
in seinem Stifte gerieth er in Zwiespalt mit den Fürsten und Grafen dieses

Landstrichs und stürzte sich in Armuth und Schulden. Für den Besitz der Grafschaft Emisgoe in Friesland hatte er unter andern dem Kaiser 1000 Pfund Silber versprochen, und als es ihm schwer wurde, dies Geld aufzubringen, ließ er Kreuze, Altäre, Kronen und die übrigen Zierrathen aus der Kirche nehmen, um seinem Versprechen Genüge leisten zu können; unter dem Vorwande, alle silbernen Geräthe wieder von Gold herstellen und alle Weggenommene zehnfach erstatten zu wollen. Bei diesem Kirchenraub wurden auch jene, von der Gräfin Emma geschenkten Kleinodien zerbrochen, zwei goldene, mit Edelsteinen besetzte Kreuze, der größere Altar und Kelch, beide von Golde glänzend und mit den kostbarsten Steinen besetzt. Der Goldschmidt, welchen man dazu zwang, diese Heiligthümer einzuschmelzen, hörte beim Zerschlagen der Kreuze, bei jedem Hammerschlage die Stimme eines jammernden Kindes. Damals, und auf solche Weise, wurden die von Adalberts Vorfahren so mühsam gesammelten Schätze in einer einzigen unglücklichen Stunde zerstört. Er hielt sich gewöhnlich am kaiserlichen Hof auf, bis er in Ungnade fiel und seine weitaussehenden Plane aufgeben mußte.

Als ihm das Glück den Rücken wandte, wurde er mürrisch und verdrießlich und kümmerte sich wenig um die Verwaltung des Stifts; seine Beamten hausten mit herzloser Willkühr und das Elend des Volks war gränzenlos. Doch erhielt er nach dreijähriger Verbannung die Erlaubniß zur Rückkehr an den kaiserlichen Hof.

Von seinen Leuten beförderte der Erzbischof nicht leicht Jemand. Dagegen überhäufte er Landstreicher, die seiner Eitelkeit zuschmeicheln wußten und mit mannigfachen Künsten sich groß machten, mit großem Reichthum. Unter diesen befand sich auch ein Fremdling, mit Namen Paulus, ein getaufter Jude.

Derselbe lebte viele Jahre als Verbannter in Griechenland, und als er von dort zurückkehrte, machte er sich an den Erzbischof und rühmte sich, in vielen Künsten erfahren zu sein. Es sei ihm ein Leichtes aus einem Dummkopf in Zeit von drei Jahren einen tiefen Denker zu machen und Gold aus Kupfer. Er wollte in Hamburg eine Goldmünze prägen, so daß man sich ins Künftige nicht mehr mit Silbergeld zu behelfen brauche. Mit solcher Rede fand er denn auch ein geneigtes Gehör.

Der Herzog Bernhard von Sachsen, mit dem er wegen der weltlichen Gerichtsbarkeit in seinem Sprengel in beständiger Zwietracht lebte, hatte die Gabe der Vorhersehung, und erzählte oft mit Seufzen, daß seine Kinder zum Verderben der Kirche bestimmt wären; und als er im Traum Bären, Hirsche und Hasen aus ihren Höhlen sich nach der Kirche begeben sah, deutete er das Bild folgendermaßen. Die Bären und wilden Schweine, sagte er, waren unsere Vorfahren, ausgerüstet mit Tapferkeit, wie jene mit ihren Hauern. Ich und mein Bruder sind die Hirsche, die nur ihre Hörner haben. Die Hasen sind unsere Söhne, bei denen alle Tapferkeit erstorben ist. Ich fürchte, daß sie als Feinde der Kirche der göttlichen Rache nicht entrinnen werden. Er ermahnte sie deshalb flehentlich, sich aller Verfolgung der Kirche und ihrer Hirten zu enthalten, da eine solche Beleidigung auf Christum zurückfiele. Solches alles aber war tauben Ohren gepredigt.

Von der Zeit an verfolgte den Bischof ein Unstern, und er und seine Anhänger wurden von Jedermann als Ketzer verhöhnt. Gegen das Ende seines Lebens trat eine Wahrsagerin auf, welche öffentlich verkündigte, der Erzbischof werde keine zwei Jahre mehr leben, wenn er seinen Lebenswandel nicht ändere. Die Aerzte stimmten dieser Meinung bei. In seiner Umgebung befanden sich aber andere falsche Propheten, welche ganz andere Dinge sagten, womit sie mehr Glauben fanden, denn sie behauptete, der Erzbischof werde so lange leben, bis er alle seine Feinde zum Schemel seiner Füße gelegt hätte.

Zu jener Zeit sah man in Bremen Kreuze, welche Blut schwitzten. Schweine und Hunde besudelten die Kirche und waren nur mit Mühe vom Fuße des Altars zurückzutreiben. Ganze Heerden von Wölfen machten die nächste Umgebung unsicher und wetteiferten in schrecklichem Geheul mit den Eulen. Der Bischof hielt sehr auf Träume; auch diese wurden ungünstig für ihn ausgelegt. Nie redeten die Todten so vertraulich zu den Lebenden.

Indessen spürte er selbst die Auflösung seines Körpers; auch deutete ihm ein Arzt aus Salerno drei Tage vor seinem Ende an, daß sein Todestag vor der Thür sei. Und doch hatte er noch immer das größte Vertrauen auf Nothebald, der ihm die sichere Hoffnung gemacht hatte, daß die Stunde seiner Besserung vor der Thür sei.

Während er also noch voller Lebenshoffnungen war, begab es sich an einem Freitage, als seine Hausgenossen beim Mittagessen waren, daß ihn der Todeskampf überraschte und er, von Allen verlassen, den Geist aufgab.

Leben vnd abſterben der Biſchöffe

ALBERTUS.

Alber,

*Holzschnitt aus Wilhelm Wessels »Kurtze / ordentliche Beschreibung Der Ertzbischöffe und Bischöffe im Löblichen Ertz-Bisthumb Bremen…«, 1617*

Dies geschah in Goslar, von wo seine Leiche nach Bremen gebracht und mitten auf dem Chor der neuen, von ihm erbauten Kirche begraben ward.

Dieser stolze Mann hatte beim Antritt seiner Regierung eine besondere Erscheinung. Denn als er, um den Glanz seiner Geburt gehörig ins Licht zu stellen, die Aeußerung fallen ließ, daß alle seine Vorgänger von niedrigem Herkommen gewesen seien, und er allein sich durch seine Abkunft und seinen Reichthum auszeichne; als er sich häufig noch viele andere unziemliche Bemerkungen zu Schulden kommen ließ, da sah er sich plötzlich zur Unzeit in der Nacht in den Kirchenconvent gezogen, wo eine feierliche Messe sollte gehalten werden, in Gegenwart seiner vierzehn Vorgänger, die sich nach der Reihenfolge aufgestellt hatten, so daß sein nächster Vorweser, Alebrand, die bei der Messe üblichen geheimnißvollen Ceremonien verrichtete.

Als der Priester Gottes, nachdem er das Evangelium verlesen hatte, sich umkehrte, um die dargebotenen Gaben in Empfang zu nehmen, gelangte er endlich auch zu Adalbert, welcher am äußersten Ende des Chors stand. Den blickte er zornig an, wies sein Opfer zurück und sagte: »Du hochadliger Mann kannst mit den Niedrigen keine Gemeinschaft haben,« und entfernte sich mit diesen Worten.

Seit der Stunde gereuten ihn jene hochfahrenden Reden, und er sprach immer mit besonderer Achtung von seinen Vorgängern, indem er unter Seufzen bemerkte, er sei ihrer Gemeinschaft nicht würdig.

Deshalb gab er auch die Verordnung, daß an den Jahrestagen seiner Vorwesen den Brüdern und den Armen vollständige Mahlzeiten von dem Gute zu Bramstedt sollten verabreicht werden.

In seinen späteren Jahren lebte er sehr zurückgezogen und zeigte sich selten bei Festgelagen, außer wenn er zu Hofe ritt, oder bei feierlichen Gelegenheiten; denn er war ein Feind der lauten Freude.

Einst hatte sich zur Geburtstagsfeier des Erzbischofs auch der Herzog Magnus mit großem Gefolge eingefunden. Als nun nach Beendigung des Mahls die fröhlichen Gäste, wie es gebräuchlich, ihren Dank absangen, so mißfiel dies dem Erzbischof.

Er gab deshalb den anwesenden Geistlichen einen Wink und der Kantor hub das Kirchenlied an: L a ß t   u n s   e i n   L o b l i e d   s i n g e n. Darauf wurden die Laien wieder laut und er ließ anstimmen: U m   F r i e d e n   b a t e n   w i r ,   o   H e r r ,   d o c h   i s t   e r   n i c h t   e r s c h i e n e n. Als sie aber zum dritten Mal in die Becher heulten, wurde er zornig, hob das Mahl auf und rief mit lauter Stimme: Mach unserm Kerker Herr eine Ende! worauf der Chor antwortete: So wie der Süd den Gießbach dörrt. Dann schloß er sich in seinem Oratorium ein und beweinte das frevelhafte Beginnen der Menschen.

## XXIX.
## Der Stadtverräther Peter Öhr.

Am 27. August 1602 mußte Peter Öhr, ein Hutmachergesell, die Stadt verschwören, weil er sich hatte gelüsten lassen, außerm Osterthor in den Stadtgraben zu springen und darin allerhand Leichtfertigkeit zu verüben, so daß einige vorübergehende Bürger nicht anders gemeint, als müsse er etwas Böses und Verrätherisches gegen die Stadt im Schilde führen.

## XXX.
## Der Erbschlüssel entdeckt die Diebe.

Den 23. Nov. 1639 wurde die Warneke'sche vor den Kamerarius geführt, nähern Aufschluß zu geben über das Nachweisen mit dem Schlüssel, wodurch Schwer Meneken und Diedrich Borries Kinder des Diebstahls beschuldigt waren. Sie berichtete nun, als ihr das Linnen gestohlen sei, wäre sie auf Anrathen ihrer Dirne zu der Drantemann'schen gegangen, die sich auf das Nachweisen verstehe.

Als sie zu derselben gekommen wäre und sich des Diebstahls wegen beklagt hätte, habe die Drantemann'sche einen Erbschlüssel genommen und die junge Drantemann'sche herzugerufen, die den Schlüssel zugleich mit ihr auf dem Finger gehalten. Darauf habe die Alte verschiedene Personen hergenannt, aber der Schlüssel sei unbeweglich geblieben bis man auf jene Kinder gekommen wäre. Da habe sich der Schlüssel bewegt und umgedreht und die Drantemann'sche habe erklärt, die genannten Kinder seien die Thäter.

Darauf wurde die Drantemann'sche, die junge sowohl wie die alte befragt und gestanden, daß die Sache sich wirklich so verhalten habe. Der eigentliche Verlauf sei aber dieser. Man nehme ein Evangelienbuch und schlage auf das Evangelium Johannis. Da müsse der Schlüssel hineingesteckt und mit zwei Fingern in die Höhe gehalten werden, daß das Buch auf dem Schlüssel in der Schwebe hänge. Alsdann nenne man die verdächtigen Personen der Reihe nach her, wobei der Eine sage müsse: S i e  h a t  e s  g e t h a n, der Andere: S i e  h a t  e s  n i c h t  g e t h a n. Wenn dies zu dreien Malen wiederholt und die Person, so da schuldig, genannt worden sei, laufe das Buch herum und falle vom Schlüssel herunter; sonst bleibe es unbeweglich.

## XXXI.
## Der Giftmischer Blentermann.

Zu Anfange des 17. Jahrhunderts lebte in der Stadt ein Bürger, Namens Hermann Blentermann. Derselbe vergaffte sich in seines Nachbarn, des Lüder Paschedags, Tochter, so daß er seines eigenen Weibes nicht allein ganz und gar vergaß, sondern dieselbe unter jeder Bedingung sich vom Halse zu schaffen trachtete, um die Nachbarstochter sich wieder zur Ehe geben zu lassen. Er sann hin und her, wie er die Sache anstellen sollte, konnte aber zu keinem festen Entschluß kommen. Da begab er sich zu der Fickschen, die in allen schlechten Streichen bewandert war, und fragte sie um ihren Rath. Dies Weib rieth ihm denn, seine Frau zu vergiften und meinte, Quecksilber sollte von vortrefflicher Wirkung sein. Diese Rede gefiel ihm, und als seine Frau süße Milch und Brot aß, warf er ihr für einen Groten von dem Gifte hinein. Als dies ohne sonderliche Wirkung blieb, meinte die Ficksche, er solle Rattenkraut kaufen, was er auch that. Dies streute er aus einer Federpose aufs Brot, und strich Butter darüber her. Als die Frau dies zu sich genommen hatte, starb sie, nachdem sie einige Tage hindurch große Pein erlitten. Die Sache mußte natürlich Verdacht erregen, besonders da man sich schon vierzehn Tage mit dem Gerüchte truge, daß Blentermann der Tochter Lüder Paschdags, im Fall des Ablebens seiner Frau, die Ehe versprochen habe. Er wurde also eingezogen, mußte sein Verbrechen eingestehen und erlitt am 7. August 1606 seine Strafe. Nachdem er zuvor mit glühenden Zangen gezwickt war, wurde er mit dem Rade zerstoßen und dann darauf gelegt.

## XXXII.
## Mordanfall 1640.

Als Matthias Cappauni, ein pommerscher Kavalier, sich am Sonntag Morgen um 7 Uhr nach der Lieben Frauen Kirche in die Predigt begeben wollte, wurde er von drei Kerlen, die vom Obersten Plato dazu erkauft waren, vor der Catharinenstraße meuchelmörderischer Weise überfallen und ihm dermaßen zugesetzt, daß er sich genöthigt sah, in das Eckhaus der Frau Zeppers zu flüchten. Allein auch dahin verfolgten ihn die Mörder und mißhandelten ihn auf die abscheulichste Weise mit ihren Knüppeln und Degen, so daß er für todt auf dem Platze blieb.

Sobald wie dieser Frevel kundbar wurde, schloß man Augenblicks die Thore und war glücklich genug, sich der Thäter zu bemächtigen. Weil nun der Oberst auf Befragen seinen Antheil an diesem Ueberfall nicht läugnete, so wurde er nach dem Osterthorszwinger gebracht. Weil indessen Cappauni in spätern Zeiten wieder genas, gedieh die Sache zu einem ordentlichen Prozesse.

Folgendes war die Ursache dieses Handels:

Als Cappauni bei der kaiserlichen Armee in Böhmen stand, wurde er gewisser Verbrechen beschuldigt und deswegen der peinlichen Frage unterworfen. Standhaft ertrug er dieselbe und erhielt in Kurzem seine Freiheit wieder nebst einem Zeugniß über seine Unschuld.

Weil er nun muthmaßte, daß Niemand anders der Urheber dieses Unfugs und der erlittenen Beschimpfung wäre, als der Oberst Plato, so suchte er ihn lange Zeit aller Orten, bis er denselben endlich in Bremen fand und ihn durch einen ordentlichen Kartell zum Zweikampf forderte. Als nun jener den Zweikampf ausschlug, hielt sich Cappauni für berechtigt, sich auf jede Weise an seinem feigen Gegner zu rächen und lauerte demselben auf, als er bei Ihro Hochfürstl. Gnaden, dem Herrn Erzbischof, gespeist hatte. So wie er am Markt auf's Pferde stieg, rannte ihm der wüthende

Cappauni mit einer geladener Pistole auf den Leib, die Kugel verfehlte aber sein Schlachtopfer. Um sich seines gefürchteten Gegners auf eine gefahrlose Weise zu entledigen, hatte der Oberst die beregten Mörder gedungen.

## XXXIII.
## Die Jungfrau mit dem Schweinskopf.

Im September des Jahre 1641 riefen ein Paar Landstreicher, Hans und Sigismund Löffler, Vater und Sohn, von Freiberg in Meißen gebürtig, in allen Straßen aus, daß sich zu Amsterdam eine Jungfrau befinde, die nach Anzeige des gedruckten Bildes, welches sie dabei verkauften, einen Ferkel- oder Schweinskopf mit auf die Welt gebracht habe. Daneben vermeldeten sie, daß solches Monstrum bei 20 Jahr alt und zwei Tonnen Goldes reich sein, die derjenige, welcher sich daran geben wolle, sie zu heirathen, mit bekommen könne.

Solcher Unfug geschah wider Willen des Präsidenten und des Camerarius, weswegen ihnen zu wohlverdienter Strafe die Briefe, welche sie zu ihrer Beglaubigung vorwiesen nebst den gedruckten Figuren, zufördert am Markt und beim Pranger an die Brust gehenkt und darauf verbrannt wurden.

Imgleichen wurde ihnen von Meister Hans, dem Scharfrichter, ein Staubbesen vorgezeigt, auch unterdeutet, daß sie sich eilends von hinnen machen und anderswo Herberge suchen sollten.

## XXXIV.
## Johann Tallage.

Am 1. Novbr. 1639 wurde Johann Tallage oder Talla, eines hiesigen Bürgers und Knochenhauers Sohn, weil er in der Nähe des Sandkrugs am 22. Octbr. Johann Schlüter, einen Soldaten aus Ottersberg, frevelhafter Weise mit einem Pistol erschossen, außerm Anscharsthor bei der Kaufmannsmühle auf dem Berge enthauptet.

## XXXV.
## Hans Lövens.

Hans Lövens von Petershagen, wohnhaft zur Hudemühlen, wurde am 26. April 1639 geköpft, weil er einige Wochen zuvor Carsten Hüsing in seinem Hause mit einem Messer erstochen. Er gab vor, als wenn dessen Frau ihm etwas in seine Kanne Bier sollte gethan haben, um ihn zu vergiften, weshalb er sich an ihrem Manne habe rächen wollen. Es war solches aber bloß ein nichtiger Vorwand.

## XXXVI.
## Die blinde Lür Murken und Ernst Rinnen. 1639

Lür Murken, ein Blinder, war aus Lilienthal gebürtig und mit seiner ersten Frau bis nach Holland betteln gegangen. Als aber dieselbe dieses herumziehenden Lebens müde, ihm nicht weiter folgen wollte, hatte er sich zu Oldenburg mit einer andern trauen lassen, weswegen ihm die Strafe zuerkannt wurde, daß er im Gefängniß sollte mit Ruthen ausgestrichen werden. Aber auf Vorbitte der Verwandten geschah ihm die Gnade, daß ihm nur die Ruthe vorgelegt wurde mit dem Richtschwert, da er dann auf diesem die Stadt verschwören müssen.

Ebenfalls sollte Ernst Rinnen im Gefängniß gestäubt werden wegen eines verübten Schweinediebstahls, doch wurde er gleicherweise auf Vorbitte seiner Angehörigen, wie Lür Murken begnadigt.

## XXXVII.
## Der Schusterjunge und der Teufel.

Ein Schusterjunge, der für seinen Meister Wache stand, stritt mit einem andern, ob es schon 5 Uhr sei, oder nicht, weil alsdann die Reihe an ihn kam, zu schildern. Ein Jeder behauptete, er habe recht, und jeder setzte für die Richtigkeit seiner Behauptung dem Teufel seine Seele zum Pfande.

So wie der Junge seine Verwünschung ausgesprochen hatte, verschwand er, zur Verwunderung aller Anwesenden, von der Wache.

Als er später wieder zu seinen Aeltern kam, erzählte er, wie ihm der Teufeln in jenem Augenblick erschienen sei, und sich erboten habe, die Wache für ihn zu thun. Er habe ihn aber aufgenommen, sei mit ihm durch die Lüfte gefahren und habe ihn hinter Arsten in einen Sumpf geworfen und hart zugesetzt, sich ihm zu ergeben; wie er sich aber hartnäckig geweigert, habe er ihm sein Seitengewehr entrissen und ihn tüchtig abgeprügelt; später habe er ihm Geld geboten und ihm die Goldstücke in den Schuh gesteckt. Wie er aber gesehen habe, daß er nichts bei ihm ausrichten würde, habe er sich davon gemacht. Die Goldstücke hätten sich hernach in Steine umgewandelt.

Als ein ehrwürdiges Ministerium ihn wegen dieses Handels etwas schärfer ins Gebet nahm, konnte er die Wahrhaftigkeit seiner Aussagen leichtlich aus seinen Striemen und Wunden erweisen.

## XXXVIII.
## Der Marktvogt Henrich Kattau.

Am 14. Jan. 1640 wurde Henrich Kattau, der in frühern Zeiten Marktvogt gewesen war, am Pranger mit Ruthen gestrichen und auf ewig aus der Stadt verwiesen bei Todesstrafe.

Er hatte nicht allein ein ehebrecherisches und diebisches Leben geführt, sondern war wegen seiner Zaubereien und gottvergessenen Stücke nicht ohne Grund angeschuldigt; wie denn auf ihn gebracht wurde, daß er auch die Nessel knüpfen könne, was er gar nicht in Abrede stellte.

Einst fuhr er mit einer Ladung Häringe von Enkhuysen nach Bremen. Als er sah, daß der Wind günstig war, erkundigte er sich bei dem Schiffer, ob Taue und Segel fest wären, und als der Schiffer dies bejahte, gebot er demselben, sich nur ruhig hinzulegen, er wolle einstweilen am Steuer stehen. Der nahm das Anerbieten zu Dank an, und als Kattau dem Schiffsknechte ein Gleiches zumuthete, ging auch der zur Ruhe.

Aber, wie groß war ihre Verwunderung am folgenden Tage, als der Schiffer mit seinem Knechte aufstand und sah, wie das Schiff an der Schlachte in Bremen vor Anker lag. Eine tüchtige Fahrt in einer einzigen Nacht! Davon wurde viel gesprochen. Es war unzweifelhaft, daß er einen Bund mit dem Teufel habe. Als er vom Pranger entlassen wurde, machte er beim Fortgehen die muntere Bemerkung, auf diesen Schreck werde ihm ein Römer Weins vortrefflich munden. Aber er machte es nicht lange mehr. Denn er wurde bald nachher von einem Schmid zum Burgdamm, den er geschlagen hatte, erstochen und von den Bauern an einem einsamen Ort in der Haide eingescharrt.

## XXXIX.
## Der alte Franzose Thomas

Armer Thomson! Wer hätte es Dir wol an der Wiege vorgesungen, daß du noch im späten Greisenalter ohne Deine Schuld, Deinen guten Namen einbüßen solltest? Wer hätte es Dir zu sagen gewagt, als du von dem bittersten Nationalhaß erfüllt, mit Deinem Orlogschiff, an der Spitze der tapfersten Mannschaft, die Franzosen aufsuchtest auf allen Meeren und Küsten und das Deinige redlich beitrugst, um den verhaßten fränkischen Namen von der Erde zu vertilgen, – wer hätte es damals gewagt, Dir zu sagen, daß Du mit dem Namen eines Franzosen befleckt, in die Grube fahren würdest? Aber beruhige Dich, hat Dich die Mitwelt auch schmählich verkannt, die Nachwelt weiß jetzt, daß Du die ehrlichste und treuste Seele aus Alt-England warst.

Es war ein rauher Herbsttag des Jahres 1664, als ein schwerbepackter Reisewagen, in welchem zwei Frauenzimmer saßen, ins Brückethor rollte. Ein stattlicher junger Mann, dem ein Diener zu Pferde folgte, ritt neben demselben und erklärte dem wachhabenden Sergeanten auf sein Befragen, sein Name sei Johann Diedrich Mortaigne, in dem Wagen befinde sich seine Hausfrau mit ihrer Gürtelmagd, und sein alter Vater werde bald mit dem zweiten Wagen eintreffen.

Da nichts Verdächtiges in dieser Angabe lag, so konnten sich die Fremden unaufgehalten in die Stadt begeben und nahmen ihre Richtung unverweilt nach dem St. Stephan. Vor einem schönen Hause auf dem Geeren wurde Halt gemacht; der Kavalier stieg von seinem Pferde, trat an den Wagen und hob mit zierlichem Anstande die jüngere Dame aus dem Wagen und geleitete sie die Steintreppe hinan ins Haus, wo Alles zu ihrem Empfange bereit war. Denn der Herr hatte schon einige Tage zuvor einen bewährten Diener vorausgeschickt, der die Wohnung hatte miethen und eilig in Stand setzen müssen.

Die Leute am Geeren waren neugierig an die Fenster und vor die Thüren getreten, um die vornehmen Nachbarn sogleich bei ihrer Ankunft in Augenschein zu nehmen, und die Männer konnten die Schönheit der fremden Dame, die Frauen den Reichthum ihres Anzuges nicht genug bewundern. Alle aber stimmten darin überein, daß sie noch nie in ihrem Leben einen Mann von so ritterlichem Wesen erblickt hätten, als den jungen französischen Herrn.

Der Wagen war schon lange entladen und mit dem Geschirr und den Pferden in den Stall gebracht; die Nachbarschaft stand aber noch gaffend umher. Denn das Gerücht meldete, daß auch der Vater des jungen Mannes anlangen würde, und da gab es ja wieder etwas zu schauen. Auch aus den Nebenstraßen hatte sich viel Volks eingefunden, so daß die Straße vor dem Hause der Fremden mit Menschen übersäet war.

Da der Erwartete außerordentlich lange auf sich warten ließ, so verbreitete sich schon die Sage, er werde erst folgenden Tages kommen; Andere vermeinten wohl gar, die ganze Erzählung von dem Vater beruhe auf einem Mißverstand und spotteten derer, welche dennoch die Ankunft des alten Franzosen erwarten wollten. Die bei Weitem größere Anzahl hielt aber treulich aus, und ihr gläubiges Vertrauen sollte auf die schönste Weise gerechtfertigt werden.

Denn etwa nach Verlauf einer Stunde ließ sich das dumpfe Rollen eines Wagens vernehmen, und mit triumphirendem Jubel sahen jetzt die Gläubigen auf die Spötter, und von Munde zu Munde klangs: Da kommt der alte Franzose!

Alles wich zur Seite mir ehrfurchtsvoller Scheu, als der Wagen vorfuhr und der junge Herr aus der Thür trat, um mit eigner Hand den Kutschenschlag zu öffnen. Und nun gar, als der alte Herr herausstieg, zwar mit schneeweißem Haupte, aber mit straffer, gerader Haltung, angethan mit einem prächtigen Scharlachrock, der, so wie auch der Hut mit goldnen Tressen reich besetzt war, und, die Linke auf seinen Degen stützend, mit dem freundlichsten Gruße nach beiden Seiten hin, würdevoll ins Haus hineinschritt, da entfuhr

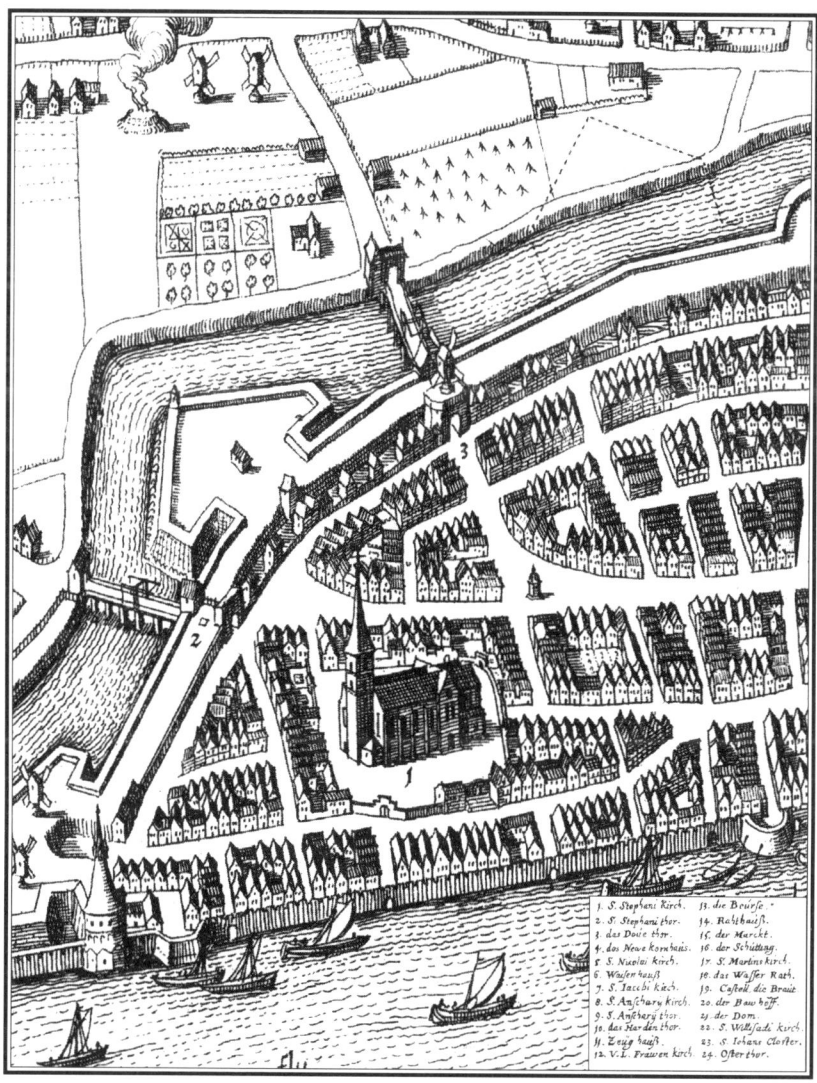

1. S. Stephani Kirch.      13. die Bourse.
2. S. Stephani thor.       14. Rahthauß.
3. das Dove thor.          15. der Marckt.
4. das Newe Kornhaus.      16. der Schüttung.
5. S. Nuclai Kirch.        17. S. Martins kirch.
6. Waisen hauß             18. das Waßer Rath.
7. S. Jacobi kirch.        19. Castell die Braut
8. S. Anscharÿ kirch.      20. der Baw hoff.
9. S. Ansharÿ thor.        21. der Dom.
10. das Harden thor.       22. S. Wilhadi kirch.
11. Zeug hauß.             23. S. Johans Closter.
12. V. L. Frawen kirch.    24. Oster thor.

*Das Viertel um St. Stephani.*
*Ausschnitt aus der Bremen-Vogelschau von Matthäus Merian*
*in der Topographia Saxoniae Inferioris von 1653*

jedem Munde ein lautes Ach, und die Zweifler und Neider traten beschämt zurück. Ja, die mußten jetzt selber eingestehen, daß sie nie in ihrem Leben einen so schönen und freundlichen alten Franzosen gesehen hätten.

Es dunkelte bereits, als sich die Menge verlief; aber in jedem Hause und in jeder Schenke, soviel ihrer auf St. Stephan waren, wurde den ganzen Abend von nichts Anderm gesprochen, als von dem prächtigen alten Franzosen.

Daß er die Menge nicht getäuscht hatte, sondern wirklich eingetroffen war, hatte auf die Gemüther schon den günstigsten Eindruck gemacht. Und nun gar diese Leutseligkeit! Er hatte sich in dem Augenblick seiner Ankunft die Liebe von ganz St. Stephan erworben, jedes Herz schlug ihm entgegen, und es war wirklich recht traurig, daß man seinen Namen noch nicht wußte. Den konnte man aber diesen Abend mit keinem Mittel und Wege erfahren, und das halbe Kirchspiel lag die Nacht in schlaflosem Grübeln und peinlicher Erwartung.

Aber der folgende Tag sollte dies Räthsel lösen, und von Munde zu Munde flog der Name des alten Franzosen Thomas. Zwar sagten die Bedienten vielmals, er heiße nicht Thomas, sondern Thomson, sei auch kein alter Franzose, sondern ein alter Engländer. Vergebens! Die Leute sagten nun einmal Thomas, und daß der alte Franzose ein Engländer sei, ließen sie sich auch nicht weiß machen von einem leichtfertigen Hasenfuß von Bedienten. Ja, so gewiß wußten sie es nun schon, er sein ein Franzose, daß er selber ihnen das Gegentheil hätte erzählen können; sie würden Alles im Voraus geglaubt haben, was aus dem Munde des theuren, allverehrten Mannes gekommen wäre, das aber hätten sie ihm nicht geglaubt.

Auch wollten sie ihm ja mit seiner französischen Abstammung keinen Vorwurf machen. Im Gegentheil mußten sie selber gestehen, daß sein Wesen für einen Franzosen ernsthaft und gesetzt genug sei. Also könne er sich darüber vollkommen beruhigen, ihre Liebe für ihn solle keineswegs darunter leiden, aber sie wollten einmal ihr Recht behaupten, und es sollte ihnen Niemand etwas weiß machen.

Armer Thomson, ehrliche Seele! Wie fröhlich war Dein Erwachen am andern Morgen! Du glaubtest Dich und Deine Schützlinge ganz geborgen, und von der Hartnäckigkeit der St. Stephaner hattest Du auch noch nicht die leiseste Ahnung!

Thomson war ein Seemann durch und durch, und in den letzten Jahren war ihm die Führung eines großen Orlogschiffes anvertraut, womit er den feindlichen Franzosen großen Schaden zufügte. Beweibt war er nie gewesen; doch hatte er einen Knaben zu sich genommen, das Kind eines vertriebenen Franzosen, der in England gestorben war. Der hatte seinem Sohne nichts hinterlassen, als den glühenden Haß gegen das undankbare Vaterland, und Thomson nahm den Knaben mit Freuden auf sein Schiff, um einen tüchtigen Seemann daraus zu machen. Manches Jahr durchpflügten die Beiden mit einander die Meere, der Knabe war zum Manne gereift, und mit Stolz sah Thomson auf seinen blühenden ritterlichen Pflegling.

Aber Thomson's Haare fingen an zu erbleichen, und er sehnte sich hinweg aus dem wilden Treiben, um seine alten Tage in Ruhe zu verleben; lange trug er diesen Wunsch mit sich herum, mochte ihn aber nicht laut werden lassen, weil er durch die Erfüllung desselben von seinem geliebten Sohn getrennt zu werden fürchtete. Als es aber endlich doch zu einer Erklärung kam, und der junge Mortaigne betheuerte, daß ihn nichts in der Welt zurückhalten solle, seinem alten Vater zu folgen, und daß er Ehre und Rum mit Freuden dahinten lasse, um des Theuren zu pflegen bis an sein seliges Ende, da wurde der Alte beruhigt und sah sich nach einem Ruheplätzchen um, wo er sein Leben beschließen könnte.

Seine Verwandten waren alle gestorben, und da ihn also nicht an England fesselte, so ging er willig auf den Vorschlag seines Sohnes ein, nach der Hansestadt Bremen zu ziehen, wo die Vetterschaft des jungen Mannes wohnte.

Ihre Reise ging über Holland; aber sie war nicht ohne Abenteuer. Oder man müßte es ganz in der Ordnung finden, daß die Tochter eines der hochmögenden Herrn im Haag so ganz und gar von der ritterlichen Schönheit des jungen Mortaigne bezaubert wurde, daß sie alle Rücksichten bei Seite setzte und sich von demselben entführen ließ, wobei ihm Thomson, dem das Ding Spaß machte, mit Rath und That an die Hand ging. Mit dem Fräulein entfloh ihre Gürtelmagd, und wir haben die Gesellschaft mit ihren beiden Wagen bereits in Bremen ankommen sehen.

Sie hatten die Reise möglichst beschleunigt, weil sie befürchten mußten, der Weg, den sie eingeschlagen, sei verkundschaftet, und man möge sie verfolgen. Hier aber, in Bremen, glaubten sie in Sicherheit zu sein und nöthigen Falls durch die Verwendung der angesehenen Vettern Schutz erhalten zu können.

Dieser Gedanke war es, der den alten Thomson des andern Tags so heiter stimmte; er stand am Fenster und die Vorübergehenden konnten sich nicht satt sehen an dem freundlichen alten Franzosen Thomas, der jeden Gruß mit Pünktlichkeit erwiederte, und Thomson spürte seinerseits das innigste Behagen an dem herrlichen Menschenschlag, den er hier traf. Von allen Seiten fröhliche Gesichter und freundlicher Gruß! Wahrlich, hier oder nirgends war das Paradies auf Erden.

Die Freuden und Leiden des Paradieses sollte er später kennen lernen; zuvor aber mußte er großes Ungemach erleiden.

Denn während er sich freute über das Glück und die Sicherheit des jungen Paares, war schon ein Abgeordneter vom Haag unterwegs, der im Namen der hochmögenden Herrn die Auslieferung des Jungfrauenräubers verlangen sollte. Die Obrigkeit konnte das gerechte Begehren der Herrn nicht zurückweisen und sandte hin, den jungen Mann zu fahen.

Die ganze Familie war gerade beim Mittagessen versammelt, wozu auch viele vornehme Männer und Frauen aus der Stadt geladen waren, als der Bedienten einer zu Herrn Mortaigne trat, um ihn zu benachrichtigen, wie draußen zwei Gewältiger vorhanden seien, mit Befehl ihn gefangen fortzuführen und festzuschließen.

Es war vergebens, daß er aufbrauste und sich vermaß, Gewalt mit Gewalt zu vertreiben. Die Gesellschaft stellte ihm die Nutzlosigkeit eines solchen Beginnens vor, und wie er nur seine Sache dadurch verschlimmern würde. Das Gefängniß müsse er sich zuvörderst gefallen lassen, ein Jeder aber wolle seinen ganzen Einfluß aufbieten, um ihn wieder daraus zu befreien.

Seine Frau war gleich anfangs bei der Schreckensbotschaft hingesunken und lag noch immer in tödtlicher Ohnmacht.

»Nun wohl,« sagte Mortaigne, »wenn es sein muß, so will ich der Gewalt Folge leisten.« Dann nahm er einen kurzen Abschied von Thomson, küßte die Stirn der ohnmächtigen Gattin, empfahl dieselbe der besonderen Obhut der Frau und Töchter des Obristen Ufm Keller, wechselte mit dem Obristen selbst und dem Rittmeister Garlichs einige Worte und verließ festen Schrittes den Saal. Er war seiner Erlösung gewiß.

Als er in Verhör kam, konnte er die Entführung nicht leugnen und wurde sofort nach der Hauptwache in der Neustadt gebracht, um folgenden Tages dem holländischen Lieutenant überantwortet zu werden.

Dieser fand sich auch zu rechter Zeit ein, und der Stadtmajor Bendleben, der vom Rath den Auftrag hatte, die Auslieferung geziemend zu beschikken, übergab ihm den Gefangenen förmlich und feierlich zu zwei verschiedenen Malen, wobei er ihm noch im Namen des Raths einschärfte, den Herrn Mortaigne im ganzen Stadtgebiet als einen vornehmen Kavalier zu behandeln und nicht zu gestatten, daß ihm einiges Ungemach zugefügt werde.

Nachdem der Lieutenant solches Alles zu halten versprochen, nahm seine Korporalschaft den Arrestanten in die Mitte. Der Lieutenant ging voran, und rief der Major noch zu verschiedenen Malen, sie sollten wohl Acht geben. Der Gefangene wäre nun aus seinen und des Raths Händen. Er hätte ihn nun schon zweimal gänzlich geliefert und lieferte ihn weiter nicht mehr.

Der Herr Mortaigne sah gar nicht so aus, als hätte er einen so schweren Gang zu machen, sondern blickte ganz gleichgültig drein, und als sie nun bei dem Wagen anlangten, der unfern der Wache hielt, und auf welchem der Gefangene nach Holland geführt werden sollte, schwang er sich hurtiges Fußes und sehr behende auf, und während die Soldaten noch alle an der einen Seite standen, wo er hinaufgestiegen war, hatte er schon seinen Mantel unterm Halse losgemacht, und wendete sich zu andern Seite hinüber, als wenn er die Bürger, welche die seltsame Mähr in großer Anzahl herbeigezogen hatte, grüßte und ihnen gleichsam ein Lebewohl sagte.

In der ganzen Menschenmenge, welche den Platz erfüllte, sprach sich das innigste Mitleid aus mit dem armen jungen Herrn, dem wahrscheinlich ein sehr hartes Loos bevorstand, und diese Theilnahme konnte sich nur steigern, als einige St. Stephaner erzählten, daß dies der Sohn des freundlichen alten Franzosen Thomas sei, der in der kurzen Zeit, daß er hier wäre, sich die ungetheilte, warme Liebe des ganzen Kirchspiels erworben habe.

»Dieser junge Herr,« sagten Einige, »scheint sehr gleichmüthig bei seinem Unglück; aber was mögen seine armen Angehörigen leiden!«

Und die Leute hatten vollkommen recht, man sah keine Spur von Traurigkeit an dem Gefangenen, er blickte im Gegentheil ganz lustig darein. Plötz-

lich setzte er den Fuß auf die Wagenleiter, legte die Hand an den Kopf, und
setzte mit dem lauten Ausruf:»ça Messieurs« mitten unter den Volkshaufen,
so daß er einem Bürger, Johann Hendrichs, durch die Gewalt des Sprunges
das Böfken vom Halse riß und einen andern zu Boden warf. Ihm selbst flog
der Hut vom Kopfe. Deß achtete er nicht und ließ ihn liegen.

Das Volk war für den Augenblick ganz bestürzt, und Alles machte dem
Flüchtling eilends Platz, so daß er in Begleitung zweier fremder Officiere,
die ihn augenscheinlich erwartet hatten, ohne Aufenthalt in Joost Papen
Haus gelangen konnte, dessen Thür er von innen verriegelte.

Dort sprang er hinten über die Planke und gelangte über Abel Oster-
lohen Hof in Stamers Gang. Ein altes Weib, die Alke Vortmanns, welche
hier vor der Thür saß, war so erschrocken über den unerwarteten Anblick
der Männer, welche mit Hast über die Planke kletterten, daß sie in einen
lauten Ruf der Verwunderung ausbrach, doch wurde sie bald beschwichtigt, als ihr von einem der fremden Herrn fünf Thaler in die Hand gesteckt
wurden, womit zugleich ihr gänzliches Stillschweigen über die Sache erkauft war.

Die holländischen Soldaten waren ziemlich betrunken, denn es war ihnen am frühen Morgen Geld zugekommen von unbekannter Hand, mit
dem Beifügen, sich einen lustigen Tag dafür zu machen. Sie standen ganz
erstaunt, als ihnen der Vogel so unerwartet aus dem Netze entwischte und
schauten ihm mit offenem Munde nach. Aber bei den schrecklichen Drohungen des Lieutenants, im Fall sie den Entwischten nicht wiederbräch-
ten, war der Rausch mit einem Male verflogen, und sie suchten durch verdoppelten Eifer ihre Unachtsamkeit wieder gut zu machen.

Da aber nahmen die versammelten Bürger sich des Flüchtlings an, und
Christoph Daniel Koch, der Wirth zum weißen Schwan, und die Gebrüder
Papen traten den Verfolgern nicht allein in den Weg, sondern vergriffen
sich sogar thätlich an ihnen, als sie sich nicht wollten zurückhalten lassen
und warfen sie zu Boden. Endlich gelang es den Soldaten, die Hausthür zu
erreichen, hinter welcher der Herr Mortaigne verschwunden war. Da aber
lange Zeit darauf hinging, ehe sie dieselbe öffnen konnten, so hatte der
Flüchtige durch das Mitleid der Bürger, welche die Verfolger so lange auf-
gehalten, bereits einen solchen Vorsprung erlangt, daß er alles Forschens
und Suchens ungeachtet nicht wieder aufzufinden war.

Der Rath ließ sogleich unter Trommelschlag ausrufen, daß, wer den Herrn Mortaigne hausete, heimte, beherbergte, oder seinen Aufenthalt wüßte, solches unverzüglich bei schwerer Leibesstrafe anzuzeigen habe. Aber die Freunde des Herrn Mortaigne hatten solche Anstalten getroffen, daß er ganz ohne Sorgen sein konnte. Der Schwanenwirth und die Gebrüder Papen waren verschwiegene Männer und wagten schon etwas, wenn sie ein gutes Stück Geld verdienen konnten. Diese hatten den Entsprungenen mit Hülfe eines Franzosen, der hier als Corporal in Diensten stand, in Jacob Meenen, eines Engländers Hause, das unmittelbar an Magnus Papen Wohnung stieß, versteckt; nun war es aber schwierig, ihn unbemerkt über die Straße zu geleiten, weil zu erwarten stand, daß man auf einen Jeden ein scharfes Auge haben würde, und in seinem Versteck durfte er auch nicht verweilen, da man besorgen mußte daß der geringfügigste Umstand seine Anwesenheit verrathen könnte.

Einstweilen saß also der Flüchtling in dem verborgenen Dachstübchen, dessen Fenster nach dem Garten hinausging, wo ihm Joost Pape die Zeit mit der Erzählung dessen vertrieb, was seine Freunde gethan hatten, um ihm seine Flucht zu erleichtern; wie man Geld unter die holländischen Soldaten ausgetheilt und ihnen dermaßen zugesetzt habe, daß sie einen tüchtigen Rausch bekommen hätten, so daß sie nicht im Stande gewesen wären, die Flucht zu hindern; wie er ihnen dann mit seinen guten Freunden und Nachbarn verabredetermaßen in den Weg getreten sei und sie so lange zurückgehalten, bis Mortaigne in Sicherheit gewesen, und wie er ferner den Auftrag habe, ihn nach des Obersten Ufm Keller Wohnung, ganz unten am Neustadtsdeich zu bringen, der dann schon für sein weiteres Fortkommen Sorge tragen werde.

Der junge Mann war froh, daß er der drohenden Gefahr so glücklich entgangen war. Zwar würden ihm die Niederländer, wenn er die nöthigen Aufklärungen gegeben hätte, wohl nicht gerade an den Hals gegangen sein, wie der holländische Lieutenant schon allenthalben ausgebreitet hatte. Denn der Vater der Dame, dem selbst im Traum nicht die Möglichkeit einfiel, daß ein junges Mädchen, und noch dazu seine wohlerzogene Cornelia, sich so weit sollte vergessen können, daß sie das väterliche Haus heimlich verließe, um dem Manne ihrer Wahl in ein fernes, unbekanntes Land zu folgen, – der Vater dachte bei dem Verschwinden der Tochter nur an das schwärzeste Bubenstück und glaubte, der Fremde habe seine Tochter überfallen, ihrer Juwelen und ihres Schmucks beraubt und jämmerlich ermordet. Diesen Mord hatte er denn auch richtig zur Anzeige gebracht, und als der Aufenthalt des Flüchtlings war kund geworden, die Auslieferung des Räubers auf das Eifrigste betrieben.

Deshalb war auch in dem Schreiben der hochmögenden Herrn von der Tochter gar nicht die Rede, und als man in Bremen die eigentliche Sachlage dem Abgeordneten entdeckte, und daß die Tochter nicht allein noch am Leben, sondern des Herrn Mortaigne ehelich verbundene Hausfrau sei, so mußte er gestehen, daß er darauf nicht vorbereitet sei; nichts desto weniger glaubte er auf die Auslieferung, wie ihm aufgetragen war, bestehen zu müssen, und der Rath sah keinen Grund, dieselbe zu verweigern.

Wäre Mortaigne nun wirklich nach Holland abgeführt, so war es kein Zweifel, daß er sich wohl herausgewickelt hätte und wieder auf freien Füßen gekommen wäre. Auch möchte wohl der alte Herr zu dem, was nicht mehr zu ändern war, nachträglich seinen Segen gegeben haben. Alle diese Aussichten waren aber doch nicht so ganz gewiß; das Geringste, was ihm bevorgestanden hätte, war eine langwierige Gefangenschaft, und er war deshalb seelenvergnügt, daß er all diesem Ungemach durch einen kühnen Sprung entgangen war.

Die Sonne schien hell in's Fenster, und im Garten zwitscherten die Vögel. Die flogen hin und her von Ast zu Ast, und vom Baum zur Erde und trugen geschäftig ihr Nest zusammen. Eine Zeitlang sah Mortaigne den muntern Thierlein zu und ergötzte sich an ihrem fröhlichen Treiben. Plötzlich aber wurde er finster und traurig, er fragte mit Hast nach seiner Gattin, und was sein alter Vater beginne. Er ging voll Unruhe im Stübchen auf und ab, und man sah es ihm deutlich an, mit welcher Ungeduld er die kurze, unfreiwillige Haft ertrug.

Pape suchte ihn möglichst zu beruhigen. Der alte Mann, erzählte er, sei fast untröstlich gewesen, bis er die Kunde von der Befreiung des Sohnes erfahren habe. Was aber seine Gemahlin anlange, so werde er dieselbe noch heute sprechen. Doch müsse er sich bis zum Abend gedulden; alsdann werde man Sorge dafür tragen, ihn ungefährdet zu seinen Freunden zu bringen.

Es war im Anfang des April, wo die Tage erst anfangen, etwas zuzunehmen, und doch hatte ihm kein Tag seines Lebens so lang geschienen. End-

*Bremer und zwei Bremerinnen in typischer Kleidung des 17. Jahrhunderts.*
*Detail aus der Bremen-Vogelschau von Matthäus Merian*
*in der Topographia Saxoniae Inferioris von 1653*

lich trat die Dämmerung ein, die Luft bezog sich, und in Kurzem wurde es ganz dunkel.

Da endlich trat Joost Pape's Frau herein und legte beim matten Schimmer der Laterne einen Bündel mit Weiberkleidern auf den Tisch. Sie breitete es auseinander und legte einen Rock, ein Leibstück, sammt Hüllen und Hauben, Stück für Stück, auf den Stuhl.

Mortaigne lächelte, als er sah, welche Verkleidung man ihm zugedacht hatte.

»Ihr werdet schon auf ein Viertelstündchen hineinkriechen müssen,« meinte Pape. »Wolltet Ihr in Männerkleidung über die Straße, man würde Euch wahrlich auf den ersten Blick erkennen. Dieser Wuchs und diese Haltung würden auch in der Dunkelheit nur zu auffallend sein.«

Mit Hülfe der Frau hatte er seinen Anzug bald vollendet. Dann hum-
pelte er ein paar Mal in der Stube herum, wie ein altes Mütterlein und
ergriff den Arm der Frau.

»Ist es so recht?« fragte er lustig, indem er am Arm der Begleiterin die
Stube verließ, und als Joost Pape ihm mit lachender Miene die Versicherung
gab, es werde schon gehen, stieg das seltsame Paar die Treppe hinunter.

Einige Augenblicke später traten die Beiden aus der Hinterthür auf die
Straße, wo es bereits stockfinster war, und der junge Mann mußte sich nun
ganz der Führung seiner Begleiterin hingeben, die ihn halb über die Straße
hinüber, bald wieder herüberzog; denn sie kannte die ganze Gegend so
genau, daß sie auch in der dicksten Finsterniß den Koth und Schmutz zu
vermeiden wußte.

Schon bogen sie um die Straßenecke, da erst öffnete sich zum zweiten
Male jene Hinterthür, und die Gebrüder Papen traten sammt dem Schwanenwirth vorsichtig heraus, um jenen Beiden in angemessener Entfernung
zu folgen und nöthigenfalls, sollten sie angehalten werden, Gewalt mit
Gewalt zu vertreiben. Sie hatten sich auch für den Fall der Noth mit starken, eisenbeschlagenen Stöcken versehen. Wehe dem, der ihnen hätte in
den Weg treten wollen!

Still rückte der Zug beim grünen Kamp vorüber, die Allee hinunter nach
dem Deich. Die Straßen in jener Gegend der Stadt waren dazumal noch viel
einsamer, wie jetzt, und, wenn es nicht dringend nöthig war, so mied man sie
nach Sonnenuntergang gänzlich. Denn es war dort so abgelegen, daß ein
Vorübergehender nicht leicht Hülfe erlangen konnte, wenn er von leichtfer-
tigem Gesindel angehalten werden sollte. Deshalb war es auch eben kein
Wunder, daß dem kleinen Zuge auf dem ganzen Wege Niemand begegnete.

Endlich machte die Frau Halt. Es war vor dem Gartenhause des Obersten Ufm Keller, unten am Neustadtsdeich.

»Wir sind am Ziele, und Ihr seid jetzt in Sicherheit,« sagte sie, indem
sie drei Mal den messingenen Thürklopfer handhabte, worauf die Gartenthür behutsam geöffnet wurde.

Der Schwiegersohn des Obersten, der Rittmeister Garlichs trat heraus,
eine Laterne in der Hand, und nachdem er den Ankömmlingen in's Gesicht geleuchtet hatte, belobte er die Frau ihrer klugen Vorsicht wegen und
bestellte sie auf den folgenden Tag nach seinem Hause her. Die entfernte

sich darauf, wie sie gekommen war, der Herr Mortaigne aber trat mit seinem Freunde in den Garten.

Nachdem der Letztere die Gartenthür sorgfältig wieder hinter sich verriegelt hatte, konnte er es sich nicht versagen, noch einmal den Flüchtling von oben bis unten mit der Laterne zu beleuchten, und nur mit Mühe konnte er ein helles Gelächter unterdrücken; denn vor ihm stand des Freundes schlanke Gestalt in den Sonntagskleidern einer ehrbaren Bürgerfrau, und der schwarze Knebelbart stand mit der Haube in einem gar seltsamen Widerspruch. Aber wenige rasche Griffe, und der Plunder flog in die Büsche.

Sie traten in den Gartensaal, wo sich eine kleine Gesellschaft befand, die sich nach Tisch eingefunden hatte, alles Leute von der nähern Bekanntschaft des Herrn Mortaigne, und besorgt um sein Schicksal. Die Familie des Obersten, seine Töchter, sein Sohn, der Fähndrich, und sein Schwiegersohn, der Rittmeister Garlichs, hatten sich im Verlaufe des Nachmittags nach dem Garten begeben, und zwar einzeln, um kein Aufsehen zu erregen. Nur der Oberst selbst fehlte; seine Dienstgeschäfte hielten ihn in der Stadt zurück.

Aber für alle diese Befreundeten hatte Mortaigne keine Augen, seit er seine Cornelia erblickt hatte; ohne die übrigen zu grüßen, eilte er zu ihr und sie sank stumm auf seine Brust. Sie konnten Beide vor Bewegung nicht sprechen.

»Es sind hier noch mehr Leute, mein Lieber,« – hub endlich der alte Thomson an, der mit Cornelia gekommen war, und dem der Auftritt zu lange dauern mochte, »es sind hier noch mehr Leute, die alle recht herzlichen Antheil an Deiner Befreiung nehmen. Nun laßt uns aber rathschlagen, wie es ferner gehen soll. Fort mußt Du, Du mußt zur Stadt hinaus; aber die Thore werden strenger bewacht, denn je.«

Mortaigne fühlte den leisen Vorwurf der in des Alten Worten lag und suchte seinen Fehler durch verdoppelte Aufmerksamkeit gegen die Gesellschaft zu verbessern.

»Heute und morgen,« sagte der Rittmeister, müßt Ihr Euch noch einer Haft auf diesem Gartenhause unterwerfen; indeß werden Eure Hausfrau und Alle, so wie wir hier sind, Euch die Leiden der Gefangenschaft möglichst zu erleichtern suchen. Nach dreien Tagen aber will ich Euch mit

Perruque und Farben so ausstaffieren, daß Ihr, ohne erkannt zu werden, mit mir öffentlich sollt zur Stadt hinausreiten.

Was darnach Euren fernen Aufenthalt betrifft, so habe ich viele Freunde im Erzstift; dort mögt Ihr mit Eurer Liebsten ungehindert wohnen, bis Ihr Euch mit Eurem Schwiegervater versöhnt habt.«

Die Gesellschaft zerstreute sich frühzeitig; die Meisten gingen den Deich hinauf, nach dem Brückenthore zu, Thomson stieg mit der schönen Cornelia in ein Boot, mit welchem sie über die Weser gekommen waren; denn man hatte eine vorläufige Trennung der beiden Gatten für zweckmäßig gehalten. Die beiden Ruderer, welche am Deich auf und ab wandelten, um sich der Abendkühle zu erwehren, sprangen erfreut herbei, als sie den Alten mit seiner Tochter endlich zurückkommen sahen, und nach wenigen Minuten landete die Gesellschaft bei der Aschenburg. Noch ein paar hundert Schritte, und die Beiden waren zu Hause.

Als sie allein waren, machte Thomson die junge Frau darauf aufmerksam, wie es jetzt an der Zeit sei, daß sie sich selber schriftlich an den Vater wende, theils um ihm zu zeigen, daß sie wirklich noch am Leben sei, hauptsächlich aber um reuevoll Verzeihung für ihr rasches Verfahren zu erflehen. Anfänglich weigerte sie sich hartnäckig und meinte das rücksichtslose Verfahren gegen ihren Gemahl habe für immer alle Familienbande zerstört; an eine Versöhnung sei nun und nimmermehr zu denken, und in keinem Falle werde sie den ersten Schritt thun, um mit den Ihrigen wieder in Verbindung zu kommen.

»Die Deinigen,« sagte der alte Thomson mit Ernst, »konnten in jener schlimmen Voraussetzung nicht anders handeln. Sie glaubten Dich erschlagen und wollten ihre theure Cornelia rächen. Aber ich meine, Deiner Weigerung liegt eine falsche Schaam zum Grunde. Bedenke es wohl, Du und mein Sohn, Ihr habt Beide darin gefehlt, daß Ihr den gewöhnlichen Weg verlassen habt, und ich fürchte, ich habe an Eurer Unbesonnenheit größeren Antheil genommen, als meinen grauen Haaren ziemlich ist. Deshalb aber halte ich es auch für meine Pflicht, darauf hinzuwirken, daß sobald wie möglich wieder eingelenkt werde. Dein Vater wird und muß verzeihen; aber an Dir ist es, seine Nachsicht zu erflehen.«

Er maß mit großen Schritten das Zimmer, wartete aber vergebens auf eine Antwort. Jetzt trat er zu ihr; sie hatte ihr Gesicht verhüllt und weinte vor sich hin. Da wurde der alte Mann besorgt und meinte, er wäre im Eifer doch wohl zu weit gegangen und suchte sie zu trösten. Plötzlich richtete er sich höher empor und stand vor ihr mit stolzem Anstande. »Nein, meine Tochter,« sagte er, »nicht Du sollst schreiben. Wenn Einer sich vergangen hat, so ist es mein Sohn und vielleicht auch ich. Er ist nicht am Platz, da ist also die Reihe an mir, und ich will sehen, ob das Eis im Busen des Niederländers dem Feuerwort eines ehrlichen Mannes aus Alt-England widerstehen wird.«

»Ach, er ist nicht so hartherzig,« erwiederte sie, leise weinend, »und ich bin seiner Vergebung gewiß. Aber Ihr hattet Recht, mein Vater, es war eitel, was ich vorschützte. Doch jetzt ist mein Stolz, meine Schaam verschwunden, und so Ihr morgen den Brief absendet, werde ich ein Zettelchen einlegen von meiner Hand. Das wird den alten Mann beruhigen.«

Den übrigen Theil des Abends machten die Beiden Pläne für die Zukunft. Es war verabredet, daß die junge Frau in Gesellschaft der Töchter des Obersten Ufm Keller am folgenden Tage nach dem Gute einer befreundeten Familie im Erzstift, eine kleine Tagereise von der Stadt gelegen, abreisen sollte; ihr Gemahl sollte ihr in wenigen Tagen folgen. Dort könnte das Paar in ungestörter Ruhe den Erfolg der Unterhandlungen mit dem Vater der jungen Frau abwarten.

Der alte Herr sollte einstweilen in der Wohnung am Geeren zurückbleiben, weil er sich von den Strapazen der letzten Reise noch nicht gänzlich erholt hatte, vorzüglich aber, um durch seine fortwährende Anwesenheit die Verfolger seines Sohnes auf eine falsche Fährte zu leiten. Freilich sah er wohl, wie schmerzlich ihm eine so langwierige Trennung von den geliebten Kindern sein würde. Indeß mußte dies Opfer zum Wohl Aller gebracht werden, und man rechnete mit Sicherheit darauf, daß gegen den Herbst alle Verhältnisse geordnet seien und die Wiedervereinigung ohne Gefahr Statt finden könne.

Die junge Frau reiste also folgenden Tags ab, und Thomson, der sich jetzt ganz allein überlassen war, fühlte sich recht unbehaglich. Zwar dachte er sich diesen Abend durch einen Besuch bei dem Sohne zu entschädigen; aber auch das mußte er aufgeben, als der Rittmeister Garlichs ihm vorstellte, wie dergleichen Zusammenkünfte auf das Obersten Gartenhause in jetziger Zeit nur dazu dienen würden, die Aufmerksamkeit der Verfolger dort-

hin zu lenken. Am Besten für das Wohl des Sohnes würde es sein, wenn
Thomson vorläufig jeden Verkehr mit ihm abbrechen wolle.

Thomson erkannte gar wohl die Zweckmäßigkeit dieses Vorschlags und
beschloß, sich den Verfügungen der Freunde pünktlich zu unterwerfen.
Doch machte er die ausdrückliche Bedingung, wenigstens noch einmal den
Flüchtling an sein Herz zu drücken, ehe er fortreise. Damit war Garlichs
einverstanden.

Ein Ereigniß wird in Bremen drei Tage lang besprochen, dann denkt
Niemand mehr daran; das ist alte Weise. Welches Aufsehen erregte es durch
die ganze Stadt, als es hieß, der Sohn des alten Franzosen Thomas solle
nach Holland ausgeliefert und möge wohl eines Kopfes kürzer gemacht
werden! Wie lebhaft bedauerten die jungen Weiber auf St. Stephan, daß
der schöne Mann so jung sterben, und die alten, daß der rechtschaffene
Vater solches Herzeleid an seinem einzigen Sohn erleben müsse!

Und dann wieder, welche frohe Theilnahme, als es heiß, der junge Mann
sei glücklich der Gefahr entronnen! Da freuten sich alle zusammen, die
alten und die jungen Weiber und sagten es selber, daß sie solches wohl
vorher gewußt hätten und lobten seine Entschlossenheit und Behendigkeit
über die Maaßen. Auch die Männer waren seines Lobes voll, und es waren
ihrer viele nach der Neustadt hingewesen.

Die waren eilends zurückgekommen, um den alten Franzosen Thomas
die gute Mähr zu bringen. Als sie ihn aber am Fenster erblickten, wie er mit
gramerfüllten Mienen nach den Wolken emporschaute, da hätte es Niemand gewagt, seinen heiligen Kummer zu stören; auch mochten sie bedenken, daß der Uebergang vom Schmerz zur Freude dem alten Manne nicht
zuträglich sein möge, wenn er ganz unvorbereitet die volle Wahrheit erführe.
re. Deswegen sollte er diese auch nicht hören. Aber sie suchten einen Ausweg, wie sie ihm doch wenigstens zeigen möchten, welchen Antheil sie näh-
men an seinem Kummer, und daß sie ihm das Beste gönnten. Allein wie
sollte dies geschehen?

Vor Thomsons Hausthür hatte sich indeß ein großer Menschenschwarm
eingefunden, Männer, Weiber und Kinder, und Thomson bemerkte es und
glaubte, es sei die gewöhnliche Neugier, welche das Unglück herbeiziehe;
er wollte also vom Fenster zurücktreten, um sich den Blicken der schaulu-
stigen Menge zu entziehen. In diesem Augenblicke sprang ein Mann aus

dem Haufen hervor, warf seinen Hut in die Luft und rief mit lauter Stimme; »der alte Franzose Thomas soll leben!« und ein tausendstimmiges »Hoch!« bekräftigte es, daß dies der aufrichtige Wunsch aller Anwesenden sei, und daß der Mann ihnen ganz aus der Seele gesprochen habe.

Thomson, der die fröhlich bewegte Menge nach seinem Fenster heraufschauen und dabei die Hüte schwenken und jubeln sah, mußte wohl einsehen, daß Alles solches seiner Person gelten sollte und verneigte sich freundlich, ob er gleich, in trübe Gedanken versunken, von dem eigentlichen Inhalt des Wunsches nichts vernommen hatte.

Der Redner aber, kühner gemacht durch diesen glücklichen Erfolg, wollte jetzt auch noch nicht sobald abtreten. Denn offenbar sah der alte Herr nur ihm dabei ins Auge, als er seinen Dank aussprach, ihm galten also ausschließlich seine Worte; und dabei gefiel es ihm über die Maßen, wenn der alte Franzose sich so zierlich verneigte; und vor anders wem, als nur vor ihm?

Er wiederholte also seinen Ausruf, machte aber, um die Eintönigkeit zu vermeiden, einen kleinen Zusatz, und von Neuem hallte es aus tausend Kehlen nach, was er vorgesprochen: »Der alte Franzose Thomas soll leben und der König von Frankreich daneben; hoch!«

Der treffliche alte Mann! Seht, wie er die Stirn in Falten zieht; er meint, die Ehre wäre zu groß, daß wir ihn verehren, wie einen Fürsten; aber wer will unsere Liebe fesseln?

Zum dritten Male war der Redner vorgetreten und rief gerade mit lauter und triumphierender Stimme: »Der alte Franzose Thomas soll leben, und König von Frankreich daneben, wie auch das Land Frankreich, wo die Franzosen herkommen!« und die Umstehenden schickten sich an, in seinen Wunsch einzustimmen, obgleich der bescheidene alte Mann sich schon vom Fenster zurückgezogen hatte, als mit einem Male die Thür geöffnet wurde, und der alte Herr mit zorniger Miene und einen Rohrstock schwingend, hervorstürzte.

Alles wich ehrerbietig zurück. Nur der Redner, der dem Hause den Rücken zugekehrt hatte und nicht sehen konnte, was hinter ihm vorging, blieb ruhig auf seinem Steine stehen, die Rechte in die Seite gestemmt, den Kopf nach der rechten Brust vorgebeugt und die Augen halb geschlossen, wie Einer der vor sich hin horcht. Dabei hatte er die Linke erhoben, um durch langsames dreimaliges Heben und Senken derselben, dem Volke das rich-

tige Zeitmaß anzugeben, wenn es einzufallen habe. Er gab sich freilich
die Miene, als sei dies für den Augenblick die einzige Sorge und suchte es
vor den Blicken der Uebrigen sorgsam zu verbergen, wie der Geist in seinem Innern arbeitete, um eine neue Auflage seines Hochs mit einem noch
schönern Zusatz zu erdenken.

Da fuhr wie ein Blitz aus heitern Höhen der Rohrstock des alten Herrn
auf seinen breiten Rücken nieder, und das Volk lief bestürzt nach allen
Seiten aus einander. Der Redner fuhr herum, um dem unerwarteten Angreifer unter Augen zu treten. Es war ein großer, starker Mann, der keinen
Gegner zu scheuen brauchte. So wie er aber dem Alten ins Gesicht sah,
machte auch er sich auf und davon, daß im Augenblick die Straße gesäubert und kein Mensch weiter zu hören noch zu sehen war.

Noch einmal hob Thomson drohend seinen Stab. Die Todfeinde unter
seinem Fenster leben zu lassen! Solche Frechheit war nicht erhört. War er
den Augenblick auch unglücklich, so war er dem Schicksal erlegen, nicht
aber von seinem Erbfeinde besiegt. Er konnte vor Grimm nicht sprechen
und begab sich rasch wieder ins Haus.

Nicht lange hernach traf ein Bote ein vom Rittmeister Garlichs, der
genauen Bericht erstattete von dem Gelingen der Flucht, und wie er den
Sohn am Abend, sobald die Dunkelheit würde eingetreten sein, auf dem
Garten des Obersten am Neustadtsdeich würde sprechen können. Da legte sich Thomas Zorn gar schnell und er machte eilends Anstalten, mit Cornelia hinüber zu fahren. Wie der junge Mortaigne dort glücklich mit den
Seinigen zusammengetroffen, haben wir schon gesehen. Das war des Aben-
teuers erster Tag.

Am zweiten Tag verbrachte Thomson, nachdem auch Cornelia abge-
reist war, in der Einsamkeit seines Zimmers. Jetzt fiel ihm auch der gestrige
Auftritt wieder ein, und er glaubte nun die Bedeutung desselben zu verstehen, daß nämlich die guten Leute ihre Theilnahme an der günstigen Wendung seines Schicksals hätten darlegen wollen. So lange er in Ungewißheit
über seinen Sohn gewesen, hatte er es als offenbare Feindseligkeit ausgelegt, die über sein Unglück frohlockte, nun aber war er wieder ganz beruhigt.

Wo man an diesem Tage in ein Haus trat, da wurde, so weit St. Stephan
reichte, von nichts gesprochen als von dem alten Franzosen Thomas. Die-

jenigen, welche bei dem Auflauf nicht zugegen gewesen waren, behaupteten, es wäre die allergrößte Dummheit von der Welt gewesen, daß man angefangen habe zu jauchzen und zu jubilieren und ihn dabei über seines Sohnes Schicksal in Ungewißheit zu lassen. Da könne wohl ein ganz schlechter Mann in Harnisch gerathen; um wieviel eher also ein alter Franzose. Die aber mit dabei gewesen waren, mochten wol einsehen, daß dieser Vorwurf nicht ganz ohne Grund war; deshalb ließen sie solche Reden unbeachtet und sprachen von der unerhörten Bescheidenheit des alten Mannes, der selbst mit bewaffneter Hand solche übertriebene Ehrenbezeugungen von sich abzulehnen wisse. Und wie rasch war sein Erscheinen gewesen, wie behende sein Losschlagen! Nein, sagten Alle, es ist ausgemacht, einen so behenden alten Franzosen bekommen wir nie wieder. Den müssen wir in Ehren halten.

Das war der zweite Tag. Am dritten wurde noch einmal gesprochen von dem alten Franzosen Thomas und seinem trefflichen Sohn, der über alle Berge sei. Dann schwiegen die Leute vor der Hand.

Der Herr Mortaigne aber war noch nicht über alle Berge; denn da die Thore mit verdoppelter Sorgfalt bewacht wurden, so hielten seine Freunde es für zweckmäßiger, diesen Eifer erst in etwas verrauchen zu lassen. Am Abend des vierten Tags aber trat der Fähndrich Ufm Keller bei Thomson ein und sagte, er würde ihn nach dem Garten hingeleiten. Der Herr Mortaigne wolle sich mit erster Gelegenheit davon machen, und wünsche den Vater noch einmal zu sehen.

Mit schwerem Herzen folgte der alte Herr seinem Führer. Als er seinen Sohn sah, zeigte er eine ungewöhnliche Rührung; er herzte und küßte den theuren Flüchtling, und es war, als wenn er Abschied von ihm nehmen müßte auf Nimmerwiedersehen. Der junge Mann und die Freunde boten zwar Alles auf, um seine düstern Gedanken zu verscheuchen; aber es war vergebens, und Thomson sprach seine feste Ueberzeugung aus, daß sie sich in diesem Leben nicht wiedersehen würden. Auch waren seine Wünsche, Verfügungen und Ermahnungen, als wenn der sterbende Vater zu seinem Kinde spricht. Am Eindringlichsten ermahnte er ihn, Alles aufzubieten und nicht eher zu ruhen, noch zu rasten, als bis er Cornelia mit den Ihrigen wieder versöhnt hätte; daß sei er seiner Gattin schuldig, die aus Liebe zu ihm ihre ganze Verwandtschaft und Freundschaft dahinten gelassen.

Alle Anwesenden waren erschüttert. Aber wie konnte man an einen solchen Trauerfall denken, wenn man die blühende Gesundheit, die kernige Festigkeit des Alten betrachtete? Und dennoch mochte sich Niemand unterstehen, einer so festen Todesahnung zu widersprechen. Endlich mußte Abschied genommen werden. Die Aufregung des alten Mannes war so groß, daß er kaum zu sprechen vermochte. Mortaigne suchte den traurigen Auftritt möglichst abzukürzen und versprach, mit erzwungener Heiterkeit, noch vor dem Eintritt des Winters sich wieder einzustellen. Aber Thomson schüttelte, wehmüthig lächelnd, den Kopf und ging betrübt von dannen.

Armer Thomson, solche Ahnungen täuschen selten. Zwar warst du sicher vor dem Haß, dem Neide und den Verfolgungen deiner Nebenmenschen; aber der Eine stirbt so und Jener anders. Ist es denn das erste Mal, daß Jemand durch das Uebermaß der Liebe erdrückt wird?

Während der Alte nach Hause zurückkehrte, sprengten ein Paar Reiter gar lustig durch die Stadt, und als die Wache den Rittmeister Garlichs erkannte, mochte er ungehindert mit dem alten Burschen, der neben ihm hertrabte, zum Thore hinausreiten. Der Begleiter war aber kein anderer, als der verkappte Mortaigne, und der Rittmeister hatte vollkommen sein Wort gelöst. Garlichs kehrte, nachdem er den Freund auf den rechten Weg gebracht hatte, durch ein anderes Thor zurück. Der Flüchtling trabte mit erleichterter Brust die ganze Nacht vorwärts, und mitleidig erhellte der Mond seinen Pfad. Mit Tagesanbruch sah er die stattlichen Gebäude des Gutes, daß er sich zum Ziele ausersehen und nach Verlauf einer halben Stunde lag er in den Armen seiner Gattin, welche die ganze Nacht hindurch voll gespannter Erwartung am Fenster gestanden.

Thomson war sehr angegriffen nach Hause gekommen; er war in höchstem Grade schwach und mußte einige Tage das Zimmer hüten. Da pflegte er sich dann wohl ans Fenster zu stellen, um den fröhlichen Spielen der Knaben auf der Straße zuzusehen. Die hatten es bald herausgebracht, daß der allverehrte Mann ihretwegen am Fenster stand und machten sich diese Bemerkung zu Nutze auf Knabenart. Da überboten sie sich denn in drolligen Streichen gerade vor seiner Thüre, daß er alte Mann herzlich lachen mußte, das Fenster öffnete und ihnen etwas Silbergeld hinunterwarf zum Naschen. Das wiederholte sich einige Tage; die Knaben hatten ihre Lust an den Groten, die zum Fenster herausregneten und Thomson freute sich herzlich über die kurzweilige Art der Jugend. Als er aber zufällig ihre Aeußerungen über die großmüthige Freigebigkeit der Franzosen belauschte, warf er das Fenster zu, indem er ihre Undankbarkeit und Ungenügsamkeit im Stillen verwünschte. Sie mochten von jetzt an noch so laut sein in der Straße, am Fenster ließ er sich nicht mehr sehen.

Endlich durfte er sich wieder ins Freie wagen, und er beschloß, bei seinen Freunden in der Stadt einen Besuch abzulegen. So wie er zur Thür herausgetreten war, lief die Nachricht von Haus zu Haus, und nah und fern riefen sie sich einander die freudige Nachricht entgegen, daß der alte Franzose Thomas wieder beinig sei. Denn die Kunde von seiner Unpäßlichkeit war schnell herumgekommen, wie Alles, was den theuren Mann betraf, und deshalb stürzte ein Jeder bei der Freudenpost an die Thür, um den alten Herrn, den der Verlust seines Sohnes so schwer betroffen, vorüberwandeln zu sehen.

Wie schritt er so stattlich einher, trotz des großen Unglücks, daß ihn betroffen! Gern hätten sie ihm Worte des Trostes entgegen gerufen, aber wer hätte es gewagt, den alten Franzosen Thomas anzureden, der ernst und gedankenvoll vor sich hinblickte? So wie er aber vorüber gegangen war, wurde es laut hinter ihm her, und mit heller Stimme priesen sie die Art der Franzosen, die auch die härtesten Schläge des Schicksals mit Muth und Fassung zu ertragen wüßten. Mochten sie ihn auch nicht persönlich loben, so meinten sie doch, er werde die Anspielung schon zu deuten wissen.

Zuerst achtete er nicht auf ihre Worte; sein Geist war mir andern Dingen beschäftigt, er dachte an seine Lieben in der Ferne. Aber die Reden wollten kein Ende nehmen, und immer lauter erscholl das Lob der Franzosen, und mit Schrecken vernahm er es, wie Alles um ihn her seinen Erzfeinden zugethan sei; auch was es offenbar, daß sie absichtlich in seiner Gegenwart ihre Gesinnung laut werden ließen. Er ergrimmte immer mehr, und als jetzt wieder dicht hinter ihm ein Lobredner des französischen Volks sich vernehmen ließ, dreht er sich rasch herum, stampfte mit seinem Stock auf die Steine und schaute grimmig dem vorlauten Sprecher ins Gesicht. Der hatte nicht sobald das zornrothe Antlitz des alten Franzosen Thomas bemerkt, als er, besorgt, er möge sich unschicklich ausgedrückt haben, schnell in der Thür verschwand, und sich nicht wieder blicken ließ. Die

Andern sahen dem Auftritt verwundert zu und schwiegen voller Bestürzung. Jetzt schritt Thomson ungehindert weiter.

Als er zu seinen Freunden kam, theilte er ihnen mit, wie er die schmerz-
liche Erfahrung gemacht habe, daß die Einwohner so gewaltige Vorliebe
für das französische Volk hätten, und als der Oberst lächelnd versicherte,
solche Vorliebe habe er nie bemerkt, und die Uebrigen dieser Versicherung
beistimmten, erzählte er, es sei heute nicht das erste Mal, daß ihm dies
aufgefallen wäre. Vielmehr habe er solches zu verschiedenen Malen aus
dem Munde von Groß und Klein vernommen; er berichtete nun den neu-
lichen Vorfall, wo sie in hellen Haufen unter seinem Fenster das Wohl aller
Franzosen ausgebracht hätten, so wie auch die Aeußerungen unmündiger
Knaben.

Der Oberst blickte fragend auf seinen Schwiegersohn. Der wußte aber
eben so wenig näheren Aufschluß zu geben, wie irgend sonst Jemand von
der Gesellschaft.

»Mir ist, wie gesagt,« nahm der Oberst endlich das Wort, »von einer
solchen günstigen Stimmung bei hiesiger Bürgerschaft nie etwas vorgekommen. Auch ist es mir durchaus unbegreiflich, welcher Umstand diese Gesinnung sollte hervorgerufen haben.«

»Es ist nicht ungewöhnlich,« fuhr Thomson nach kurzem Nachsinnen
fort, »daß sich bei Dem und Jenem eine gewisse Zuneigung gegen einen
Dritten bildet, ohne erhebliche Ursache, ja ohne daß der Mann oft selbst
einen haltbaren Grund für seine Neigung angeben könnte; ich will ihn deswegen noch nicht tadeln, wenn gleich er seine Vorliebe nicht gründlich zu
rechtfertigen vermag. Wenn die Leute sich nun aber absichtlich in meine
Nähe drängen, um groß zu thun mit Ihrer Franzosenliebe, was soll ich anders daraus schließen, als daß sie mich von Grund der Seele hassen, weil
ich ein Engländer bin.«

Die Freunde hielten dafür, daß irgend ein Mißverständniß zum Grunde
liegen müsse. Die Sache werde sich gewiß in den nächsten Tagen aufklä-
ren; bis dahin lasse sich nichts darüber sagen, und man müsse sich so lange
gedulden.

Wenn sie aber glaubten, durch solche Redensarten den alten Herrn zu
beschwichtigen, so hatten sie sich verrechnet. Er war vielmehr fest überzeugt, daß sie mehr von der Sache wüßten und, nur um seiner zu schonen,

nicht mit der Sprache heraus wollten. Es ging ihm sehr nahe, auch bei denen, welche er bis dahin für seine Freunde gehalten hatte, so wenig Offenheit zu finden und nahm sich auf dem Heimwege vor, allen Umgang mit ihnen abzubrechen. So fiel auch die letzte Schranke, und er stand ganz allein in dem fremden Lande, der zudringlichen Liebe und Verehrung eines ganzen Volkes blos gegeben.

Schon am folgenden Tage machte er die Erfahrung, daß bei dieser Angelegenheit von einem Mißverständnis nicht die Rede sein könne. Denn so wie er sich auf der Straße zeigte, wiederholte sich der gestrige Auftritt, nur daß die Leute noch ungescheuter, lauter und begeisterter die Wohlgestalt, Würde und Freundlichkeit der Franzosen priesen und sich auch nicht mehr einschüchtern ließen, wenn er die vorlauten Sprecher, die ihn durch ihre Reden gleichsam herausforderten, näher ins Auge faßte. Sie waren schon kühner geworden, suchten sich auch gar nicht mehr zu verbergen, sondern betrachteten ihn mit fröhlichem Lächeln, wiederholten auch wohl ihre freche Behauptung.

Da erkannte er, daß es gerathener sei, sich davon zu machen, als durch Widerspruch die Rachsucht und Erbitterung einer blinden Volksmenge zu erregen. »Alt-England für immer!« murmelte er halblaut, und das Bewußtsein der Größe seines Vaterlands stärkte und kräftigte ihn wunderbar, daß er schier eines Kopfes Länge größer wurde und stolzen Ganges die Straße hinunter schritt. Des Geredes der Leute aber achtete er nicht weiter, sie mochten sagen, was sie wollten.

Die aber traten aus ihren Häusern auf die Straße, schlugen die Arme über der Brust zusammen und priesen sich und ihre Kinder glücklich, daß ein gütiges Geschick einen so majestätischen Franzosen in ihre Mitte geführt, und daß es ihnen vergönnt sei, die Herrlichkeit dieses Mannes zu schauen. Sie konnten nicht Worte genug finden, die Gaben und Gnaden des alten Herrn zu rühmen und schauten hinter ihm drein, so lange sie ihn sehen konnten; dann gingen sie wieder in ihre Häuser.

So verging eine Woche, um die andere und es wurden Monden daraus; der Sommer kam, und die Linden vor den Häusern prangten im schönsten Grün. Alles war Freude und Leben, und die Leute saßen nach beendigtem Tagewerke vor den Thüren, um sich zu erlaben an der Abendkühle und muntern Reden.

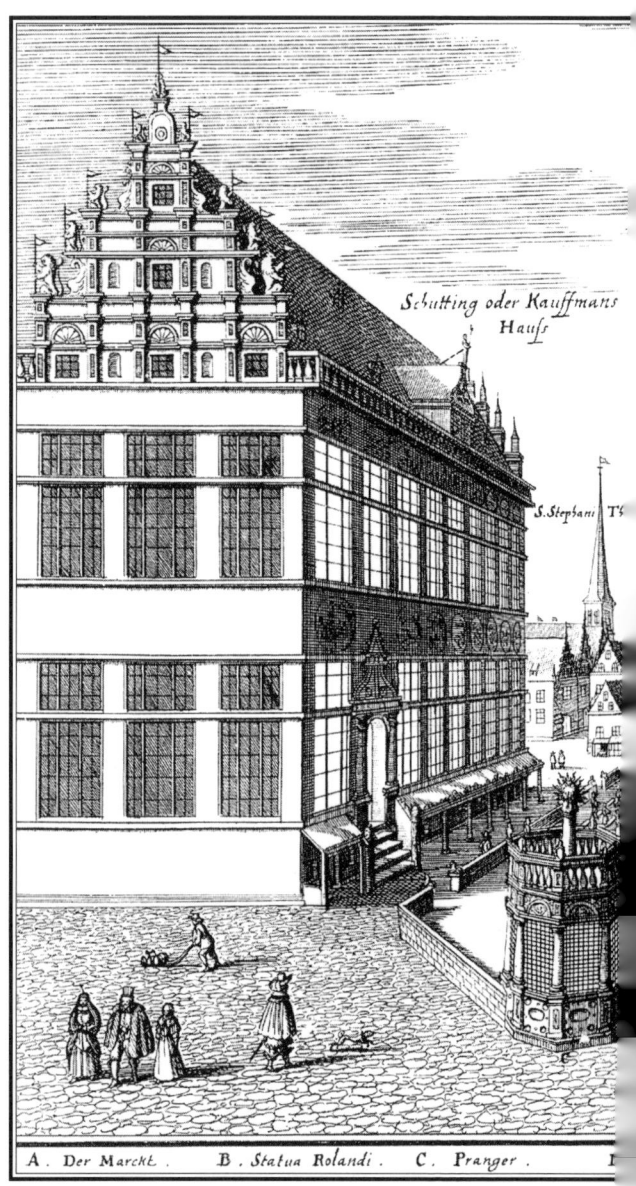

Ansicht des Markt-
platzes zu Bremen
von Matthäus Merian
in der Topographia
Saxoniae Inferioris
von 1653

-ckt in Bremmen

S. Mariæ Thurn

Rahthauß

S. Anschari Thurn
F
E

E   Accise Hauß.       F.  Wein Hauß.        G . Beurs oder Spatzier platz  H . S. Mariæ Kirchhoff

Nur in einer Brust war es Winter geblieben, dort war der Sommer nicht eingezogen mit seinen Freuden und seiner Herrlichkeit. Thomson war betrübt bis zum Tode über die hartnäckigen Verfolgungen, welche ihm von diesem Volke bereitet wurden. Er mochte sich nicht mehr sehen lassen in den Straßen; denn wo er sich blicken ließ, da mußte er die feindseligsten Reden vernehmen, und durfte doch nichts erwidern, wenn die Leute einander überboten, um seine und seines Volkes Feinde mit unverschämten Worten zu loben und sie mit aller Größe, Tugend und Herrlichkeit zu überschütten.

Er saß am Fenster und schaute in den Mond; von der Straße herauf erschallten Gesang und fröhlicher Scherz, und der Duft der Lindenblüten drang durch die geöffneten Fenster und erfüllte das Gemach.

»Das also sind die paradiesischen Freuden,« sagte er seufzend, »die ich mir bei meinem Einzuge versprach? Bin ich nicht wie der gehetzte Hirsch? Er ist seinen Verfolgern entflohen und steht im fernen Walde mit keuchender Brust und lechzender Zunge; er hat seine letzten Kräfte aufgeboten, um diesen Zufluchtsort zu erreichen. Todtmüde streckt er sich ins hohe Gras; er kann nicht weiter. Da plötzlich ertönt von Neuem der Hörnerschall, und lauter wird das Gebell der Hunde und der tönende Hufschlag. Die Jagd braust heran, und das geängstigte Wild rafft sich auf, um neue Fernen zu suchen.«

»Aber wohin soll ich mich wenden? Soll ich, wie ein Feigling meinen Posten verlassen? Nimmermehr! Ich werde nicht eher von dannen ziehen, als bis meines Sohnes Verhältnisse geordnet sind; erst dann soll mich nichts mehr halten.«

Armer Thomson! Sollte Dir denn im Laufe der Zeiten nie die wahre Gesinnung der Menschen kund geworden sein? Sollte es Dir nie klar geworden sein, daß sie Dich irrthümlich für einen Franzosen hielten und nur aus Liebe zu Dir die Franzosen priesen, um Dich groß zu machen? Ein Wort von Dir hätte ja hingereicht, ihren Wahn zu zerstören und Alles wieder ins rechte Geleise zu bringen.

Wirklich war ihm jener Gedanke gekommen, und als er seinen Diener befragte, bestätigte dieser es, daß man allgemein glaube, er sei französischer Nation. Da wurde ihm Vieles klar, und er war bereit, ihnen alle Unbill zu verzeihen. Auch wollte er ihnen das Wort darum gönnen und bei erster Gelegenheit Aufschluß geben.

Das hatte er denn auch gestern gethan. Als er die Straße hinunterschritt, Alles an die Thüren stürzte und das begeisterte Lob der Franzosen hinüber und herbeischallte, da trat er rasch hin zu einem der lautesten Sprecher und sagte ihm, daß solche Reden unschicklich und beleidigend seien, da er kein Franzose, sondern ein Engländer sei, der mit seinem Orlogschiff den Franzosen wacker zugesprochen habe; lange Jahre habe er gegen sie gestritten, und er und jeder Engländer, der es gut meine mit seinem Vaterlande, hielten die französische Nation für ihren Erbfeind.

Er hatte also das Wort gesprochen und somit Alles gethan, was er konnte. Aber der Erfolg war keineswegs geeignet, ihn zu beruhigen. Der also Angeredete trat bestürzt einen Schritt zurück; aber er hatte schnell seine Fassung wieder gewonnen und erwiderte mit dreistem Lächeln, er wisse das Alles recht gut. Nichts in der Welt aber solle ihn und seine Nachbarn abhalten, das Lob ihrer Freunde, der Franzosen, zu verkünden. Es gehe nichts über einen alten Franzosen. Das sei der verehrungswürdigste Mann von der Welt, die Blüte und Krone der Menschheit, und er und alle seine Nachbarn wären jeden Augenblick bereit, für einen solchen ihren letzten Blutstropfen zu vergießen.

Niedergeschlagen ging Thomson seines Weges.

»Also hätte ich mich doch nicht getäuscht,« sagte er traurig, »als ich den Grund dieser Lobeserhebungen in einer persönlichen Abneigung gegen mich zu finden glaubte. Die Leute wissen, wer ich bin, und mir zum Hohn tragen sie es zur Schau, daß sie es mit meinen Feinden halten. Mit welcher Erbitterung würde dieser Haufe dich bekämpfen, theures Land meiner Väter, wenn er so mächtig wäre, wie er hartnäckig und ergrimmt ist! Altengland für immer! Gott segne Dich, geliebtes Vaterland!«

Damit verschwand er an der Straßenecke.

Die Leute aber waren, wie er nur den rücken wandte, sogleich voller Neugier hingestürzt zu dem Angeredeten, um zu erfahren, was der vielgeliebte Mann gesprochen. Da waren sie denn voll seines Lobes und konnten sich der Thränen nicht enthalten und fragten einander, wo noch ein zweites Beispiel von solcher Bescheidenheit zu finden sei. Ja es war die rührendste Entsagung, daß er sie selbst auf einen Irrweg leiten wollte, um nur ihrer öffentlichen Huldigung zu entgehen!

»Aber,« hub einer der Umstehenden an, »wenn es nun wirklich gegründet wäre, daß er kein Franzose ist. Er sagte es doch selbst.« Da erhoben sich aber hundert Stimmen zur Vertheidigung und Ehrenrettung des theuren Mannes und warfen dem unbefugten Sprecher vor, wie er ja gar nicht einmal von St. Stephan sei, sich also auch gar nicht in ihre Angelegenheiten zu mischen habe. Daß der Alte Franzose Thomas kein Engländer sei, werde ihm jedes Kind sagen können. Wenn aber Jemand eine solche Behauptung aufstellen wolle, und wenn es der allverehrte Mann selber wäre, so wüßten sie, was sie zu thun hätten und würden ihr Recht behaupten.

Das war der gestrige Auftritt gewesen, und Thomson, der jetzt keinen Zweifel mehr an der Feindseligkeit seiner Nachbarn hatte, überlegte, wie er es anzufangen habe, um ihrem Grimm zu entgehen. Vor der Hand beschloß er, seine Wohnung nicht mehr zu verlassen. Vielleicht, daß die feindselige Stimmung gemildert werden würde, wenn die Leute ihn nicht täglich vor Augen hätten.

Da verstrich ihm denn mancher lieber Tag in Einförmigkeit und Langerweile. Aus Holland war noch immer keine Antwort erfolgt, und auch von seinem Sohne erhielt er nur dann und wann einen Brief. Er durfte es selbst nicht einmal wagen, nach der Straße zu sehen; denn sobald er sich nur am Fenster blicken ließ, versammelten sich augenblicklich die Neugierigen zu Haufen und verscheuchten ihn mit ihren bekannten Stichelreden. Er mußte alle Gesellschaft mit der übrigen Welt abbrechen und lebte wie ein Gefangener.

Da kam der Herbst in's Land, und den alten Mann überfiel eine große Sehnsucht, die Eichen und Buchen zu schauen, wie ihr Laub sich röthete, und den Obstbaum mit seiner süßen Bürde. Er mußte in's Freie, und doch wollte er nicht über den Geeren. Da machte ihn sein Diener darauf aufmerksam, daß er unbemerkt durch's Hinterhaus nach der Faulenstraße gelangen könne, und freudig setzte er sich in Bereitschaft, sein Gefängniß auf einige Stunden zu verlassen und umherzustreifen in Gottes freier Natur.

Unaufgehalten kam er zum Thore hinaus; seine Feinde hatte ihn nicht beunruhigt, so war er denn ganz sicher. Aber dennoch konnte er eine gewisse Schwermuth nicht unterdrücken, und finstere Ahnungen beschlichen ihm beim Anblick des fallenden Laubes, das sich, braun, gelb und röthlich schimmernd, in den Furchen gehäuft hatte, ein Spiel des leisesten Luftzugs. Er setzte sich am Fuß einer schönen Linde in's hohe Gras; es war recht still und heimlich um ihn her; er gedachte nicht seiner Noth und Sorgen, und war seit langer Zeit zum ersten Male wieder ganz glücklich. Plötzlich fährt er empor aus seinen süßen Träumen und horcht in die Ferne. Nein, er hat sich nicht geirrt, von der Stadt her Pferdegetrappel und Geschrei, wie viele Hundert Menschen, und es nähert sich mit rasender Schnelle, und mit Windeseile braus't sie heran, die wilde Jagd, und Alles macht Halt, so wie sie in seine Nähe gelangen.

Denn trotz der Heimlichkeit des alten Herrn, ging es wie ein Lauffeuer durch die Straßen, der alte Franzose Thomas, den sie seit Monden nicht gesehen, und also auch nicht nach Würden hätten ehren können, sei vor's Thor gegangen und habe den Weg nach Uthbremen eingeschlagen. Da konnte sie auch nichts mehr zurückhalten, sie liefen in die Ställe und zäumten ihre Pferde, um so schnell wie möglich in die heilige Nähe des hochbegabten Mannes zu kommen, und wer kein Pferd hatte, mußte zu Fuße hinaus, und hatten eher keine Ruhe, als bis sie ihn gefunden.

Da standen sie denn um ihn herum, mit keuchender Brust vom schnellen Lauf, schnappten nach Luft und konnten nicht zu Worte kommen. Auch kam ihnen das Ereigniß so unerwartet, daß sie noch gar nicht darüber nachgedacht, noch sich verabredet hatten, wie sie ihren Liebling würdiglich ehren und preisen sollten. Sie standen also da, Mann an Mann gedrängt, mit fliegender Brust, schauten unverwandten Blicks auf den Alten und besannen sich, was nun weiter geschehen sollte. Auch wollten sie nicht sagen und thun, wie sie immer gesagt und gethan; sie wollten ihn ehren auf ungewöhnliche Art, aber es fiel ihnen nichts bei.

Der Anblick der Männer erschreckte Thomson; die Gesichter hoch geröthet vom starken Laufen, die Augen starr auf ihn gerichtet; dabei dies unheilvolle Schweigen und das Arbeiten der Brust, wie wenn der Zorn sie zusammenpreßt und sie denselben Augenblick wieder von einander reißt, als ob er sie zersprengen wollte! Das sah er auf den ersten Blick, es gelte sein Leben, und seine Feinde seien hier im Freien zu einer That entschlossen, die sie innerhalb der Stadtmauern zu begehen sich gescheut hätten.

Flucht war hier nicht möglich; wie hätte der Greis diesem raschen und zum Theil berittenen Haufen entkommen sollen? Auch hielt er es für ziemlicher, seinen Feinden standhaft unter die Augen zu treten und wenn es denn gestorben sein müsse, zu sterben als ein Held und Mann und würdiger Sohn Alt-Englands.

So groß aber zuerst sein Schreck und darauf seine Ergebung gewesen war, so gewaltig wurde jetzt seine Entrüstung, als sie das alte Spiel wiederholten und allerlei Reden ausbrachten, seinen Zorn zu reizen. Er sah es deutlich, daß sie ihn verachteten und es nicht der Mühe werth hielten, sich thätlich an ihm zu vergreifen. Er war in ihren Augen ein kindischer Greis, den man ungestraft necken und wie einen Knaben behandeln kann.

Da brauste er auf, und er wollte ihnen zeigen, daß der Löwe, wenn er gleich alt geworden, immer noch ein Löwe bleibt, riß den Degen von seiner Seite und sprang mit blanker Waffe unter die Leute. Deß hatten diese sich nicht versehen, und flogen aus einander und suchten ihr Heil in der Flucht. Er aber hatte sich einen freien Rückzug nach der Stadt erkämpft, den er auch ungesäumt antrat. Aber vor ihren Reden war er doch nicht sicher.

Denn die flüchtige Schaar hatte sich bald wieder gesammelt. »Wir haben ihn lieb!« riefen sie, und ihre Augen leuchteten vom Feuer der Begeisterung, »wir haben ihn lieb, den alten Franzosen Thomas, wie man sein Leben lieb hat. Er will sein Lob nicht hören, das wissen wir längst, und steht ihm Solches wohl an; denn keine Zierde ist schöner für den Mann, als die Bescheidenheit, und nichts in der Welt geeigneter, seine übrigen Verdienste in das hellste Licht zu stellen. Will er aber seinen Ruhm nicht hören, so wollen wir doch nicht aufhören, ihn zu verkündigen. Zürnt er uns deshalb, so kümmert uns das nicht. Was geht es ihn überhaupt an, daß wir ihn so lieb haben?«

Zu beiden Seiten der Straße lief ein breiter Graben her, der sie hinlänglich schützte vor dem Unmuth des alten Franzosen Thomas, und sie gingen in hellen Haufen neben ihm her, und was der Eine nicht wußte, um die Franzosen herauszustreichen, das wußte der Andere. So arg hatten sie es noch nicht getrieben, und als er seine Schritte beschleunigte, um seinen Verfolgern zu entgehen, da hörte er deutlich, wie sie sich über seinen leichten, schwebenden Gang, seine würdevolle Haltung und seine ganze Persönlichkeit aufhielten. Das Blut kochte in seinen Adern über die Frechheit, er eilte, daß er in's Thor kam, und erreichte endlich, in Schweiß gebadet, seine Wohnung.

»Diese Schmach!« rief er, indem er sich erschöpft in seinen Lehnstuhl warf, »ich ertrage sie nicht länger. Meine Feinde verfolgen mich mit lautem

Hohn auf Wegen und auf Stegen, und wenn ich mich erhebe, gegen meine Verfolger, so lächeln sie über meine ohnmächtige Wuth. Was soll ich hier länger unter diesem hartnäckigen Volke? Ihre höhnenden Worte zerreißen mir die Seele, ihr spöttisches Lächeln bringt mich zur Verzweiflung. Hätte eine feindliche Kugel diese treue Brust zerfleischt im wilden Kampfe, wie beneidenswerth wäre mein Tod gewesen auf dem Felde der Ehre, statt daß jetzt kleinliche Bosheit tausend und aber tausend Geschosse gegen dies treue englische Herz richtet, um es langsam unter den wüthendsten Martern hinzumorden. Nein, ich ertrag's nicht länger, und gebe Gott, daß meines Sohnes Schicksal bald eine günstige Wendung nehmen möge! Ich werde ihm selbst die Entscheidung bringen und für immer einen Ort verlassen, wo jeden Augenblick tausend Zungen in Bereitschaft sind, brennendes Gift auf mich herabzuträufeln.«

Er hatte sich erhoben und ging in der größten Aufregung im Zimmer auf und ab, als ihn ein dreimaliges Klopfen an der Thür seinen finstern Gedanken entriß. Er wußte selbst nicht, wie es kam, daß die frohsten Ahnungen in ihm aufstiegen. Geschäftig öffnete er die Thür, und vor ihm stand ein feiner junger Mann in Reisekleidern; das war kein Anderer, als der Bruder Cornelia's, der aus den Niederlanden gekommen war, um in eigner Person seiner Schwester die frohe Zeitung zu bringen, daß Alles vergeben und vergessen sei. Der alte Vater, berichtete er, und alle übrigen Angehörigen wären untröstlich gewesen, als Cornelia plötzlich verschwunden sei. Der allgemeine Glaube wäre gewesen, sie sei gemordet und deshalb habe die Familie alle Schritte gethan, um den Tod der Unglücklichen fürchterlich zu rächen. Als es sich aber herausgestellt hätte, daß sie lebe und gesund sei, wäre die Freude wieder bei ihnen eingezogen, und der Vater habe kein sehnlicheres Verlangen, als den Gemahl seiner Tochter zu umarmen. In diesem Augenblicke würden im Haag schon Anstalten getroffen, um die Entflohenen würdig zu empfangen. Es verstehe sich von selbst, daß die Einladung sich auch auf den Vater des Schwiegersohns erstreckte.

»Diese Wendung der Dinge,« hub Thomson mit freudestrahlendem Gesicht an, »kommt mir durchaus nicht unerwartet; daß aber gerade heute, gerade in diesem Augenblick die Botschaft eintrifft, das ist es, was mich mit der lebhaftesten Freude erfüllt. Ich werde Euch den Grund erzählen, wenn wir zu Eurer Schwester unterwegs sind. Hier ist es mir nicht möglich.«

Er ließ einige Erfrischungen für den lieben Gast auftragen und befahl seinem Diener, so schnell wie möglich ein paar tüchtige Pferde zu besorgen; denn in Zeit von einer Stunde werde er mit dem Herrn fortreiten. Hier sei seines Bleibens nun nicht mehr.

Der junge Niederländer lächelte über die geschäftige Eile des alten Mannes.

»Wenn Ihr Euch bis morgen gedulden wollt,« sagte er, »so habe ich ein paar starke Gäule in meinem Wirthshause stehen. Sie sind sehr abgetrieben auf der langen Reise; aber einen Tag Ruhe, und sie werden sich unter der Pflege meines Bedienten trefflich erholt haben.«

»Auch keinen Augenblick länger in dieser Löwengrube!« fiel der Alte mit Eifer ein. »So hat sie endlich geschlagen,« fuhr er fort in halblauter Rede, während sein Auge durch's Fenster in die langsam vorüberziehenden Wolken sah, »so ist sie da, die Stunde der Erlösung, nach der meine Seele lechzt. Welchen Jammer habe ich erduldet, welchen Schimpf und welche Schmach, und ich mußte in meiner Ohnmacht das Schwerste über mich ergehen lassen. Das war eine Zeit der Angst und Prüfung, die den Kummer eines langen, vielbewegten Lebens aufwiegt. Die Schrecken der Schlachten mochte ich männlich bestehen; das Sausen der Kugeln und das Mordgeschrei der Feinde machten mein Herz nicht erzittern. Aber dieser neckende Hohn, dieser ewige Spott, diese Bosheit, die im Finstern schleicht, die jeden Augenblick ihren verrätherischen Dolch nach meinem Busen zückt, ohne daß ich es sehen und hindern kann, das sind ärgere Dinge, als daß ein Sterblicher sie ertragen mag.«

Jetzt theilte sich das Gewölk, das sonnige Blau strahlte herunter in milder Pracht, und den Alten überkam ein wunderbares Gefühl von Trost und Frieden. Sein Auge strahlte in überirdischem Glanz.

»Ja,« rief er nach einer Weile des freudigsten Erstaunens, »alle Qualen der Hölle habe ich erduldet viele Monden lang; jetzt aber sehe ich den Himmel vor mir offen und höre den Ruf der heiligen Heerschaaren: »Komm her zu uns, Du Langgeprüfter, komm her und gehe ein zu Deines Herrn Freude.« Ich folge Eurem Rufe, ich verlasse das Land, wo schwarzer Undank und Haß den Unschuldigen verfolgt, um endlich zu wohnen, wo der Friede heimisch ist und die Ruhe.«

»Aber wo werde ich es finden das Land, wo die Bosheit verstummt und die Verläumdung schweigt? Wenn ich auch meinen Aufenthaltsort ändere, dem Fremden bleiben wir ewig fremd, und seine Liebe ist höchstens ein theilnehmendes Mitleid mit unsrer Heimathlosigkeit. Altengland, Du, mein theures Vaterland, Du öffnest mit Deine mütterlichen Arme; wird meine Sehnsucht erfüllt werden? werde ich dereinst im heimathlichen Boden ruhen?«

Der Reisende was längst aufgestanden und schaute verwundert auf den alten Mann. Im Fenster stand ein Rosenstock und hatte noch Spätlinge hervorgetrieben, eine Rose von wunderbarer Schönheit. Auf diese fiel jetzt der Blick des Greises.

»Du herrliches Symbol,« rief er begeistert, und streckte seine Hand aus nach der Blume, »du herrliches Symbol von Altengland, nicht umsonst bist du noch hervorgesprossen zu so später Zeit. Das soll mir ein Zeichen sein, daß ich bald einziehen werde in das Land der Freude und des Friedens.«

Er achtete nicht darauf, wie die Blume, so wie er sie nur berührte, zerfiel und in hundert Blättern herabschneite. Denn das Pferdegetrappel vor der Hausthür lenkte seine ganze Aufmerksamkeit dahin.

»Da sind die Pferde endlich,« sagte er mit einem tiefen, langgehaltenen Seufzer, und es war ihm, als wenn mit diesem Seufzer zugleich alle Erdennoth und alle Schmerzen auf seinem Busen entflohen wären. »Jetzt wollen wir auch nicht einen Augenblick mehr säumen. Schnell fort von hier; keine Macht der Erde und des Himmels soll mich zwingen, jemals wieder an diesen Ort des Schreckens zurückzukehren!«

Wenn es wahr ist, daß Niemand seinem Geschick entgehen kann, so trifft die Ungunst desselben uns doppelt hart, wenn wir demselben getrotzt und es gleichsam herausgefordert haben. Keine Macht soll dich jemals wieder zurückbringen? Armer, armer Thomson!

Die Pferde standen vor der Thür und scharrten ungeduldig auf den Steinen. Ringsum aber stand eine Volksmasse, wie man sie seit undenklichen Jahren nicht auf einem Haufen gesehen hatte. Denn nicht sobald war es kund geworden, daß der alte Franzose Thomas abreisen wolle für immer, da erschallte Jammer und Wehklagen durch die Straßen. Wäre der Würgengel gegangen von Haus zu Haus und hätte alle Erstgeburt erschlagen, der Schreck und die Verzweiflung hätte nicht allgemeiner, das Klaggeschrei nicht wilder sein können. Der Ambos ruhte und der Hammer und der Hobel, eine allgemeine Wanderung entstand in den Straßen, und nach dem Geeren wälzte sich der ungeheure Knäuel. Wie man zu der Bahre eines geliebten Todten wallfahrtet, um noch ein Mal, zum letzten Mal die theuren Züge zu schauen, so stürmten sie hin nach dem Hause des Allverehrten, den man schon als einen Abgeschiedenen ansah, weil er scheiden wollte auf ewig; der Mann hatte die Knaben an der Hand, das jüngste Mädchen trug die Mutter in den Armen, daß auch die Unmündigen ihn noch einmal sehen und dermaleinst Kindern und Kindeskindern erzählen möchten von dem alten Franzosen Thomas, den die Väter wie einen Heiligen und Engel verehrt.

So weit das Auge reichte, stand die dichte Masse, Kopf an Kopf, und Aller Augen waren auf die Thür gerichtet, aus welcher der alte Mann heraustreten mußte. Aber man hörte kein lautes Wort in der Versammlung; nur daß sich der harten Männerbrust dann und wann ein tiefes Aechzen entwand, daß sie vergebens unterdrücken wollte. Die Weiber schauten mit thränenschweren Blicken, und die Kinder weinten. Dabei erhob sich ein heftiger Wind, der in wenigen Augenblicken den ganzen Himmel mit dunklen Wolken bedeckte. Aber das Gewölk konnte nicht düstrer sein, als die Ahnungen, die im Busen der Harrenden aufstiegen. Bekümmert schaute Einer auf den Andern, ob er dort vielleicht Trost finden könnte; aber auch des Nachbarn Antlitz weissagte nichts Gutes, und kluge Leute sagten es laut, daß sich unerhörte, entsetzliche Dinge vorbereiteten.

Jetzt erschien Thomson in der Thür. Eine Todtenstille herrschte ringsum; man hörte das Herz im Busen des Nachbars pochen. Der alte Mann war einigermaßen von dem Anblick überrascht. Seine Feinde standen bei Tausenden versammelt; sie mußten von seiner Abreise gehört haben. Denn er sah deutlich, wie sie weinten vor Grimm, daß sie ihre Beute fahren lassen mußten. Aber er bestieg getrost sein Roß und ritt mit seinem Begleiter durch die enge Gasse, welche die Zuschauer bildeten vom Geeren, hinter Stephani Kirchhof her, bis nach der Großenstraße; denn sein Weg führte aus dem Stephanithore hinaus. Trotz ihrer Menge wagten sie es nicht, ihn anzutasten.

Der Niederländer war ein stattlicher junger Mann und stolzer Reiter. Aber wie sollten sie Augen haben für den, während ihr Freund und Vater dahinritt, um nimmer wiederzukehren? Ihn noch einmal zu sehen, waren sie gekommen, sich noch einmal zu weiden an der herrlichen Gestalt. So verschlang ihn denn nun Jeder mit den Augen, während der vorüberritt; wie er aber dahin war, füllte sich die Gasse hinter ihm; denn ein Jeglicher schloß sich an den Zug an, um dem Scheidenden das Ehrengeleit zu geben.

Dem jungen Mann mußte der außerordentliche Antheil auffallen, welchen das Volk an seinem Begleiter nahm. Er machte ihn darauf aufmerksam und meinte, unter solchen Menschen müsse es sich leben, wie im Paradiese.

»Mein junger Freund,« sagte Thomson, »Euern Irrthum muß ich ganz verzeihlich finden. Ist es mir doch eben so ergangen, als ich hier meinen Wohnsitz nahm. Aber wie bald bin ich enttäuscht worden! Hier wohnt die Bosheit, Tücke und Hinterlist, und mich sollen keine tausend Teufel wieder zurückbringen.«

Der Zorn übermannte ihn und unwillkührlich hieb er seinen Hengst mit den Sporen in die Weichen. Das kam so unerwartet, daß sich das edle Thier entsetzte, mit einem raschen Sprunge auf die Seite fuhr und seinen Reiter heftig gegen die Kirchhofsmauer schleuderte.

Ein Schrei des Entsetzens ging durch das ganze Volk, ein Schrei, der durch Mark und Bein drang. Dann hielt ein Jeder an sich und reckte den Kopf empor, um zu sehen, ob Thomas sein Roß wieder besteigen und fortreiten würde; aber er stieg nicht wieder hinauf, und als bald darauf das Pferd hinweggeführt wurde, da wurde ihnen die Wahrheit offenbar.

Mit scheuer Ehrfurcht wichen sie zur Seite, als jetzt vier Männer eine Bahre vorübertrugen; auf derselben lag der Greis mit geschlossenen Augen, das blasse Leichenantlitz mit Blut besprützt. Unmittelbar dahinter ging der junge Niederländer, der alle Fassung verloren hatte bei dem unerwarteten, unglücklichen Ausgang. Dann folgte alles Volk in schweigender Trauer. Keiner sprach eine Sylbe, aber die Thränen, die unaufhaltsam die Wangen überströmten, zeugten lauter von ihren Empfindungen, als tausend leere Worte. Da trugen sie den Armen in sein Haus.

Das Gewitter war jetzt heraufgestiegen und entlud sich mit furchtbarer Gewalt. Blitz und Donner war eins, und der Regen ergoß sich in Strömen. Aber die Liebe zu ihrem Günstlinge trotzte den Schrecken der Natur, und Keiner rührte sich von der Stelle. Der Arzt war gerufen, und wie hätte es Einem einfallen können, sich nach Haus zu begeben, ehe er ein beruhigendes Wort vernommen.

Wenige Augenblicke nachher trat der Arzt wieder heraus, und die begierige Menge stürzte hinzu, um seinen Ausspruch zu vernehmen. Das war aber kein tröstlicher Bericht; der Mann sagte, daß die edelsten Theile verletzt wären, daß der Kranke ohne Rettung verloren sei und schon im Sterben liege.

»Der alte Franzose Thomas stirbt,« schrie Alles entsetzt, und Keiner wußte zu rathen und zu helfen. Die Leute liefen verwirrt und voller Verzweiflung durch einander, und dazwischen stürmten die Elemente.

Da traten einige wohldenkende Männer hervor und straften die Uebrigen, daß sie so gänzlich den Kopf verloren hätten. »Menschliche Hülfe,« sagten sie, »ist hier fruchtlos, wie der Meister gesagt; aber menschliches Mitleid und menschliche Theilnahme, sind die nicht Balsam für das wunde Herz? So laßt uns ihm denn zum letzten Male zeigen, was er uns gewesen ist; immer suchte sich der herrliche Mann den Aeußerungen unserer Liebe zu entziehen. Jetzt liegt er gefesselt auf seinem Sterbelager, er kann uns jetzt nicht mehr entgehen. So sollen denn unsere Worte frei und ungehindert dahin fließen, ihm zum Trost in seiner bittern Noth.«

Darauf erschallte das Lob der Franzosen und ihres Landes von begeisterten Lippen, und die Uebrigen fielen ein; das Lob der Franzosen erklang, wie noch nie zuvor, und dazwischen krachten heftige Donnerschläge; der Eine bestrebte sich noch lauter zu reden, als der Andere, damit den Hausbewohnern auch nicht eine Sylbe entgehen könnte. Die ältesten Leute wußten sich einer so aufgeregten Volksversammlung nicht zu erinnern.

Thomson aber saß aufrecht in seinem Bette und drückte leise die Hand des Gastes, der tief bekümmert vor ihm stand. Er wollte reden, wenn das Getümmel vor der Thür aufbrauste in ein wildes Lebehoch für seine Feinde; aber er war zu schwach, und sein Bemühen war vergebens. Er wurde immer matter und seine Blicke umnebelten sich; leise sank er auf sein Lager zurück. Jetzt schallte von Neuem ein Hoch durch die Lüfte, länger und anhaltender, wie die Vorigen, und dazwischen brüllte der Donner. Da fuhr Thomson empor, winkte mit drohender Gebärde gegen das Fenster und fiel mit dem vernehmlichen Ausruf: »Altengland für immer« ins Kissen zurück. Das Leben war entflohen, und das Sehnen seines müden Geistes nach dem Lande der Ruhe und Freiheit befriedigt.

Als aber draußen die Nachricht von seinem Ableben bekannt wurde, da meinten sie, sie hätten jetzt ihr Möglichstes gethan, und mit heiserer Stimme ermahnte der Eine den Andern, er solle für jetzt nur ruhig zu Hause gehen. Der Niederländer blieb nun in der Stadt zurück und sendete an seinen Schwager einen Boten. Mortaigne und seine Gemahlin trafen auch schon am folgenden Abend ein. Die Letztere war untröstlich, daß die Freude des Wiedersehens durch dieses schreckliche Ereigniß getrübt worden; auch Mortaigne war ernster, wie gewöhnlich, bei dem Tode des Mannes, der ihm mit solcher Treue den Vater ersetzt hatte. Auch fiel es ihm auf, daß die trübe Ahnung des Alten beim Abschiede eingetroffen sei, und noch dazu zu einer Zeit, wo alle Hindernisse beseitigt wären, so ganz unmittelbar vor dem Wiedersehen. Das machte ihn sehr traurig.

Bei der Beerdigung gaben die Verwandten und Befreundeten aus der Stadt der Leiche das Ehrengeleit; dann aber schlossen sich noch viele hundert Männer an den Zug an, Alle in tiefster Trauer und ein Jeder drängte sich hinzu, als der Sarg eingesenkt wurde, um eine Handvoll Erde auf den geliebten Todten zu werfen. Sie sprachen nicht mit einander; ihre Trauer war zu groß, und nur beim Auseinandergehen drückten sie sich gegenseitig die Hände und sagten unter Seufzen: »So einen alten Franzosen bekommen wir nun und nimmermehr wieder.«

Mortaigne reiste mit seiner jungen Frau und deren Bruder nach dem Haag, und lebte dort noch viele Jahre an der Seite der liebenswürdigen Gattin. Es war ein leichtfertiger, munterer Herr, der nicht gern an das traurige Ereigniß zurückdachte. Er liebte es nicht, wenn von dem alten Thomson viel die Rede war, und in Kurzem war derselbe vergessen.

Das war aber nicht der Fall bei den treuen Seelen auf St. Stephan. Da sprach man die langen Winterabende von nichts als von dem alten Franzosen Thomas, und Jeder war seines Lobes voll.

Als aber der Frühling kam, pflanzten sie die schönsten Blumen auf sein Grab und stellten ein steinernes Kreuz darüber, woran mit großen Buchstaben zu lesen stand:

Hier
ruhet in Gott
der alte Franzose Thomas.

## XXXX.
## Mord in Eden Keller.

Am 22sten December 1662 wurde am Markt eine Verschreiung gehalten, wegen der Entleibung der Gesche Elmers, und der Thäter, als zur Zeit noch unbekannt, friedelos gelegt.

Aber es wurde bald ermittelt, daß sie von Anna Falkenborg ermordet sei, und schon nach vier Wochen (21. Jan. 1663) erhielte diese den verdienten Lohn. Sie ward beim Galgenberge geköpft und darauf gerädert, das Haupt auf einen Pfahl gesteckt und der Körper aufs Rad geflochten. Auf die Verwendung ihrer Anverwandten widerfuhr ihr die Gnade, daß sie nicht lebendig gerädert wurde.

Die Mörderin war erst siebzehn Jahr alt und hatte die bluthige That am 17ten December 1662 bei später Abendzeit verübt. Mit drei Beilhieben hatte sie ihr Opfer getödtet, darauf Kisten und Kasten aufgebrochen und Geld und Gut, zum Belauf von 52 Thalern und 15 Groten, herausgenommen.

Diese Mordthat ereignete sich in Eden, später Lönings Keller, auf der Langenstraße, an der Ecke des Jacobi Kirchhofs belegen. Die ermordete war eine alte, betagte Person, bei 96 Jahren alt und ledigen Standes. Sie ward insgemein auch Gesche mit der Kolpen genannt.

Das Bildniß der Mörderin hat sich bis auf unsere Tage erhalten; es befindet sich gegenwärtig auf dem Stadthause. Das Gesicht ist blaß und unheimlich, und das Beil in ihrer Hand deutet auf die beabsichtigte oder schon vollführte That.

Noch merkwürdiger ist es aber, daß sich auch die Mordwaffe, jenes Beil selbst, ebenfalls noch vorfindet.

## XXXXI.
## Hans von Pommern.

Am 30. August 1582 wurde Hans von Pommern, ein Kapitain des Königs von Spanien, der etliche Bremer und Hamburger Schiffe über seine Bestallung gestreift, in Bremen hingerichtet und der Kopf auf den Pfahl gesetzt.

Er sollte schon am 26sten gerichtet worden sein. Als er damals aber vor Gericht gebracht wurde, entschuldigte er sich gewaltiglich und brachte es endlich sogar dahin, daß die Sitzung für diesmal aufgehoben und er einstweilen wieder ins Gefängnis gebracht wurde.

Seine Frau, die in des Bischofs Haus zur Herberge lag, hatte viele von den vornehmsten Frauen des Tages bitten lassen, mit ihrem Manne zum Begräbniß zu gehen; die waren schon längst vor dem Thore und warteten auf seine Ankunft, als ihnen die Kunde gebracht wurde, daß das Gericht für den Tag aufgehoben sei, worauf sie sich denn wieder nach Haus verfügten.

Der Pfahl, auf welchem der Kopf des Hingerichteten befestigt war, wurde einige Zeit nachher abgesägt und der Kopf weggenommen. Es wurden deshalb vielerlei Erkundigungen angestellt, aber vergebens; der Thäter konnte nicht ermittelt werden.

## XXXXII.
## Schinrink's Stein.

Im März des Jahres 1571 grub der Todtengräber auf St. Anscharskirchhofe etliche Gebeine aus. Darunter war ein großer Stein, der zwei Pfund und zwanzig Loth wog; der war löchericht und saß im Schmier und war so groß, wie zwei Hände. Den hatte im Leib gehabt ein Glasmacher, genannt Schinrink, bei seinen Lebzeiten in der Piperstraße wohnhaft. Es war ein dicker Mann gewesen und allezeit krank, so daß er des Glaubens war, er müsse verzaubert sein. Er gebrauchte auch vielerlei Mittel, wie ihm gerade der und jener rieth, und wollte doch nichts helfen gegen sein Gebrechen, so daß er endlich daran sterben mußte.

Also wurde lange nach seinem Ableben die Ursache seines Todes doch noch offenbar. Den Stein aber hob der Todtengräber sorgfältig auf und zeigte denselben vielen Leuten, Wunders halber.

# XXXXIII.
## Die Gründung der Stadt Riga durch die Bremer.

Um die Mitte des 12. Jahrhunderts wohnten reiche Kaufleute in der Stadt, welche darauf sannen, ihrem Handel neue Absatzwege zu verschaffen. Sie richteten ihre Blick auf die entlegenen Gestade der Ostsee, welche der Volksglaube jener Zeit mit fabelhaften Ungeheuern bevölkerte. Ein regelmäßiger Verkehr nach jenen Gegenden fand noch nicht Statt, höchstens daß ein dänisches oder schwedisches Raubschiff die dortigen Gewässer durchschnitt, um nach Beute zu spähen. Nach jener unwirthbaren Küste also stand der Bremer Sinn und sie nahmen deshalb einen Mann in Dienst, der fremder Länder und Menschen kundig war und übertrugen ihm die oberste Leitung. Auf der Ostsee wurden sie von einem gewaltigen Sturmwind ergriffen, so daß sie sich glücklich schätzen mußten, als sich ihnen die Mündung eines Flusses zeigte, in welchem sie Schutz gegen die Witterung finden konnten. Dieser Fluß war die Düna, so aus Rußland kommt und läuft durch Lievland und Ostsee.

Nun gränzten die Lieven, Seelen und Litthauer an einander, die sammt den Curen oft von dem Könige von Dänemark waren bekriegt worden, besonders ehe die Dänen und Norweger zum Christenthum gebracht waren, wo sie als wilde Seeräuber die Meere durchzogen. Holtbrod, der Schwedenkönig und Harald VI. König von Dänemark, machten häufige Einfälle ins Land. Auch Canut IV., König von Dänemark, eröffnete mit Ernst den Krieg gegen die Esthen und Curen, und wollte den christlichen Glauben bei ihnen einführen; dazu konnte er sie nicht zwingen; allein er brachte sie dahin, daß sie ihm Tribut gaben.

Als nun die von Bremen durch die Gewalt des Sturms in die Düna getrieben wurden, fuhren sie mit Sorgen darin. Da meinten die Heiden nicht anders, als daß es Feinde wären, sammelten sich derhalben mit Haufen in großer Eile zu Wasser und zu Lande und fielen das fremde Volk grimmig an mit Schießen und Schlagen.

Die Bremer wehrten sich, als Männern geziemt, und leisteten einen hartnäckigen Widerstand, so daß viele von den Heiden erschlagen und verwundet wurden. Sie begehrten deshalb Waffenstillstand, vornehmlich,

*Riga. Holzschnitt aus der Cosmographia des Sebastian Münster, 1544*

dieweil sie verstunden, daß die Fremdlinge nicht in feindlicher Absicht erschienen, sondern als Kaufleute. Es wurde also erstlich ein Stillstand geschlossen und darauf ein wirklicher Friede.

Da gingen die Bremer ans Land und kaufschlagten mit den Eingebornen. Die brachten mancherlei Erzeugnisse des Landes zu Kauf und Tausch und baten ihre neuen Freunde, ihren Besuch zu wiederholen. Wäre es auch, daß sonst noch der und jener von den Ihren mitzukommen Lust hätte, der sollte gleichfalls ihr Freund sein.

Darauf schenkten diese Kaufleute den Heiden Wein und Meth und fuhren wohlbeladen mit Freuden zu Haus und brachten viel seltsames, neues Dinges aus dem Lande mit zu Bremen.

Nach der Zeit kamen sie häufiger nach jenen Küsten und trieben mit den heidnischen Einwohnern einen friedlichen Handel.

Solches vernahm ein Kanonikus zu Segebarden, genannt Meinard. Der wurde von brünstigem Verlangen ergriffen, diese Heiden zu bekehren und erbat sich vom Bischof Hartwig und dem Kapitel zu Bremen die Erlaubniß, sich dorthin zu begeben und den blinden Heiden das Evangelium zu predigen.

Er fuhr also mit jenen Kaufleuten, welche diesmal sechs Meilen weiter ins Land gingen; und während sie der Handlung nachzogen, bemühte sich Meinard um das Seelenheil der Heiden. Er sang und las ihnen die Messe, predigte und begann ein Haus zu bauen auf einem Holm oder Eiland in der Düna, wo nachher das Schloß Kerkholm erbaut wurde, und verweilte dort so lange, bis er die Landessprache erlernt hatte.

Auch bauten die Kaufleute ein festes Haus, zum Schutz ihres Handels, Ickeskühl oder Ixkuhl genannt, in dessen Nähe sich gar bald noch viele andere Kaufleute aus Deutschland ansiedelten. Dort wurde ein ausgebreiteter Handel getrieben.

Den Bremern aber, welche zuerst ins Land gekommen, bot sich eine unerwartete Gelegenheit dar, sich schnell zu bereichern. Denn man sagt, daß sie das Werk, da der Honig herausgenommen wird, hin und wieder bei Haufen im Lande gefunden, und also groß Gut an Wachs bekommen haben, dessen Nutzen und Gebrauch die Eingeborenen nicht wußten.

Als nun Meinard mit seinem Predigen und gottesfürchtigen Wandel ein Ansehen unter den Heiden erlangt hatte, da trat zuerst ein reicher Mann, Namens Köpe, ein Lievländer, hin und ließ sich taufen, und ein Theil seiner Freunde mit ihm. Solches war den Christen eine große Freude.

Aber die übrigen Heiden, als Litthauer, Russen, Esthen und andere wurden sehr zornig bei der Nachricht, daß das Christenthum beginne im Lande einzureißen, dessen Einführung doch die Könige von Dänemark mit all' ihrer Macht nicht hätten erzwingen können. Das suchten sie auf jede Weise zu hindern und schlugen viele Christen todt heimlich und öffentlich.

Doch gab Gott seine Gnade, daß die Heiden, welche die Düna hinauf wohnten, nämlich die Lieven, sich endlich zum christlichen Glauben gaben und viele sich taufen ließen. Als nun die Sache soweit gediehen war, wurden die Christen im Lande zu Rath, den Meinard nach Rom zu senden, um vom Papst Trost und Beistand zu erflehen. Also zog Meinard mit Köpe und einigen Kaufleuten dorthin und entdeckten dem Papst ihr Begehren nach einem Bischof.

Da der Papst diese Rede hörte, fragte er mit allem Fleiß nach des Landes Gelegenheit, und wie es gekommen wäre, daß Köpe sich habe taufen lassen.

Solches Alles berichtete sie ihm und sprachen von der großen Macht der Litthauer, Semigalen, Letten, Curen, Esthen und der Uebrigen, die den Christen große Drangsal anthäten; und wie sie hofften, daß die Lieven, obwohl zur Stunde noch blinde Heiden, sich doch bald bekehren würden.

Als nun Köpe diesen Bericht abgestattet hatte, trat auf Meinardus, der verzeichnet hatte fein ordentlich, wie es gekommen war, daß Köpe sich hatte taufen lassen, und wie sich die umliegenden Heiden dagegen gelegt aus allen Ländern. Schließlich erbaten die Gesandten sich einen Bischof für ihr Land.

Dieweil nun der Papst aus Meinards Reden wohl sah, daß er ein frommer und gottesfürchtiger Mann war, auch aus den Reden seiner Begleiter vernahm, mit was Arbeit und Gefahr er der Ausbreitung des Christenthums im Lande obgelegen, da weihte er ihn zum Bischof von Lievland.

Der Pabst war herzlich froh über diesen Zuwachs der christlichen Kirche; die Gesandten aber zogen sammt ihrem Bischofe mit großer Freude wieder in ihr Vaterland, sonderlich Köpe, der erste welcher sich im Lande hatte taufen lassen, dem auch der Papst insbesondere seinen Segen ertheilte.

Bei ihrer Heimkehr wurden sie mit großen Ehren empfangen. Meinard that nach wie vor, predigte und wendete großen Fleiß an, die Heiden zu bekehren. Als eine Theurung ins Land kam, gab er alle Speisen dahin, Korn und was er sonst vermochte, um Gotteswillen, also, daß er selber Noth litte; doch sandten ihm die Kaufleute Brot nach ihrem Vermögen. Alles Geld verschenkte er und hieß auch seinen Amtmann geben den Armen, so daß auf eine Zeit Kisten und Kasten leer waren; nun kam der Amtmann durch einen Zufall darüber und fand Alles wohl gefüllt. Da ließ Meinard die Armen zu sich entbieten und vertheilte den Segen unter sie mildiglich.

Zu seiner Hülfe hatte er einen geistlichen, andächtigen Mann um sich, der war Albert geheißen, ein Abt zu Lockum. Auch dieser predigte und arbeitete unverdrossen, um die Heiden zu bekehren.

Drei und zwanzig Jahr lang verwaltete Meinard sein Amt mit großer Treue. Da starb er gottselig in dem Herrn und wird für heilig gehalten in Lievland bis auf den heutigen Tag.

Zu jener Zeit war in all' den Ländern, welche jetzt mit einem gemeinsamen Namen Lievland genannt werden, nicht eine Stadt und wenig Burgen.

Nach Meinards Tode sandten die Christen in Lievland an den Erzbischof zu Bremen Hartwig II. um einen andern Bischof. Der ordinirte den

Berthold, der seinen Schaafen treulich vorstand, dabei er auch sein Leben gelassen. Denn im Jahre 1193 begann er mit Hülfe der Bremer Bürger die Stadt Riga zu bauen. Das wollten die Esthen wehren, und darüber wurde Barthold mit 1000 Mann erschlagen.

Darauf sandte Hartwig den Albert wieder dahin, einen bisherigen Kanonikus zu Bremen; der richtete den Schwertbrüder-Orden im Lande auf. Zu Bartholds Zeiten begannen übrigens jene Kriege, deren Schauplatz Lievland noch viele Jahre hindurch war. Denn die Russen und Litthauer überzogen die Christen bei Köpenhausen, wo es zu einer bedeutenden Schlacht kam. Daselbst blieben todt 300 Christen. Auch wurde Köpe stark verwundet zu Hause getragen. Der klagte über nichts so sehr, als daß er nicht auch fünf Wunden erhalten hätte, wie Christus, sein Herr, der um seinetwillen sein Blut vergossen. Danach starb er und nahm ein seliges Ende.

## XXXXIV.
## Pölke Stubben und Gretke Kramers.

Am 21. December 1603 sind, gegenüber dem Hopfenhause, wo die Herren Bürgermeister zu sitzen pflegten, zwei Zauberinnen vor Gericht gebracht; die Eine, Gretke Kramers, welche der Stöckerknecht leblos im Gefängniß gefunden, auf einem Racker- oder Schinderkarren, Pölke Stubben aber lebendig. Sie wurden demnächst hinausgeführt und Beide verbrannt.

Gretke Kramers hatte bekannt, daß sie die Zauberei von einer gewissen Catharina, nicht weit von der Glockenstraße, beim Walle wohnhaft, erlernt, welche sie unterrichtet habe, wie sie zwei Mäuse machen könnte. Catharina habe einen gestielten Topf genommen, Wasser hineingethan und dabei gesprochen: Lasset uns frei umrühren, so werden Mäuse davon; dann habe sie sich des Ausrufs bedient: »So helfe mir Gott und hunderttausend Teufel.« Da wären die beiden Mäuse fertig gewesen.

Gretke sagte außerdem, Satanas habe ihr sehr nachgestellt; zum ersten Male hätte sie ihn bei der Bischofsnatel gesehen, wohin sie von Catharina mitgenommen sei. Da wäre Trommelns und Jammerns genug gewesen, und dort hätten sie getanzt. Wenn sie hingewollt hätten nach dem Tanzplatz, hätten sie nur nöthig gehabt, sich auf eine Schwinge zu setzen in tausend Teufel Namen; dann könnte man wohl reiten. Catharina habe sie dem Satan vorgestellt.

Wie sie aber den Tanz auf der Bischofsnatel gehalten, wären ihrer drei gewesen. Sie hätten auf dem Wall bei der Bischofsnatel, recht hinauf nach dem Rondeel, nach St. Magnus Thurm herum, getanzt. Der Spielmann wäre ein kleines Männchen gewesen; der habe auf einem gläsernen Dinge gespielt, ähnlich einem Leuchter.

Ihr Buhle hieße Federbusch; der sei schwarz gekleidet, und trage einen schwarzen Hut mit weißer Feder.

Satanas habe versprochen, ihr in allen Nöthen beizustehen, auch reich zu machen. Er habe aber sein Versprechen nicht gehalten.

Als sie ihren Bund gemacht habe mit Satan, seien nachfolgende Worte gebraucht:

»Ich will mich geben an meinen Mann und mich zu ihm geben.«

»Ich will mich von dem himmlischen Vater abgeben.«

»Tritt zu mir und verlaß den himmlischen Vater.«

»Man muß ihm folgen und verlassen den himmlischen Vater.«

»Man muß ablassen von dem Herrn.«

»Laß von dem Herrn Christo und hange mir an.«

»Ich will folgen, wo er mich haben will; so lange, als ich lebe, will ich dem Teufel treu und hold sein.«

Federbusch hätte sich dagegen so verbunden, daß er ihr ein Stück Goldes gegeben, so aber des folgendes Tages über alle Berge gewesen; sie habe ihm ein Schnupftuch verehrt.

Noch vor acht Tagen wäre Satan bei ihr im Garten gewesen: Wie viel mal er aber überall bei ihr gewesen, das könne sie nicht sagen.

Sie hatte einen vom Satan angefertigten Topf mit Salben; wenn man sich damit bestreiche in des Teufels Namen, könne man kommen, wohin man wolle.

Schließlich gestand sie noch, daß sie den christlichen Glauben, die zehn Gebote und das Vater Unser nicht, wie es einem Christen anständig, beten könne.

Pölke Stubben Bekenntniß war folgendermaßen: Die Zauberei hätte sie von ihrer Base Gretke erlernt und dieselbe über zwanzig Jahre ausgeübt. Besonders hätte dieselbe sie unterwiesen, eine Salbe anzufertigen, vermittels welcher sie ihren Feunden allerlei Ungemach zufügen könnte. Gretke hätte ihr einen Buhlen, Namens Lucifer, zugefreiet. Der sei groß von Person, mit grünen Kleidern und trage einen schwarzen Federhut. Er habe sie sehr häufig in Gretken Hause besucht. Seine Hände seinen von außen wie Eisen anzufühlen, inwendig aber weich, wie ein Schwamm. Das Geld, was er ihr auf die Treu gegeben, habe sich verwandelt und wäre nachher gewesen, als was man in den Pferdeställen findet. So schlecht hätte er sein Versprechen gehalten, sie reich zu machen; hernach habe er sie gänzlich verlassen.

Sie habe auch einen Salbentopf von Gretken bekommen, um damit Menschen und Vieh zu beschädigen, was sie denn auch an einem Pferde, fünf Kühen und zwei Ochsen versucht habe, die davon wirklich gestorben seien.

Wichmann Botterbrots Sohn hätte ihr das Buch gegeben, um es an Raetken Sohn zu geben. Diesem Letztern habe sie es auch angethan, indem sie ihm die Ohren und den Körper bestrichen.

Mit dem Teufel habe sie nächtliche Tänze aufgeführt, wie sie aber an Ort und Stelle gelangt sei, könne sie nicht sagen. Der Tanz aber wäre auf der Domsheide gehalten, von der Schule nach Herrn Dr. Drosten Hof herunter. Der Spielmann habe auf einer gläsernen Trommel gespielt.

Ihre Verbindung mit dem Teufel hätte auf sieben Jahre gelautet. Sie habe wohl zuerst sich dawider gesträubt; wenn sie aber habe beten wollen, hätte der Böse sie nicht in Ruhe gelassen.

In diesen sieben Jahren sei er eilf Mal bei ihr in ihrer Wohnung gewesen. Auch seien ihr die Worte noch sehr wohl erinnerlich, die bei dem Bunde gesprochen wären. »Das walte Gott, der Teufel und all sein Anhang. Sieben Jahr will ich dein eigen sein.« Solche Verbindung sei im Hastedter Felde geschehen, da sie Gott im Himmel abgeschworen auf nachfolgende Art, wie Satanas ihr vorgesprochen:

Ich verschwöre dich, Gott, und verschwöre dein Angesicht, nimmer Theil an dir zu haben in den sieben Jahren. Als sie Jesum Christum dabei habe mit erwähnen wollen, hätte sich der Teufel dagegen gesetzt.

Der Satanas habe ihr Macht gegeben, zwei Buhlinnen aus der Erde kommen zu lassen, sie habe alsdann folgende Worte gesprochen:

*Hexenverbrennung. Holzschnitt aus einem Flugblatt von 1555*

»Ich beschwöre dich bei Gott und allen seinen Engeln, und den Teufeln, daß du, Jungfer Alheid kommest und in des Teufels Namen Henrich
Raetken sein eigen und Braut seist.«

Diese Jungfrau habe sie alsdann zu Raetken ins Haus geführt; der aber
habe gesagt, daß er zum Heirathen noch viel zu jung wäre. Der Jungfrau
Hände seien gewesen wie Schneehände, der eine Fuß aber wie ein Hüh-
ner-, der andere wie ein Kuhfuß gewesen.

Soviel von der Jungfrau Alheid. Die andere wäre Jungfer Janneken gewesen, die sich ebenfalls eingestellt hätte, wenn Sie dieselbe beim Namen
gerufen.

Sie hätte Raetken in die Lehre genommen und allerlei feine Stücke
gezeigt. Wenn er die Galle von einem Hunde und Bleiweiß vermischte und
damit in des Teufels Namen die Schlösser bestriche, so würden sich dieselben aufthun. Er könne solches auch dadurch bewerkstelligen, daß er Herz
und Blut von einer Fledermaus nähme und mit der Hundsgalle vermischte. Damit müßte man auf Blei schreiben und dies vor die Schlösser halten.
Auch hatte sie ihm gesagt, wenn er seine Eltern verderben wolle, möchte er
ihr nur Eier, Töpfe, Haar und einen Teller bringen.

Sie bekannte ferner, daß sie Alles, was im Buche stände, einem Knaben dictirt hätte. Auch daß sie dem unchristlichen Glauben zugethan sei und dem Teufel das Versprechen gegeben habe, solchen möglichst weiter zu verbreiten. Endlich legte sie noch ihr Glaubensbekenntniß ab, wie sie es verschiedenen Knaben beigebracht. Zum Schluß möge hier noch der Eingang desselben stehen:

»Ick glove an den Forsten der Welt, den allmächtigen Schepper Himmels und der Erden und an den Düvel, sinen enigen gebornen Sohne, unsen Heren, de entfangen is van den bösen Geest, gebaaren uth Maria etc.«

## XXXXV.
## Das verhängnisvolle Dutzen.

Henrich Drade mußte den 16. September 1603 auf fünf Jahre die Stadt verschwören. Er hatte eine Frau, der er Geld schuldig war, jämmerlich geschlagen, als sie ihn darum ansprach. Dazu hatte er seinem Vater mit Gewalt ein Pferd aus der Weide genommen, und als dieser ihn vorladen ließ, hatte er den Vater in Gegenwart des Präsidenten gedutzt, J. Edl. den Brief aus der Hand genommen, entzwei gerissen und seinem Vater vor die Füße geworfen.

## XXXXVI.
## Der blutige Bruderkuß.

Im Jahre 1400 wurden die von Bremen feind den Häuptlingen Lübben Siebeth und Nannen Duiren und dem ganzen Rüstringerlande, von der Heete an bis zur Jahde, und vertrugen sich mit Junker Moritz von Oldenburg und den Stiftsgenossen auf nachfolgende Weise. Moritz sollte fünfzig Reiter stellen, die Stadt hundert und die Stiftsgenossen sechzig. Außerdem sollte ein jeder der Bundesgenossen soviel Fußvolk aufbringen, als ihm nur immer möglich sein würde. Moritz und die Stiftsgenossen sollten für ihren Schaden selber stehen; als Ersatz aber wurde einem jeglichen der dritte Theil des Raubes und aller Gefangenen zugesichert.

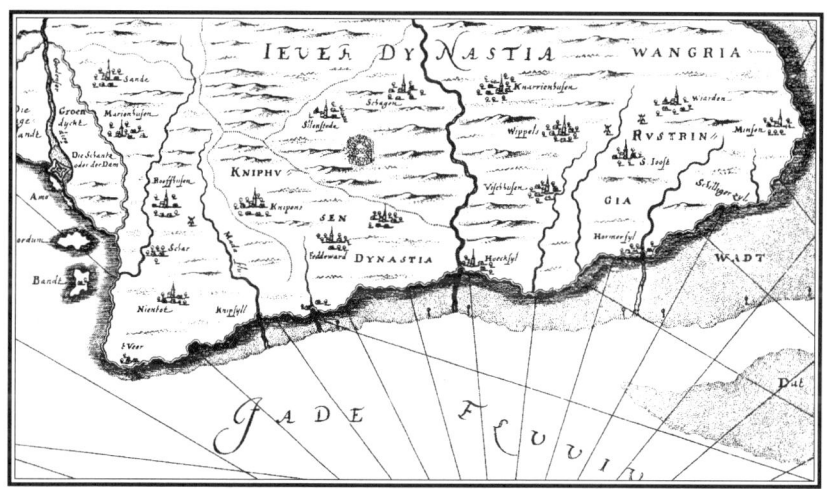

*Friesland und das Rüstringer Land.*
*Ausschnitt aus der Weserkarte von Matthäus Merian*
*in der Topographia Saxoniae Inferioris von 1653*

Der Stadt aber sollten alle Kirchen, Burgen und heilige Güter zu Theil werden; war sie doch der Reise eine Ursache. Auch mußte sie das ganze Heer mit Speise und Trank und Futter für die Pferde versehen.

Es kamen allda mehr denn 6000 Kriegsleute zusammen; denn was zu beiden Seiten der Weser wohnte, daß zog mit, auch ein Theil ungebeten. Mit diesem stattlichen Heerhaufen fielen sie also ins Land und rückten vor bis an die Heete.

Als sie nun zu Pferde und zu Fuß über das Wasser zogen, da wurden die Friesen flüchtig, und was nicht floh, wurde erschlagen oder gerieth in Gefangenschaft. Da bat Dido Onneken und seine Friesen, der Rath möchte Langewarden nicht beschädigen; die Häuptlinge sollten der Stadt geloben und schwören. Auch sollten die Kirchen den Bremern offen stehen, ihre Feinde daraus zu beschädigen.

Durch diese Unterwürfigkeit gelang es Dido, den Zorn der Bremer von sich abzuleiten, und Johann Ballehr, ein junger bremischer Hauptmann, brachte ihm nach Langewarden die Versicherung, daß seine Güter unangetastet bleiben würden.

Die Friesen hatten es übrigens ihren Feinden sehr erleichtert, große Beute zu machen, da sie all' ihr Vieh auf einen Haufen zusammengetrieben hatten. Unweit Langewarden nämlich war ein großer, schöner Plan und Gron, der fast nicht zu übersehen war. Dorthin hatten die Feinde, von der Heete an durch das ganze Land ihre Ochsen, Kühe, Pferde und Schafe zusammengetrieben, in der Hoffnung, hier werde es frei und sicher sein. Denn sie glaubten nicht, daß die Bremer so weit ins Land kommen würden.

Bei diesem lockenden Anblick zogen die Bremer eilends dahin, und die Beute, welche ihnen hier zu Theil wurde, ist in diesen Orten nicht mehr gesehen.

Dies Ereigniß rettete Viele vom Verderben, die sonst unerrettbar verloren gewesen wären. Denn die Sieger hatten ihr einziges Augenmerk auf den ungeheuren Raub, und wie sie ihn zusammenhalten und aus dem Lande führen möchten.

So blieb das Kirchspiel, welches an der Jahde liegt, unbeschädigt, so wie auch die Iselwerder, und Reinecke der Häuptling mit seiner Burg, obgleich diesem Letztern der Rath am meisten gram war von allen den Gegnern, und gerade ihn am Liebsten gezüchtigt hätte.

Die Beute war den Bremern so hinderlich an ihrem Fortkommen, daß sie die Nacht mitten im Lande in einem großen Dorfe bleiben mußten, und es war ein Wunder, daß sie das Dorf nicht verbrannten. Es leuchteten so viele Feuer im Dorfe, daß es so hell war, wie beim Mondschein. Die Leute hatten ihr Heu und Korn eingebracht und nahe bei einander gelegt, welches Alles verbrannte.

Erst gegen Morgen wurde es stiller im Lager; nur hie und da, an den äußersten Enden des Dorfes flackerten noch die Feuer der Wachtposten. Die übrige Mannschaft lag in tiefer Ruhe in Häusern, Scheunen und Gärten. Nur in einem Hause brannte noch die Lampe und gab Zeugniß von der Schlaflosigkeit seines Bewohners. Das war der junge Hauptmann Ballehr, der die Unterhandlungen auf Langewarden zum Schluß gebracht hatte.

Der aber hatte keine Augen für die unermeßliche Kriegsbeute, welche dem Heer zu Theil geworden war, sondern all' sein Sinnen und Trachten stand nach einer andern Beute, welche er für die köstlichste hielt auf Erden, und welche er zu gewinnen trachtete.

Auf Langewarden nämlich lebte eine Verwandte der Häuptlinge; die hatte er gesehen, wie sie dort waltete in stiller Häuslichkeit, und je öfter er sich das Bild des Mädchens zurückrief, desto stärker wurde seine Ueberzeugung, daß dies das Wesen sei, dem er sein häusliches Glück werde zu verdanken haben. Dieser Gedanke beschäftigte ihn die ganze Nacht und ließ ihn nicht schlafen. Gegen Morgen endlich stand sein Entschluß fest, hinüberzureiten und die nöthigen Schritte zu thun, um mit einem Schlage seine peinliche Lage zu endigen.

Den stolzen Häuptlingen stand es freilich nicht an, daß sich ein Bremer Bürger so ohne alle Umstände in ihre Familie eindrängen wollte. Doch wagten sie es nicht, dem jungen Manne, der mit den angesehensten Geschlechtern der Stadt in verwandtschaftlichen Verhältnissen stand, eine abschlägige Antwort zu geben und verwiesen ihn auf die Entscheidung des Mädchens selbst; durch die Weigerung der Häuptlingstochter, meinten sie sich des unangenehmen Handels zu entledigen, ohne daß der junge Mann ihnen zürnen könne. Denn sie erwarteten, daß edle Blut der freien Friesin werde aufwallen vor Unmuth bei dem Gedanken an eine solche Verbindung.

Aber sie hatten sich verrechnet; als das Mädchen gerufen und befragt wurde um ihre Meinung, reichte sie, ohne sich lange zu besinnen, dem jungen Hauptmann ruhig ihre Hand und sagte lächelnd: Hatte ich doch schon gestern bei Eurem Einreiten die feste Ahnung, daß Ihr mein Herr werden würdet.

Da schauten die Häuptlinge bedenklich darein, wagten aber keinen Widerspruch laut werden zu lassen. Hatten sie doch ein für alle Mal die Entscheidung aus den Händen gegeben. Ballehr aber zog die erglühende Geliebte an sein entzücktes Herz.

Es wurde nun das Weitere besprochen. Bei den jetzigen unruhigen Zeiten konnte der Hauptmann nicht daran denken, die Braut heimzuführen, und da auch seine Anwesenheit im Lager dringend nothwendig war, so bestieg er wieder sein Roß, um eilends zu seinen Landsleuten zurückzureiten.

Der Rath hätte es gern gesehen, wenn jetzt ein Angriff auf Iselwerden ins Werk gerichtet wäre; aber die Herren und guten Männer pflichteten dem Vorschlage keineswegs bei. Denn sie erwogen, daß sie so viel Vieh erbeutet hätten, daß sie Mühe haben würden, den ganzen Raub mit sich fortzuführen und, wenn sie den Zug gegen Iselwerden noch unternähmen,

so würden sie dadurch in die unangenehme Nothwendigkeit versetzt werden, noch eine Nacht im Lande zu verweilen. Sie fürchteten die Wechsel-
fälle des Krieges und wollten das Sichere dem Ungewissen vorziehen.
Es waren übrigens die zweckmäßigsten Anstalten getroffen, den Raub
in Sicherheit zu bringen. Denn man hatte zwanzig Eichen dazu verwandt,
um eine feste Brücke über die Heete zu Bauen. Das Werk war sorgfältig
mit Dielen belegt, und auf der äußersten Eiche, nach der Feinde Land hin,
war eine kleine Burgfriede gegen unvermutheten Anfall errichtet.

Als sämmtliche Viehheerden hinübergeschafft waren, wurden zwei Drit-
theile der Beute unter die Bundesgenossen vertheilt; es war eine reiche
Lockspeise zur Theil-nahme an den künftigen Feldzügen der Stadt.

Die Rückkehr des siegreichen Heeres erregte in der Stadt die allgemeine Freude, und laut ertönte das Lob der muthigen und klugen Führer und
Hauptleute. Auch der junge Ballehr entging solchen wohlgemeinten Hul-
digungen nicht, und manches schalkhafte Mädchenauge schaute wohlge-
fällig auf den schmucken Kriegsmann. Der aber achtete nicht darauf; waren doch seine Gedanken fern von hier in dem einsamen Langewarden.

Jetzt war seine erste Sorge, sein Haus zum würdigen Empfange der
Geliebten herzurichten. Auch machte er die zahlreiche Verwandtschaft mit
seinem Entschlusse bekannt. Da war dann manche Mutter, die ihre er-
wachsene Tochter betrachtete, und, ihrem Kopfschütteln nach zu rechnen,
seiner Ansicht von der Sache wohl nicht ganz beistimmen mochte. Doch
ließ er sich dadurch keineswegs irre machen. Sehr wohl aber that es ihm,
wenn die Männer seine rasche That lobten und sein ritterliches Werben um
die Hand der vielgepriesenen, schönen Häuptlingstochter.

Ballehrs Liebe beschleunigte die Veränderungen, welche der Einzug der
jungen Frau in seinem Hauswesen nothwendig machte, wie er nur konnte,
und als das Laub von den Bäumen fiel, zog er mit einem stattlichen Gefolge nach Langewarden, um die Geliebte heimzuholen in das Haus seiner
Väter.

Ihre Schwester Anneken war noch ein Kind; die wollte nicht auf Langewarden zurückbleiben, sondern zog mit nach der Stadt. Denn dem Kinde
bangte vor dem wüsten Treiben des kriegerischen Häuptlings Dido und
seiner Genossen. Zwar war sie Dido's Bruder, dem jugendlichen Häuptling Gerold mit kindlicher Liebe zugethan. Das hielt sie aber nicht zurück,

ihrer Schwester zu folgen, um des Glanzes und der Pracht der Stadt theilhaftig zu werden.

Anfänglich konnte Dido seinen Groll gegen Ballehrs Gattin nicht unterdrücken, da er die friesische Häuptlingstochter, die sich dem schlichten Bürger ergeben hatte, als eine Abtrünnige betrachtete. Mit der Zeit verlor sich aber seine Erbitterung, zumal als er zum Öftern die Bemerkung machen konnte, daß diese Verbindung die Bremer bei der Beurtheilung seiner unüberlegten Handlungsweise zur Nachsicht gegen ihn stimme. Denn bei keinem Andern, das sah er wohl, würden es die Bremer bei der bloßen Warnung haben bewenden lassen, wenn er die Untersassen des Bischofs durch Raub und Mord beunruhigt hätte. Und wem anders sollte er diese Milde zu verdanken haben, als eben seiner Verwandten und dem Einfluß ihrer mächtigen Familie.

Diese Erfahrung stimmte ihn ungleich freundlicher gegen die junge Frau, und wenn er dann und wann einmal nach Bremen kam, nahm er seine Herberge in ihrem Hause und strebte das Andenken an die frühere feindselige Stimmung durch zuvorkommende Freundlichkeit gänzlich zu vertilgen.

Endlich aber macht er's doch gar zu arg; die Klagen des Bischofs wurden immer lauter, und er drang bei der Stadt mit Bestimmtheit darauf, sie mögen den unruhigen Häuptling, der doch ihr gehuldigter Mann sei, ernstlich anhalten, seinen Räubereien in Aumund und Blumenthal ein Ziel zu setzen.

Als der Rath nun wohl einsah, daß bei Dido weder Vorstellungen noch Ermahnungen fruchteten, da vertrug er sich mit der ganzen Gemeine, daß sie, wofern sie nur vom Bischof die erforderliche Unterstützung erlangen könnten, ein Schloß im Lande bauen wollten, auf daß sie die Weser, das Stadtland und Butjadingen in Frieden und Ruhe besitzen und zugleich den Häuptling zwingen möchten, dem Bischof Rechts zu pflegen.

Es wurde also eine Zusammenkunft mit dem Bischof veranstaltet, um diese Angelegenheit genauer zu erörtern, und der Bischof stellte sich ein unter den Linden auf der Wullerickes Haide. Daselbst gingen zu ihm Herr Berend Schaarhar und Herr Johann Hemeling, beide Bürgermeister, und redeten also zu Herrn Johann:

»Lieber Herr von Bremen! Ihr habt uns oft geklagt über Dido Onneken Sohn, wir möchten Euch und Andern Rechts verhelfen gegen ihn. So sind wir zu Rathe geworden und wollen dort im Lande ein Schloß bauen, auf daß wir seiner mächtig sind. Solches aber können wir ohne Eure Beihülfe nicht ausführen. Wollet Ihr uns nun 40 oder 50 Pferde dazu leihen, daß wollen wir Euch wiederum vergelten.«

Da antwortete der Bischof: »Nun ich höre, daß Ihr solches vorhabt, so will ich Euch 50 gute stolze Reiter dazu leihen, wenn Ihr es mir 14 Tage vorher wissen lasset.«

»Lieber Herr,«, erwiederten die Bürgermeister, »wir danken Euch; aber Ihr habt Eure berittensten Leute schon ausgeliehen an den Bischof von Münster; deßhalb wollen wir auch gern Eurer Stiftsgenossen ein Theil bitten. Denn, wenn bei Euch etwas vorfallen sollte, daß die 50 Reiter ausbleiben müßten, und wir zuversichtlich auf ihre Ankunft rechnen, so würden wir in die allergrößte Verlegenheit gerathen.«

Da antwortete er zum andern Male, daß sie keinen Zweifel hegen, sondern sich fest auf ihn verlassen sollten.

Der Rath glaubte sich also in Rücksicht auf den Bischof ganz sicher und rüstete sich zu der Reise. Als sie nun aber den Bischof zur Theilnahme aufforderten, blieben nicht allein seine versprochenen Reiter aus, sondern es liefen auch Briefe ein von allen Stiftsgenossen, die sie auch gebeten hatten, daß ihnen der Bischof verboten hätte, den Bremern zuzuziehen; denn sie wollten ihm sein Stift zubauen. Wer aber sein Verbot verachten würde, den wolle er strafen nach allem Vermögen.

Als der Rath diese Hinterlist gewahr wurde, sparte er kein Geld noch Gut und bekam mehr Volk, als nöthig hatte. Auch verachteten die Meisten der Stiftsgenossen des Bischofs Gebot, und ritten der Stadt zu. So kam das Werk zu Stande gegen des Bischofs Willen. Das Schloß wurde aber gebaut zu Ahtens, mitten im Sommer des Jahres 1407, und wurde genannt die Friedeburg, darum, daß sie glaubten, durch diesen Bau das Land in Frieden zu besitzen.

Merkwürdig war es, wie wenig Kostenaufwand die Zehrung während dieses Baues verursachte. Denn der Fischfang war der Zeit außerordentlich ergiebig, und die Leute liefen bei Hunderten bis an die Kniee ins Wasser und griffen mit den Händen soviel Fische, als sie bedurften. Das dauerte aber nur so lange, bis das Schloß ganz vollendet war; da waren die Fische aus jener Gegend auch gänzlich wieder verschwunden.

Die Veste aber wurde von Tage zu Tage stärker und schaute trotzig ins Land hinein. Zwei breite Gräben zogen sich rings umher und gewährten hinreichenden Schutz; es wurde rastlos gebaut, und das Werk näherte sich mehr und mehr seiner Vollendung. Da war es, als wenn den Bewohnern der umliegenden Landschaften erst die Augen über den Zweck und die rechte Bedeutung der Festung geöffnet wurden, und mit Schrecken sahen sie, daß zur Beaufsichtigung der unruhigen Häuptlinge auch ein mittelmäßiges Werk genügt haben würde, und daß diese mächtige Veste augenscheinlich zu einer Zwingburg bestimmt sei für alle Friesen, an der Weser hinunter bis an die salzene See. Auch die oldenburgischen Herren betrachteten sie mit mißtrauischen Augen.

Es war also um Bartholomaei, wo die Bremer noch beim Bau beschäftigt waren, da entsagte Junker Karsten, der jungen Herren von Oldenburg Einer, der Stadt Bremen, unter dem Vorwand, daß sie ihm die Friedeburg zum Vorfange bauten, und sandte die Entsagungsbriefe des Abends spät nach der Friedeburg und des Morgens früh war er, in Verbindung mit Edo Wienken und den Butjadingern, mit aller Macht in der Herrschaft Delmenhorst und plünderte im Grollande.

Aber dem Grafen von Delmenhorst war es in der Nacht verrathen, und dieser warnte seine Unterthanen, daß sie ihre Sachen in Sicherheit bringen konnten; hätte der Rath von Bremen gewußt, daß die feindlichen Schaaren aus solchem Gesindel beständen, so hätte man den ganzen Haufen in der Landwehr zu Delmenhorst können gefangen nehmen. So nahe legten es dem Feinde die kleinen Leute.

Des folgenden Tages sandte Herr Arend Ballehr, Johanns Vaterbruder, der mit der Leitung des Festungsbaues beauftragt war, dem Rath von Bremen die Entsagungsbriefe von der Friedeburg zu.

Der Rath von Bremen wandte sich an Erzbischof Johann, mit dem Ersuchen, diesen Zwiespalt zu vermitteln. Auch die oldenburgischen Herren ernannten den Bischof zum Schiedsmann. Aber aus den Unterhandlungen wurde nichts; denn wenn der Bischof einen Tag setzte, so widerlegten sich die oldenburger Herren und wenn diese einen Tag anberaumten, so widerbot es der Bischof.

Da merkte der Rath, daß es eitel Betrug und vorsätzliche Zögerung sei; er entsagte deshalb den beiden Herren, und wenn diese Entsagung von

Wirksamkeit sein sollte, so mußte er auch dem Junker Moritz feind werden, obgleich ihm dies sehr leid war.

Also zogen die Bremer aus am Nicolaitage und verbrannten alle Güter
der Oldenburger am Weserstrom, im Stedingerlande und dehnten ihre Verwüstungen bis nach Amstedt aus, vor Oldenburg.

Auch machten die Bremer einen Bund mit dem Grafen von Hoya und
Grafen Otto von Delmenhorst, wider die Herrschaft Oldenburg. Der Rath
nahm 300 Reiter in Sold, Sachsen und Westphälinger mit ihren Hauptleuten Henning von Rheden und Cord Zweigholte. Zu diesem Haufen fügte
der Rath noch hinzu 200 andere Reiter, und besoldete 50 Schützen, ohne
200 Mann, welche Bürger waren.

Der Graf von der Hoya stellte sich in Delmenhorst ein mit 40 Pferden
und schickte noch spät Abends eine Botschaft nach Bremen, wenn sie sein
Volk benutzen wollten, so sei er willens, dem Zuge gegen Oldenburg bei-
zuwohnen. Da sandte ihm der Rath die vorgeschriebenen Reiter und Knechte, dazu 1000 Mann zu Fuß. Der Graf von Delmenhorst fügte noch 20
Reiter hinzu, und nun zogen sie in die Herrschaft Oldenburg und nahmen
viele Hausleute gefangen. es hatte außerordentlich stark gefroren; denn es
war ein Winter, wie ihn Keiner gedenken konnte.

Sie brannten den Moorriem aus bis vor Oldenburg und hätten einen
gewaltigen Raub wegtreiben können an Vieh; aber das Eis war ihnen zu
hinderlich. Doch befanden sich etliche Schmiede in dem Zuge; die hatten
auf Ebentheur Nägel mitgenommen, und diese brachten das Vieh, welches
sie damit beschlugen, glücklich über das Eis.

Hernach unternahm der Rath noch eine Reise in Friesland auf eigene
Hand, da die Herren, welche ihre Helfer und Bundesgenossen waren, ihre
Theilnahme versagten. Also nahmen die Bremer, was sie konnten und bei
der Hand hatten, und wollten auf die Vitalianer ziehen in Butjadingerland,
um ihre Schiffe zu zerhauen und zu verbrennen.

Diese Seeräuber machten alle umliegenden Gewässer unsicher. In der
Westsee hatten sie die friesische Seite und hatten die Festungen Brook,
Wittmund, Aurich und Marienhave in ihrer Gewalt. Auch wurden sie von
dem Probst Hitzke in Emden begünstigt.

An dem Tage, wo der Rath diese Reise angesetzt hatte, widerboten es
die Freunde. Solches ließ der Rath den Friesen entbieten, die der Stadt

Freunde waren und Dido, dem Häuptling, welcher der Stadt gehuldigter Mann war. Die waren über die Zögerung sehr unzufrieden.

Aber der Rath setzt ihnen einen andern Tag; da ließ Dido den Rath bitten durch einen friesischen Pfaffen, die Reise nicht weiter hinauszuschieben. Aber der Pfaffe brachte seine Botschaft so verwirrt an, daß der Rath gerade das Gegentheil verstand. Da sandte Dido seinen verständigsten Rathgeber, Mennen, Hauptmann zu Uphusen. Der sprach mit dem Rath von einem andern Tage. Aber als es mildes Wetter zu werden begann, wurde die Frist noch um zwei Tage abgekürzt, damit man das Eis noch benutzen könnte. Diese Reise wurde sehr eilig ins Werk gerichtet.

Mennen zog aus mit dem Rath und als sie kamen in Dido's Land, war Junker Karsten von Oldenburg darin mit seinen Fahnen, und mehr denn hundert Reiter, und hatte großen Raub und viele Gefangene.

Die Bremer hielten unter Golzwarden, daß man sie nicht sähe, und die Feinde kamen unbesorgt heran. Nun wollten die Bremer unterdessen das Werk bestellen; aber die Stiftsgenossen, ihre Helfer, ritten dort, wie Ihnen Bischof Johann aufgetragen hatte und sagten, sie könnten mit Ehren nicht wider den Grafen streiten.

Doch waren die Bremer noch doppelt stark genug, und als es ihnen däuchte Zeit zu sein, ließen sie zu den Feinden eingehen. Als diese den ganzen Haufen erblickten, wurden sie flüchtig und meistentheils auf der Flucht erstochen. Junker Karsten und alle seine gesattelten Pferde geriethen den Bremern in die Hände und wurden vorläufig nach der Friedeburg abgeführt.

Des andern Tages frühe reisten sie zu Pferde und zu Fuß, so stark sie konnten, mit Dido's Friesen im Lande herum, und verbrannten und zerschlugen alle Schiffe, die sie fanden. Sie mußten aus dem Lande ziehen, als es schon finster war, und die Reiter ritten so stark auf einem Haufen, daß das Eis unter ihnen zerbrach und über zwanzig Menschen und dreißig Pferde elendiglich ertranken.

Der Rath hätte großes Gut darum gegeben, wenn es nicht geschehen wäre.

Am folgenden Tage zogen die Bremer zu Hause und brachten Junker Karsten mit nach Bremen auf Lichtmeß und hielten ihn gefangen in einer

großen Kiste. Die wurde gebracht vom Rathhause nach U. L. Frauen Kirchhof und in den Keller unter der Wandschneider und Schuster Bude gebracht.
Darnach reiste die Stadt allein ins Land zu Wührden. Dort gewannen
sie großen Raub und verbrannten das ganze Land und führten viele Gefangene mit sich. Endlich wurde der Krieg so vertragen, daß der Graf großes Geld gab für seine Lösung und das Land Wührden zum Unterpfande
setzte.

Als nun die von Bremen ein Ende hatten des Krieges, da sprachen sie
nicht viel Gutes von dem Bischof, um der bewiesenen Hinterlist willen.
Graf Karsten aber baute nach seiner Befreiung das Schloß Jahdeburg an
der Jahde, und Graf Diedrich baute das Haus zu Hundesmühlen; darnach
baute er auch das Schloß zu Kenenvörde.

Dido aber hielt in all' diesen Fehden getreulich zu den Bremern, und
auch Gerold, der mehr und mehr heranwuchs, war der Stadt treu und hold,
und er verließ häufig die grünen Landschaften der Heimath, um sich wo-
chenlang in der Stadt aufzuhalten.

Wenn er aber die Weise der Stadt und die Geselligkeit des städtischen
Lebens pries, so mußte er sich im Stillen eingestehen, daß seine Vorliebe
für die Stadt einen ganz andern Grund habe, und daß ihm der Aufenthalt
Annekens allenthalben ein Paradies scheinen würde, und wäre es eine wüste Felseninsel. Anneken sah die wachsende Neigung Gerolds mit Entzük-
ken; das Leben in der Stadt war ihr in hohem Grade zuwider, obgleich sie
seit ihrer frühesten Jugend in der Stadt gewohnt hatte. Ihr schien es das
schönste Loos zu sein, als Gattin eines freien friesischen Häuptlings auf
ihren Gütern zu walten.

Aber die Häuptlinge des Rüstringerlandes waren keineswegs unabhän-
gig, sondern der Stadt Bremen gehuldigte Männer, und dieser Gedanke
erfüllte die edle Friesen-Jungfrau mit tiefem Schmerz, und als der junge
Gerold um ihre Hand bat, sagte sie ihm ohne Hehl, daß sie nur dem freien
Friesenhäuptling angehören würde.

Da war es, als wenn ein Schleier abgezogen würde von Gerold's Augen,
und er sah mit einem Male, wie schwer die Knechtschaft laste auf dem
geliebten Vaterlande. Feierlich versprach er Anneken, diese Schmach zu
rächen und die goldene Freiheit wieder ins Land zurückzuführen. Nicht
eher werde er ruhen, nicht eher das Schwert in die Scheide stecken, als bis

der letzte Bremer dem Rüstringerlande den Rücken gewandt; ihre Liebe betrachte er dann als seiner Anstrengungen höchsten und einzigen Lohn. Aber welch' ein Unternehmen für den jungen Häuptling, dem bisher noch jede Gelegenheit gemangelt hatte, sich hervorzuthun in den Schlachten, oder sich das Wohlwollen seiner Landsleute durch weise Rathschläge zu erwerben. Sein Bruder Dido stand bereits im reifen Mannesalter, war beliebt im Volke und dabei den Bremern mit voller Seele zugethan. Aber Gerold achtet der Schwierigkeiten nicht, die seinen Plänen sich entgegenthürmen.

Wenn Dido nur erst für das Unternehmen gewonnen ist, wird auch ungesäumt das ganze Rüstringer Volk nachfolgen; aber Dido verweigert lange und hartnäckig seine Zustimmung, und nur den immer von Neuem wiederholten Feuerworten Gerolds gelingt es endlich, des Bruders Treue gegen die Bremer zu untergraben. Der ließ von jetzt an den Bremern keine Ruhe, und, wo er sie beschädigen konnte, da war er bei der Hand.

Die Bremer machten einen Zug ins Land, einzig, um Dido, dessen Stellung gefährdet war, zu schützen. Als sie aber mit ihrem Raube über die Heete zurückkehrten, ließ er die Glocken schlagen und hätte ihnen gern den Raub wieder abgenommen, wäre er nur stärker gewesen.

So auch hatte die Stadt Bremen das Schloß gebaut im Lande nach seinem Rath, und er hatte gelobt, ihnen dazu zu verschaffen die nöthigen Aecker, Wiesen und Weiden, wie auch sein Brief ausweist, welchen er dem Rath darüber ausgestellt. Dies Versprechen vernachlässigte er aber und, wenn ihn der Rath um die Erfüllung mahnen ließ, gab er höhnische Antworten. Solches Verfahren verursachte dem Rath einen jährlichen Schaden von fünfzig Thalern für lange Zeit.

Auch strafte er seine Untersassen nicht, wenn sie die Bremer beschädigten.So hatten die Hartwarder die bremischen Fischer verwundet und geschlagen, ihnen Segel und Ruder genommen, und sie mit den Kähnen treiben lassen, so daß sie nur durch einen Zufall der Gefahr des Ertrinkens entgingen.

Er hatte gelobet und geschworen, daß er keinen Kaufmann beschädigen wollte. Aber dennoch ließ er ein Schiff nehmen, mit Roggen und Salz beladen; das gehörte Bunnen von Norden und andern frommen Leuten, die er zu ihrem Rechte zu verhelfen, beharrlich verweigerte.

Auch vertrug er sich heimlich mit dem Feinde der Bremer, Edo Wie-
neken, ohne des Raths Wissen und Willen und schonte seiner, da er ihm
großen Schaden hätte zufügen können. Im Rüstringer Lande verwüstete er
dem Rath das Dorf Allingwarfe, weswegen der Rath oftmals zu ihm zog,
aber kein Recht bekommen konnte. Zum Lande Wührden, so der Zeit
bremisch war, erbrachen seine Unterthanen eine Kirche und nahmen heraus nach ihrem Begehr. Auch machte die Besatzung auf der Friedeburg die
Bemerkung, daß seine Untersassen auf alle Weise das Schloß zu gewinnen
trachteten, und es wurde bald bekannt, daß Dido zu wiederholten Malen
den Schwur gethan hatte, er wollte mit Leib und Seele dahin streben, die
Friedeburg zu vernichten.

Dabei fing Dido dem Rath seine Leute ab aus dem Lande zu Wursten
und schätzte sie auf das Höchste; auch trieb er dort große Viehheerden
weg von Ochsen, Kühen, Pferden und Schafen.

Die Bremer waren nirgends mehr sicher vor ihm. So fingen die Seinigen
zwei Bürger zwischen Geestendorf und Lehe, nahmen ihnen fünf und zwanzig Thaler ab und würden sie mit verbundenen Augen in einen Kahn gelegt
und ihrem Schicksal überlassen haben, wenn nicht der Eine sich erboten
hätte, er wolle geloben und schwören, gegen keine lebendige Seele von
dem Raube zu sprechen. Da banden sie die Beiden in's Reith und gingen
von dannen.

Auch den Hauptmann auf der Friedeburg, Arend Ballehr, verschonte er
nicht mit seinen Neckereien, trotz seiner Verwandtschaft mit ihm, und rüg-
te es nicht einmal, als seine Untersassen Ballehrs Schweine in die Heete
trieben, die voller Eis ging, so daß das ganze Vieh ertränkt wurde.

Ein andermal sandte er einen Boten an Ballehr, mit der Anfrage, ob er
nicht etwas Gut nehmen wollte. Ballehr erwiderte, er nähme wohl etwas,
wenn er es mit Bescheide thun möchte. Da sagte Dido, willst du nehmen
320 Ochsen und Kühe, die magst du nehmen aus dem Kirchspiel Abbehausen, und ich will bestellen, daß dir kein Verdruß geschehen soll, sondern zeug nach Bremen und besorge nur ein Paar Eichen mit der gehörigen Mannschaft. Aber anstatt die Vorbereitungen zu treffen, wie er versprochen hatte, entbot Dido dem Häuptling Mennen, daß Arend Ballehr
zu Bremen wäre, um zwei Eichen mit Volk herunter zu holen, womit er das
Kirchspiel zu Abbehausen schinden wollte und den Leuten all' ihr Gut

*Das Butjadingerland. Ausschnitt aus der Weserkarte von Matthäus Merian
in der Topographia Saxoniae Inferioris von 1653*

nehmen. Darauf solle er gerüstet sein. Er wolle es bestellen auf der Ane
und Menne solle die Heete bei dem Schlosse nicht aus den Augen lassen.
An solchen Neckereien hatte er seine Freude.

So trieb er's von Tage zu Tage ärger, und als es kund wurde, daß er bei
Edo Wienken um Unterstützung zur Eroberung der Friedeburg nachge-
sucht habe, da glaubten die Bremer, daß es endlich an der Zeit sei, den
Ungehorsam zu züchtigen, und der Rath wurde eins mit der ganzen Gemeine, daß sie Dido und dem ganzen Stadtlande feind werden wollten.

Noch in demselben Jahre (1414) zogen die Bremer ins Land, 300 Reiter stark und 3000 bewaffnete Fußgänger, darunter viele hundert Schützen
waren. Der Bischof Johann hätte diesen Feldzug gern hintertrieben; das
wollte ihm aber nicht gelingen.

Zu diesem Zuge hatte geliefert der Bischof von Münster vierzig Pferde,
ohne was der Graf von Hoya dazu geschickt hatte, sammt den andern Herren. Außerdem waren um Sold angenommen die Grafen Moritz und Karsten von Oldenburg, mit dreißig Pferden, und viele Edelleute, als Claus
von Werpen, Arend von Weyhe, Ritter, Heinecke von Münchhausen, mit
sechszig Pferden, Herr von Mandelsloh, sonst geheißen Rehburg, sammt
vielen Andern.

Mit diesem Volk zogen sie vier Wochen ins Land. In den ersten vierzehn
Tagen gewannen sie Esensham; da hatten sie vor Büchsen, Blieden und
allerhand treibende Werke. Auch Edo Wienken lag mit davor, nur mit geringer Mannschaft. Er hatte sich freilich erboten, mit seiner ganzen Macht
zu kommen; das schien aber den Bremern nicht gerathen. Seine große Stein-
büchse hatte er übrigens mitgebracht.

Wie reichlich aber der Rath das ganze Volk speiste und mit Futter für
die Thiere versah, das ist nicht zu beschreiben.

Als das ganze Land wiederum bezwungen war, mußte es von Neuem
huldigen und schwören, daß sie zu ewigen Zeiten keinen Häuptling wieder
erwählen wollten.

Da war die Freiheit todt im Rüstringerlande, und selbst Dido und Gerold, die Hauptlenker der Bewegung, daran verzweifelnd, daß sie jemals
wieder erwachen könnte, vertrugen sich wieder mit der Stadt und gedach-
ten ruhig im Lande zu wohnen. Da erneuerte Gerold seine Werbung bei
Anneken, und als diese nichts von ihren Bedingungen erlassen und nicht

die Seine werden wollte, so lange nicht die Veste zerstört sei, entbrannte noch einmal der Kampf für die Freiheit, welcher so unglücklich endete, daß das edelste Friesenblut am Hochgericht vergossen wurde.

Es war in der Nacht vor Cosmas und Damianus des Jahres 1418, als die Häuptlinge den Versuch machten, sich der Friedeburg zu bemächtigen. Dido und Gerold hatten sich zu diesem Zwecke mit einigen edlen Friesen, nämlich Dido's Schwager, Durolt, und dessen Bruder, Herbert, verbunden und einige sächsische Schützen in Sold genommen.

Es war hier nur eine kleine Schaar versammelt, bereit für das edelste Gut, für die heilige Freiheit, zu streiten; es waren ihrer vier und vierzig, aber ein Jeglicher ein Mann. Diese wollten die Veste ersteigen, deren Befehlshaber, Arend Ballehr, sogleich beim ersten Anlauf von Rhode Ede, einem Friesen, erschossen wurde, als er vom Fenster aus Anordnungen zur Abwehr ertheilte. Jetzt arbeiteten die Friesen gewaltig, das große Haus zu gewinnen; aber es war zu wohl bewahrt, und die Besatzung wehrte sich sehr mit ihren Geschossen, so daß die Angreifer keinen festen Fuß fassen konnten. Ja sie sahen sich zuletzt genöthigt, in die Büchsenhöhlen der Bollwerke hineinzukriechen, um nur weiteren Verwundungen zu entgehen.

Dort erwarteten sie das Ende der Nacht; als es nun an den Morgen ging, da zeigte Gerold den Übrigen, wie gefährlich und nutzlos ihr längeres Verweilen sein würde. »Mein Rath wäre,« sagte er, »wiederum abzuziehen auf eine andere Zeit. Überkommt uns hier in unserer jetzigen Lage der Tag, so werden die Bremer in solcher Überzahl uns angreifen, daß es ihnen leicht sein wird, uns gänzlich zu vernichten.«

Da riefen die Andern, die da am Höchsten lagen, als Durolt und Rhode Ede: »O Dido und Gerold, Ihr verzagt jetzt und wollt die Ersten auf der Flucht sein? Habt ihr uns deswegen hergeführt, um uns auf die Schlachtbank zu liefern, daß wir Alle auf 's Rad gelegt werden? Das soll Gott nimmer wollen. Seid unverzagt und getrost, das Schloß soll noch in dieser Nacht unser werden.«

»Ihr habt meinen Rath gehört,« sagte Gerold, »und wie es mir das Beste zu sein schien. Doch was Ihr Alle thun wollt, da will ich nicht dahinten bleiben.«

Es wurde also von Neuem gestürmt; aber die sächsischen Schützen fingen an, mit den Bremern zu unterhandeln, und das Ende davon war, daß sie all' ihre Rüstung und Gewehr von sich thaten und sich in die Gnade des bremischen Raths begaben.

Um das Unglück des Friesenhäufleins voll zu machen, erschien in diesem verhängnisvollen Augenblicke auch noch die Hülfsmannschaft aus dem Lande Wührden, welche die bremische Besatzung der Friedeburg in aller Eile zu ihrem Schutz entboten hatte. Jetzt wären die Häuptlinge gern wieder von dem Schlosse herunter gewesen; es war aber zum Entkommen zu spät. Denn als Durolt, der auf der Schloßbrücke stand, den Friesen das Zeichen zum Ablaufen gab, und solches Einer von der Burg aus bemerkte, rief dieser, gegen die Wührdener gewendet:

»Fromme Männer allzumahl! Das soll Gott nicht wollen, daß uns diese Menschen entlaufen.«

Da liefen sie ihnen auf der Brücke entgegen und griffen sie mit einander, Friesen und Sachsen; nur Durolt und Herbert entkamen; die andern Gefangenen wurden nach Bremen gebracht, vor Gericht gestellt und sämmtliche Friesen, weil sie sich der Stadt zu Treu' und Gehorsam mit Eide verhaftet, als eidbrüchige Aufrührer zum Tode verurtheilt.

Die Sachsen wurden, weil sie sich zeitiger ergeben hatten, mit einer schlechten Urphede entlassen, obgleich davon schon Einige in ihren Eisen verschmachtet und umgekommen waren.

Als die Friesen hinausgeführt wurden, da ließ der Rath sie noch einmal befragen beim Galgen, warum sie des Eides, welchen sie der Stadt geleistet, sobald vergessen hätten. Darauf antworteten sie, daß sie sich wohl getraut hätten, den Streit zu gewinnen, wenn nur Lübbe Sybeths und sein Bruder Menne und Nanke Duiren Söhne sich, wie sie ihnen gelobt und versprochen, zeitig genug eingestellt hätten. Dies was keineswegs leere Prahlerei, denn denselben Morgen, nachdem die Friesen die Friedeburg erstiegen hatten, erschienen die vorgenannten Häuptlinge wirklich wohlgerüstet mit fünfzehn Pferden an der Heete.

Das Urtheil für die Gefangenen lautete, daß sie sämmtlich die Strafe des Rades erhalten sollten, doch wurden die Brüder Dido und Gerold zuvor mit dem Schwerte begnadigt.

Gerold sah unruhig umher, ob er nicht unter den zahlreich versammelten Zuschauern ein theures Angesicht entdecken möchte; war es doch in jener markigen Zeit gewöhnlich, daß die Gattin oder die Geliebte mit hinausging, wenn der Eheherr oder der Verlobte zum Tode geführt wurde, um den Abscheidenden zu betrauern und vielleicht durch einen Blick der Liebe ihn zu trösten in seiner bittern Noth. Aber, wie er auch seine Augen umherschweifen ließ, Anneken kam ihm nicht zu Gesicht. Da machte er sich betrübt zum Sterben bereit.

Als nun der Kopf Dido's war abgehauen, da nahm Gerold das blutige Haupt und küssete es auf den Mund.

Alles wurde gerührt bei diesem Anblick, und hätte der Rath Gerolden wohl am Leben gelassen. Derhalben boten sie ihm an, so er zu Bremen wollte wohnen und sich befreien, so wollten sie ihm eine ehrliche Jungfrau geben.

Da flog sein Adlerblick noch einmal über die Menge dorthin, von wo jetzt Anneken zu ihm herüberschaute, eingehüllt in dunkles Trauergewand. Da war es ihm, als sei er aller Trübsal entnommen, und er erwiderte getrosten Muthes, daß er nicht des Herkommens wäre, eines Schusters oder Pelzers Tochter zu heirathen, er sei ein edelfreier Friese. Wollten sie ihm aber das Leben gönnen, so sei er erbötig sich zu lösen mit einem Rinneken voll Gulden, bei der Sonnen.

Nun meinten die Meisten, das sein ein annehmliches Erbieten. Denn das Rinneken ist eine Tonne von der Größe eines Weinankers. Aber ein alter Rathmann widerrieth solches, und sagte, er wird nie den blutigen Bruderkuß vergessen und Rache suchen an der Stadt, wo er kann und mag.

Dem stimmte jetzt Alles bei, und als Gerold die letzte Hoffnung der Befreiung schwinden sah, schaute er noch einmal hinüber nach Anneken; die stand bleich, aber das Auge fest auf ihn gerichtet, und in ihren Zügen mochte er deutlich Anerkennung lesen, die sie ihm nicht zurufen konnte, daß er ja ritterlich gerungen habe für das Höchste auf Erden, für das Vaterland und die Freiheit, bis in den Tod, und daß sein Name nicht vergessen werden würde, ewiglich.

Da wandte er sich. Anneken sah nur noch das Blinken des Schwerts, welches das theure Leben zerstörte. Dann sank sie hin in Ohnmacht und wurde von ihren Freundinnen nach der Stadt zurückgeleitet. Sie überlebte nicht lange den Geliebten, dessen Andenken sein Gastfreund auf ihre Bitten verewigte. Jenes Bild im Dom ist das Gerolds, des Friesenhäuptlings.

## XXXXVII.
## Hahl-awer.

Es war ein schöner Frühlingsmorgen, als zwei junge Bauerburschen bei Straße nach Bremen zogen. In der Nähe des Paulsklosters rasteten sie einige Augenblicke, um vor dem Einzuge in die Stadt noch erst zu frühstükken, und sich ein wenig von der Reise zu erholen; denn sie hatten sich schon zeitig auf den Weg gemacht. Sie hatten zu Haus kein Vermögen zu erwarten, und da sie vernommen, wie Der und Jener sein Glück gemacht habe in der Stadt, so hatten sie beschlossen, dort ebenfalls ihr Heil zu versuchen.

»Bin ich doch recht neugierig,« hob der ältere der Brüder an, nachdem er seine Blicke über die Stadt mit den sonnenhellen Türmen und Festungswerken hatte schweifen lassen, »was unser dort erwartet. Erinnerst Du Dich noch, wie einst ein Durchreisender bei uns erzählte, wie man bei einer streitigen Rathsherrnwahl beschlossen habe, den Ersten, den Besten zu nehmen, der den Marktplatz betreten würde, und wie unmittelbar darauf ein Bauer mit seinem Kalbe erschienen sei, welchen man denn auch richtig bestätigt habe? – Ja wenn das Glück etwas für Einen thun wollte!« Er schaute sinnend vor sich hin. Der Jüngere aber fing hell an zu lachen über des Bruders Reden und machte ihm Vorwürfe über seinen hochfahrenden Sinn von Jugend auf.

»Du magst nicht Unrecht haben,« fiel Jener mit einiger Heftigkeit ein, »ich mag hoffärtig sein. Wenigstens ist es wahr, daß ich immer höher hinausgedacht habe als Du, und ich denke, es soll mir auch in der Stadt nicht fehlen.«

»Woher des Wegs und wohin?« erscholl die Frage eines Bürgers, der ihnen auf ihrem Wege nach dem Osterthor begegnete. »Wenn Ihr kommt, um einen Dienst zu suchen, so kann ich Einen von Euch Beiden gebrauchen, und da bist Du Kleiner mir groß genug.«

Der Mann hatte in seinem Wesen etwas so Entschiedenes, daß der junge Mensch es nicht wagte, sich lange zu bedenken, sogleich einschlug und seinem neuen Herrn folgte, nicht ohne ein triumphirendes Lächeln beim Abschiede von seinem Bruder; schien es doch, diesem schleunigen, ersten Erfolge nach zu urtheilen, als wenn ihm der Sieg nicht fehlen könne. Dann ging er mit seinem Herrn, der einen Garten in der Vorstadt besaß, den er zu bestellen und zu reinigen hatte.

Der andere Bruder war wirklich durch dies Ereigniß etwas herunter-
gestimmt in seinen Hoffnungen und setzte traurig seinen Weg fort. Da er
indeß ein starker, kräftiger Jüngling war, so konnte es ihm gar nicht fehlen,
in Kurzem ebenfalls einen Dienst zu erhalten, und er trat als Hausknecht
ein bei einem Kaufmann, wo er die Waaren aus- oder einzupacken hatte.
Dort arbeitete er vom Morgen bis zum Abend und besorgte seine Ob-
liegenheiten auf das Pünktlichste, obgleich er nicht viel Worte machte. Denn
da er, wie auch sein Bruder ihm vorwarf, nicht zufrieden war mit einem
bescheidenen Loose, so strebte er höher hinaus und war keineswegs gemeint, seine jetzige Stellung lange zu behaupten. Er freute sich nur, daß er
dadurch erst festen Fuß in Bremen gewonnen habe und sich jetzt ohne
Sorgen nach einer andern Stelle umsehen könne, die seinen Hoffnungen
und Entwürfen entsprechender sei.

Es war ganz natürlich, daß der fleißige schweigsame Jüngling in Kurzem die Aufmerksamkeit seines Herrn erregte; er ließ sich dann und wann
mit ihm in ein Gespräch ein und entdeckte viel natürliche Anlage bei dem
jungen Mann. Nun traf es sich, daß sein Buchhalter alt und abgängig wurde, und da er den Augenblick die Stelle nicht besser zu besetzen wußte, so
kam er auf den Gedanken, die Anlagen des Jünglings, den er seiner Rüstig-
keit wegen lieb gewonnen hatte, durch den nöthigen Unterricht ausbilden
zu lassen und den Versuch zu machen, in wie fern er denselben anderweitig
in seinem Geschäft verwenden möchte.

Die Ansprüche jener uralten Zeit waren nicht sehr bedeutend, und die
wenigen Abendstunden, welche ihm seine Hausarbeiten frei ließen, und
die er zum Unterricht im Rechnen und Schreiben verwenden konnte, reich-
ten vollkommen hin, um aus ihm, bei seinem anhaltenden Fleiß und bei
seiner beharrlichen Ausdauer, in Jahresfrist einen Mann zu bilden, dem
sein Herr unbedenklich die Führung der Bücher anvertrauen konnte, Der
alte Buchhalter wurde in Ruhestand versetzt; der junge Mann übernahm
die Stelle und versah seine Geschäfte mit einer Thätigkeit und Besonnenheit, die nur dazu beitragen konnten, ihm mehr und mehr die Liebe und
das Zutrauen seines Herrn zu gewinnen.

Wäre ihm früherhin, als er noch auf seinem Dorfe in ärmlicher Dürftig-
keit lebte, die Aussicht eröffnet, daß er jemals in seinem Leben eine solche
Stellung, wie die jetzige, in der bürgerlichen Gesellschaft einnnehmen soll-

te, so würde er darin sicherlich das Ziel seiner höchsten Wünsche erblickt
haben.

Jetzt aber, wo er durch die Gunst des Schicksals eine Stelle bekleidete,
auf welcher er sich freilich keine Reichthümer und Schätze erwerben konnte,
die ihm aber ein ehrenvolles und reichliches Auskommen gewährte, jetzt
genügte ihm auch diese nicht mehr und sein einziger Gedanke bei Tag und
Nacht war der, wie er zu großen Ehren und gewaltigem Reichthum gelangen möge.

Solches Sinnen und Trachten ließ ihm keine Ruhe und verbitterte ihm
seine besten Stunden, da sich ihm, trotz aller Grübeleien die Quelle des
Reichthums und das Thor der Ehren nicht entdecken und aufthun wollten;
seine Wangen wurden mit jedem Tage blässer und sein Gesicht trug die
tiefsten Spuren seines unruhigen Grams.

Nicht ohne Sorgen betrachtete der Herr den Diener, wie er zusehends
abfiel. War es ein geheimer Kummer, der ihn drückte? Waren es die Keime
einer zerstörenden Krankheit, die sich in seinem Körper zu entwickeln anfingen? Er wartete vergebens darauf, daß sein Liebling sich ihm entdecken
möchte und beschloß endlich, einmal selbst ein ernsthaftes Wort an ihn zu
richten. Er nahm ihn also mit auf sein Zimmer und forderte ihn auf,
ungescheut seinen Gram zu offenbaren.

Der Buchhalter wollte lange nicht heraus mit der Sprache; er fürchtete,
seinen Gönner durch die Entdeckung, daß ihm seine jetzige Stellung zu
unbedeutend und zu gering erscheine, zu beleidigen; er meinte, durch eine
solche Aeußerung unfehlbar seine jetzige Stelle zu verlieren und durch ein
solches Ereigniß mit einem einzigen Schlage all' seine Hoffnungen auf eine
bedeutende Zukunft zu vernichten. Das wäre ihm unerträglich gewesen,
und, mochte der Herr auch noch so milde Worte an ihn richten, er beharrte
festiglich auf seinem Schweigen.

Als der Herr sah, daß alle väterliche Liebe, Bitten und Zureden an der
Hartnäckigkeit seines Gegners zurückprallten, da entbrannte er in gerech-
tem Zorn.

»Deswegen also,« hub er an, »habe ich dich aus dem Staube hervorge-
hoben und begünstigt vor Vielen, um mir einen mürrischen, einsylbigen
Sonderling zu erziehen! Wäre ich ein Freund von solchen Thoren, die hätte ich wahrlich auf leichterem Wege erlangen können.«

Der alte Herr hielt einen Augenblick inne und sah dem Andern prüfend in's Auge. Der aber wurde nur mehr und mehr bestürzt und verwirrt, so daß er durchaus nicht im Stande war, eine genügende Antwort zu ertheilen.

»Wird es Dir denn so schwer,« hub der alte Mann jetzt wieder an, und der Ton seiner Stimme wurde weich und väterlich milde, »wird es Dir so schwer, mir etwas einzugestehen, was für mich schon lange aufgehört hat, ein Geheimniß zu sein? Oder hält Dich vielleicht die Befürchtung einer abschlägigen Antwort von meiner Seite zurück? Ich habe Dir mehr Scharfsinn zugetraut und meine, Du würdest in den fünf Jahren, daß Du in meinem Hause bist, mich besser kennen gelernt haben, als daß Du mir zugetraut hättest, ich würde demjenigen, den ich nach gerade als meinen Sohn zu betrachten mich gewöhne, irgend etwas verweigern, was zu seinem Glücke beitragen könnte.«

»Aber, obgleich ich schon seit lange weiß, wie die Sachen stehen,« fuhr er nach einer Weile fort, indem er mit freundlichem Vorwurf zu dem Aufhorchenden trat, – »obgleich ich Dein Geheimniß schon längst durchschaut habe, so schwieg ich doch, in der Erwartung, Du würdest offener gegen mich sein. Oder sollte ich vielleicht vor Dich hintreten und Dich bitten, die Hand meiner Marie doch nur hinzunehmen?«

Jetzt horchte der junge Buchhalter hoch auf; diese Ansicht der Dinge war ihm ganz neu, er wußte sich aber schnell zu fassen. Denn er sah nun, daß seine Hausgenossen seinem Kummer eine andere Ursache unterlegten, und nahm sich wohl in Acht, den Irrthum aufzuklären.

Sein alter Herr nämlich war kinderlos und hatte auf die Bitten seiner Frau eine junge Verwandte an Kindesstatt zu sich genommen. Als man nun die Niedergeschlagenheit des jungen Mannes bemerkte, so schrieb man dies im Hause dem Umstande zu, daß er der hübschen Marie zu tief in die Augen gesehen habe, es aber nicht wage, um die reiche Erbin zu werben. Da aber der junge Buchhalter im Hause so gut angeschrieben war, so beschloß endlich der Hausherr, das Schweigen zu brechen, ihm die Augen zu öffnen über sein Glück, und seinen Gram mit einem Male zu endigen, was ihm auf die angegebene Weise vollständig gelang.

Der junge Buchhalter stürzte dem Herrn zu Füßen und wußte jetzt seinem Entzücken eben so wenig Worte zu verleihen, als vorher seiner Verlegenheit. Der alte Mann aber, welcher wußte, daß eine solche Verbindung auch Mariens innigster Wunsch sei, hob ihn in die Höhe und führte ihn ins Wohnzimmer, wo Marie neben seiner Frau mit Spinnen beschäftigt war, und legte ihre Hände segnend zusammen, in tiefster Seele erfreut, das Glück derjenigen beiden Menschen, die ihm nächst seinem Weibe die theuersten auf der Welt waren, begründet zu haben.

Nicht lange nachher fand eine fröhliche Hochzeit Statt, der alte Herr zog sich aus dem Geschäfte zurück und überließ dem früheren Buchhalter die ganze Handlung. War das Glück dem Hause in früheren Zeiten nicht abhold gewesen, so schien es jetzt Alles aufzubieten, um alle seine Schätze darüber auszuschütten. Mit jedem Jahre vermehrte sich die Zahl der Schiffe; die gingen nach allen Gegenden der Nord- und Ostsee und führten die Erzeugnisse von Rußland, den nordischen Reichen und Island nach Bremen. Das Wohnhaus, schon etwas veraltet, wurde von Neuem aufgeführt und prachtvoll ausgebaut, es schimmerte sein Glanz die ganze Obernstraße hinunter; später war es des Bürgermeisters Mindemann Wohnung; aller Orten sah man die geräumigen Waarenläger des Hauses, und es fehlte nichts, was den äußern Glanz desselben hätte vermehren können.

Im Hause war lieblicher Kindersegen, und nach Verlauf weniger Jahre belebten zwei heitere Knaben und eben so viel blühende Mägdlein die Stille des Hauses. Krankheit und Siechthum, die sonst so oft die Ruhe der Familien untergraben, war hier etwas Unerhörtes, und selbst die Ältern genossen einer rüstigen Gesundheit bis ins höchste Lebensalter. So schien also auch das innere Glück des Hauses ohne Fehl und gegen jeden Stoß des Schicksals gesichert.

Aber dennoch fand der junge Mann keine Ruhe; es war, als würde er von heimlicher Schuld gepeinigt, und als würde er von schweren Gewissensbissen verfolgt. Seine Frau und die Ältern waren zum Höchsten über diesen bedauernswerthen Seelenzustand bekümmert, aber keine Theilnahme, nicht die innigste, liebevollste Zurede half, und man mußte zuletzt von jedem Versuche abstehen, dem Unglücklichen Trost zu bringen.

Was war es denn nun aber, was den Unglücklichen hin und her trieb, als drücke ihn eine schwere Blutschuld, was war es denn, was seine Wangen bleichte und den Glanz seines Auges trübte? Was war es, daß ihm bei Tage die Ruhe raubte und bei nächtlicher Weile nicht schlagen ließ? – Es war nicht mehr und nichts weniger, als der übertriebenste Ehrgeiz, der das größte häusliche Glück für nichts achtete, wenn es nicht verbrämt war mit dem Flitterglanz äußerlicher Ehren. Ja, er hätte gern einen Theil seiner irdischen Glücksgüter hingeworfen, gern einen Theil seines häuslichen Glükkes geopfert für eine Stellung, die ihm einen in die Augen fallenden Einfluß auf das Wohl und Wehe seiner Mitbürger verliehen und die daraus entspringende Ehrfurcht der Menge gesichert hätte.

Er war aber einmal ein Kind des Glücks, und es schien, als wenn dasselbe geneigt wäre, dem zudringlichen, ungenügsamen Lieblinge keinen seiner Wünsche abzuschlagen. Durch seine unermeßlichen Reichthümer genoß er naturgemäß eines überwiegenden Ansehens, und als nun die Stelle eines Stadtrichters zufällig erledigt wurde, wandten sich aller Augen auf ihn, da seine Unparteilichkeit nicht dem geringsten Zweifel unterlag und sein bedeutenden Vermögen die sicherste Bürgschaft für seine Unbestechlichkeit zu gewähren schien. Mit einem Worte, er wurde einhellig zum Stadtrichter erwählt, und nun sah er mit einem Male seine kühnsten Wünsche erfüllt. Er hatte jetzt Geld und Gut vollauf, so daß er unbedenklich seine Handelsgeschäfte bei Seite legen konnte; er bekleidete eine der einflußreichsten Stellen in der Stadt, die ihm äußere Ehren und äußeren Glanz verlieh. Was fehlte nun noch seinem Glücke? Er glaubte, nichts, und somit änderte sich auch mit einem Male der Zustand seines Innern. Er wurde wieder freundlich und theilnehmend, wie in seinen jüngern Tagen, und seine Gattin und Kinder empfanden zum ersten Male das vollkommene Glück der häuslichen Glückseligkeit.

Er hatte nun mithin jenes Ziel, welches ihm bei seiner Einwanderung vorgeschwebt, und das seinem Bruder so lächerlich vorgekommen war, wirklich erreicht; freilich nicht in einem Tage, wie jener Landmann mit seinem Kalbe, sondern nach jahrelangem Streben, nach vieljähriger Mühe und Pein. Auch nahm er sein Richteramt wahr mit Ernst und Würde. Niemand hatte gegründete Ursach, sich über seine Entscheidungen zu beschweren, und er erwarb sich, was gerade in dieser undankbaren Stellung so gar Wenigen gelingt, die unumschränkteste Liebe, das ungetheilteste Vertrauen. Er war noch immer ängstlich, ob seinem Glück noch etwas abgehen könne; aber schon nach wenigen Jahren war er zu der festen Ueberzeugung gelangt, daß er der glücklichste der Sterblichen sei. Aber die Erde ist nicht der Wohnsitz ganz reiner, ungetrübter Seligkeit; diese bittere Erfahrung sollte

der Richter endlich auch machen, und zwar durch das Zusammentreffen
von Umständen, welche dazu am Wenigsten Veranlassung hätten bieten
dürfen.

Sein Bruder nämlich, der sich schon bei seinem Eintritt in die Stadt von
ihm getrennt hatte, war bei seinem Gärtner in Dienst geblieben manches
lange liebe Jahr, und obgleich der Älteste, als er in bessere Umstände gerieth,
ihm oftmals Unterstützung angeboten hatte, damit er sich selbst einen Garten kaufen, oder sonst ein beliebiges anderes Geschäft ergreifen könnte, so
hatte er solches beständig abgelehnt, vielleicht, wie der Ältere meinte, aus
einer Art von Neid gegen den Glücklicheren. Er schützte beständig vor, er
sei selber Manns genug und werde sich schon durchzuhelfen wissen.

Diese beständige Verweigerung und Abwehr seiner gutgemeinten Aner-
bietungen verdroß den älteren Bruder; es trat große Kälte unter den Beiden ein, und im Verlauf der Jahre wurden sie einander fast fremd, da der
Reiche müde war, mit seinen Unterstützungen aufdringlich zu sein, der
Jüngere aber zu stolz, um sich am Strahl der Glückssonne seines Bruders
zu wärmen. Anstatt also unter jener Beihülfe eine großartige Rolle zu spielen, suchte der Jüngere etwas darin, sich auf eigne Hand einzurichten, sollte es auch noch so dürftig sein, und er war überglücklich, als er die Hand
der Tochter des alten Fährmanns am Punkendeich erhielt, dessen Nachfolger er nun wurde. Hatte er jetzt doch seinen eigenen Heerd und sein gutes
Auskommen; was kümmerte ihn jetzt des Bruders Glanz und Größe?

So verfloß denn manches Jahr, und mancher Wassertropfen lief weser-
ab, ohne daß sich der Eine um den Andern kümmerte, ja ohne daß der
Eine des Andern auch nur ansichtig wurde, und während der ältere Bruder
in Lust und Freuden lebte, saß der Jüngere draußen am Strom und wartete
treulich seiner Fähre; und wenn der Abend herabstieg und die Sterne am
Himmel funkelten, oder der Mond sich in den Fluten spiegelte, und die
ferne Landschaft in süße Dämmerung verhüllt lag, da dachte er oftmals,
daß die goldenen Prachtgemächer seines Bruders in den beschränkten Straßen der Stadt doch nichts wären gegen die Herrlichkeit, welche ihm zu
schauen vergönnt.

Er dachte kaum mehr an ein Zusammentreffen mit seinem Bruder, als
die Melker auf eine Herabsetzung des Fährgeldes nach dem Werder bestanden. Was sie dem alten Fährmann bewilligt, sei freiwillig gewesen.

*Fähre über die Weser.*
*Detail aus der Hoya-Ansicht von Matthäus Merian*
*in der Topographia Saxoniae Inferioris von 1653*

Jetzt trat der Fährmann vor den Richter hin und überreichte ihm schweigend die Beweise, daß er ganz in seinem Rechte sei. Nun glaubte der Richter, es würde einen bösen Schein auf seine Unpartheilichkeit werfen, wenn er dem Bruder das Recht zuspräche und setzte des Fährmanns Lohn auf die Hälfte herab. Da erbleichte der Jüngere, denn es trat vor seine Seele der Mangel und die Noth seines Weibes und seiner Kinder für die Zukunft, und rief im Fortgehen: »Solch' ungerechtes Gericht wird Dich auch im Tode nicht ruhen lassen.«

Jetzt erkannte er, wie der falsche Schimmer der Gerechtigkeit ihn zu der größten Ungerechtigkeit verleitet gegen den eigenen Bruder. Er erhob sich, als wollte er demselben nacheilen; aber nach wenigen Schritten wurde sein Auge stier, die Wange leichengrau, und er sank zum Entsetzen aller Anwesenden todt zu Boden. Sein Weib war untröstlich und zog nach seiner Bestattung zu ihren Verwandten auf 's Land, da ihre prächtige Wohnung keinen Reiz mehr für sie hatte. Es fand sich leicht ein Käufer zu dem schönen Hau-

se; doch obgleich er es für wenig Geld erstanden, meinte er doch schon nach
einigen Tagen, daß er es viel zu theuer bezahlt. Denn, wenn er aus dem Fenster des Prachtsaales schaute, stand Niemand anders hinter ihm, als der Geist
des verstorbenen Richters, der ihm mit gramerfülltem Antlitz über die Schulter blickte. So zeigte sich derselbe unvermuthet in Küche und Keller, und
alle Hausbewohner geriethen in Schreck. Da ließ man aus fernen Landen
einen sehr gelehrten Kapuziner kommen; der trieb den Geist durch seine
Beschwörungen dahin, wo er ihn haben wollte, und brachte ihn des Abends,
trotz alles Widerstrebens, in den bereit gehaltenen Wagen. Dann ging es fort
nach dem Osterthor, und aus der Kutsche ließ, gegenüber dem Rathhause
eine schreckliche, durchs innerste Mark dringende Stimme zu dreien Malen
die Mahnung ertönen: R i c h t e t   r e c h t! Je mehr sie sich dem Osterthor
näherten, je schwerer machte sich der Geist, denn er wollte ungern zur
Stadt hinaus, bis die Pferde still standen. Aber der Kapuziner lächelte über
solche vergebliche Widersetzlichkeit, ließ Vorspann kommen aus dem Marstall, und jetzt ging es in raschem Trabe zum Thor hinaus nach dem schwarzen Meer und nach der Pauliner Marsch. Dort wurde der Geist gebannt
mit solchem Bann, daß er nicht eher zurückkehren dürfe, als bis er den
Sumpf mit einem Siebe erschöpft habe bis auf das letzte arme Tröpflein,
und das grüne Gras auf der Weide gezählt bis auf den letzten Halm.

Dieser Auftrag mochte dem Geist zu trocken vorkommen; denn anstatt
zu schöpfen und zu zählen, vertrieb er sich die Zeit mit andern Dingen. Er
neckte und prügelte die Melkerknechte, die in früher Morgendämmerung
die Weide betraten und lief wie ein frischer junger Kerl, wo sich ein hüb-
sches Mädchen in der Ferne zeigte, so daß die ganze Paulinermarsch in
Verruf kam und von Jedermann gemieden wurde.

Dem Verbannten war es jetzt auf der Wiese zu einsam, und nach der
Stadt durfte er doch nicht wieder zurück, so lange nicht der Bann gelöst
war. Also richtete er sein Trachten nach dem Werder, woher das Gelächter
der Milchmädchen so lockend herüberscholl. Dem Fährmann fiel es nun
freilich wohl auf, als er in der Morgendämmerung sein Schiff betrat, um
die Melker überzusetzen, und unter ihnen eine herrlich gekleidete Gestalt
erblickte, die abgewandten Gesichts ins Wasser sah; aber, erst als das Schiff
drüben angekommen war, löste sich das Räthsel. Denn so wie der Fährmann, der Sitte gemäß, ans Ufer trat, um der Reihe nach das Fährgeld in

Empfang zu nehmen, raffte sich die Gestalt empor und schoß an ihm vor-
über, indem sie mit heiserer Stimme rief:»Der letzte Mann bezahlt die
Fähr.« Da sprang der Schiffer entsetzt in seinen Kahn zurück, und Alle
schrien, er möge sie nur in Gottes Namen wieder zurückführen. Denn der
Fährmann hatte in des Bruders verzerrtes Angesicht geschaut und den
Uebrigen war das heisere Gelächter gar wohl bekannt. Drüben nun war es
viel lustiger als auf der Marsch und der Verbannte vertrieb sich die schöne
Sommerzeit mit den muntersten und gottlosesten Streichen. Aber als der
Herbst kam, sehnte er sich wieder nach der Marsch, um zu versuchen, ob
es ihm nicht in den langen Herbst- und Winternächten gelingen möchte,
den Sumpf zu entleeren, die Halme zu zählen und seinen Bann zu lösen.
Er rief also das Losungswort für den Fährmann, das weit hallende H a h l -
a w e r ; als aber der Gerufene sich näherte und den erkannte, der am Ufer
stand, wandte er mit Grauen sein Fahrzeug zurück. Jener erhob späterhin
wohl noch oftmals seine Stimme; aber dem Fährmann war der Ruf bekannt, und er ließ sich nicht täuschen, noch auch seine Kinder und keiner
seiner Nachfolger; so muß der Verbannte, den man seines Rufs wegen den
H a h l - a w e r nennt, drüben bleiben, so lange noch der Fisch im Wasser ist
und der Vogel in der Luft. Zur Sommerszeit geht's; wenn aber erst die
Kühe hereingetrieben sind, und der Herbst ist da, wo er nur die einsame
Lerche hört, die sich beim Dämmerschein des Mondes mit leisem Schrei
vom Boden erhebt, wenn er ihrem Lager zu nahe kommt; und der Winter
mit seinen Gewässern, welche die Landschaft weit und breit überströmen,
dann graut ihn, und noch heutiges Tages ziehen die Bewohner des Punken-
deichs die Bettdecken fester, wenn in dunklen Winternächten vom Werder
herüber voll Klage und Sehnsucht der Ruf hallt: H a h l - a w e r .

# Zweiter Band

## I.
## Blumenstrauß, Dornstrauch.

Eine Frau, die in der Frühe des Morgens zum Waschen gehen wollte, erwachte um Mitternacht, und da die ganze Straße in heller Mondbeleuchtung dalag, glaubte sie, es sei schon spät und Zeit, aufzubrechen.

In demselben Augenblick, wo sie vor dem Hause auf der Langenstraße anlangte, wohin sie bestellt war, öffnete sich die Thüre, und heraustrat die Hausfrau im weißen Feierkleide, warf mit freundlichem Lächeln der Frau einen herrlich duftenden Blumenstrauß in ihr Armkörbchen und rauschte, ohne weiter ein Wort zu sprechen, an ihr vorüber, die Straße hinauf nach dem Markte zu.

Erstaunt blickte ihr die Wäscherin nach, bis sie an der Straßenecke ihren Augen entzogen war. Sie wunderte sich sehr, wohin wohl die Dame so allein in der einsamen Mondnacht gehen möchte, und wartete noch ein Viertelstündchen, ob sie nicht wieder zurückkommen würde. Aber sie kam nicht und nun trat die Frau ins Haus, um an ihre Arbeit zu gehen.

Es war öde und finster in der Hausflur und Niemand zu ihrem Empfange bereit. Sie tappte sich also nach der Schlafstelle der Mägde hin, die unter der Treppe war, und fand sie im tiefsten Schlaf. Als sich dieselben mit Mühe ermuntert hatten, vernahmen sie mit Erstaunen, daß die Herrin schon ausgegangen sei und standen eilig auf, da sie glaubten, die Zeit verschlafen zu haben.

Als sie Licht gemacht hatten, sahen sie mit Verwunderung auf der Hausuhr, daß es erst zwölf Uhr sei. Nun glaubten sie, daß die Wäscherin sie mit ihrer Erzählung habe aufziehen wollen, und gingen zu der Kammer der Hausfrau, um sich desto besser zu überzeugen, fanden aber die Thür verschlossen.

Sie wußten nun nichts anzufangen, da die Herrin den Schlüssel zur Wäschekammer hatte, und die Wäscherin sah ein, daß es am Gerathensten sein würde, vorläufig wieder zu Hause zu gehen; auch die Mägde gingen einstweilen wieder zu Bett. Als die Waschfrau die Glocke fünf schlagen hörte, machte sie sich wieder auf den Weg, und als sie jetzt ins Haus trat, fand sie die Hausfrau, wie sie in einfacher häuslicher Kleidung ihre Anordnungen für den heutigen Tag machte. Die Wäscherin war neugierig, was die Dame schon um Mitternacht ins Freie getrieben habe und spielte auf den Spaziergang an, indem sie ihren Dank für den herrlichen Blumenstrauß abstattete, den sie sogleich aus ihrem Korbe hervorsuchte.

Die Dame machte aber ein zorniges Gesicht, drückte der Frau einen Thaler in die Hand und befahl ihr, nicht weiter von der Sache zu reden.

Da wußte die Hausfrau, was die Glocke geschlagen hatte, und als sie nun endlich den Blumenstrauß aus ihrem Korbe hervorzog, fand es sich, daß es nichts als ein elender Dornstrauch sei.

## II.
## Der silberne Pflug, mit Federvieh bespannt.

In alten Zeiten wohnte im Blocklande ein Mann, den hielt man nicht für gut. Der Schullehrer zur Wasserhorst hatte seinen Etgrow in jener Gegend, so daß die Mädchen vor dem Hause vorbei mußten, wenn sie vom Melken kamen. Da geschah es denn regelmäßig, daß den Kühen, mochten sie den Sommer über auch noch so ergiebig gewesen sein, alsbald die Milch verging, so daß der Schullehrer zuletzt seinen ganzen Etgrow lieber für einen einzigen Thaler verpachten, als sich noch länger darüber ärgern wollte.

Einstmals wollte ein gewisser Sinnighes mit Fischen nach der Stadt, und da sein Schwiegersohn, der in Wasserhorst wohnte, mit seinem Gespann ebenfalls dahin wollte, so machte er sich in aller Frühe mit seiner Frau auf den Weg, um den Schwiegersohn abzuholen und die günstige Gelegenheit zu benutzen. Denn er dachte, es müsse nach gerade Zeit sein, obgleich es noch ganz dunkel war.

Als er nun den Deich entlang ging, und an den hohen Eschenbäumen vorbeikam, die vor dem Hause des bösen Nachbarn standen, machte ihn die Frau darauf aufmerksam, daß die ganze Wohnung hell erleuchtet sei.

Sie gerieth in die größte Furcht bei diesem seltsamen Anblick; da sie aber zugleich außerordentlich neugierig war, was dies zu bedeuten habe, so bewog sie ihren Mann durch vieles Bitten, näher hinzutreten und durchs Fenster zu sehen.

Der kam nach wenigen Augenblicken ganz verstört zurück, hatte keinen trockenen Faden an seinem ganzen Leibe, und zog sein Weib eilig mit sich fort nach Hause. Dort erzählte er, was er gesehen, daß sie auf der Diele geackert hätten mit einem silbernen Pflug, der von Truthühnern gezogen worden sei. Die Anwesenden habe er nicht erkennen können, da sie das Gesicht von ihm abgewandt hätten.

Plötzlich ertönte die zwölfte Stunde vom Wasserhorster Kirchthurm herüber, und jetzt sahen sie mit Schrecken, wie sehr sie sich in der Zeit versehen hätten.

Sinnighes und seine Frau waren in großer Besorgniß, was der Nachbar wohl im Schilde führen möge. Hätten sie aber gewußt, was vor Jahren im Niederviehlande vorgefallen, so hätten sie leicht denken können, daß der Nachbar mit nichts Geringerem beschäftigt sei, als einen Schatz zu heben.

Dort wohnte nämlich in uralter Zeit ein Bauer, der war sehr reich. Er hatte Kisten und Kasten voll, und kein Rathsherr in der Stadt hatte Silbergeschirr wie er. Aber der Ueberfluß machte ihm große Sorgen; denn ringsum wüthete der Krieg, und man konnte mit jedem Tage der Ankunft raublustiger Horden entgegen sehen. Da dachte er mit allem Fleiß darauf, seine Kleinodien den Händen der Räuber zu entziehen und beschloß, sie dem Schooß der Erde anzuvertrauen.

Er hatte aber einen jungen Knecht, den er aus Mitleid in seine Dienste genommen, weil er arm und älternlos war. Als es nun Sonntag war, schickte der Bauer alle seine Leute nach der Kirche, Frau und Tochter, Knechte und Mägde; denn er gedachte, in ihrer Abwesenheit unbemerkt Alles ins Werk zu richten.

Nun aber begab es sich, das Hans nicht mit zur Kirche ging. Denn er schämte sich seiner Armuth und meinte, er dürfe sich mit seinen Alltagskleidern nicht sehen lassen vor der festlich geputzten Gemeinde. Er begab sich also in die Scheune, um sich dort in der Zwischenzeit zu verbergen.

Als der Bauer sah, daß sich Alle entfernt hatten und glaubte, daß die Luft rein wäre, nahm er eine Schaufel und ging ebenfalls in die Scheune;

der Bursche sah ihn nicht sobald eintreten, als er befürchtete, entdeckt zu werden und sich noch sorgfältiger hinter dem Heu verbarg. Aber er sah bald, daß den Herrn ganz andere Dinge hergeführt hätten. Denn derselbe gab sich daran, in der Mitte der Scheune zu graben, immer tiefer und immer weiter, und der Bursche konnte von seinem Versteck aus Alles deutlich übersehen.

Endlich war die Grube fertig, mannstief, und der Bauer entfernte sich für einige Augenblicke. Als er zurückkam, wälzte er keuchend einen großen kupfernen Kessel vor sich her, den er in das Loch hineingleiten ließ. Hans war neugierig, wie es nun wohl weiter gehen werde. Da sah er denn mit Verwunderung, daß der Mann eine große Mulde mit silbernen Gefäßen und köstlichem Geräth herbeitrug und in den Kessel schüttete. Dann holte er noch einmal eine Mulde voll blanker, harter Thaler, die er ebenfalls hineinwarf, und nachdem er Alles mit Brettern und Holzwerk überdeckt hatte, schaufelte er die Erde wieder darüber her und ebnete sorgfältig den Boden, daß auch nicht die geringste Spur zurückblieb.

Während der Bauer mit dieser Arbeit beschäftigt war, kamen dem Burschen allerlei Gedanken; er hatte nun mit eigenen Augen gesehen, wo der Herr den größten Theil seines Reichthums verscharrt hatte und wunderte sich über den Zufall, der ihn zum Mitwisser dieses gefährlichen Geheimnisses gemacht, wodurch er den Wohlstand des Mannes ganz und gar in seine Hand gegeben glaubte. Denn was hinderte ihn, schon in der folgenden Nacht, oder wann es ihm einfallen möchte, die Kleinodien und den Reichthum wieder auszugraben und in alle Welt zu gehen? Er wurde ganz unruhig bei dieser Vorstellung, und wußte sich in seinem Versteck kaum zu lassen.

Allein, als der Bauer Alles wieder geebnet und gesäubert hatte und nun anhub, den Schatz zu belegen mit schwerem Bann, da sah Hans wohl, daß die Sache doch mit mehr Schwierigkeiten verbunden sein würde, wie er sich anfänglich gedacht hatte. Der Herr bannte den Reichthum aber dergestalt, daß er den Teufel zum Hüter setzte; der sollte ihn nicht fahren lassen in sieben Jahren, und wer dann käme, ihn zu heben, der müsse kein Anderer sein, als der Verlobte der Tochter des Hauses; auch solle derselbe nicht graben mit Spaten und Schaufel, sondern müsse den Kessel zu Tage fördern mit silbernem Fuhrwerk, vor dem er das lebendige, beflügelte Feuer gespannt, und nichts anderes. Gäbe sich ein Unbefugter daran, so möge der Schwarze ihm den Hals brechen.

Nachdem der Bauer den Spruch vollbracht, stand er aufmerksam, als warte er auf ein Zeichen, ob er erhört sei. Da schwirrte eine große Fledermaus durch die Scheune, umkreiste dreimal in raschem, kaum sichtbarem Fluge den Mann und den Schatz und verschwand in demselben Augenblick. »Das wäre also in Ordnung gebracht,« sagte der Bauer, indem er sich den Schweiß von der Stirn trocknete, und ging beruhigt von dannen.

Unterdessen waren die Leute aus der Kirche zurückgekommen, und auch der junge Bursche hatte sich wieder ins Haus geschlichen, und unter die Uebrigen gemischt, um durch sein Wegbleiben keinen Verdacht zu erregen. Den ganzen Tag ging er wie ein Träumender herum, immer stand ihm der Kessel vor Augen mit dem glänzenden, lockenden Metall, mit der Fülle des Reichthums, unter der Obhut des höllischen Wächters. Aber auch dann, wenn er warten wollte, bis die Zeit erfüllt wäre, mußte er an der Hebung der Schätze verzweifeln. Denn wie konnte es ihm in den Sinn kommen, das Herz der stolzen Bauerntochter gewinnen zu wollen; und dazu noch das silberne Fuhrwerk mit dem feurigen Gespann!

Er wurde von Tage zu Tage unruhiger, und endlich sah er es wohl ein, daß diese Gedanken ihn ganz und gar verzehren würden, wenn er nicht Anstalten träfe, die Gegend, wo ihn täglich Alles an den geheimnißvollen Kessel mahnte, gänzlich zu verlassen. Er ging also zur See und ließ viele Jahre lang nicht das Geringste von sich hören, so daß man seiner kaum mehr erwähnte, und sein Andenken mit der Zeit gänzlich in Vergessenheit gerieth.

Wurde seiner aber im Dorfe nicht mehr gedacht, so gedachte er desto häufiger der heimathlichen Erde und der Schätze, welche sie barg; und je näher der Zeitpunkt heranrückte, wo die Frist des Bannes abgelaufen sein würde, desto ernstlicher war er darauf bedacht, sein Geheimniß auszubeuten. Ueber die Art und Weise, wie er es anzustellen habe, daß Alles erfüllt würde, mochte er noch nicht grübeln. Er glaubte, das würde sich an Ort und Stelle schon finden, wenn es ihm nur erst gelungen sein würde, die Tochter seines ehemaligen Herrn sich geneigt zu machen. Daran hegte er aber durchaus keinen Zweifel, denn er war ein hübscher, stattlicher Kerl geworden, und der Unterschied des Vermögens hatte sich auch ausgeglichen, da er sich in glücklicher Fahrt viel Geld verdient und eine ansehnliche Summe zurückgelegt hatte.

Die sieben Jahre waren noch nicht ganz verflossen, da wanderte er schon voller Ungeduld dem väterlichen Dorfe zu. Da er weder Verwandte noch Freunde hatte, bei denen er ein Unterkommen hätte finden können, so ging er ins Wirthshaus. Er sah wohl, daß man seiner ganz vergessen habe; wer hätte auch in dem Fremden, dessen ganze Erscheinung von trefflichem Wohlstand zeugte, den armen, zerlumpten Bauerburschen wieder erkennen sollen, der vor sieben Jahren in die weite Welt gegangen und seitdem gänzlich verschollen war?

Er wußte das Gespräch bald auf die Nachbarn zu bringen, und da vernahm er mit Verwunderung, daß sein ehemaliger Herr vor wenigen Wochen das Zeitliche gesegnet. Man habe ihn allgemein für einen reichen Mann gehalten, auch habe er Zeit seines Lebens immer einen großen Aufwand gemacht. Es sei aber, als wenn er den Reichthum mit sich ins Grab genommen habe; denn die Nachgebliebenen müßten sich kümmerlich genug behelfen, und die Frau habe erst gestern noch eine Kuh aus dem Stalle verkaufen müssen, um nur ihre Abgaben bezahlen zu können.

Als Hans sich gestärkt hatte mit Speis und Trank, wanderte er nach dem Hofe seines ehemaligen Brotherrn. Da aber war Keiner, der ihn noch gekannt hätte; nur die Tochter des Hauses, die jetzt völlig herangewachsen war, und deren Schönheit durch die dunklen Trauerkleider nur noch mehr gehoben wurde, wußte sich des armen, verwaisten Knaben, dem sie so manchen Bissen heimlich zugesteckt hatte, recht lebhaft zu erinnern. Sie mochte ihre Freude nicht verhehlen, den ehemaligen Schützling in so günstigen Umständen zu erblicken, und lebhaft stimmte sie mit ein, als die Mutter bei seinem Fortgehen den Wunsch aussprach, er möge doch, solange er sich in der Heimath aufhalte, seinen Besuch von Zeit zu Zeit wiederholen. Hans ließ sich dies nicht zweimal sagen, und nach Verlauf weniger Wochen erwartete man ihn auf dem Hofe als täglichen, gerngesehenen Gast; und als er sich endlich ein Herz faßte und um die Hand der Tochter anhielt, konnte er die Bemerkung machen, das er mit seiner Bewerbung nur den stillen Wünschen des Mädchens und ihrer Mutter entgegen gekommen sei.

Mancher Andere an seiner Stelle würde jetzt mit Ruhe die Hochzeit erwartet, und mit seinem Vermögen einen neuen Wohlstand auf der Hofstelle begründet haben, den Schatz aber, der mit feuerbespanntem Silberwagen zur Hebung gebracht werden mußte, Schatz sein lassen. Nicht so Hans! Die Bedingungen des Bannes waren erfüllt, bis auf eine einzige; sein Trachten und Sinnen war darauf gerichtet, wie er der Familie den Reichthum, der ihr so schnöde entzogen war, wieder zuwenden möge; aber das verwünschte Fuhrwerk machte ihm die bittersten Sorgen und manche schlaflose Nacht.

Wiederum hatte er die Nacht hingebracht in nagender Unruhe, wie er endlich ans Ziel kommen möge, als er in der Morgenzeit in einen sanften Schlummer fiel. Da meinte er im Traume zu sehen, wie die Scheune, in welcher der Schatz vergraben lag, in Brand gerathen sei und die hellen Flammen aus dem Dache schlügen. Alls er aber genau hinsah, war es ein rother Hahn, der auf dem Strohdache stand und mit den Flügeln schlug. Der flog einen Augenblick hernach herunter von seinem hohen Standpunkt und setzte sich auf eine umgestürzte Pflugschaar, die auf dem Hofe lag, pickte mit dem Schnabel und scharrte mit den Füßen daran und gebärdete sich ganz, als wollte er den Pflug in die Höhe richten, und mit sich fortführen.

Da erwachte Hans und sprang von seinem Lager empor, um nicht von Neuem einzuschlummern und das Traumgesicht darüber zu vergessen. Er ging einige Mal auf und nieder, um über den Sinn des Bildes, welches noch in den hellsten Farben vor seiner Seele stand, nachzudenken. Plötzlich machte er einen Luftsprung; denn er glaubte, die Andeutung, welche in dem Traum läge, verstanden zu haben, und je länger er darüber nachdachte, desto mehr wurde er in seiner Meinung bestärkt.

Er war durch die Entdeckung wie neu belebt, und, obgleich es noch sehr früh am Tage war, machte er sich ungesäumt nach der Stadt auf den Weg, wo er in den ersten, besten Goldschmiedsladen eintrat und den Meister fragte, ob er ihm wohl einen silbernen Pflug anfertigen könne. Der Mann sah ihn an vom Kopf bis zu den Füßen über den wunderlichen Auftrag; denn er meinte, der Fremde wolle ihn nur zum Besten haben. Als derselbe aber ganz ernsthaft blieb, auch seine Frage in bestimmter Weise wiederholte, rückte er das Käppchen auf die Seite und trat einen Schritt näher.

»Wenn Ihr Silber mitgebracht habt, lieber Freund, so bin ich allerdings zu Eurem Dienst bereit,« sagte der Goldschmied. »Ich muß Euch gestehen, daß ich sonst nicht darauf eingerichtet bin.«

Da zog Hans, der sich auf Alles gefaßt gemacht hatte, einen großen Beutel mit blanken Thalerstücken und schimmernden Gulden und schüttete das Geld auf den Tisch. Dann gab er ihm an, in welcher Größe er das Werkzeug zu haben wünschte und entfernte sich endlich, indem er dem Meister noch dringend empfohlen hatte, sein Werk möglichst zu beschleunigen.

Nach Verlauf von acht Tagen konnte er seinen Pflug abholen, und nun machte er sich bereit, die folgende Nacht an's Werk zu gehen.

So wie die Glocke zwölf geschlagen hatte, machte er sich auf den Weg. Unter dem rechten Arme trug er den Silberpflug und unter dem linken einen rothen Hahn. Den hatte er besonders ausgewählt zu diesem Zweck; derselbe war untadelig, wie ein Zinshahn und groß und stark, daß er ohne Anstrengung über einen Eimer springen mochte.

Vor der Scheune spannte er den rothen Hahn, das lebendige, beflügelte Feuer in den silbernen Pflug, öffnete dann das Thor und fuhr nach der Stelle, wo der Schatz vergraben lag; und obgleich kein Mondstrahl in die Scheune fiel, so war es doch so hell darinnen wie Kerzenschein. Denn von dem Pfluge aus ging ein leuchtender Schimmer, so daß der rothe Hahn erglänzte, wie Feuer und Flammen.

Nun fing Hans an, im Kreise zu ackern, und pflügte die Erdschollen aus dem Boden heraus zur Seite; der Hahn arbeitete unermüdlich und ohne Aufhören, es war keine Viertelstunde verflossen, da erdröhnte der Pflug auf dem Deckel. Hans ging unterdessen hinter dem Pfluge her und ließ sich nicht einschüchtern durch das Gebrause und die schrecklichen Stimmen, die ihn unaufhörlich umtönten. Er sah weder rechts noch links und hütete sich weislich, das geringste Sterbenswort von sich zu geben. Denn dann war der Schatz verloren; das wußte er noch recht gut von der Schule her.

Jetzt hob er den Deckel herunter, und wie die Sterne funkelte es in dem Kessel. Eilig belud er einen Korb, den er in Bereitschaft gehalten, mit silbernen Bechern, Kannen und Spangen, und den zweiten füllte er mit harten Thalern. Dann trug er Alles ins Freie, verschloß das Scheunenthor hinter sich, klopfte an die Hausthür seiner Schwiegermutter und begehrte schleunigen Einlaß. Die alte Frau und ihre Tochter waren bei diesem späten Besuche sehr erschrocken und fürchteten, es möge dem jungen Manne ein Unglück zugestoßen sein. Als er ihnen aber Alles erzählt, von Anfang bis zu Ende und die Körbe hereingetragen mit dem Gelde und mit dem mannichfachen, der Hausfrau noch so wohlbekannten Hausrath, da konnte sich die Alte der Thränen nicht enthalten über die sonderbaren Fügungen des Himmels, der ihr den ganzen früheren Reichthum zurückgab, zu einer Zeit, wo sie sich desselben schon gänzlich entschlagen.

Das Mädchen aber freute sich über die Klugheit und den Muth des Geliebten, und als der Herbst kam, wurden Beide ein glückliches Paar.

Die Betheiligten gaben einander das Wort, gegen keine lebendige Seele diese Geschichten zu erzählen. Nur die Söhne und Enkel erfuhren davon, wenn sie nach der Bedeutung des silbernen Pfluges fragten, der lange Zeit sorgfältig in der Familie aufbewahrt wurde, bis auch dies Angedenken früherer Wunderzeiten im Schwedenkriege abhanden gekommen ist.

### III.
## Der Apfelschimmel im Mondschein.

Zwei junge Burschen gingen spät Abends bei Mondschein aus der Stadt, und wandten sich dem Blocklande zu. Dort wollten sie sich übersetzen lassen, um nach Ritterhude zugelangen. Bei der Capelle sahen sie einen wunderschönen Apfelschimmel mit lang herabwallenden Mähnen, und der jüngere Bruder lud den andern ein, mit ihm das Thier zu besteigen; sie würden auf diese Weise gar schnell und bequem ans Ziel gelangen. Vergebens stellte der ältere Bruder dem Unbesonnenen, wie er nicht Zügel, nicht Bügel hätte, und wie die Queergräben ihm auf Schritt und Tritt hinderlich sein würden. Der jüngere verabredete kurz, in welchem Wirthshause sie sich im Blocklande wieder zusammen finden wollten, sprang mit einem raschen Satze auf das Thier, und Roß und Reiter waren nur noch wenige Augenblicke sichtbar; auch der letzte Hufschlag verhallte bald in weitester Ferne.

Der Zurückgebliebene war verdrießlich, daß er sich durch seine Zaghaftigkeit von dem Ritt hatte zurückhalten lassen und arbeitete sich mißmuthig durch die beschwerlichen Wege. Endlich langte er bei dem bezeichneten Wirthshause an und dachte, seinen Bruder zu finden, der wenigstens vor einer Stunde schon eingetroffen sein mußte. Aber man denke sich sein

Erstaunen, als diesen weder der Wirth noch das Gesinde gesehen haben wollten! Kommen mußte er, das wußte er wohl, und deswegen beschloß er, ihn zu erwarten, wenn es auch noch so spät darüber werden sollte. Aber eine Stunde verging, und noch eine, ohne daß sich der Ersehnte blicken ließ, und Mitternacht war längst vorüber. Da endlich öffnet sich die Thür, und der jüngere Bruder tritt herein, ohne Hut und Stock mit fliegenden Haaren. So wie er aufgesessen, erzählte er, sei das Thier mit ihm davon gerannt, wie toll und wild über Stock und Block, bis vor Lilienthal der Renner ihn an den Grund gesetzt habe und spurlos verschwunden sei. Nur mit großer Anstrengung habe er den Rückweg wieder finden können.

Jetzt sahen wohl Alle zusammen, daß dies der Schimmel gewesen, den man schon seit undenklichen Zeiten beim Mondschein im Felde gewahren kann, und der Reiter konnte Gott danken, daß ihm nichts Schlimmeres begegnet sei.

## IV.
## Die junge Hexe muß verbluten.

Eine arme Wittwe, die an den Wochentagen immer sehr früh ihren Geschäften nachging, pflegte ihr einziges Töchterlein der Hauswirthin in Aufsicht zu geben. Die lag dann gewöhnlich noch im Bette und nahm die Kleine zu sich herein. Die Mutter glaubte, sie könne nicht besser aufgehoben sein.

Auf diese Art verging manches Jahr, und das Mädchen wuchs allmählig heran. Da begab es sich einst, an einem Sonntagmorgen, wo die Mutter zu Hause zu sein pflegte, daß das Töchterlein gar sehr in sie drang, ihr die Stunde ihrer Geburt zu offenbaren, und wer ihr Pathe gewesen sei. Ueber diese Fragen wunderte sich die Mutter und verlangte den Grund davon zu wissen. Da erzählte das Mädchen wie die Hauswirthin jede Nacht, sobald die Mutter nur das Haus verlassen habe, mit ihr zu Tanz und Spiel gegangen sei. Dort habe sie einen feinen, jungen Herrn kennen gelernt, der mit großem Eifer auf die Beantwortung jener Fragen dringe; denn ehe er solches nicht wisse, habe er gesagt, könne es nimmer geschehen, daß aus ihnen Beiden ein Paar würde.

Die Mutter wurde bei dieser Eröffnung äußerst nachdenklich und beschloß zuerst, die Hauswirthin darüber zur Rede zu stellen. Allein sie bedachte sich bald eines Bessern und wandte sich an ihren Beichtvater. Den wandelte ein gerechtes Grauen an bei dieser Erzählung; denn er sah im Augenblick, daß die Hauswirthin eine Hexe und das Kind ihr Zögling sei. Als aber die Mutter anfing zu weinen über der Tochter Verderben, und wie es anzufangen sei, sie von dem Sündenwege zurückzuführen, da schüttelte der Pastor nachdenklich das Haupt. Jetzt machte sich die Frau auf das Äeußerste gefaßt, und als der Pastor ihre Stimmung sah, eröffnete er ihr den einzigen Ausweg in dieser Sache. Er sagte ihr, daß es schon zu spät sei, um an eine Besserung des Mädchens noch denken zu können; sie sei schon durch und durch Hexe, und das letzte Mittel, das Hexenthum in ihr auszurotten, wäre, daß man sie langsam verbluten ließe.

Wie schrecklich dieser Vorschlag auch dem Mutterherzen sein mochte, die Frau willigte gefaßt ein, ob dadurch die Seele vielleicht noch zu retten wäre.

# V.
## Die mitternächtliche Biene.

Ein junger Schneider hatte eine Braut, die in der Grünen Straße diente, und die Herrschaft hatte ihm erlaubt, das Mädchen des Sonntagabends ein Stündchen zu besuchen. Eines Tags war die Herrschaft nicht zu Hause, und nun nahmen es die Liebenden mit der Zeit nicht so genau; aus einer Stunde wurden zwei und drei, sie sprachen über ihre künftige Einrichtung, denn die Hochzeit war vor der Thür, und die Zeit verlief, ohne daß sie darauf achteten. Da springt das Mädchen mit einem Male in die Höhe, sieht nach der Hausuhr und schreit: »Um Gotteswillen Heinrich, du mußt eilen, daß du zu Hause kommst, der Meister schließt sonst die Thür!« Vergebens wendet er ein, daß es noch so gar spät nicht sei, und daß er sich für den Nothfall den Hauptschlüssel habe geben lassen; sie besteht darauf, er solle fortgehen, wird immer ängstlicher und dringender und macht endlich den Versuch, ihn mit Gewalt zur Hausthür hinauszuschieben. Da schlägt die Glocke eilf, und mit dem ersten Schlage sinkt das Mädchen ohnmächtig zur Erde. Erschrocken springt ihr der Bräutigam zu Hülfe und führt sie in die Stube; aber vergeblich sind alle seine Bemühungen, sie ins Leben zurückzurufen, und mit Sehnsucht wartet er darauf, daß die Herrschaft vom Kindtaufsschmause zurückkehren möge, denn je länger er seine Braut ansieht, um so graulicher wird ihm zu so später Stunde. Denn, obgleich ihre Wangen roth sind, so ist doch kein Leben und Pulsschlag in dem Körper, der Mund ist weit geöffnet, und die Augen sehen starr vor sich hin. Da unterbricht mit einem Male ein Summen die tiefe Stille der Nacht; denn durch das offene Fenster ist eine Biene geflogen, und der junge Mann muß alles Mögliche aufbieten, um daß Thierchen nur von dem Gesicht der Geliebten abzuhalten. Endlich ist er des Schlagens und Abwehrens satt und bedeckt Kopf und Gesicht des Mädchens mit einem weißen Tuche. Da saus't das Thier ihm und der Geliebten um den Kopf in immer engern und schnellern Kreisen, und das Summen wird lauter, und ihm wird immer ängstlicher zu Sinn. Da hört er in der Ferne, wie die Glocke Zwölf schlägt; er macht unwillkührlich eine rasche Bewegung, wodurch das Tuch vom Gesicht der Geliebten herunterfällt, und sieht mit Schrecken, wie die Biene mit Windesschnelle in ihren Mund fliegt. In demselben Augenblicke seufzt das Mädchen tief auf und schaut erstaunt umher, wie Einer, der aus tiefem Schlaf erwacht und sich nicht sogleich zurecht finden kann, und stößt einen lauten Schrei aus, als sie bemerkt, daß der Geliebte noch immer anwesend ist. Der aber nahm eilig seinen Hut, um niemals wieder zu kehren. Denn er wußte nun, woran er war.

## VI.
## Die abgesperrte Seele.

Ein Mann bemerkte seit längerer Zeit, daß seine Frau um Mitternacht nicht athmete, sondern unbeweglich dalag mit offenem Munde, wie eine Leiche. Er hatte gehört, daß es Menschen gäbe, deren Körper des Nachts von der Seele verlassen würde, welche hernach wieder durch den offenen Mund einzöge. Das konnte er nicht glauben und wollte bei seiner Frau doch einmal den Versuch machen. Er wendete sie also herum, daß sie mit dem Gesicht im Kopfkissen lag. Darüber schlief er ruhig ein; denn er dachte in

seiner Verstocktheit, die Seele wird allenfalls auch einen andern Weg ein-
schlagen, wenn sie durchaus in den Körper zurückwill. Als er am anderen
Morgen erwachte, fand er seine Frau noch in derselben Lage; sie aber war
todt, und alle Wiederbelebungsversuche blieben vergebens.

## VII.
## Kröten im Apfel.

Ein kleiner Knabe nahm, trotz der Warnung seiner Mutter, von einer alten
Frau heimlich einige Aepfel, wovon er einen verzehrte, die übrigen aber
mit zu Hause, oder vielmehr in den Keller brachte. Denn die Ältern wohnten in einem Keller am Neustadtsdeich. Die Mutter war ungehalten, daß er
das Verbot übertreten, nahm ihm die übrigen drei Äpfel weg und legte sie
in einen Korb, der an der Wand hing. Des Nachts ward der Knabe krank
und starb gegen Morgen. Im Verlauf des folgenden Tages bemerkte man,
daß der Korb an der Wand sich bewegte, und als man hineinsah, fand man
von den Äpfeln nur die Schaalen, im Uebrigen aber drei häßlich Kröten.

## VIII.
## Vom Forschieren.

Ein altes Weib trat auf dem Walle zu einem Kindermädchen und lobte mit
übertriebenen Worten des Kindes Wohlgestalt. Als die Dirne weiter ging,
machte die Schildwacht, welche Zeuge des Auftritts gewesen war, sie auf
die Veränderung aufmerksam, welche mit dem Kinde Statt gehabt hatte; es
verdrehte die Augen im Kopfe, und die Gesichtszüge waren gräßlich ver-
zerrt. Das Mädchen war in Verzweiflung; aber der Soldat sprach ihr guten
Muth ein und sagte ihr, das Kind wäre freilich forschiert, aber sie solle nur
nach dem Markt gehen; dort wohne eine Frau im Keller, die das Kind mit
leichter Mühe wieder in Ordnung bringen würde. Das Mädchen folgte dem
Rath des verständigen Soldaten und kam mit dem Kinde noch gerade zeitig genug, um den Unglücksfall wieder gut zu machen

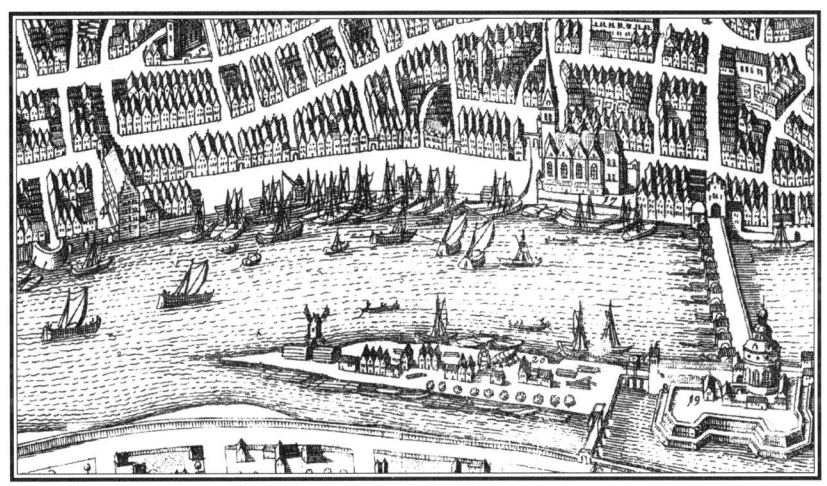

*Die Schlachte und St. Martini.*
*Ausschnitt aus der Bremen-Vogelschau von Matthäus Merian*
*in der Topographia Saxoniae Inferioris von 1653*

## IX. Das Mäusemädchen.

Ein Schiffer von der Unterweser, der mit seinem Fahrzeuge in Vegesack lag, machte sich eines Morgens in aller Frühe auf, um sich zu Fuße nach der Stadt zu begeben, wohin ihn seine Geschäfte riefen. Etwa auf halbem Wege wurde er von einer raschen jungen Dirne eingeholt, die einen großen Korb auf dem Kopfe trug, in welchem es hin- und herraschelte, so daß der Schiffer seine Neugier laut werden ließ.

»Ich habe einen Korb voll Mäuse,« sagte des Mädchen. »Die trage ich auf unsers Nachbarn Feld. Sein Hund hat unsere Gänse todtgebissen, und er will den Schaden nicht ersetzen.«

Das leuchtete dem Schiffer ein, er konnte sich aber nicht denken, wie es ihr gelungen sei, so viel Mäuse zusammenzubringen.

»Nichts leichter als das,« lachte das Mädchen, »da ich die Thierchen selber mache. Das habe ich von meiner Großmutter. Ich mache sie fertig bis auf die Schwänzchen, welche die Alte daran setzt, das läßt sie sich einmal nicht nehmen.«

»So außerordentlich geschickt, und doch so bescheiden!« dachte der Schiffer und betrachtete seine flinke Begleiterin mit ehrfurchtsvoller Scheu. »Die wird sicher noch mehr können. Aber wer möchte sich nur unterstehen, sie darum zu befragen?«

Allein das Mädchen schien seine Gedanken errathen zu haben und sagte mit schelmischem Gesicht: »Ich merke, daß Ihr an solchen Stücken ein Gefallen habt, so seht denn her.«

Bei diesen Worten zog sie eine kleine abgeschälte Weidenruthe aus der Tasche, und bohrte dieselbe in einen alten, knorrigen Baum hinein, der zufällig am Wege stand. Alsdann strich sie mit den Fingern daran herunter, als wenn sie melkt, und zur Verwunderung des Schiffers sprang ein starker Strahl der schönsten Milch aus dem Stäbchen. Als solches eine Weile gedauert hatte, nahm das Mädchen die Ruthe wieder zu sich und strich mit der Hand über die Spalte im Stamm, worauf der Milchquell sogleich versiegte.

»Ihr glaubt,« sagte das Mädchen, »das sei der Stamm eines Baumes gewesen; aber es war unsers Nachbarn Kuh. Hätte ich das Stäbchen noch länger stecken lassen, so wäre Blut gekommen, jene Kuh hätte die Milch verloren, und der Nachbar hätte auf Niemand anders als mich gerathen. So hab ich's noch vorläufig beim Alten gelassen.«

Jetzt lief ein Fußweg queerfeldein, und das Mädchen nahm mit freundlichem Grüßen ihren Abschied, um nach dem Acker des Nachbarn zu gehen und ihm die Mäuslein ins Korn zu setzen.

Der Schiffer aber ging sinnend seiner Wege, und wenn später einmal in seiner Heimath von der Geschicklichkeit und Klugheit dieses oder jenes Mädchens die Rede war, so schüttelte er ungläubig den Kopf. War er doch fest überzeugt, daß nichts über die Mädchen von Bremen gehe.

# X.
## Die Plaggenstecher.

Ein Bauersmann aus Ritterhude war nach der Haide gewesen, um Plaggen zu stechen, und als er sich mit Dunkelwerden zur Heimkehr anschickte, gesellte sich ein alter Mann zu ihm, der desselben Weges mußte. Sie hatten noch ein Paar gute Stunden zurückzulegen, ehe sie zu Hause kamen, und der Bauer beklagte sich gegen den Alten über große Ermattung, und meinte, die Zeit würde ihm diesen Abend lange dauern, ehe er heimkäme.

»Was soll ich denn sagen, wenn Ihr klagen wollt?« erwiderte der Andere. »Ich habe eben so angestrengt gearbeitet wie Ihr, und ich bin ein hochbetagter Mann; Ihr habt noch junge Beine. Aber ich will mir das Ding bequemer machen und wette, daß ich gemächlicher zu Hause kommen werde als Ihr.«

Damit war der Alte den Augen des Bauern entschwunden; dieser spürte, daß es sich um seinen Rücken legte, wie ein Mehlsack, und fest an seine Rippen klammerte; und es trieb ihn von dannen, er mochte wollen oder nicht. Keuchend und stöhnend schleppte er sich vorwärts.

Endlich war er vor dem Dorfe, und jetzt schauderte es und schüttelte sich auf dem Rücken; die Last glitt herunter, und der Alte schritt wieder neben ihm her, als ob nichts vorgefallen wäre.

»Ei der Teufel, also Du bist es, den ich habe schleppen müssen!« fluchte der Bauer. Aber er hatte noch nicht vollendet, als er eine tüchtige Ohrfeige erhielt und sich vergebens nach seinem Begleiter umsah. Da fiel es ihm ein, wie er schon oftmals gehört, daß man den Alten nicht für gut hielte.

# XI.
## Die wilde Jagd.

Eine Frau vom St. Stephan, welche um 2 Uhr Morgens zum Waschen bestellt war, ließ sich durch ihren Mann begleiten, weil es noch stockfinstere Nacht und der Weg nach dem oberen Theile der Stadt weit war. Als sie unterwegs sind, hören sie, wie die Stephansglocke hinter ihnen anfängt, zu schlagen; sie meinen es wird 2 Uhr sein. Aber wie groß ist ihr Erstaunen, als es nicht aufhören will mit Schlagen, bis der zwölfte Klang herunter ist.

Sie sehen jetzt wohl, daß sie sich Beide in der Zeit versehen haben und wollen vorläufig nach Hause zurückkehren. Das ist aber zu spät. Mit Saus und Braus kommt's die Straße herauf, eine Glaskutsche hält, mit Hunden bespannt, und ehe unser Mann noch zur Besinnung kommen kann, wird ihm die Halfter übergeworfen; er ist mit eingespannt, und von Neuem geht es Straß' auf Straß' ab, ohne Ruh', ohne Rast, bis es Eins schlägt. Da ist mit einem Male Alles verschwunden, die Hunde und die Kutsche und die Damen drin, und der Mann steht allein und hat keinen trockenen Faden an seinem ganzen Leibe. Schaudernd läuft er zu Hause und erzählt seiner Frau, was ihm begegnet. Darauf legte er sich zu Bett und lebte nur noch vier Wochen. Doch war er nie zu bewegen, vor seinem Tode die Damen in der Glaskutsche zu nennen, obgleich er sie recht wohl erkannt hatte.

## XII.
## Die weiße Gans.

Ein Amtsfischer, den sein Weg bisweilen spät Abends noch über den Stephanikirchhof führte, sah häufig eine Gans in der Ecke an der Kirche sitzen. Einmal ließ er sich gelüsten, sie mitzunehmen, um seiner Frau einen fetten Braten zu bringen. Als sie aber unterwegs immer schwerer und schwerer wurde, kam ihm das Ding doch unheimlich vor, und er setzte sie leise auf wieder die Erde. Späterhin sah er sie noch oft, aber vergriff sich nicht weiter daran, besonders da er in Erfahrung gebracht hatte, das es seine Nachbarin sei, die Frau eines sehr reichen Kaufmanns, der auf der Großenstraße wohnte.

## XIII.
## Der Nachtwächter und die Gans

Einem Nachtwächter begegnete auf einem Kreuzwege eine Gans, so groß und schwer, wie er sie noch in seinem Leben nicht gesehen hatte. Das wird einen herrlichen Sonntagsbraten geben, dachte er, und da sich das Thier nicht greifen lassen wollte, so holte er aus mit seinem Stock und schlug ihr ein Bein ab. Jetzt nahm er seine Beute unter den Arm und brachte sie nach

Hause zu seiner Frau. Die war sehr erfreut über den unverhofften Fang, und setzte die verwundete Gans, die auch vor Kälte zitterte und halb erfroren schien, einstweilen hinter den Ofen, der noch etwas warm war, auf einen Stuhl, damit sie sich im Laufe der Nacht etwas erholen sollte. Als der Wächter aber mit seiner Frau am folgenden Morgen in die Stube trat, erschraken sie sehr, als sie hinterm Ofen eine wohlbekannte vornehme Dame fanden, welche jammerte und wehklagte, daß sie vergangene Nacht ein Bein gebrochen. Da ging der Nachtwächter in sich und schaffte die Verwundete ohne Aufsehn nach ihrer Wohnung, und er hat es nachher nie bereut, daß er den ganzen Vorfall verschwiegen und keiner Seele erzählt hat. Denn die Dame wollte um Alles in der Welt nicht bekannt sein.

## XIV.
## Alter Glaube.

Die alten Bremer glaubten, ihre Festungswerke durch das Einmauern eines unschuldigen Kindes unüberwindlich zu machen, wie den auch beim Abbruch des Brückethors vor einigen Jahren, wirklich die Ueberreste eines Kindes zum Vorschein gekommen sein sollen.

## XV.
## Hexenschmaus auf der Faulenstraße.

Auf der Faulenstraße, nach dem Wachthause hinunter, pflegten die Hexen ihre Mahlzeiten zu halten. Dabei ging es lustig her, und durch das Lachen und Singen hindurch konnte man deutlich hören, daß auf gläsernen Instrumenten gespielt wurde. Die Tische standen die ganze Straße hinunter in einer langen Reihe, und die vielen Lichter verbreiteten einen glänzenden Schein; aber, obgleich es ganz hell war, fast wie am Tage, so wagte es doch Niemand, den sein Weg in später Nacht des Weges führte, als Hebammen und Nachtwächter, näher hinzugehen; wenn aber auch einmal einer von den Wächtern neugierig war, und verstohlen durch das Fenster des Wachthauses schaute, so konnte er doch Niemand von dem Gelage erkennen.

# XVI.
# Das Strafgericht.

Ein Mädchen, welches in der Osterthorstraße diente, stand in Verdacht, mehre Hausdiebstähle begangen zu haben. Vergeblich drang die Herrschaft in sie, um sie zum Geständniß zu bringen; ja die Dirne vermaß sich hoch und theuer und lud alle Strafgerichte des gerechten Gottes auf sich herab, wofern ihr von den geraubten Sachen das Geringste bewußt; damit mußte denn auch wohl die Herrschaft sich begnügen. Aber sie wurde unmittelbar darauf siech und elend, daß sie auf eine unerhörte, schreckliche Weise aufschwoll und gepeinigt wurde von allerlei Pein, bis an ihren Tod, der einige Tage darauf erfolgte. Nach ihrem Tode kroch ihr ein großer Frosch aus dem Munde.

# XVII.
# Der Geist Wicht.

Am Tage vor Matth. Apost. 1533 wurde Johann Ehlers lebendig verbrannt. Er bekannte:

1) Von Einem zur Neuenburg die Zauberei gelernt zu haben, wie er ein Geist »Wichtchen« laden müßte. Der wäre von einem totgeborenen Kinde und flöge in der Luft zwischen Himmel und Erde. Denselbigen Geist solle er laden, und wenn er ausbliebe, sich ihm mit Leib und Seele ergeben; dann würde er gewißlich kommen. Bei der Ladung habe er sich folgender Formel bedient:

»Nu sitte ick hier unde wachte un wet nich, weß ick wachte. Nu sende my de Vader und de Söhne un de hillige Geest dat allerschönste, hilligste Wicht, dat tuschen Himmel unde Erdrike is, my sichtliken unde wahrliken to myn Gesichte, Allent, wat ick von öhm begehrend bin, tho wetende, sunder jenigerley Weg, sunder jenigerley Vergeltung. Nu beschwere ick Dy by söven doetbahren Seelen, nu beschwere ick Dy by söven Altaren, nu beschwere ick Dy by alle Gades Hilligen, by alle Gades Frunden; noch beschwere ick Dy by aller Gades Wunden, by Maria, der reinen Magd, dat Du tho my kamen bist.«

Dann fragte er das Wicht, was er zu wissen begehrt und erhält seine Antwort. Darauf sagt er noch ferner:

»Nu segne Dy de Vader un de Söhne un de hillige Geest, dat Du my hefst Bescheet gegeven Allent dat ick von Dy begehrnt waß. Nu benedye ick Dy mit dem Vader u. dem Söhne u. dem hilligen Geeste.«

2) Hätte er vom Wichtchen gelernt, den Kühen die Milch wieder zu bringen, auf folgende Art, daß er in einen Topf legen müßte 3 stählerne Nadeln, im Namen des Teufels und im Namen dessen, dem das Melken benommen. Dann müßten die, welche es benommen, von selbst kommen.

3) Wann Einer krank war, der nicht zu ihm, und zu dem auch er nicht kommen konnte, und derselbe nur Haar von seinem Haupte und die Nägel von Daumen und beiden Vorderfingern der rechten Hand schickte, so fragte er das Wichtchen, welches ihm die Wahrheit sagte.

4) Er gestand, von einem Todtenknochen aus dem Galgen, von Steinen und Kräutern, in Allem aus neun Dingen, einen Trank gemacht und Vielen eingegeben zu haben.

5) Hätte ihm Einer beigebracht, zu erforschen, wenn Einer krank oder ihm etwas entwendet wäre. Man nehme soviel Kieselsteine, als Personen in Verdacht stehen, schreibe darauf eines Jeden Namen, nehme dieselben in derer und des Teufels Namen und mache sie in Feuer glühend heiß. Dann sollte er sie herausnehmen und in einen Winkel legen. Selbiges müsse geschehen sein am Freitag Abend und nicht eher als Sonntag vor Sonnenaufgang weggenommen werden. Wenn die Steine dann in kaltes Wasser gelegt würden, zischte des Schuldigen Stein und gebe einen Rauch von sich. Solches hätte er oft versucht.

6) Wenn man Einen bezaubern wolle, müsse es geschehen am Sonntag Morgen vor Sonnenaufgang; man müsse alsdann einen Drath spinnen, verkehrt aus dem Grosse in tausend Teufel Namen, und machen neun Knoten darein. Dabei müsse man den Namen desjenigen gebrauchen, welchem es soll angethan werden.

# XVIII.
## Das Butter-Entziehen

Zwei Bauermädchen gingen mit einander zur Stadt, und als sie bei Wacker-Alheid in Oslebshausen vorüberkamen, stand die Frau selber unter der Hausthür und butterte. »Komm,« sagte da die eine Dirne zu ihrer Begleiterin, »wir wollen die Butter mitnehmen.« Da lachte die Andere und ging mit ihr vom Wege abwärts, bis wo die Weser tief ins Land eindringt. Denn sie dachte nichts Arges dabei und glaubte die Andere wolle einen Scherz machen. Die zog ein kleines weißes Stäbchen aus der Tasche und schlug damit viermal ins Wasser, worauf vier Pfund Butter einzeln hervortauchten, welche die Dirne in ihren Korb legte und mit sich nahm. Denn die Butter war sauber aufgemacht zum Verkauf und fehlte nichts daran.

Gegen Abend, als die Mädchen zurückkehrten, blieb das Eine unter irgend einem Vorwande zurück. Denn sie fürchtete sich vor den Künsten der Andern, wollte nicht weiter bei ihr bleiben und ließ sie vorausgehen. Als sie bei Wacker-Alheid kam, sah sie, daß die Frau noch immer am Butterfaß stand. Da trat sie voll Mitleid zu ihr, sagte, sie solle sich weiter keine Mühe geben, da die Butter schon heraus wäre und erzählte Alles, was sie wußte.

Die Frau, welche so lange vergebens gebuttert hatte und nichts als Schaum und Schaum im Fasse sah, war den ganzen Tag schon verdrießlich gewesen. Nun aber fuhr sie zornig auf und machte der Dirne die härtesten Vorwürfe; denn diese war es, welche die Frau im Verdacht hatte, und nur mit großer Mühe gelang es ihr, die Alte zu besänftigen und ihr zu beweisen, daß sie ganz schuldlos sei. Sie offenbarte auch der Frau, wie ihre Begleiterin noch erzählt habe, daß kein Zauber der Butter etwas anhaben könne, wenn man vorher unter das Faß das alte Hufeisen eines Pferdes lege.

## XIX.
## Heldentod der alten Stedinger

### 1. Des Volkes Ursprung und Freiheiten

Das Stedingerland ist jetzt der Wohnsitz ruhiger, friedliebender Menschen, die unter einer gerechten und milden Regierung die Segnungen des Friedens im vollsten Maaße genießen. Der fette Boden bringt alle Lebensbedürfnisse hervor, und die Ströme des Landes gewähren eine einträgliche Fischerei und eine lebhafte Schifffahrt. So vergeht ein Jahr wie das andere, Jeder ist mit seinem Loose zufrieden, und die Ruhe des Landes ist ungefährdet.

Wie ganz anders war es vor sechshundert Jahren! Dazumal hatten sich die Stedinger erhoben gegen geistliche und weltliche Oberherrn; sie hatten die letzten Spuren unwürdiger Knechtschaft im Lande vertilgt, standen gerüstet, um die gefährdete Freiheit zu vertheidigen und zogen die Augen der gesamten Christenheit auf sich. Wie mochte der leibeigene Bauer in allen Landen ringsum aufhorchen, wenn er von den kühnen, tapfern Landleuten hörte, die sich selbst genug dünkten, und Adel und Geistlichkeit vertrieben hatten! Mit welcher Spannung mochte er den Berichten ihrer Siege entgegensehen! Aber die Geistlichkeit trug zeitig Sorge, dieser lebhaften Theilnahme entgegenzutreten, indem sie die Stedinger als gottvergessene Heiden darstellte und die abgeschmacktesten Gerüchte über ihr unchristliches Thun in Umlauf setzte.

Die alten Stedinger waren niederländischer und friesischer Herkunft. Die Marschgegend von der Ochum bis abwärts zur Hunte war in uralter Zeit fast gar nicht bewohnt, weil sie bei dem Mangel an Bedeichung von den Wasserfluten überströmt wurde. Die Bewohner der nahen Geesten hatten dort ihr Heuland und Viehtriften. Auch die Ufer der Ochum und Wumme lagen weit und breit wüste; denn dort fand sich nichts als Bruch und Sumpf.

Da kamen Männer aus den Niederlanden, die in ihrer Heimath gelernt hatten, wie man dem Wasser den festen Boden streitig macht durch Gräben und Dämme, und der Erzbischof, dem jene Einöden gehörten, war sehr damit zufrieden, als sie sich bereit erklärten, sich dort niederzulassen und räumte ihnen große Vorrechte ein.

Mit den Ankömmlingen vermischten sich allmälig die wenigen sächsischen Ureinwohner der Geesten, und die sämmtlichen Anbauer vereinten sich unter dem Namen der Stedinger zu einer besonderen Volkerschaft, deren Wohnsitze sich von Ovelgönne herauf durch das jetzige Stedingerland verbreiteten. Dazu kamen aber noch einzelne Landstriche in der Umgegend der Stadt Bremen, das Viehland, Hollerland, Blockland, Werderland, und auf dem rechten Weserufer die Gegend von Leßum bis zum Lande Wührden. Dieser letzte Strich wurde Ost-Stedingen oder Oster-Stade genannt. Der Umfang des Landes war also damals ungleich beträchtlicher als zur jetzigen Zeit.

Von den Bischöfen war ihnen die Freiheit der Person und jede Befreiung von Dienstleistungen zugesichert; ferner Unverletzlichkeit und erblicher Besitz ihrer Grundstücke. Die Abgaben waren unbedeutend und nicht der Rede werth; sie bedienten sich ihres vaterländischen Rechts und wählten die Richter aus ihrer Mitte.

Solche Rechte waren unerhört im ganzen Sachsenlande, und als das Volk im Laufe der Zeiten zahlreich und streitbar wurde, besorgte der benachbarte Adel und die Geistlichkeit, daß der arme, gedrückte, leibeigene Bauer auf ihren Gütern ein Beispiel an den Stedingern nehmen und mit der Zeit auch für sich manche Befreiung verlangen möge. Sie boten deshalb Alles auf, um die Freiheiten des Stedingerlandes, die ihnen so gefährlich zu werden drohten, bei Zeiten zu schmälern und den aufstrebenden Sinn des kühnen Volkes zu demüthigen.

Die ersten Anbauer hatte es nicht gehindert, daß die Grafen von Oldenburg Burgen im Lande erbauten; theils mochten sie es nicht ahnen, wie gefährlich diese Festen ihrer Freiheit werden könnten, theils nahmen sie dieselben sogar bei ihrer ursprünglich geringen Anzahl als einen Hort und sichere Zuflucht vor den Anfällen der Nachbarn. Als aber die Burgmänner mit der Zeit anfingen, allerlei Zins und Abgaben zu erpressen, da sahen die Stedinger mit Grausen, wohin solche Nachbarschaft endlich führen müsse.

Die Geistlichkeit trug zur Unterdrückung des Volks ebenfalls das Ihrige bei. Der Erzbischof verlangte anstatt der vertragsmäßig festgesetzten, eilften Garbe, die zehnte, und die niedern Geistlichen forderten im Laufe der Zeit mit Ungestüm, als komme es ihnen zu von Gott und von Rechts wegen, was anfänglich der fromme Sinn der Stedinger ihnen freiwillig gegeben.

Es konnte nicht fehlen, daß eine gewaltige Erbitterung gegen diese Bedrückungen und Erpressungen im Volke entstand, die nicht selten Widersetzlichkeiten zur Folge hatte und Blutvergießen. Allein die Stedinger sahen ein, daß solches Alles doch zu nichts führen würde, so lange noch der Adel dem Ingrimm des Volks von seinen Burgen aus ruhig Trotz bieten könne.

Da versammelten sich die Bewohner der nördlichen Gegenden (1187) im Dunkel der Nacht am Brokdeich, wo dazumal sich ein großer Wald befand, um die Noth des Landes zu berathen. Hier wurde ein Angriff auf die benachbarten Vesten beschlossen, indem man im Fall des Gelingens auf den Beifall und die Unterstützung aller Stammesgenossen rechnete, und der eine Haufe zog gegen die Lichtenburg, der andere nach Linen. An beiden Orten vermochte man dem Andrange nicht zu widerstehen, die Burgen mußten sich ergeben, und die Burgmänner fielen als Opfer ihres Uebermuths. Die Lichtenburg sowohl als die Line wurden angezündet und gänzlich zerstört.

Dieses Beispiel reizte die südlichen Stedinger zur Nachahmung. Auch sie erhoben sich gegen die Gewalthaber und vertrieben die Junker aus dem Lande.

## 2. Der Beichtpfennig.

Dem Erzbischof Hartwich I. mochte es ganz erwünscht sein, daß die Macht der oldenburgischen Grafen einen so empfindlichen Stoß erlitten; denn er unternahm vor der Hand nichts, um die Aufrührer zu züchtigen. Er rüstete sich vielmehr, als ob nichts vorgefallen wäre, zu einer Fahrt ins heilige Land, und beschwerte sich erst auf der Rückreise beim Papst Innocenz III. über die Widerspenstigkeit der Stedinger, welche sich weigerten, den Zehnten zu entrichten. Ob dieser Frechheit entrüstet, schenkte ihm der Papst das Schwert Petri, womit er des Hohenpriesters Knecht das Ohr abgehauen und versprach zugleich, wenn solches zur Dämpfung des Aufruhrs nicht hinreichen sollte, daß die Stedinger als Ungläubige betrachtet und das Kreuz gegen sie gepredigt werden sollte.

Zwar fand er bei seiner Rückkehr die Burgen von den Oldenburgern wieder besetzt. Doch mußten die Junker nach einigen Jahren das Land wieder räumen, und nur Graf Moriz, der das Land nicht beunruhigte, moch-

*Das Stedinger Land.*
*Ausschnitt aus der Weserkarte von Matthäus Merian*
*in der Topographia Saxoniae Inferioris von 1653*

te ungestört auf seiner Burg zu Berne hausen. Auch der Erzbischof behelligte die Stedinger jetzt nicht und erwartete, was die Zeit bringen würde. Das Volk selbst aber schien sich mehr und mehr zu beruhigen.

Plötzlich aber belehrte ein schreckliches Ereigniß die Arglosen, daß der Uebermuth der Geistlichkeit keineswegs gebrochen, daß sie von grimmigem Haß erfüllt sei gegen das Volk, und daß man von ihrer Tücke das Aergste zu besorgen habe.

Eine Edelfrau war nämlich am Tage vor Ostern in der Berner Kirche zur Beichte gegangen und da der Flinderken dem habsüchtigen Geistlichen als Beichtpfennig für die angesehene Frau zu geringe scheinen mochte, so machte er dies auf eine empörende Art dadurch bemerklich, daß er ihr am folgenden Tage, als sie kam, das heilige Abendmahl zu genießen, das Geld statt der Oblate in den Mund steckte. Die Frau, in der Meinung, daß sich der heilige Leib in Metall verwandelt habe, lief voller Bestürzung zu Hause und nahm mit einem reinen Tuche den Silberpfennig aus ihrem Munde.

Da ergrimmte ihr Eheherr, der wackere Bohlke von Bardenfleth und beklagte sich bei dem Vorgesetzten des Pfaffen über die erlittene Schmach, wurde aber mit schnöder Geringschätzung abgewiesen. Das war dem Beleidigten zu viel, und er meinte, es sei endlich an der Zeit, sich selber zu seinem Rechte zu verhelfen.

Er schickte deshalb Boten an alle seine Verwandten, fern und nah, benachrichtigte sie von der Unbill, welche ihm die Geistlichkeit zugefügt habe und forderte sie dringend auf, sich am nächsten Sonnabend in seiner Wohnung einzufinden, um das Weitere zu berathen. Um vorläufig größeres Aufsehn zu vermeiden, möchten sie es so einrichten, daß sie nicht vor der Abenddämmerung einträfen.


### 3. Die Mönche.

Der bestimmte Tag erschien, und so lange die Sonne am Himmel stand, ging ein Jeder auf Bolkes Hofe seinen Beschäftigungen nach; das Gesinde war den Tag über im Felde beschäftigt und kehrte, so wie aus der Ferne die Töne der Vesperglocke herüberschallten, fröhlich singend heim. Das Abendbrot stand bereit, und so wie die Leute gegessen, ging ein Jeder nach alter Gewohnheit zur Ruhe, um sich von den Beschwerden des Tages zu erholen.

Alles Gesinde war zu Bette, und es war sehr stille geworden im Hause. Die Hausfrau saß auf einem niedrigen Schemel am Heerde, und sah betrübt und nachdenklich dem Spiele der ersterbenden Flammen zu; Bohlke schritt unruhig auf der Hausflur auf und ab und trat dann und wann vor die Thür hinaus, um zu sehen, ob sich denn Niemand einstellen wolle. Aber es dunkelte schon bedeutend, die Ferne hatte sich den Blicken gänzlich entzogen; ringsum herrschte tiefe Stille, und nur vom Strom herüber ertönte das Rufen der Schiffer.

Immer ungeduldiger wurde der Edelherr, daß sich keiner der Eingeladenen zeigen wollte; er hatte es ganz vergessen, daß er ihnen selbst die späte Abendstunde bestimmt. Er setzte sich schweigend seinem Weibe gegenüber an den Heerd und starrte vor sich hin. Da erdröhnte mit einem Male ferner Hufschlag, und Bohlke schritt eilig an die Thür, um sich zu überzeugen, daß er sich nicht getäuscht habe. Nach wenigen Augenblicken schon trat er wieder ins Haus und in das Gemach der Frau. Diese saß immer noch ruhig am Heerde; das nahende Pferdegetrappel hatte ihre Aufmerksamkeit erregt und mit Verwunderung schaute sie auf das Beginnen ihres Mannes.

Der aber trat gleich darauf wieder hervor aus der Kammer, mit dem großen dunklen Schleier der Gattin über dem Arm.

»Es ziemt sich nicht,« sagte er, indem er zu ihr trat, »es ziemt sich nicht, geliebtes Weib, daß du in Deiner Erniedrigung unsern Vettern Dein Angesicht zeigst. Ich will deine Schmach verbergen mit der Nacht des Schleiers, und du wirst das Licht der Sonne nicht schauen, bis das Unrecht gesühnt und Deine Ehre gerettet ist.« Damit verhüllte er ihr das Haupt und die Schultern.

Regungslos saß das Weib auf dem Schemel, und nur ein tiefer Seufzer, der unter der Hülle hervordrang, gab Kunde, daß das Jammerbild noch lebe und athme. Der Mann aber eilte ans Thor und begrüßte die Ankömmlinge; denn sie kamen jetzt in großer Zahl, und zur Rechten und Linken eilten sie den Deich herauf. Sie kamen aus allen Gegenden des Landes, einzeln, oder wie sie sich haufenweise zusammengefunden hatten. Ein jeder war nur mit dem Unbill beschäftigt, welche der Familie widerfahren; Alle waren erfüllt von Rachegedanken, und Niemand achtete auf die beiden Mönche, welche demüthig zu Fuße desselben Weges wanderten. Sie

kamen von Kloster Hude und wollten im Auftrage des Abtes nach Oster-
stade; aber die Nacht hatte sie ereilt, noch ehe sie über die Weser kommen
konnten, und nun mußten sie sich nach einer gastlichen Herberge umsehen an dem diesseitigen Ufer. Auch durften sie im ganzen Stedingerlande
auf eine freundliche Aufnahme rechnen. Denn sie waren wohlgelitten fern
und nah, weil die Mönche dieses Klosters die Habsucht und Anmaßung
der übrigen Geistlichkeit nicht theilten. Das nächste Gehöft war Bohlke's;
dahin richteten sie ihre müden Schritte.

Die Männer waren indessen alle versammelt, und schweigend deutete
der Junker nach dem Hintergrunde der Hausflur, wo am Heerde noch immer die Schwergekränkte saß, welche sie zu rächen gekommen waren. Einer
nach dem Anderen trat hinzu, küßte das arme Weib auf die verhüllte Stirn
und richtete Worte des Trostes an die Bekümmerte, die, von ihrem Elende
beinahe erdrückt, nur mit Schluchzen und Seufzen antworten konnte.

Mittlerweile trat auch Bohlke hinzu; und die Flamme auf dem Heerde,
welche noch einmal emporflackerte, beleuchtete mit ungewöhnlichem, selt-
samem Scheine des Mannes bleiches, gramgefurchtes Antlitz, während die
ganze übrige Umgebung von einem trüben Dämmerlichte umflort war.

»Ich habe,« hub jetzt der Edelherr mit ernster Stimme an, »das unglückliche Weib dem Anblick der Menschen entzogen, und sie wird im Sack und
in der Asche sitzen, bis die Schande von ihr genommen ist; nicht eher wird
sie das ungetrübte Licht des Tages und den hellen Schein der Sonne wieder
erblicken. Des Pfaffen Vorgesetzter verweigert jede Genugthuung; ich muß
mir also selber helfen und habe einen feierlichen Schwur gethan, morgen
den Schleier vom Haupte meines Weibes zu nehmen, noch ehe die Sonne zu
Gott gegangen. Euch habe ich rufen lassen, Vettern und Freunde, um zu
vernehmen, was mir obliege, um den Schimpf des Hauses zu rächen.«

»Er muß sterben,« tönte es ringsum, wie aus einem Munde, »er muß
sterben, der übermüthige Pfaffe.« Alle Wasserfluten sind nicht im Stande, die Schmach der Familie abzuwaschen, das kann nur des Gottlosen
Blut.«

Und sie traten hin zu ihm und küßten seine bleichen Wangen, Mann für
Mann, als wollten sie ihn weihen zu dem blutigen Werke. Dann gab Bohlke
seiner Gattin einen Wink, sich in ihr Gemach zu verfügen. Die Männer
aber folgten jetzt dem Hausherrn zum Mahle, das bereit stand.

Die Mönche hatten unterdeß rüstig ihren Weg verfolgt und langten gerade in dem Augenblick bei dem Gehöft an, wo die Männer, die ihre Pferde in den Stallungen untergebracht hatten, sich ins Haus begaben. Jetzt erst, beim Anblick der vielen stattlichen, mit kurzen Schwertern bewaffneten Männer, fiel ihnen die Schandthat ihres Mitbruders schwer aufs Herz, und obgleich sie immer im ganzen Lande lieb und angenehm waren, so wagten sie es doch jetzt nicht, unter das Dach des Mannes zu treten, gegen den erst in den jüngsten Tagen die Geistlichkeit so übermüthig gefrevelt. Sie waren froh, daß man ihre Anwesenheit nicht bemerkt habe, und da es jetzt ganz still geworden war, so traten sie an ein Fenster, von welchem aus sie ungesehen die Hausdiele, und was dort vorgehe, überschauen konnten. Hier wollten sie einen Augenblick rasten, um hernach desto frischer ihren Weg fortsetzen zu können.

Aber was in dieser Welt hatte der Auftritt zu bedeuten, den sie beim dunklen Schimmer des Heerdfeuers übersehen konnten? Was war das für eine sonderbare Gestalt, die gebückt und froschartig am Heerde saß, und welche die Ankömmlinge der Reihe nach küßten? Wer war der bleiche Mann, dessen Antlitz hell beleuchtet war von der rothen Glut, welchen die ernsten Männer feierlich umarmten? Und endlich noch dies nächtliche Gastmahl, bei welchem nicht Scherz ertönte noch Gesang, als wäre es ein Leichenmahl?

Da regte es sich neben ihnen am Boden, und dem einen der Horcher schlüpfte es träge und schwerfällig über den Fuß. Rasch bückte er sich, und als er's emporhub, durchfuhr es ihn mit eisigen Schauern, denn er hielt eine kalt-feuchte Kröte in seiner Hand.

Sein Gefährte hatte nicht sobald das ungestalte Thier erblickt, als er durch's Fenster nach der Stelle hindeutete, von welcher sich soeben die gebeugte, gramerfüllte Gestalt der Frau entfernt hatte; es war ihm ein Gedanke ganz besonderer Art gekommen.

»Wird es nicht auch Dir jetzt klar,« fragte er mit leiser bebender Stimme, »was es mit jenem Unholde am Heerde für eine Bewandniß habe?«

»Du hast recht,« erwiederte der Angeredete schaudernd und schleuderte das Thier weit von sich weg.

»Was unsere Augen dort gesehen, was war es anders als eine menschengroße Kröte? Laß uns eilen, diesen Ort der Sünde, der Zauberei und des

Schreckens zu verlassen. Der blasse Mann und die Kröte! Eine solche Nähe kann keinen Segen bringen.«

Eilends machten die beiden Wanderer sich davon und verschwanden bald im Dunkel der Nacht.

### 4. Blutige Rache.

Der folgende Morgen war trübe und wolkig, und ein feiner Regen, der unablässig herniederträufelte, machte die Wege fast ungangbar. Dadurch ließen sich aber die Männer nicht zurückhalten, die schon in der Frühe von Bohlkes Hause aufgebrochen waren und mit Zurücklassung ihrer Pferde den Weg nach Berne eingeschlagen hatten. Einzeln oder in kleinen Abtheilungen, um jedes Aufsehen zu vermeiden, schritten sie auf verschiedenen Pfaden dahin, und ein Jeglicher trug ein kurzes Schwert unter seinem Oberkleide, zu Schutz und Trutz. Es wurde wenig gesprochen, denn man hatte die Nacht über schon Alles genau erwogen und verabredet. Ein Jeglicher ging schweigsam vor sich hin in Erwartung der Dinge, die da kommen sollten.

Bohlke befand sich bei dem ersten Haufen; sein Gesicht war sehr bleich vor krankhafter Aufregung, im übrigen zeugten seine Mienen von kalter, fester Entschlossenheit. Er blickte unruhig nach dem Flecken hinüber, in dessen Nähe sie bereits angelangt waren, wie das Raubthier, wenn es die Beute wittert.

»Jetzt müssen wir eilen,« hub er mit ängstlicher Hast an, indem er sich an diejenigen wandte, welche ihm zunächst gingen. »Schon sehe ich einzelne Kirchgänger zurückkommen; die Messe ist vorbei, und wenn wir uns nicht sehr sputen, so ist das Pfafflein zurück nach der Burg und in Sicherheit und lacht sich über unser ohnmächtiges Unternehmen ins Fäustchen.«

Alle beflügelten ihre Schritte, denn sie sahen, daß Bohlkes Bemerkung nur zu wahr sei, und je weiter sie in den Flecken eindrangen, je größer wurde das Getümmel der heimkehrenden Kirchgänger. So gelangten sie auf den Kirchhof und stellten sich vor der Thür des Gotteshauses in einer Reihe auf; Bohlke stand dem Ausgange zunächst.

Da trat der Pfarrer heraus, angethan mit den heiligen Gewändern, über welche er leicht einen Mantel geworfen, um sie vor der Nässe zu schützen. Uebermüthig und ohne ihn eines Blickes zu würdigen, schritt er an dem

Edelherrn vorüber, und als sich derselbe ungeduldig vordrängte, schob er ihn unsanft zur Seite und schaute trotzig zurück nach dem ungestümen Dränger.

So wie er aber Bohlke's Züge erkannte, trat er erblassend beiseit und wandte sich eilig zurück, um wieder die Schwelle des Gotteshauses zu erreichen, wo er sich sicher dünkte vor jeder Gewaltthat. Denn des Edelherrn und seiner Sippschaft Anwesenheit weissagten ihm nichts Gutes. Aber es war zu spät, und wie der Cherub mit dem Flammenschwerte die Pforten des Paradieses hüthet, also stand Bohlke mit gezückter Wehr auf der Schwelle des Tempels und wehrte jeglicher Rückkehr.

Jetzt gab sich der Priester verloren, und mit Zagen schaute er, wie des schwerbeleidigten Mannes Augen vor Mordlust funkelten. Aber noch einmal wollte er den Versuch machen, ob nicht die so oft gemißbrauchte Heiligkeit seines Standes ihn vielleicht retten möchte. Und er warf den Mantel von sich, so daß er da stand in seinen geweihten Gewändern, und mit Donnerstimme rief er: »Weiche zurück, daß der Diener des Herrn einziehen möge in das Heiligthum seines Gottes. Oder Feuer wird fallen vom Himmel, den Saamen Amaleks auszurotten und zu vertilgen die letzte Spur von Midian!«

Aber des frechen Mannes Worte verhallten, ohne die Blitze des Himmels herabbeschworen zu haben; wohl aber funkelte der Stahl in Bohlkes Hand und senkte sich tief in die Brust des Frevlers, der dumpf röchelnd vor der Kirche zusammenbrach. Das Volk, welches der seltsame Anblick haufenweise herbeigezogen hatte, stieß bei der unerhörten That einen Schrei des Entsetzens aus. Ein Mord im Bereiche der Kirche! Der Mord war verübt an einem Priester, und weder die Nähe des Tempels, noch die heiligen Gewänder hatten ihn geschützt!

Bohlkes Freunde schaarten sich sogleich um ihn her, um zu verhüthen, daß er nicht auf der That ergriffen würde. Aber dies war kaum nöthig; denn obgleich die Leute anfangs bestürzt waren, so dauerte es doch nicht lange, das sie die rasche That laut billigten und riefen, der Uebermüthige habe seinen gerechten Lohn empfangen, und laut jauchzend folgten sie dem abziehenden Haufen bis vor den Flecken.

## 5. Des Erzbischofs Fluch.

Als der Geistlichkeit die Kunde dieser Blutthat zu Ohren kam, gerieth sie in große Furcht und betrieb mit Ernst und Eifer die Auslieferung des Mörders; denn sie wollten ihn einen doppelten und dreifachen Tod erleiden lassen, daß er ein Beispiel wäre für Jahrhunderte, und das Volk für immer von jeder Gewaltthat und Widersetzlichkeit gegen die Geistlichkeit zurückgeschreckt würde.

Dies Mittel verfehlte aber bei den Stedingern gänzlich seinen Zweck. Jedes andere Volk, was mit diesem schrecklichen Fluch belegt war, fühlte sich gebrochen bei dem Verlust der zeitlichen und ewigen Glückseligkeit. Bei den Stedingern aber brachte diese gefürchtete Maaßregel die entgegengesetzte Wirkung hervor, und, anstatt sich zu beugen, erhoben die kühnen Männer gegen ihre Unterdrücker nur desto muthiger ihr Haupt, verfolgten die Geistlichkeit mit ungezähmtem Grimme und vertrieben dieselbe ganz und gar aus ihren Gränzen; des Erzbischofs Herolde, die dies Interdict verkündigten, wurden verspottet, die Zehnten aber von jetzt an gänzlich verweigert. Die Stedinger begnügten sich auch nicht mehr damit, die Bedrückungen der Geistlichkeit und der benachbarten Edelleute von sich abzuwehren, sondern sie verfuhren nun angriffsweise und vertrieben unter andern den Grafen Moritz den I. von Oldenburg von seiner Burg Berne, wo er lange Jahre in Ruhe gewohnt hatte.

Jetzt verbanden sich die nördlichen und südlichen Stedinger mit den Osterstadern und kamen dahin überein, daß sie keine andere Obrigkeit unter sich dulden wollten, als die sie sich selber erwählt, nach dem Beispiel ihrer nördlichen Nachbarn, der Rustringer Friesen, bei welchen es ebenfalls Brauch war, nur Gott zu gehorchen und den Männern, welche sie selber dazu ausersehen. Und damit diese neue Freiheit fortan unangetastet bleiben und herrlich unter ihnen emporblühen möge, hielten sie es für gut, ihren Feinden den Eintritt ins Land zu erschweren. Nordwärts war dies überflüssig; da wohnten stammesverwandte Männer, das edle Volk der Rustringer; den Westen schützten ausgedehnte Moorflächen, im Osten schien der Weserstrom ein festes Bollwerk und die verbündeten Osterstader. Nur im Süden war das Land zugänglich, gegen die Stadt Bremen hin, und deshalb führten sie hinter der Ochum ein Werk auf, das unüberwindlich war nach der Kriegskunst damaliger Zeiten.

Sie legten nämlich zwischen den Ortschaften Deichhausen und Weyhausen den sogenannten Steingraben an, der in gerader Linie sich nach der Ochum hinzog, über siebenhundert Fuß lang und an seinem Ende mit einer steinernen Brücke versehen war, um die Verbindung mit den diesseitigen Landsleuten zu unterhalten. Hinter dem Graben zog sich ein haushoher Steindamm her, der in der Nähe von Weyhausen ein enges Thor, wahrscheinlich auch ein Wachthaus hatte. Zu diesem Steindamm wurden vermuthlich die Ruinen der Burgen benutzt.

Der Steingraben ist noch heutigen Tages unter dem Namen Landwehr vorhanden; auch lebt noch die Benennung des Wachthauses im Munde des Volks, aber der Steindamm ist bis auf die letzte Spur verschwunden.

Während sich die Stedinger auf diese Weise rüsteten, durchzogen die entflohenen Priester alle umliegenden Länder und verbreiteten von den tapferen Männern die abscheulichsten Gerüchte; die aber ihrerseits waren auch nicht müssig, ihren Haß gegen die Geistlichkeit bei jeder Gelegenheit an den Tag zu legen, und als die Cistercienser zu Bergedorf ein Kloster bauen wollten, zogen die Bewohner der Umgegend dort hin, warfen die Mauern nieder und vertrieben die Mönche, welche darauf zum Grafen Moritz in Hude ihre Zuflucht nahmen.

Es wird nun freilich erzählt, daß Hartwich sich ernstlich gerüstet habe, um die Widerspänstigen zu züchtigen; auch verzieh er einigen Mördern des Grafen Christians, des Kreuzfahrers, unter der ausdrücklichen Bedingung, gegen die Stedinger das Schwert zu ergreifen. Doch schien er wenig Erfolg gehabt zu haben, und als er im Jahre 1208 starb, und sein Nachfolger Waldemar, dem der Papst den Bischof von Osnabrück Gerard I. entgegenstellte, sich mit Hülfe der ihm zugethanen Bremer seines Nebenbuhlers nicht erwehren konnte, wandte er sich an die streitbaren Stedinger, die denn auch mit Freuden seine Parthei ergriffen und einige feindliche Burgen eroberten. Im Jahre 1212 belagerten sie auch Hagen und Stotel und eroberten sie nach kurzem Berennen.

Darauf verwüsteten sie einen großen Theil des Erzstifts, bis der Graf Heinrich von Hoya sich ihnen entgegenwarf und ihnen eine Niederlage beibrachte, worauf sie sich in ihr westliches Gebiet zurückzogen. Der Graf ließ einige von ihnen, welche in Gefangenschaft gerathen waren, als Aufrührer an den Galgen hängen.

Aber die Stedinger waren durch diese Niederlage keineswegs gebeugt, vielmehr wandten sie sich jetzt gegen die Burg Schlutter, welche Gerhard bei Delmenhorst erbaut hatte; sie fiel in ihre Hände und wurde zerstört. Die Erfahrung hatte sie gelehrt, daß es zweckmäßiger sein würde, wenn sie weniger zerstreut im Lande wohnten, weil sie alsdann einem etwaigen feindlichen Ueberfall schneller eine zahlreiche Mannschaft entgegensetzen konnten. Sie zogen sich deshalb näher an die Deiche, die man im Nothfall durchstechen konnte, um die Feinde am Eindrängen zu hindern.

Als der Erzbischof Gerhard diese Entschlossenheit sah, suchte er das tapfere Volk für sich zu gewinnen, um sich desselben gegen seine Nebenbuhler zu bedienen. Er schickte Gesandte an sie und brachte sie durch große Versprechungen wirklich auf seine Seite. Er verzichtete auf die Erhebung des Zehntens und hob auch das Interdikt auf, womit sein Vorgänger das Land belegt hatte, und die Stedinger standen nun nicht länger an, ihm zu huldigen.

Nachdem Gerhards Macht diesen bedeutenden Zuwachs erhalten hatte, schien der Sieg nicht länger zweifelhaft zu sein; die Bremer boten Alles auf, um dem geliebten Waldemar das Erzstift zu erhalten, bis der Kaiser selbst sich für Gerhard erklärte und Waldemars Parthei mit Waffengewalt zu vernichten drohte. Da sahen sich auch die Bremer genöthigt, ihrem Waldemar zu entsagen, entfernten ihn aus der Stadt und schlossen mit Gerhard und den verbündeten Stedingern Frieden. Doch starb der Erzbischof schon 1219, und seinen Nachfolger Gerhard II. kümmerte es nicht, daß sein Vorweser die Stedinger vom Zehnten befreit hatte. Er bestand auf die Entrichtung der Zehnten und anderer kirchlichen Abgaben mit großer Festigkeit, und da die Stedinger ihrer Gewohnheit nach dergleichen Zumuthungen mit Entschiedenheit zurückwiesen, so war der Frieden wieder gestört.

Auf Seiten des Erzbischofs standen die Grafen von Oldenburg und Wildeshausen, auf Seiten der Stedinger die stammverwandten Rüstringer. Auch mußte Otto von Lüneburg, dem der Erzbischof die Grafschaft Stade streitig machen wollte, ein natürlicher Verbündeter der Stedinger werden.

### 6. Neue Fehden.

Von Neuem also kam der Krieg zum Ausbruch gegen Stedingerland und die damit verbündet waren. Der Erzbischof, ein kriegerischer Herr, schritt zum Angriff (1221), schlug seine Feinde bei Hoya und besetzte die dem

Grafen von Wölpe gehörende Burg Ottersberg. Otto aber rächte sich dadurch, das er das Erzstift bis in die Nähe von Bremen mit Feuer und Schwert verwüstete und unermeßliche Kriegsbeute nahm.

Die Stedinger dagegen brachen in Verbindung mit den Rüstringern gegen Oldenburg auf und würden, ohne die Verrätherei eines ihrer Anführer, dasselbe überrumpelt und genommen haben. Jetzt aber hatte Graf Otto, welcher gewarnt war, Zeit, seine Edlen zusammenzurufen und zog dem Feind, welcher schon in die Vorstadt eingedrungen war, entgegen. Die Stedinger, erschreckt über den unvermutheten Widerstand, ergriffen bald die Flucht, und Graf Otto verfolgte sie bis in die Gegend des Moorriems; er ereilte sie bei Huntebrück, wo er einige der Anführer zu Gefangenen machte. Diese wurden zum Tragen des heißen Eisens verurtheilt und darauf erhängt.

Diejenigen, welche vom Schwert verschont geblieben waren, flohen nach Rüstringen und bewogen die Einwohner des Landes, die Waffen zu ergreifen, um den Tod ihrer Verbündeten zu rächen. Sie zogen stark gerüstet nach dem Moorriem. Die Oldenburger erwarteten sie zwischen Elsfleth und Huntebrück und erfochten einen vollständigen Sieg über die Eindringlinge, die sich aber jetzt ins nördliche Stedingerland wandten und durch Zerstörung des Siels bei Hammelwarden das ganze Land unter Wasser setzten.

Dieses Mal wurden sie durch die Entschlossenheit des oldenburgischen Drosten an weitern Verwüstungen gehindert. Der Widerstand desselben erbitterte die Rüstringer nur noch mehr; sie kehrten mit großer Verstärkung zurück, zertrümmerten alle Siele, die sie auf ihrem Zuge vorfanden, und Brand und Plünderungen bezeichnete ihren Weg.

Die Besitzungen der Edelleute im Moorriem hatten durch die Einfälle der Rüstringer besonders gelitten. Jene verabredeten also einen Rachezug nach den Wohnsitzen ihrer Feinde und trafen mit ihnen auf dem Boitwardermoor zusammen: hier aber zeigte es sich, daß der alte viel bewährte Muth der Rüstringer keineswegs erloschen sei. Denn es kam zu einer hartnäckigen Schlacht, in welcher die Mehrzahl der Edelleute den Tod fand. Dies war das letzte Mal, daß die Rüstringer zu Gunsten der Stedinger die Waffen ergriffen. Von jetzt an standen die Letzteren ganz allein.

Da der Moorriem der beständige Schauplatz dieser Fehden war und den Verheerungen feindlicher Krieger, so wie nach Zerstörung der Deiche und Siele den Verwüstungen der Wasserfluten ausgesetzt lag, zog sich die

ganze Bevölkerung allmählig von dort zurück und siedelte sich im südlichen Theile des Landes an, daß der Moorriem endlich zur menschenleeren
Einöde wurde. So wie eine Gegend von Menschen verlassen wird, pflegen
die Raubthiere darin überhand zu nehmen, und es darf uns also nicht Wunder nehmen, wenn uns erzählt wird, die Wölfe hätten sich im Stedingerland
so sehr vermehrt, daß sie ungestört in der Kirche zu Elsfleth ihre Jungen
geworfen. Eben dasselbe wird auch von der Strückhauser Kirche erzählt.
    Die Stedinger hatten jetzt mehrere Jahre hindurch Ruhe, da ihre Fein-
de in auswärtigen Kriegen beschäftigt waren. Sie selbst konnten wohl kaum
daran denken, den Erzbischof und den Grafen von Oldenburg zu beunruhigen, da sie von hohen Wasserfluten und andern Unfällen heimgesucht
und in ihrem eigenen Lande zurückgehalten wurden. Sie mußten also zuvörderst daran denken, die zerstörten Deich und Siele wieder herzustellen
und mußten die auswärtigen Angelegenheiten einer glücklicheren Zukunft
überlassen. Doch war die augenblickliche Ruhe des Landes von den günstigsten Folgen für die Stedinger, indem jetzt aus Westphalen und den Niederlanden alle diejenigen dorthin zusammenströmten, welche wegen Mei-
nungsverschiedenheit in religiösen Dingen von den Priestern ihrer Heimath
verfolgt wurden. Es wird besonders bemerkt, daß sich unter ihnen besonders viele Waldenser befanden.

## 7. Die Kreuzpredigt
Auf diese Weise wurde das Volk durch eine Menge streitbarer Männer ver-
stärkt, so daß ein alter Geschichtsschreiber die Bemerkung macht, es sei in
den stadtähnlichen Dörfern des Landes allgemach eine solche kriegerische
Menge zusammengekommen, daß die Stedinger wohl den Versuch hätten
machen dürfen, alle Städte und Landschaften der Umgegend anzugreifen
und zu erobern.
    Diese Vermehrung der feindlichen Streitkräfte fing doch endlich an, bei
dem Erzbischhof die ernstlichsten Besorgnisse zu erregen, und er beschloß,
jetzt endlich Alles aufzubieten, um seine Feinde zu demüthigen. Da aber
eine lange Erfahrung ihn belehrt hatte, daß er mit eigenen Kräften und auf
gewöhnlichem Wege nicht ans Ziel kommen würde, so beschloß er von der
Vergünstigung Gebrauch zu machen, welche der Papst Innocenz schon dem
Erzbischof Hartwich verliehen.

Er ließ nämlich das Kreuz predigen gegen seine Feinde, und die Geistlichen, welche mit diesen Predigten beauftragt waren, schilderten die Stedinger als die ruchlosesten Verächter Gottes, die sich gegen ihre geistlichen Vorgesetzten die schrecklichsten Grausamkeiten hätten zu Schulden kommen lassen, und durch deren Bekämpfung sich Jedermann die Seligkeit des Himmels verdienen könne.

So geschah es denn, daß besonders aus den Grafschaften Lippe und Schwalenberg, so wie aus den Stiftern Bremen und Paderborn eine große Heeresmacht nach der Stadt Bremen zusammenströmte, um sich das Kreuz anheften zu lassen und als Kreuzfahrer gegen die Abtrünnigen den Himmel zu erwerben.

Mit diesem Haufen hoffte man bei eintretendem Frostwetter ohne Hindernisse in das wasserreiche Land vordringen zu können. Daß die Oldenburgischen Grafen sich diesem Kreuzheere anschlossen, liegt in der Natur der Sache; doch war Otto von Lüneburg nicht zur Theilnahme zu bewegen.

Um die Feinde desto unvorbereiteter zu überraschen, wurde der Weihnachtstag zum Ueberfall ausersehen, und da das Eindringen in die westlichen Landestheile durch die Befestigungen sehr erschwert wurde, so wandte man sich zuvörderst nach Osterstade.

Hermann von der Lippe, des Erzbischofs Bruder führte den Oberbefehl; der Erzbischof selbst befand sich im Zelte des Bruders. Aber die Stedinger waren keineswegs so unvorbereitet, wie man vorausgesetzt hatte, setzten sich männlich zur Wehr und erfochten, als der feindliche Feldherr sogleich beim ersten Anlauf gefallen war, einen glänzenden Sieg. Das ganze Kreuzheer wandte in graunvoller Flucht, und Stedingerland war für dieses Mal gerettet.

### 8. Die Inquisition.

Jetzt kam der Erzbischof zu der Ueberzeugung, daß er gegen die hartnäckigen Ketzer, gegen welche weder der geistliche Fluch noch die Kreuzpredigt die geringste Wirkung gehabt, eine höhere Gewalt zu Hülfe rufen müsse. Es hatte aber dazumal der Papst Gregor eine Ketzerverfolgung eingerichtet, die unter dem Namen der Inquisition noch Jahrhunderte nachher die Welt in Schrecken gesetzt und unnennbares Elend über ganze Länder verbreitet hat. Die Bischöfe wurden beauftragt, in jedem Kirchspiel einen Priester und einige Laien anzustellen, welche die Rechtgläubigkeit der Pfarrkinder überwachen und die Abtrünnigen zur Verantwortung ziehen mußten.

Solchem Geschäft unterzogen sich hauptsächlich die Dominicanermönche, unter denen sich der schon früher als Ketzerrichter vom Papst bestellte Conrad von Marburg hervorthat, von dem ein gleichzeitiger Schriftsteller, ebenfalls ein Geistlicher berichtet, daß er wegen wahrer oder erdichteter Ketzerei eine große Menge Menschen, Edel und Unedel, Mönche, Nonnen, Bauern und Burgmänner habe verbrennen lassen. Denn desselbigen Tages, wo Jemand wäre angeklagt worden, sei er auch, einerlei ob mit Recht oder Unrecht, ohne Vertheidigung oder Berufung an ein höheres Gericht, verurtheilt und verbrannt.

Dies war der Mann, an den sich der Erzbischof wandte und der sich der Sache wider die abtrünnigen Stedinger mit der größten Mordlust annahm. Wie er die Ketzereien der Stedinger dem Papste dargestellt habe, geht aus den eigenen Worten des Letzteren hervor:

»Die Stedinger,« sagte er, »haben weder Scheu vor Gott noch Menschen, achten die Lehren der Mutterkirche geringe und suchen dieselbe zu unterjochen. Der Beginn ihres Abfalls soll sein, wie folgt: werden Neulinge in ihre Lehren eingeweiht und in die Schule der Frevler aufgenommen, so zeigt sich ihnen ein Frosch, oder wie man auch erzählt, eine Kröte, der die Einzuweihenden den Hintern oder das Maul küssen, und dabei ihre Zunge und ihren Speichel in den Mund nehmen. Dieser Frosch erscheint manchmal in natürlicher Größe, mitunter aber auch so groß, wie eine Ente oder eine Gans, ja bisweilen von dem Umfange eines Backofens.«

»So wie der Einzuweihende weiter geht, naht sich ihm ein blasser Mann mit kohlschwarzen Augen und so mager, daß die Haut nur auf den Knochen zu hängen, daß Fleisch aber weggefressen zu sein scheint. Wenn der Neuling diesen küßt, fühlt er seine Glieder von eisigem Schauer durchrieselt, und mit diesem Kuß entweicht alles Andenken an den wahren Glauben aus seinem Herzen.«

»Sobald sie sich nach eingenommener Mahlzeit vom Tische erheben, kommt von der Säule, die sich in ihren Versammlungen zu befinden pflegt, rücklings ein schwarzer Kater mit geringeltem Schwanz herunter, dem zuerst die Neulinge, dann die Vorsteher und wer dessen würdig gehalten wird, den Hintern küssen. Die Untergeordneten aber und die sich dieser Ehre sonst unwürdig halten, werden von den Vorstehern nicht zugelassen. Darauf begeben sich Alle wieder auf ihren Platz, wenden ihr Antlitz gegen den Kater und stimmen allerlei Zauberlieder an in seiner Gegenwart.«

»Der Meister redet ihn mit den Worten an: Schone unser! was der Nächstfolgende wiederholen muß, und der Dritte spricht dann: Daß wissen wir Meister! Der Vierte spricht: Wir werden auch gehorchen. Nun werden die Lichter ausgelöscht und die abscheulichsten Werke der Finsterniß und Bosheit verübt.«

»Nach diesen Schwelgereien werden die Kerzen wiederum angezündet, und Alle stellen sich in eine Reihe. Dann schreitet aus einer dunklen Kammer, wie sie sich in den Versammlungshäusern dieser Gottlosen befinden, ein Mann hervor, der oben heller ist wie die Sonne, unten aber rauh, wie ein Kater, und erleuchtet das ganze Gebäude mit hellem Glanz. Der Meister reißt ein Stück aus dem Kleide des Eingeweihten und überreicht dasselbe dem glänzenden Scheusal mit den Worten: Ich übergebe dir, was mir gegeben ist! Das Ungeheuer erwiedert: Du hast mir bisher treu gedient und wirst mir auch in Zukunft ergeben sein. Da hast Du zurück, was Du mir gegeben, worauf er plötzlich verschwindet.«

»Sie empfangen auch jedes Jahr am heiligen Ostertage den Leib des Herrn, verfahren aber so abscheulich damit, daß es kaum zu erzählen ist. Denn sie haben ihn nicht sobald aus des Priesters Hand erhalten, so tragen sie ihn eilends im Munde zu Hause und werfen ihn in ein heimliches Gemach.«

»Sie schonen keines Alters und Geschlechts, ja noch mehr, sie vergießen Blut wie Wasser, zerreißen Mönche und andere Geistliche gleich wilden Thieren und nageln sie, zur Beschimpfung des Gekreuzigten, kreuzweise an die Wand.«

»Diese Unglückseligen erholen sich Raths bei bösen Geistern, fragen die Hexen bei ihren Abscheulichkeiten, lästern mit verruchter Lippe den allmächtigen Schöpfer Himmels und der Erden und stellen die widersinnige Behauptung auf, der Herr des Himmels habe den Lucifer mit Unrecht und List in den Abgrund gestoßen. Dieser Letztere ist der Gegenstand ihrer Verehrung, ihn halten sie für den Schöpfer des Himmels und behaupten, er werde dermaleinst wieder zu seiner alten Herrlichkeit gelangen, den Herrn stürzen, und dann hoffen sie, mit ihm selig zu werden.«

Solchen Unsinn gab man den Stedingern Schuld, auch daß sie den Teufel öffentlich anbeteten und das Bild des Asmodi in der Berner Kirche zur Verehrung aufgestellt hätten. In jener verhängnißvollen Nacht, wo sich in Bohlke von Bardenfleths Hause die Verwandschaft versammelte, um Rache zu nehmen an dem Frevler, fiel es wohl Keinem der Anwesenden ein, daß die beiden Mönche aus dem Kloster Hude sie belauschen und den Vorfall auf eine Weise entstellt zur Kunde ihrer geistlichen Obern bringen möchten, daß ihr Bericht im Laufe der Zeiten solche widersinnige Beschuldigungen, wie die angegebenen, begründen würde.

Der Papst beauftragte nun die Bischöfe von Minden, Lübeck und Ratzeburg, Mittel und Wege anzugeben, wie die Menschen von ihrer Ketzerei wieder erlöst und in den Schooß der Mutterkirche möchten zurückgeführt werden; denselben Auftrag ertheilte er Conrad und schrieb ihm zugleich, er möge, im Fall die Stedinger widerspänstig wären, ein heiliges Heer zu ihrer Bekehrung zusammenziehen. Conrad war aber der Meinung, daß Uebel sei zu sehr eingewurzelt, als daß noch gelinde Mittel anzurathen seien; er halte dafür, diese Pest müsse mit der Schärfe des Schwertes vertilgt werden.

Auf diese blutgierige Antwort Conrad's erfolgte denn auch in Kurzem ein verstärkter Aufruf des Papstes an die genannten Bischöfe, so wie an die von Paderborn, Hildesheim, Verden, Münster und Osnabrück, das Kreuz zu predigen. Die Bosheit Satans, lautete der Auftrag, der auf Tücke sinne und sich bei verhängnißvollen Begebenheiten am Thätigsten zeige, habe die Stedinger, welche eine bremische Landschaft bewohnten, wie der heilige Vater mit großen Schmerzen vernommen, der Verehrung des Schöpfers dermaßen entfremdet, daß sie in ihrer thörichten Blindheit den Weg der Wahrheit verlassen hätten und auf solche Irrwege gerathen seien, daß sie weder von Gottes- noch Menschenfurcht etwas wüßten und die Lehren der heiligen Mutterkirche in den Koth träten. Die Bischöfe möchten also das Volk versammeln und durch Ertheilung des Ablasses an Alle, welche sich zur Annahme des Kreuzes verstehen würden, eine gewaltige Kriegsmacht gegen die Teufelsdiener zusammen ziehen.

## 9. Der Stedinger Papst und Kaiser.
### Fall des östlichen Stammes.

Die Demüthigung der Stedinger war also jetzt zu einer Angelegenheit der gesammten Christenheit erhoben worden, und der Kaiser säumte nicht, dem Bannfluch noch die Reichsacht hinzuzufügen und die deutschen Fürsten zur Theilnahme an dem Kreuzzug aufzufordern.

Nicht allein Niederdeutschland wurde von den Mönchen bearbeitet, auch in den Niederlanden und am Rhein predigten sie die Vertilgung jener Ketzerbrut, die einen geweihten Gottespriester erschlagen habe und ärger sei, als die Saracenen und heidnischen Preußen. Dabei wurde den Theilnehmern an dem Zuge außer der Aussicht auf eine große Beute auch der päpstliche Ablaß verheißen, gleich denen, welche wider die Ungläubigen ins Morgenland zogen. Die Bremer bewog der Erzbischof zur Theilnahme durch das Versprechen des dritten Theils der Kriegsbeute und Befreiung von Zöllen. Den geringsten Erfolg hatte die Kreuzpredigt bei den Friesen, die sich als Stammverwandte der Stedinger betrachteten und sogar die beiden bremischen Mönche, welche diese Lauheit tadelten, aus dem Lande jagten.

Das Volk aber, dem alle diese Rüstungen galten, achtete das wenig; hatten sie schon früher an die Inquisition und das Interdikt sich nicht gekehrt, so spotteten sie auch jetzt des päpstlichen Bannes und der Reichsacht. Und da sich der Papst und der Kaiser von ihnen losgesagt hatten, so entsagten auch sie solcher ungerechten und gewaltthätigen geistlichen und weltlichen Obrigkeit und erwählten, theils aus Spott, theils, um der Welt zu zeigen, daß ein freies Volk sich selber genug ist, aus ihrer Mitte einen Kaiser und Papst, auch Erzbischöfe, Bischöfe und Pröbste, die denn auch in Schriften und Briefen mit solchem Namen benannt wurden.

Endlich hatte sich in Bremen ein zahlreiches Heer versammelt, dem der stolze Name der Heerschaaren Christi beigelegt wurde. Weil aber der Erzbischof sah, daß es zur Bewältigung des Feindes in den westlichen, durch Schanzen befestigten Wohnsitzen nicht zahlreich genug sei, so beschloß er zuerst in Osterstade einzufallen, daß von allen Seiten offen war. Die Bewohner des Landes rechneten zwar auf die Unterstützung Otto's von Lüneburg, der sich ihrer Sache stets angenommen hatte und auch jetzt in die Grafschaft Stade eingefallen war; aber sie hatten sich verrechnet. Denn als der Herzog mit dem päpstlichen Bann bedroht wurde, im Fall er den Stedingern zur Hülfe ziehen würde, ging er mit seinem Raube zu Hause und überließ die Osterstader ihrem Schicksal.

Diese ließen indessen den Muth nicht sinken, sondern machten den Versuch, ob Tapferkeit und Kraft ersetzen möchten, was ihnen an Mannszahl abging, und griffen die Kreuzfahrer am Tage Johannis und Pauli unverzagt an. Aber wie rüstig sie auch waren in Kampf, sie mußten der Uebermacht erliegen und vierhundert der Ihrigen bedeckten die Wahlstatt. Auch eine Menge Weiber und Kinder wurden niedergehauen, und eine große Anzahl gerieth in schmähliche Gefangenschaft; die Wenigen, welche entkamen, werden zu ihren Brüdern über die Weser geflohen sein. Das Land aber wurde vollkommen zur Einöde gemacht, und die gefangenen Anführer mußten als Zauberer und Ketzer den Scheiterhaufen besteigen.

Gerhard unternahm alsbald einen Angriff auf die westlichen Stedinger, welche er durch den Fall ihrer Brüder entmuthigt glaubte. Er erschien mit seinen Schiffen, um die Verschanzungen zu umgehen und zerstörte die Deiche, um das Land unter Wasser zu setzen. Aber dieser Angriff wurde muthig zurückgeschlagen, und er mußte unverrichteter Sache wieder abziehen.

Mehre Jahre wurde jetzt der Krieg mit abwechselndem Erfolge fortgesetzt. Bald neigte sich der Sieg auf die eine, bald auf die andere Seite. Doch kam es eine lange Zeit hindurch zu keiner eigentlichen Entscheidung. Da auch die Rüstringer des Bündniß mit den Stedingern aufgegeben hatten, entweder aus Verdruß über die wiederholten Niederlagen oder aus Furcht, ebenfalls mit dem Bann belegt zu werden, so waren die Einwohner des Landes Wursten die einzigen auf deren Beistand die Verfolgten noch rechnen konnten.

Aber ein stärkerer Hort für das bedrängte Volk waren die Verschanzungen, welche sie mit großer Kunst und unter umsichtiger Benutzung des Bodens von Himmelskamp und Schönenmoor an bis zum Altenesch allmählig aufführten, deren Spuren der aufmerksame Beobachter noch heutiges Tages verfolgen kann. Dieselben waren in drei Reihen hinter einander angebracht, so daß, im Falle die vordere vom Feinde erstürmt werden sollte, die folgenden noch gehörigen Schutz gewähren und den Rückzug decken konnten.

In diesen Verschanzungen lagen die Stedinger, um dem nahenden Sturm die Stirn zu bieten, vierzigtausend Männer, Weiber, Greise und Kinder, ein ganzes Volk, von Siegeshoffnungen erfüllt, aber den Tod nicht scheuend. Es kam die Kunde, daß Tausende und aber Tausende zu ihrer Vernichtung herbeizögen von nah und fern, so daß die Stadt Bremen die Menge der Kreuzfahrer nicht fassen könne. Dennoch erzitterten sie nicht, im Vertrauen auf Gott und ihre gerechte Sache, und als ein Paar Mönche in blindem Eifer es wagten, in die Verschanzungen einzudringen, um zur Buße und zur Entrichtung des Zehnten zu ermahnen, wurden sie von dem erbitterten Volke erschlagen.

## 10. Der große Tag von Altenesch

Alles war in Erwartung der Dinge, die da kommen sollten; eine Heereskraft, wie zur Bekämpfung der Stedinger herbeizog, war in diesen Landen unerhört. Aber das geängstigte Häuflein war immer auf seiner Huth, und wo der Feind eine Blöße zeigte, mußte er stets eines Ueberfalls gewärtig sein. Die Schlutterburg, welche der Erzbischof nach zweimaliger Zerstörung wieder erbaut hatte, wurde im Sturm genommen und von Grund aus zerstört, weil ihre Nähe den Stedingern gefährlich schien.

Jetzt zog der Graf Burchard von Wildeshausen heran, der mit zweitausend Streitern zum Kreuzheer stoßen wollte. Er hielt es für ein Leichtes, den Stedingern eine Niederlage beizubringen und wollte sich vor seiner Vereinigung mit dem Heere einen Lorbeer erwerben; aber seine Leute konnten dem Angriff des hervorbrechenden Feindes nicht widerstehen, und der Graf selbst fand in dem Treffen bei Himmelskamp mit vielen der Seinen ein klägliches Ende.

Durch diese Erfolge wurde die Hoffnung der Stedinger, daß ihnen an dem verhängnißvollen Tage der Sieg nicht entgehen werde, nur noch mehr gesteigert, und Alles deutete darauf hin, daß dieser große Tag nicht fern sei.

Denn es zogen aus allen deutschen Gauen die schlachtenkundigsten Kriegsleute herbei, um in dem bevorstehendem Kampf Geld und Gut zu gewinnen und das ewige Leben; auch die Fürsten und Edlen der Sachsen, Rheinländer, Westphalen und Niederländer, besonders aber der flandrische Adel hatten ihre Schaaren zu diesem Kriege herbeigeführt. Die Häupter und

Anführer dieser Heerhaufen waren der Herzog Heinrich von Brabant, Florenz, der Graf von Holland und Seeland, Graf Diedrich von Cleve, Diedrich, Graf von der Mark, die oldenburgischen und wildeshauser Grafen, Herbert von Stotel, die Herrn von Maten, Wilhelm von Egmont, Gerhard von Mühlwerth, Gerhard von Diest. Der bremische Adel und die vertriebenen Junker des Stedingerlandes werden sicherlich nicht gefehlt haben.

Das ganze Heer bestand aus vierzigtausend Streitern, die auf's Beste bewaffnet waren und wovon ein großer Theil beritten war. Die Stedinger, dieser furchtbaren Macht gegenüber, zählten, mit den vielen Flüchtlingen, welche sich seit längerer Zeit bei ihnen eingefunden hatten, eilftausend streitbare Männer, die ihren Gegnern, wenn auch an Muth überlegen, doch in Rücksicht auf ihre Waffen und ihre Kriegserfahrung, als einfache Landleute bei Weitem nicht gewachsen waren. Der Gedanke, für die altangestammte Freiheit, für Weib und Kind und den eigenen Heerd zu kämpfen, mußte ersetzen, was ihnen an eigentlicher Kriegskunde und Kopfzahl abging.

Der ursprüngliche Plan der Kreuzfahrer war, von Bremen aus geradewegs die Verschanzungen anzugreifen. Indeß hatte der Tod des Grafen Burchard von Wildeshausen sie vorsichtig gemacht; sie sahen daraus, wie aufmerksam der Feind auf jede Annäherung gegen die Festungswerke sei, und da sie kein Mittel sahen, auf der freien, baumlosen Ebene zwischen Bremen und der Ochum den Stedingern ihr Vorrücken zu verbergen, so mußte ein anderer Plan erdacht werden, in die Veste des Feindes einzudringen und ihm wo möglich in den Rücken zu kommen.

Man dachte also darauf, die Stedinger von der Weserseite anzugreifen, wo sie, sich sicher dünkend, keine Festungswerke aufgeführt hatten. Da es gefährlich schien, das Heer auf Flößen überzusetzen, so sah man sich genöthigt, zwei Schiffbrücken zuzurichten, die eine, um das Heer bei Moorlosen über die Weser und den Ochumer Sand zu führen, und eine zweite, um den Uebergang über die Ochum zu bewerkstelligen. Fahrzeuge waren bald in hinreichender Anzahl gefunden, zumal da man die Schiffe zu Hülfe nahm, auf denen die zahlreichen Niederländer gekommen waren.

Es war an einem Donnerstag vor Himmelfahrt 1234, als man in Bremen das Urbansfest mit großer Feierlichkeit beging, um den Muth des Kreuzheeres auf alle Weise zu erhöhen; denn auf Sonnabend hatte man den allgemeinen Angriff anberaumt.

Da man aber die Wachsamkeit und Tapferkeit des Feindes fürchtete, so hielt man es nicht überflüssig, denselben zu täuschen und seine Aufmerksamkeit von dem bedrohten Punkt hinwegzuziehen. Deshalb mußte am Freitag ein starker Heerhaufe gegen Himmelskamp vorrücken, um die Stedinger in der Meinung zu bestärken, als solle dort der Hauptangriff Statt finden. Das Hauptheer aber zog mit Einbruch der Nacht aus dem nördlichen Thore von Bremen, still und geräuschlos, um nicht des Feindes Aufmerksamkeit zu erregen, aber voll Blutdurst und Beutegier, Rachsucht und Mordlust. Das waren die Streiter Jesu, der den Sterblichen das Gebot der Liebe und Versöhnung gebracht, das waren die Bethörten, welche rachedürstige Priester beredet hatten, zur Ehre des allerbarmenden Gottes das Schwert zu ziehen.

Mit Tagesanbruch waren die Schaaren an ihrem Bestimmungsort, bei Moorlosen, wo der beste Übergangspunkt zu sein schien, weil dort der Strom mit bedeutender Biegung ins Stedingerland eindringt. Die Brücke war vollendet, und die ganze Heeresmacht zog ungehindert über den Strom. Denn die Gesammtmacht der Stedinger hatte sich nach Himmelskamp gezogen, dem Punkt, der ihrer Meinung nach am Meisten bedroht war, und als sie ihren Irrthum erkannten, wandten sie sich eilend gegen die Hauptmacht des Feindes; aber es war zu spät.

So geschah es denn, daß das ganze Kreuzheer gegen Mittag den Uebergang bewerkstelligt hatte und sich den Stedingern gegenüber befand. Diese hatten sich nach altdeutscher Art in Schlachtordnung aufgestellt, keilförmig; auf dem Hügel St. Veit, Bohlke von Bardenfleth, der die Bewegungen der südlichen Stedinger leitete, Ditmar von Dieke, der die Wüstenländer herangeführt hatte, Tanno von Hunthorp, dem die geflüchteten Einwohner des Moorriems gefolgt waren. Die fremden Flüchtlinge waren gleichmäßig unter die einzelnen Heerhaufen vertheilt.

Als das Kreuzheer heranrückte, ermahnte Bohlke von Bardenfleth das Volk, ihrer Vorfahren, ihres Vaterlandes und ihrer Freiheit eingedenk zu sein. Wenn sie am heutigen Tage ihre alte Mannhaftigkeit bewährten, so seien die Geistlichen, die so viele Jahre hindurch Schmach und Jammer über das unglückliche Vaterland gebracht, in ihre Hand gegeben. Sollte ihnen aber das Glück des Krieges nicht hold sein, so werde jeder auf rühmliche Art zu sterben wissen, und den Tod schmählicher Knechtschaft vor-

ziehen. »Aber nicht verzagt!« rief er. »Wir wollen in sie einbrechen, wie der
Wolf unter die Lämmerheerde fährt, und unsere Schlachtwuth wird die
Ueberzahl ausgleichen.«

Auch die Anführer des Kreuzheeres hielten es nicht für überflüssig, die
Ihrigen zur Tapferkeit und Ausdauer gegen den gefürchteten Feind anzufeuern. Sie hätten eine gerechte Sache, und wären vom heiligen Vater, von
Kaiser und Reich nicht zu einem gewöhnlichen Kampf entboten, sondern
um die gottesvergessenen Ketzer zu züchtigen, welche die Diener Gottes
beschimpft und vertrieben und Tausende von streitbaren Kriegern ihrer
Wuth geopfert, deren Blut zum Himmel schreie. Nicht umsonst seien sie
versammelt von allen Enden der Welt, sondern um blutiger Rache willen
und um Beute zu gewinnen und Ehre. Gräben und Moräste verhinderten
ihnen den Rückzug; deßhalb solle Jeder mannhaft und ritterlich ans Werk
gehen zur Ehre Gottes und um der ganzen Welt zu zeigen, daß es noch
Männer gäbe, vor denen der irdische Stolz sich demüthigen müsse.

Jetzt begann die Schlacht und von beiden Seiten wurde mit großer Erbitterung gekämpft. Unaufhaltsam drang der Keil der Stedinger vor in die Reihen des feindlichen Heeres und es war vergeblich, daß der Herzog von Brabant und die andern Führer die Ihrigen mit Wort und Tath zum Widerstand
ermunterten. Die Stedinger warfen Alles vor sich nieder mit ihren Speeren
und Streitkolben, und auch der Graf Heinrich von Oldenburg, der im Getümmel der Schlacht mit seinem Pferde stürzte, wurde zu Boden geschlagen. Die Niederlage des Kreuzheeres schien gewiß, und mit beklommener
Brust und von banger Ahnung erfüllt, stand die zahlreiche Geistlichkeit,
welche der Heerfahrt sich angeschlossen, in der Ferne auf dem Deich, ließ
den Gesang: »Mitten wir im Leben sind« und andere Bußlieder erschallen,
und flehte den Himmel um den Sieg des Kreuzes wider die Ungläubigen an.

Aber das Fußvolk hielt kaum noch Stand, und die einzige Hoffnung beruhte jetzt auf der Reiterei. Diese wurde von einem kriegskundigen Herrn
befehligt, dem Grafen Heinrich von Cleve. Der sah nicht sobald das siegrei-
che Vordringen der Stedinger, als er beschloß, aus diesem Umstande Vortheil
zu ziehen. Er brach in Verbindung mit dem Herrn von Maten auf, zog über
den Feldweg, arbeitete sich durch die sumpfigen Niederungen hindurch, hatte
somit den rechten Flügel des Feindes umgangen in dem Augenblick, als der
Kampf am heißesten war, und schritt sogleich zum Angriff.

Jetzt erhielt die Schlacht eine andere Wendung. Denn da die Stedinger diesen Fall nicht vorausgesehen und im Rücken keine Vorkehrungen zur Abwehr des Feindes getroffen hatten, so waren sie augenblicklich von allen Seiten eingeschlossen. Eine Zeitlang zwar leisteten sie den eindringenden Kreuzfahrern tapfern Widerstand; bald aber geriethen ihre Haufen in Verwirrung und wurden gänzlich aus einander gesprengt. Die Flucht war jetzt allgemein.

Viele von ihnen versuchten die Schanzen zu erreichen und, im Verein mit der darin befindlichen Besatzung, die Feinde am Vordringen zu verhindern. Aber ein Bollwerk nach dem anderen fiel in die Hand der Feinde, welche die Männer niederhieben, während wehrlose Greise und jammernde Weiber und Kinder von den Hufen ihrer Rosse zermalmt wurden. So wurde alles Leben in den Schanzen dem Verderben geweiht. Der Tod hielt eine reiche, schreckliche Ernte; es war ein ganzes Volk, welches bei dem unheilvollen Hügel St. Veit der Vernichtung preisgegeben wurde.

Ein kleiner Stedingerhaufen, der gleich im Anfange abgeschnitten war, zog sich bis nach Sannau zurück, in dessen Umgegend man noch heutiges Tages die Ueberbleibsel alter Befestigungen findet. Ein anderes Häuflein suchte Schutz in den Gebüschen von Horst und Schönmoor. Aber die Hoffnung der Flüchtigen, dort eine sichere Zuflucht erreicht zu haben, wurde auf's Bitterste durch den ergrimmten Feind getäuscht, welcher die letzten Überbleibsel des unglücklichen Stedinger Volks mit ungestillter Wuth aus seinen Schlupfwinkeln trieb. Die Unglückseligen wurden entweder von ihren Verfolgern niedergehauen, oder fanden ihren Tod, indem sie auf nächtlicher Flucht in Gräben und Sümpfe geriethen. Die Wenigen, welche dem allgemeinen Blutbade entronnen waren, stürzten sich in die Weser, als sie die Annäherung ihrer Verfolger vernahmen; sie wollten lieber eine Beute des vaterländischen Stromes werden, als in die Hände des blutgierigen, erbarmungslosen Feindes fallen.

Die Anzahl der gefallenen Stedinger wird auf siebentausend angegeben; über viertausend Kreuzfahrer fanden an diesem heißen Tage ihren Tod. Zweifelhaft ist es, ob Bohlke von Bardenfleth dem Blutbade entronnen sei.

Von den Führern des Kreuzheeres kamen verschiedene um in dieser Schlacht, als die oldenburgischen Grafen Heinrich von Oldenburg, und

Heinrich von Wildeshausen; ferner Gerhard von Diest, Wilhelm von Egmont und Gerhard von Mühlwerth. Mehre andere schwebten in großer
Lebensgefahr, so unter Andern der Herzog Heinrich. Doch machen gleich-
zeitige Schriftsteller auf die merkwürdige Thatsache aufmerksam, daß die
übrigen Leiter und Führer dieses schauderhaften Kriegs bald nachher ein
gewaltsames Ende gefunden haben; wie es denn bekannt ist, daß der Graf
von Holland bald hernach auf Anstiften eines Grafen von Clairmont ermordet, der Graf von Cleve aber auf seiner Rückkehr in einem Turnier zu
Nimwegen niedergestochen, Conrad von Marburg endlich, der gräuliche
Ketzerrichter, von Wegelagerern erschlagen wurde. Des Letzteren Tod erregte unbeschreiblichen Jubel; denn seine Ketzerverfolgungen hatten durch
das ganze Deutschland Furcht und Haß erregt.


## 11. Des Landes letzten Schicksale

Bei der außerordentlichen Wärme, welche sich einstellte, mußte man, um
Krankheiten und Seuchen zu verhüten, auf eine beschleunigte Beerdigung
der Gefallenen denken. Man bestattete also die Leichen von dem eigentlichen Schlachtfelde auf dem jetzigen Kirchhof in Süderbrok, Alles durch
einander, Feind und Freund, Kreuzfahrer und Ketzer, wie es sich eben traf,
und daneben wurde eine Kapelle gebaut zu Ehren des heiligen Gallus. Auch
auf dem Schlachtfelde selbst wurden zwei Bethäuser erbaut aus Dankbar-
keit gegen Gott wegen des verliehenen Sieges, und zwar die St. Veits Kapelle in der Nähe der Ochum, an der Stelle, wo die Schlacht zuerst ent-
brannt, und die Martinskapelle unweit Sannau, wo die Niederlage des Feindes völlig entschieden war. Diejenigen aber, welche nachher auf der Flucht
erschlagen worden, wurden wahrscheinlich zu Warfleth beerdigt.

Um diesen großen Sieg zu verherrlichen, wurde von der Geistlichkeit
in der Stadt Bremen eine große Procession veranstaltet, auch am fünften
Sonntage nach Ostern ein feierliches Hochamt abgehalten.

Die geringen Ueberbleibsel des Volks wurden vom Papst begnadigt und
mit der bremischen Kirche, der die Stedinger jetzt gelobten, in allen Dingen zu gehorchen, wieder versöhnt.

Die Oberherrschaft über des Land wurde den am Meisten bei dem Kriege Betheiligten abgetreten, dem Erzbischof von Bremen und den Olden-

burgischen Grafen, bis sie im Laufe der Zeiten den Letzteren allein zu Theil wurde. Aber die meisten Höfe hatten ihre ursprünglichen Besitzer verloren und standen leer. Damit wurden Kreuzfahrer belehnt, Adlige, und solche, welche sich in dem letzten Kriege besonders ausgezeichnet hatten, so daß man annehmen darf, daß nur ein sehr geringer Theil der jetzigen Bewohner jenes Landstrichs von dem alten Stedinger Volke abstammt.

Mögen aber auch die Stedinger bis auf den Namen von der Erde verschwunden sein, jenes tapfere Volk, das es wagte, unverzagt der Uebermacht entgegenzutreten, um sein altangestammtes Recht gegen die Uebergriffe der anmaßenden Geistlichkeit mit der Schärfe des Schwertes zu beschirmen; sein Name wird nie erlöschen auf den ehernen Tafeln der Geschichte, und im Gedächtniß der spärlichen Nachkommenschaft. Und daß selbige fort und fort an die Großherzigkeit der Ahnen erinnert und zur Nachahmung gereizt werden möge, wenn die ungewisse Zukunft den Tag heraufbeschwören sollte, wo es gilt, den heimischen Heerd zu schützen vor fremdem Uebermuth, hat in unseren Tagen, wo der alte Groll vergessen und gerechter Bewunderung gewichen ist, ein edler Sproß des gefallenen Heinrichs, der Großherzog des Landes, den Gefallenen auf der Wahlstadt eine Denk- und Ehrensäule errichtet. Solches geschah gerade 600 Jahre nach der Schlacht, im Jahre 1834.

# XX.
# Das feurige Rad.

Auf der Hofe wohnte ein Schlachtfuhrmann, der machte Hochzeit. Im Verlauf des Abends, als die Gäste anfingen, wärmer zu werden, wandte sich das Gespräch bald hierhin, bald dorthin, und man kam auch auf die Zukunft der Neuvermählten zu sprechen. Da läßt es sich denn leicht denken, daß die Mehrzahl der Anwesenden dem jungen Paare ein gutes Auskommen, wohlgerathene Kinder und alles Wünschenswerthe prophezeihten. Aber es waren einige alte Weiber in der Gesellschaft, die es entweder dem wohlhabenden jungen Mann nicht vergessen konnten, daß er nicht ihre Tochter zu seiner Hausfrau erkohren, oder die irgend einen anderen Beweggrund zum Haß oder Neid haben mochten, vielleicht auch bloß klüger scheinen wollten, als die Uebrigen. Die schüttelten den Kopf und wollten doch nicht mit der Sprache heraus; und als man endlich stärker in sie drang, sich näher zu erklären, da hatte die Eine wunderliche Träume gehabt und die Andere Vorbedeutungen gesehen, die sie auch nicht zum Besten auslegen konnte. Da wurde die Braut ganz wehmüthig und wollte nicht hören auf die Trostreden des Bräutigams und der andren Verwandtschaft. Denn es war nur zu sehr die Klugheit der alten Weiber bekannt, wie viele andere Dinge so eingetroffen seien, wie dieselben vorhergesagt; und die Seele der jungen Frau wurde von den Schreckbildern der trostlosesten Zukunft erfüllt. In dieser Stimmung begleitete sie auch die Verwandten, welche sich zeitig verabschiedeten, mit ihrem Manne bis an die Hausthür und konnte sich nicht enthalten, bitterlich zu weinen. Aber ihr Kummer wurde noch zur selbigen Frist in Freude verwandelt; denn die Straße herab ertönte es plötzlich, wie das Rasseln eines Wagens, der lustig daherfährt, die ganze Gegend war erleuchtet von einem hellen fröhlichen Schein, und als es näher kam und vorüber rollte, erkannte man deutlich, daß es ein mächtiges, feuriges Wagenrad war. Welches Vorzeichen war wohl günstiger zu deuten? Auch traf es ein, und wendete sich Alles zum Besten; das Geschäft des Mannes hatte guten Anfang und den besten Fortgang, sein Wohlstand gedieh vortrefflich, und zahlreiche Kinder und Enkel erheiterten den Lebensabend des glücklichen Paares. Der schnöden Weissagung der alten Weiber gedachte man später nur mit heiterem Scherz.

## XXI.
## Der Wechselritt

Bei einem Fuhrmann in der Neuenstraße dienten ein Paar Knechte, welche Bettgenossen waren. Die hatten Knochen wie die Riesen, waren thätig und anstellig, und strotzten in der Fülle der Gesundheit. Als aber der Winter kam, ging mit dem, welcher vorne schlief, eine auffallende Veränderung vor; er wurde blaß und mager, klagte über Mattigkeit in allen Gliedern, wurde stumpfsinnig und träge, und es geschah nicht selten, daß er bei hellem lichten Tage vor Müdigkeit einschlief.

*Ausschnitt aus der Bremen-Vogelschau von Matthäus Merian
in der Topographia Saxoniae Inferioris von 1653*

Dieser Wechsel entging dem Herrn so wenig als den übrigen Hausgenossen, und das Schicksal des armen Burschen ging ihm sehr zu Herzen;
denn er hatte ihn seiner Rührigkeit und seines bescheidenen Wesens halber
lieb gewonnen. Aber es war vergebens, daß er ihn aufforderte, zum Arzt zu
gehen, um sich ein Heilmittel zu holen; er behauptete steif und fest, sein
Zustand sei der Art, daß ihm kein Arzt helfen könne. Das einzige Mittel, ihn
dem sicheren Tode zu entreißen, sei, wenn der Herr ihm seine Entlassung
gäbe, daß er ungehindert wieder nach seiner Heimath wandern möchte.

Fastnacht war vor der Thür, wo die Knechte der Fuhrleute mit ihren
neuen Röcken haufenweise durch die Straßen ziehen und sich vor den
Häusern angesehener Bürger aufstellen, um durch ihren regelmäßigen, fröhlichen Peitschenknall die Bewohner zu ergötzen und sich ein ansehnliches
Trinkgeld zu verdienen. Aber auch diese Lockung war nicht stark genug für
ihn, und er war nicht eher ruhig, als bis der Herr ihm seinen Abschied
gegeben. Seine Hausgenossen sahen nun wohl, daß er vom Heimweh ge-
plagt sei und mochten ihn nicht länger zurückhalten. Nur sollte er solange
warten, bis der Schnee sich etwas vermindert haben würde und die Wege
gangbar wären.

Diesen Vorschlag ließ er sich gern gefallen; er blieb noch einige Tage,
und man sah wie die Aussicht auf seine nahe Freiheit ihn sichtlich stärkte.
Niemand hatte mehr von ihm gehalten, und Keinem ging die Abreise näher, als dem andern Knecht. Dieser kannte der Welt Lauf wie kein Anderer,
denn er war schon Soldat gewesen, und er konnte es sich nicht einbilden,
daß es das Heimweh sein sollte, was seinen Gefährten in dieser öden und
unfreundlichen Winterzeit aus der Stadt triebt. Er setzte ihm also lange zu
mit Bitten und Verweis und ruhte nicht eher, als bis er den rechten Grund
erfahren hatte.

»Ich würde über die Sache schweigen,« sagte der Verabschiedete endlich, als er den dringenden Vorstellungen seines Freundes nicht länger widerstehen konnte. »Aber der Gedanke, daß Du zurückbleiben mußt, und
daß nach meiner Abreise wahrscheinlich die Reihe an Dich kommen wird.
– Nun, vielleicht gelingt es Dir Vorkehrungen zu treffen, wenn du im Voraus von Allem unterrichtet bist. Ich werde nämlich jede Nacht einige Stunden geritten.«

»Geritten?« wiederholte der Andere mit halb ungläubigen Lächeln.

»Und dabei so entsetzlich abgetrieben,« fuhr der Erste fort, »daß ich des folgenden Tages zum Tode erschöpft bin. Ich sehe, daß Du meiner Erzählung wenig Glauben schenkst, aber laß Dir das Ding erklären.«

»Kaum liege ich im ersten Schlaf, so wird mir eine Halfter übergeworfen; in dem Augenblicke muß ich zum Bette heraus und ich bin von Stund' an in ein Pferd verwandelt. Thor und Thür sind offen, ich merke es, daß sich Jemand leicht auf meinen Rücken schwingt, ich spüre die Sporen in meinen Weichen und jeder Widerstand ist unmöglich. Ich muß Straß' auf Straß' ab mit Windeseile, daß die Funken aus den Steinen fahren, und nicht eher macht der Reiter Halt vor der Stallthüre, als bis ich jeden Augenblick zusammenzubrechen drohe. Ist dir nun meine Mattigkeit und die Abnahme erklärlich?«

Der andere Knecht war solcher Dinge nicht gefaßt und schwieg einen Augenblick. Dann aber erkundigte er sich, was hernach aus dem Reiter werde.

»Wenn mir die Halfter wieder abgenommen ist,« erwiderte der Erste kleinlaut, »werde ich keines Reiters gewahr. Mitunter läuft eine Katze über den Weg, und ich suche, vor Kälte halb erstarrt, so schnell wie möglich wieder ins Bett zu kommen. Ich zittere schon, wenn ich an die nächste Nacht denke, aber ich freue mich zugleich, daß es die letzte sein wird.«

»Eine Katze hast Du laufen sehen?« fragte der Andere, der unterdessen nachgesonnen hatte, und dem es jetzt einfiel, daß er früh Morgens im frisch gefallnen Schnee die Spuren einer Katze bemerkt hatte, die von der Stallthür über den Hof bis zur Planke des Nachbarn führten. »Diese Nacht werde ich Deinen Platz einnehmen, und Du schläfst hinten,« rief er plötzlich mit entschlossener Miene. »Ich denke, daß Dir der Tausch nicht mißfallen wird.«

Der Kranke war von Herzen froh über diesen unerwarteten Wechsel, den er sich nie getraut hatte vorzuschlagen und war neugierig, wie sein Gefährte sich aus der Schlinge ziehen würde. Dieser verständige Mann aber legte sich des Abends völlig angekleidet zu Bett, mit Sporen an den Füßen und eine Halfter vor sich auf der Decke, daß er sie jeden Augenblick greifen konnte. Dann legte er sich zurecht und fing an, herzhaft zu schnarchen, als wenn er in tiefen Schlaf gefallen wäre.

Nicht lange nachher hörte er ein leises Geräusch vor dem Bette. Fußtritte waren nicht hörbar, aber das Rasseln der Spangen an einem Pferde-

geschirr kam deutlich näher. Jetzt richtete sich der Vordermann in die Höhe,
setzte sich in Verfassung, und als er die Halfter gegen sich erhoben spürte,
kam er mit einem schnellen Ruck seinem Gegner zuvor und konnte jetzt
ungehindert seine Halfter an einem Pferdekopf befestigen; obgleich es
stockfinster war, so daß er nichts sehen konnte, so belehrte ihn doch ganz
deutlich sein Gefühl, daß die langen Mähnen desselben vor Schrecken sich
sträubten.

»Nun, Frau Nachbarin,« rief er, als er mit dem Aufzäumen fertig war,
»wollen wir Beiden es einmal mit einander versuchen!« Er ergriff die Peitsche, welche er schon in Bereitschaft gelegt hatte, Thür und Thor stand offen, wie gewöhnlich, und der Zurückbleibende sah mit Schrecken, wie sein
verwegener Gefährte die Rollen umgetauscht hatte und in wildem Galopp
von dannen brauste. Nur noch einen Augenblick hörte er das Knallen der
Peitsche und die raschen Hufschläge. Dann verhallte Alles in weiter Ferne.

Lange horchte der Zurückgebliebene, ob der Andere nicht wieder zurückkehren würde. Es wollte ihm mitunter bedünken, als höre er in der
Entfernung Pferdegetrappel, aber es war nur auf einen Augenblick; er meinte, er müsse sich getäuscht haben, und endlich legte er sich ins Kissen zurück, zog sich die Decke über den Kopf, befahl Gott seine Seele und fiel
zuletzt in einen tiefen Schlaf. Als er am folgenden Morgen erwachte, freute
und wunderte er sich nicht wenig, seinen Freund unversehrt neben sich im
Bette zu finden.

Es dauerte lange und er mußte ihn einige Zeit rütteln und stoßen, ehe
er ihn aus seinem Todesschlaf erwecken konnte; die Anstrengung der ver-
flossenen Nacht mußte denselben offenbar sehr ermüdet haben. Endlich
schlug dieser die Augen auf; aber es dauerte lange, ehe er sich besinnen
und seinem neugierigen Nachbar genügenden Aufschluß über sein nächtliches Abenteuer geben konnte.

Da erzählte er denn, wie er bei genauer Erwägung aller Umstände auf
den Gedanken gekommen sei, daß der nächtliche Ritt nichts mehr und
nichts weniger sei, als bloße Neckerei irgend eines muthwilligen Nachbarn,
und daß er danach seine Maßregeln genommen habe, um diesen Quälerei-
en durch eine Gegenlist mit einem Male ein Ende zu machen.

Zu diesem Behuf habe er getrachtet, dem unsichtbaren Gegner zuvor-
zukommen, und sei ihm Solches über Erwarten gelungen. Er habe sich

dann auf den Gaul geschwungen und habe durch alle Straßen der ganzen Stadt einen Ritt veranstaltet, daß Alles, Nachtwächter, Hebammen, Wäscherinnen und was sich sonst bei nächtlicher Weile draußen zu befinden pflege, ihm aus dem Wege geflohen sei, nicht anders, als wenn er der leibhafte Teufel wäre.

Endlich habe er gespürt, daß die Mähre nicht mehr könne, und daß sie stürzen würde, wenn er seine Ausfahrt nicht mäßige. Da sei er von unzeitigem Mitleid ergriffen worden gegen die Kreatur und habe sich angeschickt, im Schritt zurückzureiten. Er hätte also in die Straße eingelenkt und wäre nicht fern mehr vom Hause gewesen, als er beim Nachbar, dem Schmid, der schon immer so früh an der Arbeit zu sein pflege, Licht gesehen und den hellen Schlag der Hämmer vernommen hätte. Da hätte ihn der Muthwillen überwältigt, und er wäre vorgeritten bei dem Nachbarn. Der hätte sein Wunder gehabt, wie ihn denn der liebe Gott schon so früh herführte.

Er habe dem Schmid geantwortet, es könne ihm einerlei sein, wer ihn hergeführt. Sein Herr schicke ihn, um den Gaul beschlagen zu lassen.

»Da trat,« fuhr er fort, »der Nachbar herzu, schüttelte bedenklich den Kopf und beleuchtete das Pferd von oben bis unten, rief seine Gesellen herbei, und Alle wunderten sich über die Schönheit meines Braunen. Ich sagte ihnen, der Herr habe ihn gestern Abend erhandelt, und sie sollen sich flugs an die Arbeit begeben; denn wir wollten das Pferd heute früh mit einspannen.«

»Nun ging es an ein Hämmern und Schmieden, und in Kurzem waren die Eisen fertig. Ich war abgestiegen und hielt das Pferd am Zügel, und es kümmerte mich nicht, daß es dampfte vom schnellen Jagen, sich bäumte, ausschlug und auf alle Weise sich loszureißen suchte. Wie es sich auch gebärdete, es wurde richtig beschlagen, ich stieg wieder hinauf und sprengte die Straße hinab bis vor den Stall. Hier stieg ich behutsam herunter, löste geschickt die Halfter, sprang behend hinein und schlug die Thür hinter mir zu, unbekümmert um die Paar Schläge, welche dagegen donnerten; denn die falsche Kröte, der Halfter entledigt und also meiner Gewalt entnommen, suchte mich noch in der Eile zu zertrümmern und zu zermalmen.«

»Einen Augenblick hernach hörte ich vor dem Stalle ein klägliches Katzengeschrei, und beeilte mich, wieder ins Bett zu kommen.«

Der Zurückgebliebene verwunderte sich sehr über diese Erzählung und ging den ganzen Morgen gedankenvoll herum, bis mit einem Male die Nachricht von Haus zu Hause ging, daß man die Frau des reichen Nachbarn, die gestern Abend gesund und wohl zu Bett gegangen, diesen Morgen todt auf ihrem Lager gefunden habe und zwar unter den bedenklichsten Umständen; denn sie sei beschlagen gewesen an Händen und Füßen, wie ein Pferd. Da ging ihm ein Licht auf, wer der nächtliche Reiter gewesen, der ihn so sehr mißhandelt habe; und er freute sich, daß das Weib und mit demselben seine Plage gestorben war.

Seinem klugen Freunde aber gelobte er, nie etwas von dieser Geschichte zu offenbaren. Als aber der Herr des folgenden Tages fragte, wann er abzureisen gedächte, sagte er, er habe sich eines Andern besonnen, und wenn der Herr ihn in seinen Diensten behalten wolle, so würde er bleiben.

Und so geschah es; er und sein Freund waren noch manches Jahr in diesem Hause; aber Keiner von Beiden hat jemals das Geringste über diesen sonderbaren Vorfall gesprochen.

## XXII. Die Saake

Die Bremer Saake ist keineswegs, wie man dem Sprachgebrauch gemäß voraussetzen sollte, irgend ein menschliches Wesen, das sich bösen Künsten und der Zauberei ergeben, sondern ein grauenhafter Spuk, ein mitternächtlicher Unhold, verkörpert zwar und dennoch unförmlich und gestaltlos, zwischen Kalb und Hund in Hinsicht der Größe. Es ist ein tückisches Scheusal, das träge in irgend einer dunklen Ecke oder hinter dem Vorsprunge eines Hauses hingestreckt liegt, bis Jemand arglos die Straße herunterkommt, dem es sich mit Blitzesschnelle auf den Rücken schwingt, um sich von demselben tragen zu lassen, bis der Unglückliche zu ersticken droht oder bewußtlos niedersinkt.

Es hat aber die Saake größere Gewalt über böse, frevelhafte Menschen als über den Gerechten; weshalb es auch jedem frommen Mann, der in ruchloser Gesellschaft bei Bier und Wein sitzt bis in die späte Nacht, gerathen sein möge, sich nicht hinreißen zu lassen durch die gottlosen Reden der Andern, sondern seine Zunge im Zaum zu halten, daß er nicht falle in die Schlingen des Bösen. Denn man kann der Saake nicht ausweichen, weil sie unsichtbar ist, außer daß ihr Augenpaar in der Dunkelheit schimmert, wie glühende Kohlen. Wer ihr aber einmal in die Augen geschaut hat, dem ist es nicht mehr möglich zu entrinnen; seine Füße stehen festgewurzelt am Boden, und er kann sich nicht eher von der Stelle bewegen, als bis er fühlt, daß der Spuk sich um seine Schultern und Hüften gelegt hat, wie ein schwerer Kornsack. Dann mag er fortarbeiten mit seiner Last in Schweiß und Todesangst.

Und so ist es vor Diesem nichts Seltenes gewesen und hat manchen rechtschaffenen Bürger betroffen, daß er, vom Schütting, wo in früheren Zeiten eine Weinschenke war, vom Fulbras auf der Wachtstraße, oder aus dem Rathskeller kommend, wo er lustig und guter Dinge gewesen, und ohne die mindeste Ahnung des Unheils, das ihn erwartete, in aller Zucht und Ehrbarkeit ein Glas nach dem andern zu Leibe gesetzt hatte – beim ersten besten Kreuzwege spürte, wie es ihm mit Centnerschwere überkam und in die Beine schoß, daß er sich kaum noch aufrecht zu erhalten vermochte auf seinen Füßen. Und die Häuser und Straßen fingen an zu tanzen und zu springen und sausten zuletzt wie toll und thöricht um ihn her im Kreise, so daß er die Richtung verlor, nicht wußte, woher noch wohin, und aufs Geradewohl fortschob, bis der Schweiß von Stirn und Wange lief. Dabei lagen ihm allerlei Steine im Wege, groß und klein, die er sah, und er mußte die Füße hoch in die Höhe heben, wenn er hinüberschreiten wollte. Und es kamen ihm wiederum alle Augenblicke Steine und Spitzen in die Queere, die er nicht sah, so daß er darüber stolpern mußte, bis cr endlich erschöpft und von der schweren Last, die er zu tragen hatte, überwältigt, zu Boden sank und die Besinnung verlor, bis etwa ein vorübergehender Nachtwächter oder ein anderer guter Mann ihn wieder emporrichtete. Da erinnerte er sich denn deutlich, daß er die Saake habe tragen müssen, und erkannte mit Erstaunen, daß er seit den fünf Stunden sich noch keine zwanzig Schritt vom Weinkeller entfernt habe. Mit solchen Fährlichkeiten hatte der zu kämpfen, welcher mit der Saake zu thun hatte.

Daher ist es leicht erklärlich, wie alle Welt solch eine Angst und Scheu vor dem Ungethüm hatte, daß es gemieden wurde wie die Pest und der Tod, und man konnte es einem lustigen frischen Gesellen nicht verargen, wenn er durch ein wirkliches oder eingebildetes Zusammentreffen mit dem-

selben geängstigt, Buße und Besserung gelobte, und fest bei seiner Sinnesänderung beharrte, auch ein Merkliches stiller und eingezogener wurde,
selbst in dem Fall, daß er die Entdeckung machte, diesmal wenigstens sei
Alles eitel Trug und Täuschung gewesen.

Daß dies aber häufig der Fall gewesen und theils der Zufall, theils der
Übermuth der Zechgenossen dem nächtlicher Weile Heimkehrenden mitunter arg mögen mitgespielt haben, besonders in jener Zeit, wo die Menschen anfingen, sich für klüger und aufgeklärter zu halten, als alle ihre Vorfahren und jeglichen nächtlichen Spuk verlachten, ja gänzlich läugneten,
davon mögen ein Paar Beispiele das Weitere besagen.

In der Knochenhauerstraße wohnte ein Schneidermeister; der war im
Grunde seines Herzens ein braver Mann, dem Glauben der Altväter treu
ergeben, dabei eher weichen Gemüths und verzagt als muthig. Das Alles
waren Eigenschaften, deren er sich in der guten alten Zeit sicherlich nicht
würde geschämt haben. Aber jene guten alten Tage fingen bereits an, dem
Zeitalter der Aufklärung Platz zu machen, die des frommen, demüthigen
Kinderglaubens spottet, und deshalb hielt es auch unser Mann für gerathener, denselben äußerlich zu verläugnen, als sich in seiner wahren ehrlichen Gestalt zu zeigen. Daher that er hoffärtig und verwegen, und wenn er
des Abends auf dem Amtshause saß, so ergoß er sich in gräuliche Reden,
daß es ihm einerlei sei, Himmel oder Hölle; daß er nicht Tod noch Teufel
fürchte, und daß er nichts sehnlicher wünsche, als den Letzteren einmal zu
treffen, wo er ihn haben möchte.

Darob entsetzte sich, wer feigen Herzens war, trank in der Stille sein
Glas aus und entfernte sich ohne ein Wort zu sagen.

So kam es, daß man nur von unserm Meister redete, und die wirklich
herzhaft waren, wurden darüber rein vergessen. Dies aber waren die Einzigen, welche das Wesen des Meisters mit Unbefangenheit beurtheilten, ihn
ganz und gar durchschauten und recht gut einsahen, daß er nur tapfer sei
mit dem Maule, im Grunde aber nichts anders, als ein feiger Wicht. Daher
verdroß sie die Zurücksetzung, welche sie erfahren mußten, ausnehmend,
und sie beschlossen, sich zu rächen und dem Manne die Grossprecherei
und den Hochmuthsteufel kurz und gut auszutreiben.

Wenn er aber die Prüfung muthig bestehen würde, wollten sie ihn für
ihren Herrn und Meister und für einen ritterlichen Helden anerkennen.

Denn es war nichts Leichtes, was sie ihm zugedacht hatten: Er sollte mit der Saake zu thun haben. Da dies aber doch für zu erschrecklich gehalten wurde, wenn es Jemand unvorbereitet überkäme, so beschloß man mitleidigerweise, ihn vorher zu warnen.

Eines Abends also saß er wieder auf dem Amtshause und redete, seiner Gewohnheit nach, viel zu viel; und wer etwas auf sich hielt, war schon fort, um nicht zu sitzen auf der Bank, da die Spötter sitzen. Außer ihm saßen nur noch drei Männer an dem Tisch; das waren die Schälke, welche sich verabredet hatten. Da schaute der Eine umher, gleichsam um sich zu überzeugen, ob sie auch ganz allein wären.

»Endlich hat sich das Volk verlaufen,« hub er an, als hätte er mit Schmerzen auf diesen Zeitpunkt gewartet, um vertraulich diese und jene Besprechung auf die Bahn zu bringen, von welcher ihn die Anwesenheit jener Zaghaften bisher zurückgehalten habe. »Jetzt sind wir so ganz unter uns, muthige Seelen und tapfermüthiges Volk. Freunde, was haltet Ihr von der Saake?«

Dieser Name, zur mitternächtlichen Stunde ausgesprochen, schien einen höchst ängstlichen Eindruck auf die Gesellschaft zu machen; auch der Sprecher selbst schauderte zusammen, sowie das Wort ihm von der Zunge war, und er schien in demselben Augenblick seine Leichtfertigkeit zu bereuen.

»Meine Großmutter,« hub der Andere an, »Gott habe das alte Mensch selig, hat mir sonderbare Dinge davon erzählt, die sich wohl nicht dazu eignen möchten, zu dieser Frist wiederholt zu werden, zumal wir noch alle Vier diese Nacht über die Straße müssen und Niemand wissen kann, was ihm begegnen mag. Ich für meinen Theil mache den Vorschlag, nicht weiter davon zu reden; denn es heißt, Du sollst den Teufel nicht an die Wand malen.«

»Vor menschlicher Kraft,« fragte de Dritte beistimmend, »fürchte ich mich nicht, selbst nicht vor der Uebermacht. Und es ist mir wohl schon gelungen, drei Gegner zumal zu überwältigen; in diesem Falle aber möchte wohl ein inbrünstiges Gebet die beste Waffe sein.«

Alle drei schauten erwartungsvoll auf unsern Meister, um in dieser wichtigen Angelegenheit seine Meinung zu hören; der aber lächelte, indem er höhnisch die Unterlippe emporschob und kopfschüttelnd von Einem auf den Andern sah, als hätte er sich in ihnen geirrt. Erst als Alle näher zu ihm heranrückten und ungeduldig wurden, als wenn er sich beeilen sollte, den Ausschlag zu geben, nahm er das Wort.

»Es dauert mich,« hub er voll Mitleid an, »daß ich von Männern, die ich für frische Leute gehalten habe, geringe denken muß. Wer kann mir's aber verargen? Da fürchtet sich der Eine, weil seine Großmutter auch ängstlich gewesen ist, und der Andere will gar die Hände falten, um sich zu vertheidigen! Wofür tragt Ihr Memmen denn einen Degen an Eurer Hüfte?« fuhr er in strafendem Tone fort, indem er sich von der Bank erhob, eine drohende Stellung annahm und funkelnden Blickes im Kreise herumschaute, »weshalb tragt Ihr Eure Wehr? – Hunde und Katzen mögt Ihr Euch damit vom Leibe halten; so Euch aber ein würdiger Feind entgegentritt, überkommt Euch Furcht und Zittern, und Ihr sucht das Weite, wenn Ihr könnt.«

Er ging mit würdevollen Schritten die Stube auf und ab und sprach unverständliche Reden schnell vor sich hin, wie Einer, dessen Inneres von gewaltigen Stürmen bewegt ist. Endlich schien er ruhiger zu werden; er betrachtete die Andern, welche in großer Niedergeschlagenheit um den Tisch saßen, mit milderem Blick, und es that ihm offenbar leid, daß er sie so heftig angefahren hatte. Um sie also zu trösten in ihrem Elend und sie wieder emporzurichten, trat er hinzu, legte dem Zunächstsitzenden zutraulich die Hand auf die Schulter und sagte mit belehrender Salbung:

»Laßt Euch meine Worte nicht so nahe zu Herzen gehen, daß Ihr darüber allen Muth verlieren solltet; ich wollte nur Euer Beßtes, als ich Euch Vorwürfe machte. Denn wo Besserung bewirkt werden soll, darf die Strafe nicht fehlen. Aber fasset Muth! Ich halte Euch alle Drei für Männer, in denen ein gesunder Kern ist, der nur der rechten Pflege und Leitung bedarf, daß ein fester Stamm daraus emporwachse. Das andere Volk kümmert mich wenig. So ich aber bei Einem von Euch noch die geringste Zaghaftigkeit entdecke, werde ich mit Ernst und Fleiß dahin arbeiten, dieselbe bis auf den letzten Funken zu ersticken, daß Ihr endlich erfunden werden möget als Männer ohne Furcht und Tadel.«

Beschämt und doch ermuthigt durch die väterlichen Worte verabschiedeten sich jetzt die Drei. Unser Mann trank noch zuvor ein Glas Wein; denn er hatte sich fast heiser gesprochen, wie er gegen den Wirth äußerte, der in einem Winkel mit Staunen diesen hohen Reden zugehört hatte.

»Vor der Welt gilt gar Mancher für einen Mann,« sagte er beim Fortgehen zu dem Wirth, der mit Staunen und Ehrfurcht den hohen Wuchs und die edle Gestalt des mannhaften Helden betrachtete. »Aber der rechte Held muß sich bewähren in der Gefahr, wie im Feuer das Gold.«

Folgenden Tages war in der Schenke Alles um unsern Mann hergeschaart, und er mußte mehr als einmal sein Abenteuer von voriger Nacht wiederholen.

Jetzt traten auch zwei von denen herein, welche er Abends vorher wegen ihrer Feigheit Vorwürfe gemacht. Diese Männer schien er längst erwartet zu haben; denn sobald sie ins Zimmer traten, und er ihrer ansichtig wurde, winkte er sie zu sich heran und deutete auf den leeren Platz zu seiner Rechten, worauf alles Volk scheu zur Seite wich und ihnen ehrerbietig Platz machte.

Die Beiden sahen einander verwundert an und setzten sich zu ihm.

»Wäret Ihr gestern Abend mit mir fortgegangen, so hättet Ihr an meinem Beispiel lernen können, wie sich ein unverzagtes Gemüth zu verhalten hat in der Stunde der Gefahr; aber vielleicht ist es besser, daß Alles so gekommen ist. Denn wäret Ihr dabei gewesen, so würdet Ihr, großmäulig wie Ihr seid, behauptet haben, Ihr hättet das Beste gethan bei der Sache, um meinen Ruhm zu schmälern.«

»Ihr habt die Saake gesehen?« fielen die Beiden mit einem erheuchelten Staunen ein, und es lag etwas Unglauben in dem Ton ihrer Stimme.

»So wie ich in die Knochenhauerstraße einbiege, tritt mir ein Männchen in den Weg, ein Zwerg, ich versichere Euch, der Knirps war nicht höher wie der Tisch, redet mich an mit verstellter Stimme und bittet mich um meinen Degen. Nun hätte ich diesen wohl an einen Bekannten gegeben, wenn er mich darum ersucht hätte; denn ich war nicht mehr fern von meiner Wohnung. Dem Unbekannten aber schlug ich es rund ab mit zwei Worten; denn der Degen ist nicht allein des Mannes Schutz, sondern auch seine Zier. So will ich also ruhig meines Weges weiter gehen, als sich mit einem Male der Zwerg vergrößert und die Gestalt eines abscheulichen heidnischen Riesen annimmt; Summa, er kam mir vor, wie der leibhafte Roland. Es war aber nicht Roland, sondern der leibhafte Satanas selbst, der meinen Muth erproben wollte. Ich aber beherzt auf ihn los, Schlag auf Schlag, Stich um Stich. Jetzt fing mein Gegner mit einem Male an zu wan-

ken und stieß ein entsetzliches Geheul aus; denn trotzdem, daß er meine
Hiebe sehr gewandt aufzufangen wußte mit seinem Schilde, war es mir
doch gelungen, ihm das rechte Bein abzuhacken. Rasch stach ich ihm in
das linke Bein; aber der gräuliche Riese, von Schmerz gefoltert, entwich
von dannen durch die Lüfte; indem er noch seine Krallen ausstreckte, um
mir den Kopf abzureißen; er faßte aber bloß meine Perücke und so ent-
schwand er meinen Augen, die Perücke in seiner Faust; und mein Degen
steckte tief in seinem Schenkel.«

Der eine jener Beiden erhob sich jetzt, um hinauszugehen, kehrte aber
augenblicklich zurück und rief, der Riese stehe mit Degen und Perücke
draußen.

Da wurde ein Jeder still, und Alles schaute ängstlich nach der Thür, bis
der kleine Peter hereintrat, von dem Kleeblatt der Dritte, des Meisters
Hauptschmuck in der Linken und den Degen in der Rechten.

Einen Augenblick war Alles ruhig; als aber der kleine Bursche erklärte,
sothane Sachen habe er diese Nacht einem feigherzigen Schaafskopf abgenommen, da brachen Alle in ein schallendes Gelächter aus.

Der Schneider war durch die List seiner Zechgenossen ein anderer
Mensch geworden; mitunter übernahm es aber der Zufall, die Rolle der
Saake zu spielen.

Ein Bewohner der Großenstraße verbrachte seit einer Reihe von Jahren
seine Abende in einem Weinkeller auf der Schlachte, und er suchte Etwas
darin, das Gespräch auf religiöse Angelegenheiten und Glaubenssachen
hinzuleiten, weil er sich dann am Besten als einen starken Geist zeigen
konnte. Am Liebsten ließ er seinen Spott aus an den biblischen Erzählungen; über die Empfängniß der Jungfrau Maria wußte er die sonderbarsten
Glossen zu machen, und er meinte, er wolle lieber gar nicht in den Himmel, als auf die Weise, wie der Prophet Elias hinaufgefahren sei, nämlich in
einem feurigen Wagen. Denn was nütze ihm die ewige Seligkeit, wenn er
sie mit verbranntem Sitzfleisch genießen solle. Von andern Sachen sprach
er noch verächtlicher, und von der Saake redete er mit der größten Geringschätzung.

Eines Abends saß er blaß und verstört, und es fiel einem Jedem auf,
daß er so wenig sprach. Zuerst wollte er nicht mit der Sprache heraus,
endlich aber erklärte er, daß er jetzt die Sündhaftigkeit seines früheren

Lebens einsähe und wieder zum Glauben bekehrt sei, da er jetzt wisse, daß es Dinge gebe, die der Mensch mit seinem schlichten Verstande nicht begreifen könne. Als er gestern über den Stephanskirchhof gegangen sei, habe sich plötzlich etwas auf seine Schultern gelegt, und als er sich erschrocken umgeschaut, habe er deutlich die Saake gesehen, mit feurigen Augen, langem Bart und großen Hörnern. Nur ein inbrünstiges Gebet habe ihn aus ihren Klauen errettet. Doch habe dieselbe noch so viel Gewalt über ihn gehabt, daß sie ihm einige Stöße mit ihren Hörnern in den Rücken versetzt habe, worauf sie sich aber von dannen gemacht.

Als er geendigt hatte, verwunderte er sich nicht wenig, daß alle Anwesenden in ein lautes Lachen ausbrachen; denn der Lohgärber hinterm Kirchhof hatte kurz vor dem Eintreten des Erzählers die Gesellschaft mit den Späßen unterhalten, die sein Ziegenbock am Abend vorher getrieben, der aus seinem Stall ausgebrochen war und alle Leute auf dem Kirchhof und in der Nachbarschaft in der Dunkelheit erschreckt hatte. Der Großsprecher aber war von dieser Zeit an geheilt.

# Kommentare zu den Sagen

Nach *Nummer* und *Kurztitel* der Sagen werden zunächst die wichtigsten historischen Begriffe, Personen und Örtlichkeiten erklärt (*Komm.*). Es folgen die nachgewiesenen chronikalischen bzw. sonstigen literarischen und die erschlossenen mündlichen Quellen Wagenfelds (*Q*). Bei mündlichen Erzählstoffen sind sodann die Erzähltypen (*Typ*) und die Bearbeitungsweise Wagenfelds angegeben (*Bearb.*). Ferner ist aufgeführt, welche Sageneditionen (*Ed.*) Wagenfelds Sammlung benutzt haben (z.B. PEUCKERT, Sagen; BURGDORFF, Sagen u.a.).

Sofern nicht anders vermerkt, beziehen sich die bei Herrschern angegebenen Jahreszahlen auf die Regierungszeit.

Die verwendeten Abkürzungen beziehen sich auf

AaTh – Antti AARNE, und Stith THOMPSON, The Types of the Folktale. Second Revision (Folklore Fellows Communications 184), Helsinki 1981

EM – Enzyklopädie des Märchens. Handwörterbuch zur historischen und vergleichenden Erzählforschung, hg. von K. RANKE u.a., Berlin 1977ff. (bis Lieferung 2/3 von Bd. 7, 1995, erschienen)

GRIMM DM – Jakob und Wilhelm GRIMM, Deutsche Mythologie. 4. Aufl., 3 Bde., Berlin 1875–1878

GRIMM DS – Jakob und Wilhelm GRIMM, Deutsche Sagen, 2 Bde., 1816–1818, hg. von Hans-Jörg UTHER und Barbara KINDERMANN-BIERI, 3 Bde., München 1993

Hdwb. – Handwörterbuch des deutschen Aberglaubens, 10 Bde. 1927–1942

Mot. – Stith THOMPSON, Motif-Index of Folk-Literature, Bd. 1–6, Kobenhavn 1955–1958; Bloomington u. London 1975[3]

## 1. Die Bremer Gluckhenne

*Komm.*: Als Gründungssage mit den vom Wasser her kommenden Siedlern schon für das Spätmittelalter bezeugt (Hermen Botes Chronik; vgl. HUCKER, Gründungstradition) und wohl später unter dem Einfluß des Handwerkerwahrzeichens am Rathaus mit dem Tierweisungs-Motiv verschmolzen; *Küchlein*: altertümlich für Küken, die Brut der Henne; *Fischeramt*: Die Zunft der Fischer, deren Amtshaus von 1759 im Schnoor Nr. 31 wiederaufgebaut worden ist; *Zweiter Rathausbogen*: zweiter Bogen der Rathausarkaden von 1608, von der linken, der Südwestecke des Rathauses aus gesehen; *Wahrzeichen*: Merkzeichen, zumeist an Bauwerken, die sich wandernde Handwerksgesellen einprägen mußten, um einer entsprechenden Befragung durch die Altgesellen standhalten zu können. Zur Kenntnis der Handwerkerwahrzeichen gehörten auch Sprüche und Sagen (vgl. HUCKER, Gesellenwanderung). ROLLER (Bremen 1 S. 207 Anm. i) vermerkte 1799: »Bey reisenden Handwerksburschen gilt diese Gluckhenne für das Wahrzeichen des bremischen Rathauses«. *Q*: Mündliche Überlieferung – *Typ*: Tierweisung (Mot. Q 552.3.3; vgl. GRIMM DS Nr. 351, 455); vgl. EM Bd. 1 Sp. 1401–1404 (Bauplatzlegende), Tierweisung durch eine Henne für die Gründung der Burg Henneberg, GRIMM DS Nr. 576 – *Bearb.*: ausgeschmückte Überlieferung – *Ed.*: PEUCKERT, Sagen Nr. 4; BURGDORFF, Sagen Nr. 6 S. 13 f.; BEHNKEN, Sagenbaum Nr. 1.

## 2. Kindeshand zum Grabe heraus

*Komm.*: *Jodenberg*: eigentlich Jedutenberg vor dem Doventor, der zu Hinrichtungen diente (von mittelndt. to jodute, »Volk heraus!« Hilferuf bei Verbrechen); *von Verden*: bremische Patrizierfamilie; Conrad war 1292 bis 1328 Ratsherr, gehörte 1304 zu den aus der Stadt vertriebenen Mitgliedern patrizischer Familien; *Domsumgang*: Domkreuzgang. Hermann Tardel konnte das »Wunder in Stein« tatsächlich nachweisen: es handelte sich um den Grabstein des 1558 verstorbenen Domvikars Bernhard Stein im Domkreuzgang. Er zeigte dessen Wappen, zwei flache Hände, die wie abgehauen aussehen und mit einem Kranz umgeben sind. Heute ist der Stein rechts an der Wand der Westempore des Domes angebracht (vgl. SCHWEBEL, Bernhard Stein, S. 86 f. und 91). Der Kreuzgang, von dem heute nur noch ein Joch erhalten ist, umschloß einst einen Friedhof. *Q*: Mündliche Überlieferung – *Typ*: Erzählstoff vom lebenden Leichnam, EM 7 (1995) Sp. 815–820; von der abgeschlagenen Hand Mot. E 411.0.1 – *Bearb.*: stark ausgeschmückte Überlieferung – *Ed.*: PEUCKERT, Sagen Nr. 281; BURGDORFF, Sagen Nr. 17 S. 34–37.

## 3. Gräfin Emma und der Krüppel

*Komm.*: die Edeldame *Emma von Lesum* (†1038) war die Witwe des Grafen Liudger und Schwester des Bischofs Meinwerk von Paderborn, stammte aus dem Hause der Immedinger und war damit eine Nachfahrin Widukinds; *Graf Lüdger*: Graf Liudger (†1011), jüngerer Sohn Hermann Billungs und Bruder des Herzogs Bernhard I. von Sachsen (973-1011); *Libentius*: Libentius II. (Liäwizo) Erzbischof von Bremen (1029–1032); *Benno von Sachsen*: Herzog Bernhard II. (Benno) von Sachsen (1013–†1059) war als Sohn Bernhards I. nicht der Schwager, sondern Neffe Emmas; *Lesum*: ehemals billungischer Haupthof, der 1038 dem Kaiser zugefallen war; die Jahresangabe der Bürgerweidenschenkung, 1032, stammt aus der Chronik Alberts von Stade, bezieht sich dort aber nur ganz allgemein auf die Kirchenstiftungen Emmas; *Wischen*: s.v.w. Wiesen; *Roland*: über die kleine Figur zu Füßen des Standbildes schrieb der Bremer Gelehrte Johann Hinrich Eggeling in seiner *Ruhlands-Studie* von 1700, es sei ein »liegender decollirter Missethäter«, also ein Enthaupteter, »wiewol es auch bishero von Niemandem also beachtet worden; sondern vielmehr bey dem gemeinen Manne davon eine wunderliche Fabel einer Krüppelinne, welche die Bürgerweide solle umkrochen, und dardurch solche dieser Stadt erworben haben, im Schwange gehet, also hat der große fabuleuse Roland ein kleines fabuleuses Krüppelgen gezeuget« (in: Altes und Neues aus den Herzogthümern Bremen und Verden [hg. von J.H. PRATJE], Bd. 8, S. 171f.. Später hat sich die Krüppelin in einen Krüppel verwandelt. Wahrscheinlich handelt es sich um einen Hofzwerg oder -narren; *Kaiser Konrad:* Konrad II. (1024–1039); *Gissa:* Kaiserin Gisela, die Frau Konrads II., starb 1043; *Dethmar:* Graf Thietmar Billung (†1048), Bruder Herzog Bennos; *Kaiser Heinrich:* Heinrich III. (1039–1056), der Sohn und Nachfolger Konrads II., kam 1048 nach Bremen, worauf der Überfall erfolgte. *Q:* Mündliche Überlieferung vom Krüppel in Verbindung mit einer Notiz Renners über die Bürgerweide 1 Bl. 55r. Der Krüppelstoff wird erstmals von Eggeling (s. oben) erwähnt – *Typ:* Besitzerwerb durch Umpflügen, -reiten, -gehen und -fahren Mot. K 185.7; EM 6 (1990) Sp. 266; verwandt dem Dido-Stoff AaTh 2400 und 1590 (Eid auf eigenem Grund und Boden). Krüppel galten im Mittelalter als Glücksbringer, EM 7 (1995) Sp. 500 f. – *Bearb.:* ausgeschmückte Überlieferung mit übersetztem Chronikbericht verbunden – *Ed.:* PEUCKERT, Sagen Nr. 74 II; BURGDORFF, Sagen Nr. 9 S. 15 ff.; BEHNKEN, Sagenbaum Nr. 6.

## 4. Der Scharfrichter Adelarius

[1. Das Klingen des Schwertes.] –*Komm.:* *Siedeschiffe:* Kriegsschiffe; *Junker Balthasar:* der ostfriesische Häuptling Balthasar von Esens (1522-†1540); *Theerhof:* Teerhof am linken Weserufer, diente u.a. als Werftengelände; *Punkendeich:* Abschnitt des heutigen Osterdeichs, dessen Namensbedeutung ungeklärt ist. *Q:* Mündliche Überlieferung vom Schwertklingen und Notiz von der Ausfahrt der Kriegsflotte nach Renner 2 S. 241 – *Typ:* warnendes Schwert Mot. D 1317.6 – *Bearb.:* novellistisch ausgeführte Erzählung unter Verwendung eines Chronikberichts und einer mündlichen Überlieferung. [2. Die Seeräuber.] – *Komm.:* *Franz Böhme:* der Kaperkapitän Franz Beheim, seit 1539 in Diensten des Junkers Balthasar; *Orlogschiffe:* Kriegsschiffe; *Ossebalge:* Wasserzug im Harlingerland; *Tonnen-Boyert:* ein *Bojert* war ein kleines Schiff mit einem Mast; *Siedeschiffe* s. oben zu Nr. 4,1; *Barse:* kleines, langes, schneller Kriegs- oder Lastschiff; *Pinasse:* Beiboot eines Kriegsschiffs, mit Segel und 8 Rudern zur Küstenschiffahrt geeignet; *Wittenborg:* erzbischöfliche Feste an der Niederweser (bei Farge); *Eiche:* flaches Boot; *Schlachte:* der stadtbremische Uferhafen an der Weser; *Fangturm:* 1551 abgebrochener Stadtturm an der Weser, letzter Rest der alten Befestigung zwischen Altstadt und Steffensstadt; *Michaelis:* Heiligentag (29. September). *Q:* Renner 2 S. 241–247 (*Wo to Bremen etliche zerovers gerichtet sin*). – *Typ:* klingendes Schwert, wie oben – *Bearb.:* novellistisch ausgeführte Erzählung mit übersetztem Chronikbericht.

[3. Fabian] – *Bearb.*: novellistische Handlung ohne Benutzung von Chronikberichten oder mündlichen Erzählstoffen.

[4. Das Gericht] – *Komm.*: *Maria, Statthalterin der Niederlande*: Maria, Königinwitwe von Ungarn, Schwester Kaiser Karls V., Statthalterin der Niederlande von 1530 bis 1555. *Q*: Renner 2 S. 242 f. (auch Nequamsbücher a. 1539, vgl. Zepper, Copia 1 Bl. 93r–96r; Hermann Post, Extract S. 137–144) – *Bearb.*: novellistisch ausgeführte Erzählung mit übersetztem Chronikbericht.

[5. Das Treiben des Gastes] – *Komm.*: der *Halawer* s. Sage Nr. 47; die *weiße Gans* s. Sage Nr. I, 12 f.; *Gulden*: Goldmünze. Auch die Stadt Bremen brachte seit 1541 Goldgulden aus; *Scheffel*: Hohlmaß. Der Bremer Scheffel umfaßte 1489 ca. 71,1 Liter, 1799 71,126 Liter; *Groten*: Bremer Silbermünze im Wert von 5 Schwaren. 72 Grote = 1 Reichsthaler. *Q*: Anspielungen auf die Sagen von der weißen Gans und dem Hahl-awer (unten I,47 u. II,12) und Erzählstoff vom Trank, der blutdürstig macht – *Typ*: Bluttrank vermehrt Kräfte, EM 2 Sp. 509 f., und macht blutdrüstig, AaTh 407, 451 u.ö., Mot K 2155.1 – *Bearb.*: novellistische Erzählung.

[6. Der Zauberer Wolfgang Albrecht] – *Komm.*: die *Hukpforte* (Huckpforte) führte zwischen der Aschenburg (s. Nr. 20,2)

und der Wasserstraße von der Steffensstadt zur Weser hinunter, *Pranger:* der in Bremen *Kaak* genannte Pranger befand sich auf dem Marktplatz. *Q*: Nequamsbücher a. 1550 (vgl. Post, Extract; Stöver, Rerum 1 und Zepper, Copia 1) – *Typ*: magische Körperverletzung, Mot. D 2062 und 2062.2 – *Bearb.*: novellistische Einkleidung des Prozeßberichts.

[7. Der Teufel Bassa] – *Komm.*: *Anscharskirche* ist die volksmündliche Bezeichnung der Pfarrkirche St. Ansgar; *Schwanengatt*: Teich in der Nähe des Ansgaritores, 1544 durchdeicht und später ganz zugeworfen; *Herzog Erich*: Erich II. (d. J.) von Braunschweig-Lüneburg (Calenberg) (1528–1584), kaiserlicher Feldobrist, später Landsknechtsführer; *Rondel*: Rondelle waren runde Erdwerke, die seit dem 15. Jahrhundert vor den Stadttoren aufgeführt wurden; *Hurrelberg*: Stadtturm nördlich des Ostertores, der als Gefängnis diente. *Q*: die Arbeit der Bürger am Schwanengatt nach Renner 2 S. 328 (a. 1550) – *Bearb.*: Novelle unter Benutzung von Chronikstellen.

[8. Die Hochzeit des Meisters] – *Q*: Nequamsbücher a. 1550 (vgl. Friedr. Stöver, Rerum 1 S. 223–225) – *Typ*: das Motiv von des Teufels Hochzeit war verbreitet, vgl. AaTh 1476 B; seine Heirat mit einem Mann ist ungewöhnlich – *Bearb.*: novellistische Einkleidung des Prozeßberichts – *Ed.*: Peuckert, Sagen, Nr. 329, 389–391 (kurze Auszüge).

## 5. Blutregen

**Komm.**: *Erzbischof Heinrich III.*: Bremer Erzbischof aus dem Herzogshause Sachsen-Lauenburg (1567–†1585); *von der Lieth*: erzstift-bremische Niederadelsfamilie; *Kranenburg*: von Liethsches Schloß bei Hechthausen.

[1.864] *Q*: Cronecken der Sassen von Bote a. 864 (ed. LEIBNIZ 3 S. 300) –*Bearb.*: übersetzter Chronikbericht.

[2. 1008] *Q*: Botes Cronecken der Sassen a. 1008 (ed. LEIBNIZ 3 S. 320) – *Bearb.*: übersetzter Chronikbericht.

[3. 1574] *Q*: Renners Chronica (2 S. 639 f.) (vgl. Heinr. SALOMONS, Annotationes calendariae und DENEKE, Beiträge zur Sittengeschichte Bremens in der letzten Hälfte des 16. Jahrhunderts, Hannov. Magazin (1817) Sp. 1428) –*Bearb.*: übersetzter Chronikbericht – *Ed.*: PEUCKERT, Sagen Nr. 146 I.

## 6. Feuerregen

**Komm.**: *Anscharius*, der hl. Ansgar, Erzbischof von Hamburg (831–†865), war seit 845 auch Bischof von Bremen. *Q*: aus dem Mittelniederdeutschen Renners 1 Bl. 26v übertragen – *Bearb.*: übersetzter Chronikbericht – *Ed.*: PEUCKERT, Sagen Nr. 147.

## 7. Der gottlose Armenvogt

**Komm.**: *gahtlich*: gatlich, alter Ausdruck für passend, angemessen, bequem. *Q*: Nequamsbücher a. 1606, Juni 7 (vgl.

Post, Extract S. 377) – *Bearb.*: kleinere Novelle auf der Grundlage einer Prozeßnotiz – *Ed.*: BURGDORFF, Sagen Nr. 23 S. 40 f.

## 8. Schreckliche Mißgeburt

*Q*: Botes Cronecken der Sassen a. 1012 (ed. LEIBNIZ 3 S. 320) – *Bearb.*: übersetzter Chronikbericht.

## 9. Dreifacher Nonnenmord

**Komm.**: das bei Renner angegebene Jahr *1051* entbehrt jeder Grundlage (die Veränderung in *1052* findet sich in Stövers und Posts Kriminalgeschichten); das *Jungfrauenkloster* ist zweifellos das 1194/98 bei St. Michaelis bezeugte Benediktinerinnenkloster, das nach Bergedorf im Oldenburgischen, nicht nach Lilienthal, verlegt wurde; *Lilienthal*: Das Zisterzienserinnenkloster Lilienthal wurde 1232 von Erzbischof Gerhard II. zum Totengedenken seines 1229 gegen die Stedinger gefallenen Bruders Hermann II. von Lippe gegründet. *Q*.: Die Grunderzählung mit allen Ortsangaben findet sich in Renners Chronik zum Jahre 1051 (1 Bl. 64r f.) unter der Überschrift *Van einem morde an closter junfern begangen* – daneben blieb der Stoff offenbar auch im Volksmund lebendig, wie eine von HOOPS, Heinrich, Geschichte der Börde Lesum (1989) mitgeteilte Variante zeigt. *Typ*: Tiere überführen Mörder, Mot. B 591 und 151.1.1.02 –*Bearb.*: ausgeschmückter und übersetzter Chronikbericht – *Ed.*: PEUCKERT, Sagen Nr. 76; BURGDORFF, Sagen Nr. 11 S. 19–23; BEHNKEN, Sagenbaum Nr. 4.

## 10. Das Wunderhorn

**Komm.**: *Anton I.*: Graf Anton I. regierte 1529 bis 1573, die oldenburgische Überlieferung nennt statt seiner den Grafen Otto und macht auch keine Jahresangabe. **Q**: Vielleicht von Lektüre beeinflußte Erinnerung? Vgl. Grimm DS Nr. 547, LÜBBING, Sagen Nr. 6 – **Typ**: vorwiegend skandinavisches Sagenmotiv von der Elfe, die einen vergifteten Trunk in einem Kleinodienhorn reicht; Mot. F 352, H 1515.2; Feen stehlen Trinkhörner Mot. C 622, E 765.4.5, *D 1171.6.3, F 460.2.10 – **Bearb.**: Nacherzählung einer gelesenen Sage?

## 11. Von einer großen Theurung

**Komm.**: Mißernten hatten im Mittelalter wegen unzureichender Vorratswirtschaft meist katastrophale Folgen. **Q**: Die Notiz findet sich bereits in der Weltchronik Alberts von Stade, a. 899 (ed. REINECCIUS Bl. 97r): *Magna fames homines se invicem comodere coegit.* Doch dürfte Wagenfeld aus dem Mittelniederdeutschen in Botes Cronecken der Sassen a. 899 (ed. LEIBNIZ 3 S. 302) übertragen haben: *In dussem jae was grot dure tyt, unde was so dan grot hunger, dat sick de lude under anderen eten* – **Typ**: Kannibalismus ist für Notzeiten aller Epochen und Kulturen immer wieder bezeugt., EM 7 (1995) Sp. 939–945 – **Bearb.**: Übersetzter Chronikbericht.

## 12. Von der Marterburg

**Komm.**: Es waren nicht die *Hunnen*, sondern vielmehr die Ungarn, deren Reitertruppen damals das ostfränkische Reich heimsuchten.

**Q**: Renner, Chronica Bl. 35v f. (zu 916); doch ist der zweite, die Marterburg betreffende Teil von Wagenfeld nach mündlicher Überlieferung hinzugefügt. Die Sage war noch um 1900 lebendig, da der niederdeutsche Bremer Dichter Georg Droste (1866–†1935) eine Variante von ihr mitteilt, wonach an den Hauswänden noch die Spuren des heruntergelaufenen Öls zu sehen gewesen seien, DROSTE, Tollgeschichten S. 62 – **Typ**: volksetymologische Sage – **Bearb.**: übersetzter Chronikbericht und damit verknüpfte Sage – **Ed.**: PEUCKERT, Sagen Nr. 68; BURGDORFF, Sagen Nr. 8 S. 14 f.; BEHNKEN, Sagenbaum Nr. 2.

## 13. Hojers Himmelfahrt

**Komm.**: *Erzbischof Hojer* (Hoger) amtierte von 911 bis 917; *St. Michaeliskapelle*: die alte Kapelle St. Michaelis befand sich am Dom, über die spätere Kirche mit diesem Patrozinium vgl. unten Nr. 27,3. **Q**: Renners Chronica 1 Bl. 36r – **Bearb.**: übersetzte Legende – **Typ**: Himmelfahrten wurden im Mittelalter einzelnen Heiligen zugeschrieben, EM 6 Sp. 1041 – **Ed.**: PEUCKERT, Sagen Nr. 75 II.

## 14. St. Anschars Traum

**Komm.**: Über Erzbischof *Ansgar* s. Nr. 6. **Q**: Renners Chronica 1 Bl. 19r f. – **Bearb.**: übersetzte Legende – **Ed.**: PEUCKERT, Sagen Nr. 59; BURGDORFF, Sagen Nr. 7 S. 14.

## 15. Adaldag's Traum

**Komm.**: *Adaldag*: Erzbischof von Hamburg-Bremen (937–988); *heiliger Victor*:

einer der Märtyrerheiligen der Thebaner-Legion; *Bassum*: Damenstift in der Grafschaft Hoya, 850 gegründet; *Bücken*: Kanonikerstift in der Grafschaft Hoya, von Erzbischof Rimbert gestiftet. *Q*: aus dem Mittelniederdt. Renners 1 Bl. 42r – *Bearb.*: übersetzte Legende – *Ed.*: PEUCKERT, Sagen Nr. 70 I; HUCKER, Stift Bassum, Bremen 1995, S. 213 f.

## 16. Der alten Friesen Seeabenteuer

*Komm.*: *Bezelin*: Erzbischof von Hamburg-Bremen (1035–1043); *orkadische Inseln*: Orkney- oder Shetland-Inseln; *Meereswirbel*: der in Erzählungen häufig als *Malstrom* bezeichnete *Moskenstraumen* westlich von Norwegen war bei den Schiffern gefürchtet; *Bekenner Willehad*: der Angelsachse Willehad war der erste (786 geweihte) Bischof von Bremen (†789). *Q*: Renners Chronica 1 Bl. 58v f. (*Van einer sefart etlicher Fresen*; nach Adam von Bremen) – *Bearb.*: übersetzter Chronikbericht – *Ed.*: PEUCKERT, Sagen Nr. 81.

## 17. Wunderbare Wirkung

*Komm.*: *Lüderich*: Bischof Leuderich von Bremen (838–845). *Q*: bisher nicht nachgewiesen – *Bearb.*: übersetzte Legende – *Ed.*: PEUCKERT, Sagen Nr. 374.

## 18. St. Victors Erscheinung

*Komm.*: *am St. Victorstage*: 10. Oktober; *Domdechant Boege*: Friedrich Boch (1296–†1331) aus der Ministerialenfamilie von Walle, Dechant seit 1312; *St. Victor* s. oben Nr. 15.

*Q*: Renners Chronica a. 1311 1 Bl. 239r – *Bearb.*: übersetzte Legende – *Ed.*: PEUCKERT, Sagen Nr. 95.

## 19. Mehlkasten des Domdechanten

*Komm.*: *Lievland*: Livland, ein Teil des heutigen Lettland; *Scheffel* und *Grote* s. oben Nr. 4,5; *Domdechant Boege* s. oben Nr. 18. *Q*: Renner, Chronica a. 1315/16 1 Bl. 239v – *Bearb.*: übersetzte Legende – *Ed.*: PEUCKERT, Sagen Nr. 96; BURGDORFF, Sagen Nr. 12 S. 23 f.

## 20. St. Oleffs Sarg

[1. Die Huldigung des Erzbischofs.] – *Komm.*: *Bremerlehe*: Lehe, Stadtteil von Bremerhaven; *Erzbischof Heinrich* s. Nr. 5; *Hurrelberg* s. oben Nr. 4,7; *Clüvers Hof*: eine der Domherrenkurien südlich des Domes; *Aelterleute*: Elterleute oder Eltermänner waren die vier Vorsteher der Kaufmannsgilde; *Schütting*: Haus der Bremer Kaufmannsgilde von 1537/38. *Q*: Renners Chronica 2 S. 669–674 – *Bearb.*: übersetzter Chronikbericht.

[2. Der Sarg.] – *Komm.*: Die *Aschenburg* wurde als *Ascheborg* schon 1447 erwähnt, ein festes Haus an der Weser bei St. Stephani (vielleicht ein patrizischer Wohnturm); *Karsten Tiemann*: s. Nachwort; *einen Leck*: Wagenfeld verwendet die damals noch übliche norddeutsche männliche Form; *Papismus*: reformatorische Kampfbezeichnung des Katholizismus; *Drontheim*: die norwegische Stadt Trondheim; *heiliger*

*Oleff*: König Olaf II. Haraldsson von Norwegen (\*um 990–995, reg. 1010–†1030), norwegischer Nationalheiliger. *Q*: Renners Chronica a. 1030 1 Bl. 52r – *Bearb.*: Novelle mit übersetzter Chroniknotiz.

[3. Johann Knecht.] – *Q*: Renners Chronica 2 S. 668 – *Bearb.*: Novelle mit übersetzter Chroniknotiz – *Ed.*: PEUCKERT, Sagen Nr. 344.

[4. Die Ausfahrt.] – *Komm.*: *Natel*: Bischofsnadel, Verbindungsstraße zwischen Domshof und der Bischofsnadel-Bastion. *Q*: mündlicher Erzählstoff – *Typ*: Indienfahrt Mot. F 130.1 – *Bearb.*: novellistische Ausgestaltung eines Sagenstoffes – *Ed.*: PEUCKERT, Sagen Nr. 477.

[5. St. Oleff.] – *Bearb.*: Novelle.

[6. Der Pokal] – *Komm.*: *empfahen*: altertümlich für empfangen. *Bearb.*: Novelle – *Ed.*: PEUCKERT, Sagen Nr. 375 (stark gekürzt).

## 21. Raubmord in der Pelzerstraße

*Komm.*: der *Kattenturm* war eine Befestigung der Bremer Landwehr, dort, wo die Heerstraße nach Brinkum und Bassum über die Ochtum führte; *Brückethor*: das Brückentor wurde 1554 als Befestigung und Zugang zur *Großen Weserbrücke* errichtet; *Burgwall*: Brückenkopf am südlichen Weserufer, vor der *Kleinen Weserbrücke*. An der schon 1303 erwähnten Befestigung war die Stätte des Schreigerichts.

*Q*: Renner, Chronica 2 S. 53 f. *Van einem morde to Bremen und wat sich dar des jars mer togedragen heft* (1527) – *Bearb.*: übersetzter Chronikbericht.

## 22. Sagen von St. Rembertus

*Komm.*: *Bischof Rembertus*: der hl. Erzbischof Rimbert von Hamburg-Bremen (865–†888). *Q*: Renners Chronica 1 Bl. 28v f. – *Bearb.*: übersetzte Legende – *Ed.*: PEUCKERT, Sagen Nr. 22.

## 23. Dirk Dröge

*Komm.*: *Neuenkirchen*: Kirchdorf im Landkreis Osterholz; «℔» = *Reichsthaler*: der Taler entstand Ende des 15. Jahrhunderts als Großsilbermünze von 60 Kreuzern; durch die Reichsmünzordnung von 1524 durch Kaiser und Reich als Währung anerkannt; *mit dem Rade gerichtet*: Hinrichtungsart, bei der die Knochen gebrochen wurden. *Q*: Nequamsbücher a. 1600, Febr. 23 (vgl. Post, Extract S. 342f.) – *Bearb.*: übersetzter Prozeßbericht.

## 24. Das verhängnißvolle Würfelspiel

*Q*: Nequamsbücher a. 1600, Januar 18 (vgl. Post, Extract S. 341) – *Bearb.*: übersetzter Prozeßbericht.

## 25. Der Erzbischof am Brückethor

*Komm.*: *Erzbischof Johann Friedrich*: Johann Friedrich von Holstein, zugleich Bischof von Lübeck (1596–†1634); *Brückethor*, Brückentor, s. oben Nr. 21.

*Q*: Nequamsbücher a. 1600, Aug. 12 (vgl.
Post, Extract S. 344) – *Bearb.*: übersetzte
Nequamsbuchnotiz.

## 26. Die sieben Faulen

*Komm.*: *Steffensstadt*: ursprünglich Vorstadt um das St. Stephani-Stift, 1305 in
die Befestigung der Altstadt einbezogen;
*Faulenstraße*: Fortsetzung der Altstädter
*Obernstraße* in die Steffensstadt.

*Q*: Mündliche Überlieferung (Peuckert:
»Echt ist aber gewiß der Versuch einer
Etymologie der Faulenstraße«) – *Typ*: drei
oder zwölf faule Söhne (oder Knechte)
sind Lieblingsgestalten des Märchens, EM
4 Sp. 901 f.; der Stoff entspricht AaTh
675, wo die Faulheit nur zum Anfangs-
bild des Helden gehört und den schließ-
lichen Erfolg nur einleitet – *Bearb.*: novellistisch breit ausgestaltete Volksetymologie – *Ed.*: PEUCKERT, Sagen Nr. 11; BURG-
DORFF, Sagen Nr. 13 S. 24–30; BEHNKEN,
Sagenbaum Nr. 3.

## 27. Hänschen von Halberstadt.

[1. Der quade Johann von Weihe.] –
*Komm.*: *Weihe*: Kirch- und Sudweyhe in
der Grafschaft Hoya, heute Samtgemein-
de Weyhe; *quade*: mittelndt. *quat* s.v.w.
böse, schlecht, verräterisch, gefährlich;
*Simon und Juda*: 28. Oktober, Fest der
Apostel Simon und Judas Thaddäus; *vergeben*: s.v.w. vergiften; *mit dem Schwert begnadigt*: statt zu Martern zum schnellen
Tod durch Enthaupten verurteilt; *Bartholomaei*: 24. August.

*Q*: Nequamsbücher a. 1516 (Johann v.
Weyhe: Zepper, Copia 1 Bl. 59r), a. 1517

(Kriminal- und Zaubereifälle Ehrenborg,
Rehker, Gretke u. Alke, Eggers: Post, Extract S. 72 f.; Copia 1 Bl. 60v f.) und a.
1517, Aug. 25 (Johann v. Weyhe: Post,
Extract S. 74) – *Typ*: zum Motiv Schadenzauber vgl. Hdwb. 6 Sp. 926 f. – *Bearb.*:
breite novellistische Darstellungen unter
verwendung miteinander verflochtener
Nequamsbuchnotizen – *Ed.*: PEUCKERT,
Sagen Nr. 115 (Quader Johann); ebd. Nr.
381 (Zauber).

[2. Die Landsknechte.] – *Komm.*: *Fähnlein*: Landsknechtshaufen von etwa 300
Mann; *Wurster*: Wurster Friesen, bäuerli-
che Siedler der Wesermarsch nördlich von
Bremerhaven; *Erzbischof Christoph*: Christoph von Braunschweig-Lüneburg
(1511–1558); *Erzbischof Heinrich*: Erzbischof Heinrich II. von Schwarzburg, zugleich Bischof von Münster (1463–1496);
*Gulden* s. oben Nr. 4,5; *Mark Lübisch*: Lü-
becker (Zähl-) Währung, 1 Mark rechnete ¹/₃ Pfund Silberpfennige; *Schloß Morgenstern*: erzbischöfliche Zwingburg gegen
die Wurster, in Weddewarden erinnert das
Gasthaus »Schloß Morgenstern« noch an
die 1518 niedergelegte Feste; *reisig*: s.v.w.
waffenfähig, streitbar; *Oberlande*: Ober-
oder Süddeutschland.

*Q*: Renners Chronica 2 S. 15 f. – *Bearb.*:
übersetzter Chronikbericht.

[3. Des Erzbischofs Zorn.] – *Komm.*: *Hein-
rich von Zütphen*: Reformator Bremens;
*Erzbischof Christoph* s. Nr. 72,2; *des Kaisers
Schwester Maria* s. Nr. 4,4; *seine ferneren
Plane*: Pläne, heute seltene Mehrzahlform;

*Gaule*: Gäule, norddeutsche Form; *Pauls-kloster*: Benediktinerabtei St. Paul vor dem Ostertor, um 1130 gegründet; *Michaelis-kirche*: Pfarrkirche in der Vorstadt vor dem Doventor; *Stoßrappier:* Rapier, degenähnliche Fechtwaffe; *Bremer Mark*: Bremer (Zähl-) Währung, vgl. Lübische Mark, Nr. 27,3; *Paulikloster* s.v.w. *Paulskloster.* *Q*: Heinrich von Zütphen aus Renners Chronica 2 S. 22–25; Landsknecht *Hans von der Kloppenborg* Nequamsbücher a. 1518 (Post, Extract S. 75); Heinrich und Johann Wöltjen Nequamsbücher a. 1526 (Post S. 84 f.) – *Bearb.*: Novelle mit übersetztem Chronikbericht und benutzten Prozeßnotizen.

[4. Zerstörung des Klosters St. Pauli.] – *Komm.*: *Paulsberg*: Hügel vor dem Oster-tor mit der Abtei St. Paul; *Abt Henrich Junge*: Abt Heinrich IV. Junge (1507–1524); *Beginenhaus*: Haus für gemeinschaftlich lebende religiöse Frauen (niederländ. *Beguinen*). Das Beginenhaus von St. Nikolai wurde 1602 zum Waisenhaus umgewandelt; *Nicolai-Kirche*: die Kapelle St. Nikolai stand in der Nähe des heutigen Platzes »Am Brill«; *Graf Anton von Oldenburg*: Anton I. s. oben Nr. 10; *auf Laurentius:* am Fest des hl. Laurentius am 10. August; *Abbenthor*: Bremer Stadttor zwischen Ansgari- und Doventor; *Wicheln:* Weiden; *Wicheln-burg*: Wagenfelds Etymologie ist zweifelhaft; *Anschars Thor*: Ansgaritor; *Welschland*: Italien; *Arster Thurm*: Bremer Landwehrbefestigung an der Heerstraße nach Dreye und Weyhe; *Viehländer*: Bewohner des bremischen Ober- und Niedervielands, des Marschenstrichs zwischen Weser und Ochtum; *Quartier-Stücke*: grobe Feldgeschütze, die 4 bis 10 Pfund Eisen verschossen. *Q*: Renners Chronica 2 S. 26–28: *Wo s. Pawels closter vor Bremen vorstoeret is* und S. 42 f. und 46 (Wurster Kriege) – *Bearb.*: Novelle mit übersetztem Chronikbericht.

[5. Der Feldhauptmann] – *Komm.*: *Michaelis Abend*: der Tag vor dem Heiligen-fest St. Michaelis, also der 28. September; *Gesandte des Rats*: Ratssendeboten, Gesandte zumeist der Hansestädte, die zu gemeinsamen »Tagfahrten« zusammentrafen; *Herzog Heinrich von Braunschweig*: Heinrich d. J. von Braunschweig-Wolfenbüttel (1489–1568); *Herzog Erich von Braunschweig*: Erich I. (d. Ä.), Herzog von Braunschweig-Calenberg (1470–1540); *verbrachte*: von verbringen: verschwenden, vertun; *geschwind*: tüchtig; *Osterholz*: Klosterflecken und heutige Kreisstadt Osterholz-Scharmbeck; *Hünengrab*: Steingrab in Osterholz-Scharmbeck; *Feldhauptmann und Herzog*: Herzöge hießen die Landsknechtsführer nicht mehr, auch wurden die Hauptleute von den Fürsten bestellt; *Schild-Erhebung*: germanischer Rechtsbrauch der Königserhebung bei west- und ostgermanischen Stämmen; *die Burg*: stadtbremische Befestigung am Übergang der Heerstraße nach Norden über die Lesum; *auf heiligen Drei König-Abend*: der Tag vor dem Heiligen-Drei-König-Fest, also 5. Januar; *Wartthurm*: Befestigung der Bremer Landwehr an der Stelle, wo die Heerstraße nach Delmenhorst und Oldenburg die Ochtum überquert.

**Q**: Renners Chronica a. 1526, 2 S. 51–53: *Van Henschen van Halverstadt*; die Sage vom Hahl-awer (unten I,47); mündliche Überlieferung vom Ochsendieb und vom verbannten Geizhals aus der Doventorsvorstadt; Heinrich und Johann Wöltjen Nequamsbücher a. 1526 (Post, Extract S. 84f.) – **Typ**: viehquälender verbannter Geizhals EM Bd. (1987) Sp. 950 – **Bearb.**: Novelle mit übersetztem Chronikbericht unter Einbeziehung von Sagenstoffen und Prozeßnotizen – **Ed.**: PEUCKERT, Sagen Nr. 290.

## 28. Sagen vom Erzbischof Adalbert

**Komm.**: *Adalbert*, aus dem Hause der sächsischen Pfalzgrafen von Goseck, Erzbischof von Bremen (1043–†1072); *Grafschaft Emisgoe*: die ostfriesische Region Emisga (Emsgau) erstreckte sich nördlich des Dollart, ihr Hauptort war Emden; *Pfund*: Gewichtsgröße für Silbergeld, $^2/_3$ Pfund gleich 1 Mark (vgl. oben Nr. 27,2); *Plane*: Pläne; *Paulus*: Jude am Hofe Erzbischof Adalberts, der in der Chronik Adams von Bremen erwähnt wird; *Griechenland*: das oströmische (byzantinische) Kaiserreich; *Goldmünze*: der lateinische Westen kannte bis zum 13. Jahrhundert keine Goldwährung, nur Byzanz ließ Goldstücke (den sog. *aureus*) prägen; *Herzog Bernhard von Sachsen*: der Billunger Bernhard II. (1011–†1059); *Chor*: erhöhter, östlicher Teil von Kirchenbauten; *vierzehn Vorgänger*: nämlich die hl. Willehad, Willerich, Leuderich, die hl. Ansgar und Rimbert, Adalgar, Reginward, Unni, Adaldag, Liäwizo I., Unwan, Liäwizo II., Herimann, Alebrand (Bezelin); *Vorweser*: Vorgänger; *Alebrand*: Erzbischof Alebrand, auch Bezelin genannt, amtierte 1035–1043; *Bramstedt*: Kirchdorf im Landkreis Cuxhaven; *Herzog Magnus*: der Billunger Magnus von Sachsen (1072–†1106), Sohn Herzog Ordulfs und Enkel Herzog Bernhards II.; *Oratorium*: Gebetsstätte, hier als Privatkapelle zu verstehen.

**Q**: Renners Chronica 1 Bl. 83r–85r (nach Adam von Bremen III,36,39f.,63f., 66) – **Bearb.**: übersetzter Chronikbericht – **Ed.**: PEUCKERT, Sagen Nr. 77, 82 und 85.

## 29. Der Stadtverräter Peter Öhr

**Komm**: Das *Ostertor* war eins der fünf großen Stadttore der Altstadt. **Q**: Nequamsbücher a. 1602, Aug. 27 (vgl. Post, Extract S. 349) – **Bearb.**: bearbeitete Prozeßnotiz.

## 30. Der Erbschlüssel

**Komm.**: *Nachweisen mit dem Schlüssel*: Der Schlüssel galt seit dem christlichen Mittelalter als Symbol der Gewalt über Bereiche des Jenseits (in der Kirche die Löse- und Bindegwalt), und ist dann offenbar zum volkstümlichen Zauberbrauch abgesunken; *Linnen*: Leinenstoff. **Q**: Nequamsbücher a. 1639, Nov. 23 (vgl. Post, Extract S. 477f.) – **Typ**: Motiv vom magischen Schlüssel, der Diebe aufdeckt, Mot. H 251.3.2 – **Bearb.**: bearbeiteter Prozeßbericht – **Ed.**: PEUCKERT, Sagen Nr. 376; BURGDORFF, Sagen Nr. 21 S. 39.

## 31. Der Giftmischer Blentermann

**Komm.**: *Federpose*: Federkiel, Federspule.

*Q*: Nequamsbücher a. 1606, Aug. 7 (vgl. Post, Extract S. 378) – ***Bearb.***: bearbeiteter Prozeßbericht.

## 32. Mordanfall 1640

*Q*: Nequamsbücher a. 1640, Januar 5 (vgl. Post, Extract S. 479f.) – ***Bearb.***: bearbeiteter Prozeßbericht.

## 33. Jungfrau mit Schweinskopf

***Komm.***: *Staubbesen:* Rute für die Strafe des Stäupens (Auspeitschens). *Q*: Nequamsbücher a. 1641, Sept. 28 (vgl. Post, Extract S. 481f.) – ***Bearb.***: bearb. Nequamsbuchnotiz – ***Ed.***: PEUCKERT, Sagen Nr. 126; BURGDORFF, Sagen Nr. 22 S. 40.

## 34. Johann Tallage

***Komm.***: *Sandkrug*: Wirtshaus (und heutige Ortschaft) an der Heerstraße nach Delmenhorst. Hier aber eher der verschwundene *Sand-Krug* im Hollerland; *ein Pistol*: Pistole; *Anscharsthor*: Ansgaritor; *Kaufmannsmühle auf dem Berge*: Windmühle, die ihren Namen nach der Kaufmannskirche St. Johannis vor dem Doventor trug, der Berg ist der Jodutenberg (s. Nr. 2). *Q*: Nequamsbücher a. 1639, Nov. 1 (vgl. Post, Extract S. 477) – ***Bearb.***: bearbeiteter Prozeßbericht.

## 35. Hans Lövens

***Komm.***: *Petershagen*: Stadt an der Weser im Stift Minden; *Hudemühlen*: Flecken an der Aller (b. Walsrode). *Q*: Nequamsbücher a. 1639, April 26 (vgl. Post, Extract S. 476) – ***Bearb.***: bearbeiteter Prozeßbericht.

## 36. Der blinde Lür Murken

***Komm.***: *gestäubt*: stäupen: mit Ruten öffentlich auspeitschen. *Q*: Nequamsbücher a. 1639, Aug. 10 (vgl. Post, Extract S. 476) – ***Bearb.***: bearbeiteter Prozeßbericht.

## 37. Schusterjunge und der Teufel

*Q*: PEUCKERT, Sagen Nr. 502 (NACH STORCK, Ansichten, oder HARRYS, Volkssagen I Nr. 22); STORCKs Quelle war ROLLER, Bremen 3 S. 138–140 (danach PEUCKERT, Sagen Nr. 501), bei dem sich das Gold in Pferdemist statt in Steine umwandelt; ROLLERs Quelle wiederum *eine alte Chronik, 21. May 1649* (nach Niedersachsen, Jahrg. 12, 1906/07, S. 39, offenbar einer der Fortsetzer von Renners Chronik) – ***Typ***: Teufelsfahrt Hdwb. 2 Sp. 1670–1674; Gold zu Stein vgl. Mot. D 475; EM 5 (1987) Sp. 1361 – ***Bearb.***: bearbeiteter Prozeßbericht – ***Ed.***: PEUCKERT, Sagen Nr. 501; BURGDORFF, Sagen Nr. 16 S. 34.

## 38. Der Marktvogt Henrich Kattau

***Komm.***: *Enkhuysen* ist die niederländische Stadt Enkhuizen in der Provinz Nord-Holland; *Pranger*: Instrument des Strafvollzuges, an dem meist säulenförmigen Gerät oder Türmchen werden die Delinquenten zur Schau gestellt; *Burgdam*: der Bremer Stadtteil Burgdamm an der Lesum; *ein Römer Weins*: der »Römer« kommt seit dem 16. Jahrhundert als Bezeichnung eines grünen, bauchigen Weißweinglases vor. *Q*: Nequamsbücher a.1640, Januar 14 (vgl. Post, Extract S. 480 und ROLLER, Bremen 3, S. 138–140 nach einer »alten

Chronik«) – **Bearb.**: bearbeiteter Prozeßbericht – **Ed.**: PEUCKERT, Sagen Nr. 501;
BURGDORFF, Sagen Nr. 19 S. 38.

## 39. Der alte Franzose Thomas

**Komm.**: über das *Brückethor* vgl. oben Nr.
21; *der St. Stephan*: der [Stadtteil] St. Stephan, Steffensstadt; *Auf den Geeren*: nord-
westliche Fortsetzung der Langenstraße in
die Steffensstadt; *die St. Stephaner*: Bürger
der Steffensstadt; *Orlogschiff*: Kriegsschiff;
*Gürtelmagd*: Kammerzofe; *der Haag*: die
niederländische Hauptstadt Den Haag;
*fahen*: altertümlich für fangen; *Arrestant*:
Gefangener; *Korporal*: militärischer Dienst-
grad; *Böfken*: Beffchen, Halsbinde.
**Q**: Nequamsbücher a. 1664, April 2 (vgl.
Post, Extract S. 526–530; Stöver, Rerum
2 S. 75–84) – *Typ*: Denkmalssage vgl. EM
3 (1981) Sp. 421–427 – **Bearb.**: bearbeiteter Prozeßbericht novellistisch mit einer
Denkmalssage verküpft.

## 40. Mord in Eden Keller

**Komm.**: *Jacobi-Kirchhof*: Die Reste der
mittelalterlichen Kapelle St. Jacobi mußte erst in der Zeit nach dem Zweiten Welt-
krieg Büroneubauten an der Sackgasse
Jakobikirchhof (zwischen Obernstraße
und Martinistraße) weichen; *mit der Kolpen*: mittelndt. *die kolve* eine kurzgeschnit-
tene Rundhaartracht; *Stadthaus*: das um-
gebaute backsteingotische *Palatium* der
Erzbischöfe diente im 19. Jahrhundert als
Sitz der Stadtverwaltung. An seiner Stelle befindet sich heute das Neue Rathaus.
**Q**: Nequamsbücher a. 1663, Januar 21
(vgl. Post, Extract S. 520f.) – **Bearb.**: be-

arbeiteter Prozeßbericht – **Ed.**: PEUCKERT,
Sagen Nr. 127.

## 41. Hans von Pommern

**Komm.**: *des Bischofs Haus*: Stadtpalast
(Palatium) des Erzbischofs, das spätere
Stadthaus (s. oben Nr. 40)
**Q**: Nequamsbücher a. 1582, Aug. 30 (vgl.
Post, Extract S. 254–257) – **Bearb.**: bear-
beiteter Prozeßbericht.

## 42. Schinrinks Stein

**Komm.**: richtig *Sviringk* (also wohl *Schwe-
ring*, vgl. den Ortsnamen Schweringen in
der Grafschaft Hoya).
**Q**: Renner, Chronica a. 1572, Bd. 2 S. 637
(hier heißt der Mann *Sviringk*) – **Bearb.**:
übersetzter Chronikbericht – **Ed.**: PEUK-
KERT, Sagen Nr. 124.

## 43. Gründung der Stadt Riga

**Komm.**: die *Lieven*, das ostseefinnische
Volk der Liven ist in den Letten aufgegangen; *Seelen*: ostseefinnisches Volk; *Litthauer*: das größte der baltischen Völker
(heute Litauen); *Curen*: ostseefinnisches
Volk (daher Kurland); *Holtbrod*: einen
Schwedenkönig dieses Namens hat es
nicht gegeben; *Harald VI.*: König Harald
IV. von Dänemark (1076–1080); *Canut
IV.*: König Knut IV. der Heilige von Dänemark (1080–1086); *Meinard, Kanonikus zu
Segebarden*: Meinhard war Stiftsherr aus
dem schleswig-holsteinischen Segeberg
und gehörte wohl der Verwandtschaft
Hartwigs von Uthlede an (aus der Mini-
sterialfamilie von der Lieth?); *Bischof
Hartwig*: der Bremer Erzbischof Hartwig

II. von Uthlede (1185–1207); *Düna*: lettischer Fluß; *Kerkholm*: Holme, Dünainsel zwischen Riga und Üxküll; *Ickeskühl oder Ixkuhl*: heute Üxküll an der Düna; *Semigalen*: ostseefinnisches Volk; *Esthen*: ostseefinnische Volk (heute *Estonia*, Estland); *Albert* (aus der mit Hartwig II. verwandten Ministerialenfamilie von Bexhövede) war nicht Abt von Loccum – das ist eine Verwechslung mit Bischof Berthold – sondern Bremer Domherr, wie es im fünften Abschnitt danach auch richtig heißt; Bischof *Meinard* amtierte 1186 bis 1196; *Berthold*: Abt der Zisterzienserabtei Loccum, gefallen 1198, stammte wohl aus der erzstift-bremischen Ministerialenfamilie Schulte; *die Stadt Riga* wurde 1201, nicht 1192 gegründet; *Schwertbrüder-Orden*: geistlicher Ritterorden, der von Bischof Albert zum Zweck der Unterwerfung der Liven, Letten und Esten gegründet wurde; *Köpenhausen*: wohl Kokenhusen, altruss. *Kukonos*, Burg an der Düna.
*Q*: Renner, Chronica 1 Bl. 131r–134v –
*Bearb.*: übersetzter Chronikbericht.

## 44. Pölke Stubben und Gretke Kramers

*Q*: Nequamsbücher a. 1603 (vgl. Post, Extract S. 357–362; Stöver, Außzug S. 103–107) – *Bearb.*: bearbeiteter Prozeßbericht – *Ed.*: PEUCKERT, Sagen Nr. 423; BURGDORFF, Sagen Nr. 18 S. 37 f.

## 45. Das verhängnißvolle Dutzen

*Komm.*: Obwohl es im alten Bremen zwei Gebäude gab, die als *Hopfenhaus* dienten, kann es sich nur um das am Liebfrauen-kirchhof gehandelt haben. Ein anderes Hopfenhaus lag am Stavendamm, »hart an der Weser«. Das, von dem hier die Rede ist, war das erste Rathaus und stand Ecke Obernstraße.
*Q*: Nequamsbücher a. 1603, Sept. 16 (vgl. Post, Extract S. 356) – *Bearb.*: bearbeiteter Prozeßbericht.

## 46. Der blutige Bruderkuß

*Komm.*: *Rüstringerland*: friesisches Land am Jadebusen; *Heete*: Nebenarm der Weser im Lande Butjadingen; *Jade*: Fluß, der in Rüstringen in die Nordsee mündete; *Junker Moritz von Oldenburg*: Graf Moritz von Oldenburg, Administrator des Erzstifts Bremen (†1368); *Stiftsgenossen*: Stiftsritterschaft; *Fußvolk*: Truppen zu Fuß; *Langewarden*: Langwarden, nördlichstes Kirchspiel des Rüstringerlandes, heute Gemeinde Butjadingen; *Johann Ballehr*: Bremer Ratsherr (1394–1420) aus der Patrizierfamilie Baleer (*Bolleer*); *Iselwerder*: das untergegangene Eiswürden in Butjadingen; *Ahtens*: Atens, heute zu Nordenham; *Friedeburg*: die 1407 von den Bremern bei Atens errichtete *Vredeborch*; *um Bartholomaei*: um den 24. August; *Graf von Hoya*: Otto III. (1358–1428); *am Nicolaitage*: 6. Dezember; *Marienhave*: Marienhafe, Kreis Aurich; *auf Ebentheur*: altertümliche Form von Abenteuer, hier: auf gut Glück; *Westsee*: Nordsee; *Junker Karsten*: Christian von Oldenburg (1394–1426), jüngerer Bruder des Grafen Dietrich; *Lichtmeß*: Das Fest *Mariä Reinigung* (heute *Darstellung des Herrn*) 40 Tage nach Weihnachten, also am 2. Februar; *U. L.*

*Frauen Kirchhof*: Liebfrauenkirchhof; *Keller unter der Wandschneider- und Schuster-Bude*: die Verkaufsstände der Gewandschneider und Schuhmacher befanden sich am Liebfrauenkirchhof, an ihrer Stelle wurde ab 1686 die Alte Börse errichtet. Der erwähnte Keller ist heute als Bacchuskeller Teil des Ratskellers; *Land Würden*: Marschlandschaft südlich von Bremerhaven; *Hundsmühlen*: gräflich oldenburgisches Vorwerk, dann Feste, bei Wardenburg; *Kenenvörde*: Conneforde, oldenburgische Feste bei Zetel; *Nacht vor Cosmas und Damianus*: Heiligentag der Märtyrerärzte Cosmas und Damian, also die Nacht vom 25. auf den 26. September; *Büchsenhöhlen und Bollwerke*: Schießscharten und hölzerne Wehren; *Urphede:* Urfehde, durch Eid bestätigter Verzicht auf Rache und Fortsetzung der Fehde; *Bild im Dom*: Ritterstatue im ersten Kreuzgangjoch des Domes, die aber sicherlich viel älter als die Zeit der Kämpfe um die Fredeburg ist und als Rolands Vorgänger gilt. Diese erstmals von Johann Renner aufgezeichnete Volkssage verknüpft die Statue mit dem friesischen Häuptlingssohn Gerolt von Blexen, der 1418 zusammen mit seinem Bruder Dedo in Bremen hingerichtet worden war. Das hohe Alter der Statue als auch die historischen Tatsachen schließen die Möglichkeit aus, daß es sich um eine Grab- oder Gedenkfigur für den Butjadinger gehandelt hat. Dedo und Gerolt erhielten kein ehrliches Begräbnis, denn ihre Leichname wurden ein Fraß der Vögel und wilden Tiere, da sie der Rat vom Henker auf das Rad legen ließ, ihre Köpfe dort aufgespießt

(Bremer Chronik von Rinesberch und Schene, ed. MEINERT S. 213). In Beschreibungen von 1855 und 1858 galt die Figur, »roh aus Stein gehauen, das lebensgroße Standbild eines Mannes mit langem faltigem Rocke und in der Hand ein mächtiges Schwert als Gerolds Bild« (so Allmers, Hermann: Marschenbuch, Gotha 1858, S. 333 [ed. HUCKER, Osnabrück 1974, S. 361]); Allmers dichtete 1847 auf »das alte Bild von Stein« auch die Ballade von Dedo und Gerolt (Sämtliche Werke 5, Oldenburg u. Leipzig 1892, S. 131–137), in Bremen selbst jedoch als *alter Roland*. *Q*: Renners Chronica 1 Bl. 344v–347r; dort am Schluß schon eine Denkmalssage: *Gerelde leth sin werth tho Bremen, dar he plach in tho tehen, eine gedechtenisse na houwen, dat is ein dicker fett mann mit langen haren, de heft ein bloth swert vor sich stande, dit bilde steit in deme dome, wen men von dem chore in den ummegannck geit, in dem orde, also gestalt* (abweichend gedruckt bei ALLMERS, Sämtliche Werke 5, 1892, S. 239) – *Typ*: Sagen von den klugen Schmieden, von der Fischvermehrung Mot. F. 986; von der Bremer Braut des Häuptlings und seinem Bruderkuß – *Bearb.*: übersetzter Chronikbericht, eingeflochtene Sagenstoffe von den klugen Schmieden und vom Fischsegen, am Schluß verbunden mit der Denkmals- und Hinrichtungs (Bruderkuß-) sage – *Ed.*: Ratsherrenwahl: PEUCKERT, Sagen Nr. 123; Bruderkuß: PEUCKERT, Sagen Nr. 107 III, kluge Schmiede: Nr. 105, Fischsegen Nr. 106 II.

## 47. Hahl-awer

**Komm.**: *Kapuziner*: Mönch des Kapuzinerordens; *Marstall*: Pferdestallungen des Rates; *Schwarzes Meer*: Flurbezeichnung (nach Wirtshausnamen »Zur schwarzen Mähre«?) zwischen Hastedt und dem Steintor; *Pauliner Marsch*: Marschstrich in der Weserschleife bei Hastedt, der dem Paulskloster gehörte; *Hahl-awer*: Hol über! Aufforderungsruf an den Fährmann zum Übersetzen; *Punkendeich*, der heutige Osterdeich, s. oben Nr. 4,1. *Q*: Mündliche Überlieferung bzw. HARRYS, Sagen (s. S. 319) – *Typ*: der Verfluchte geht um, EM 4 (1984) Sp. 1323 (11.), daß er es als Fährmann tut, geht auf die Vorstellungen von der Fähre als Verbindung zwischen diesseitiger und jenseitiger Welt zurück, EM 4 (1984) Sp. 785–793; zu Wiedergängern allgemein vgl. Hdwb. 9 Sp. 570 ff. – *Bearb.*: novellistisch ausgeweiteter Erzählstoff – *Ed.*: PEUCKERT, Sagen Nr. 287 (auszugsweise); BURGDORFF, Sagen Nr. 15 S. 33 (nach HARRYS); BEHNKEN, Sagenbaum Nr. 8 (nur die eigentliche Sage).

## II, 1. Blumenstrauß, Dornstrauch

**Komm.**: *Langenstraße*: Straße in der Bremer Altstadt, einst Hauptgeschäfts- und Verkehrsweg. *Q*: Mündliche Überlieferung – *Typ*: Hexenausgang (EM 6 Sp. 968 f.) verbunden mit der Umwandlung von Blumen, Mot. D 451.4 – *Bearb.*: novellistisch geformter Erzählstoff –*Ed.*: PEUCKERT, Sagen Nr. 458.

## II, 2. Der silberne Pflug

**Komm.**: *Blockland*: eins der stadtbremischen Marschländer (Goe) rechts der Weser. Seit dem Spätmittelalter besaß die Stadt die Landesherrschaft über das Hollerland, das Blockland, das Werderland und das Vieland (Ober- und Niedervieland); *Wasserhorst*: Kirchdorf auf einer Wurt im Blockland; *Etgrow*: von mittelndt. *etgrode* s.v.w. Nachmahd, und von mhdt. *etter*, Hegung, Gehege, hier s.v.w. Weidegrund; *Niederviehland*: Marschstrich links der Weser; *der Schwarze*: der Teufel; *Pflugschaar*: Pflug; *Hausrath*: Haushalts- und Küchengerät; *Schwedenkrieg*: zweiter Abschnitt des 30jährigen Krieges seit dem Einfall des Schwedenkönigs Gustav II. Adolf in Deutschland (1630) oder einer der beiden Kriege Bremens gegen Schweden (1654 und 1666). *Q*: Mündliche Überlieferung – *Typ*: Schatzheben mit Hilfe eines mit Hahn und Henne bestpannten Pfluges Mot. N 543.2 – **Bearb.**: novellistisch breit ausgeführter Erzählstoff – *Ed.*: PEUCKERT, Sagen Nr. 359.

## II, 3. Apfelschimmel

**Komm.**: *Blockland* s. oben Nr. II,2; *bei der Capelle*: »Kapelle« heißt heute noch ein Hof am Wümmedeich (Hemmstraße); *Apfelschimmel*: Schimmel mit charakteristischer Fellzeichnung. *Q*: Mündliche Überlieferung – *Typ*: Motiv vom Spukpferd, das Burschen aufsitzen läßt und später abwirft, Hdwb. 6 Sp. 1627 f. – **Bearb.**: novellistisch geformter Erzählstoff – *Ed.*: PEUCKERT, Sagen Nr. 330; BURGDORFF, Sagen Nr. 29 S. 48 f.

## II, 4. Die Hexe muß verbluten

*Q*: Mündliche Überlieferung – *Typ*: Hexentanz, EM 6 (1990) Sp.970 ff. – *Bearb.*: novellistisch geformter Erzählstoff – *Ed.*: PEUCKERT, Sagen Nr. 428.

## II, 5. Die mitternächtliche Biene

*Komm.*: *Grüne Straße*: Parallelstraße der Westerstraße in der Neustadt; *Kindtaufsschmaus*: Festessen anläßlich einer Taufe. *Q*: Mündliche Überlieferung – *Typ*: Tierverwandlung der Hexe, EM 6 (1990) Sp. 968 f. – *Bearb.*: novellistisch geformter Erzählstoff – *Ed.*: PEUCKERT, Sagen Nr. 332.

## II, 6. Die abgesperrte Seele

*Q*: Mündliche Überlieferung – *Typ*: Der Stoff beruht auf der Vorstellung, daß die Seele den Körper während des Schlafes verläßt; wird ihr die Rückkehr (oft als Maus usw.) versperrt, bedeutet dies den Tod, Hdwb. 6 Sp. 41 – *Bearb.*: wiedergegebener Erzählstoff – *Ed.*: PEUCKERT, Sagen Nr. 331.

## II, 7. Kröten im Apfel

*Komm.*: *Neustadtsdeich*: Straße am linken Weserufer. *Q*: Mündliche Überlieferung – *Typ*: Das Motiv von der Zauberkraft der Kröten war weit verbreitet, Hdwb. 5 Sp. 611–615 – *Bearb.*: wiedergegebener Erzählstoff.

## II, 8. Vom Forschieren

*Komm.*: *Forschieren, forschiert*: s.v.w. besprochen,»behext«; *Schildwacht*: Torwache der Bremer Stadtsoldaten. *Q*: Mündliche Überlieferung – *Typ*: Scha-

denzauber durch bloßes Anblicken des Opfers, EM 6 Sp. 976 – *Bearb.*: wiedergegebener Erzählstoff – *Ed.*: PEUCKERT, Sagen Nr. 439.

## II, 9. Das Mäusemädchen

*Komm.*: *Vegesack*: Stadtteil Bremens, der alte Hafen für Seeschiffe; *Stücke*: Kunststücke, Zauberstücke. *Q*: Mündliche Überlieferung – *Typ*: zum Schadenzauber der Getreidehexe s. EM 6 Sp. 969 u. 973 ff. – *Bearb.*: novellistisch ausgeformter Erzählstoff – *Ed.*: PEUCKERT, Sagen Nr. 431; BURGDORFF, Sagen S. 47 f.

## II, 10. Die Plaggenstecher

*Komm.*: *Ritterhude*: Dorf im Kreis Osterholz-Scharmbeck; *Plaggen*: Stücke von Heide- oder Moorboden, zum Brennen oder Düngen gebraucht. *Q*: Mündliche Überlieferung – *Typ*: das weitverbreitete Motiv vom Aufhecker (Huckup) vgl. Hdwb. 1 Sp. 675–677 und unten Nr. II,22 – *Bearb.*: wiedergegebener Erzählstoff – *Ed.*: PEUCKERT, Sagen Nr. 457.

## II, 11. Die wilde Jagd

*Komm.*: *vom St. Stephan*: vom Viertel oder Stadtteil St. Stephan, vgl. oben Nr. I,39. *Q*: Mündliche Überlieferung – *Typ*: Mot. *E 501 ff. (wild hunt); zum Motiv gläserne Kutsche vgl. Hdwb. Bd. 9 Sp. 31 – *Bearb.*: wiedergegebener Erzählstoff – *Ed.*: PEUCKERT, Sagen Nr. 459.

## II, 12. Die weiße Gans

*Komm.*: *Amtsfischer*: in der Fischerzunft (in Bremen »Fischeramt«) organisierte, privilegierte Weserfischer. Die Zunft hatte ihren Sitz in der Steffensstadt, s. oben Nr. I,1; *Stephanikirchof*: Kirchhof (damals noch Friedhof) der Pfarrkirche St. Stephani; *Großenstraße*: Straßenzug in der Steffensstadt. *Q*: Mündliche Überlieferung – *Typ*: EM 5(1989) Sp. 678 Abs.3 (ähnlich WEICHELT 3, 77 f. und SEIFERT, Hildesheim Nr. 21); Verwandlung der bösen Frau in eine Gans, Mot. A 1371.3 – *Bearb.*: wiedergegebener Erzählstoff – *Ed.*: PEUCKERT, Sagen Nr. 463.

## II, 13. Nachtwächter und die Gans

*Q*: Mündliche Überlieferung – *Typ*: Motiv von der in eine Gans verwandelten Frau siehe II,12 – *Bearb.*: wiedergegebener Erzählstoff – *Ed.*: PEUCKERT, Sagen Nr. 462.

## II, 14. Alter Glaube

*Komm.*: bereits 1686 wurde das *Brückenthor* von 1554 abgebrochen, ROLLER, Bremen 3 S. 170 mit Anm.:»Wie man das alte Thor … herunter brach, fand man in dem Mauerwerk die Gebeine eines kleinen Kindes. Man hatte Ursache zu vermuthen, daß selbiges darin aus Aberglauben sey vermauert worden«. *Q*: Mündliche Überlieferung und Chroniknotiz bzw. ROLLER, s. oben – *Typ*: das Motiv vom eingemauerten Kind ist uralt, Menschenopfer galten als Mittel, Befestigungen uneinnehmbar zu machen, EM 3(1981) Sp. 1271 f. – *Bearb.*: Erzählstoff mit Chroniknotiz verbunden – *Ed.*: PEUCKERT, Sagen Nr. 370.

## II, 15. Hexenschmaus

*Komm.*: die *Faulenstraße*, an der sich Wagenfelds Vaterhaus befand, wurde schon erwähnt (siehe oben Nr. 26 und Nachwort); *Wachthaus*: Unterstand der Stadtsoldaten auf dem Marktplatz. *Q*: Mündliche Überlieferung – *Typ*: Hexengelage und -musik, EM 5(1990) Sp. 970–972 – *Bearb.*: wiedergegebener Erzählstoff.

## II, 16. Das Strafgericht

*Komm.*: die *Osterthorstraße* war (und ist) die kurze Verbindung vom Domsheide zum Ostertor. *Q*: Mündliche Überlieferung – *Typ*: Das Motiv, daß sich Sünder durch aus dem Munde kriechende Frösche verraten, ist nur gelegentlich bezeugt, Hdwb. 6 Sp. 624, EM 5 Sp. 393 – *Bearb.*: wiedergegebener Erzählstoff – *Ed.*: PEUCKERT, Sagen Nr. 340.

## II, 17. Der Geist Wicht

*Komm.*: *Am Tage vor Matth. Apost*[el]: der Tag vor dem Heiligenfest des Apostels Matthias am 23. Februar; *Neuenburg*: Flekken im Oldenburgischen; *hillig*: heilig; *söven*: sieben; *doetbahren*: totgeborenen; *benedye*: segne. *Q*: Nequamsbücher a. 1533 (vgl. Zepper, Copia 1 Bl. 88v–90v) – *Typ*: Über die Ambivalenz unsichtbarer Geister und ihre Beschwörung vgl. EM 5(1987) Sp. 914–917; der Name geht wohl auf altsächs *wihti* = Dämonen zurück seit dem 17. Jh. vorwiegend für Diminutive, GRIMM, Deutsches Wörterbuch, 14,I,2 Sp. 814 f. – *Bearb.*:

übersetzter Prozeßbericht – *Ed.*: PEUCKERT, Sagen Nr. 515 II.

## II, 18. Das Butter-Entziehen

*Komm.*: *Wacker-Alheid in Oslebshausen*: wohl das Anwesen einer Adelheid Wacker in dem ehemaligen Dorf und dem jetzigen Bremer Stadtteil; *Butterfaß*: Gefäß, in dem durch Stampfen der Milch Butter erzeugt wird.

*Q*: Mündliche Überlieferung – *Typ*: Schadenszauber zum Diebstahl von Butter wurde i.A. Hexen zugeschrieben, Hdwb. 5 Sp. 899 – *Bearb.*: wiedergegebener Erzählstoff – *Ed.*: PEUCKERT, Sagen Nr. 448.

## II, 19. Heldentod der Stedinger.

[1. Des Volkes Ursprung und Freiheiten.] –*Komm.*: *Stedingerland*: Marschregion zwischen Hunte, Weser und Ochtum (*Oberstedingen*). Von der Ollen in die *Lechter-* und *Brookseite* geteilt. Ferner *Niederstedingen* nördlich der Hunte bis zum Lockfleth; *Ochum:* Ochtum, linker Nebenfluß der Weser; *Wumme*: Wümme, rechter Nebenfluß der Weser, dessen Unterlauf nach dem Zusammenfluß mit der Hamme auch Lesum genannt wird; *sächsisch, Sachsenland*: hier niedersächsisch, Niedersachsen; *Garbe*: nach der Ernte auf dem Felde zusammengebundenes Korn; *Brokdeich*: der Ollendeich der Brookseite; *Lichtenburg*: Burg *Lechtenberg* in Niederstedingen, das angegebene Zerstörungsjahr 1184 ist jedoch nicht haltbar; *Linen*: Burg auf einem Weserwerder bei Hammelwarden, eine Adelsfamilie von Lienen ist nachweisbar; *Junker*: Adelsherren.

*Bearb.*: novellist. Geschichtserzählung.

[2. Der Beichtpfennig.] – *Komm.*: *Erzbischof Hartwich I.*: nicht Hartwig I., Graf von Stade (1148–1168), gemeint ist Hartwig II., s. oben Nr. I,43; *Fahrt ins Heilige Land*: Hartwig II. nahm 1197 am Kreuzzug Kaiser Heinrichs VI. nach Palästina teil; *Innocenz III.*: Papst (1198–1216); *Schwert Petri*: Reliquie, die tatsächlich noch um 1420 im Bremer Domschatz verwahrt wurde; *Graf Moriz*: Moritz I. von Oldenburg (1167–1209); *Berne*: Kirchdorf, Hauptort von Stedingen; *Flinderken*: oldenburgische Silbermünze des 15./16. Jahrhunderts im Wert von 4 Grote; *Bohlke von Bardenfleth*: einer der drei von Albert von Stade in seiner Chronik zum Jahre 1234 genannten Bauernführer (*Boleke de Bardenflethe, Tammo de Hunthorpe, Thedmarus de Aggere*).

*Q*: Renners Chronica 1 Bl. 344v–347r – *Typ*: die Erzählung vom Beichtgroschen tauche im 14. Jahrhundert zuerst im *Chronicon Egmondanum* auf und wird dann häufig rezipiert – *Bearb.*: novellistische Geschichtserzählung.

[3. Die Mönche.] – *Komm.*: *Vesperglocke*: kleine Kirchenglocke, die zur Vesper (Abendmesse) geläutet wird; *Schimpf*: Beleidigung.

*Typ*: das Motiv von dem rituellen Krötenkuß zielt hier auf das Teufelstier und nicht auf einen zu erlösenden Prinzen, EM 8 (1995) S. 495 u. 497; Wagenfeld sucht dieser Vorstellung eine rationale Erklärung zu geben – *Bearb.*: novellistische Geschichtserzählung.

[4. Blutige Rache.] – **Komm.**: *Saamen Amaleks*: Nachkommen Amaleks, die Amalekiter, Nachbarvolk der Israeliten, das mit diesen verfeindet war; *letzte Spur von Midian*: gemeint sind die Midianiter, die ebenso wie die Amalektier verfeindete Nachbarn der Israeliten waren. **Bearb.**: novellistische Geschichtserzählung.

[5. Des Erzbischofs Fluch.] – **Komm.**: *Interdict*: kirchliches Verbot, gottesdienstliche Handlungen abzuhalten und an ihnen teilzunehmen, Kirchenbann; *Bergedorf*: Zisterzienserinnenkloster, das 1192 und 1194/98 nachgewiesen ist und dann einging; *Graf Christian, der Kreuzfahrer*: der Grafensohn Christian von Oldenburg, 1192 bei der Rückkehr vom Dritten Kreuzzug von oldenburgischen Ministerialen erschlagen; *Waldemar*: Erzbischof Waldemar von Bremen (1207–1217, †1236), Prinz von Dänemark und zuvor Bischof von Schleswig; *Gerard I.*: der Bremer Erzbischof Gerhard I. von Oldenburg-Wildeshausen (1210–1219); *Graf Heinrich von Hoya*: Heinrich I. (1202–1236); *Schlutter*: Feste an der Delme oberhalb der (jüngeren) Burg Delmenhorst; *Gerhard II.*: der Bremer Erzbischof Gerhard II. von Lippe (1219–1255); *Otto von Lüneburg*: Enkel Heinrichs des Löwen und Erbe der Welfenbrüder Otto IV., Pfalzgraf Heinrich und Wilhelm von Lüneburg, seit 1235 Herzog von Braunschweig-Lüneburg. **Q**: Renner, wie oben – **Typ**: Wagenfeld zitiert die Benennung des »Wachthauses« beim Gut Weyhausen aus dem Volksmund — **Bearb.**: novellist. Geschichtserzählung.

[6. Neue Fehden.] – **Komm.**: das *Moorriem* ist ein Marschstrich nördlich der Hunte, der westlich an Niederstedingen angrenzt; *Strückhauser Kirche:* heute Strückhauser Kirchdorf, Gem. Ovelgönne; *Waldenser*: hochmittelalterliche Häretiker, vor allem in Italien und Frankreich. **Q**: Renner wie oben – **Bearb.**: novellistische Geschichtserzählung.

[7. Die Kreuzpredigt.] – **Komm.**: *ein alter Geschichtsschreiber*: der Abt Albert von Stade in seiner Weltchronik; *Stiftern*: heute unüblicher Plural von *Stift*. **Q**: Renner, wie oben – **Bearb.**: novellistische Geschichtserzählung.

[8. Die Inquisition.] – **Komm.**: *Inquisition*: kirchliche Untersuchung zur »Reinerhaltung« des Glaubens, insbesondere gegen Häretiker geführt; *Bild des Asmodi*: der biblische Dämon Asmodî (hebr. Asmedai) wurde später (so im Talmud) zur Personifikation menschlicher Begierde und als Oberhaupt aller Dämonen. *Asmodus* ist im Mittelalter eine Teufelsbezeichnung. **Q**: der Papstbrief *Vox in Roma uadita* vom 13./14. Juni 1233, aus dem zitiert ist, ging zwar an Konrad von Marburg, hat aber wie dieser nichts mit den Stedingern zu tun. **Bearb.**: novellistische Geschichtserzählung auf der Grundlage eines Papstbriefes.

[9. Der Stedinger Papst und Kaiser.] – **Komm.**: *der Kaiser*: Friedrich II. (1212–1250); *Inquisition, Interdikt* s. oben Kap. 5 u. 8; *Tag Johannis und Pauli*: der 26. Juni (1233); *Land Wursten* s. oben Nr. I,27,2.

*Q*: Renner, wie oben – **Bearb.**: novellistische Geschichtserzählung.

[10. Der große Tag von Altenesch.] –
**Komm.**: *Schlutterburg* s. oben Kap.
5; *Graf
Burchard von Wildeshausen*: Burchard von
Oldenburg-Wildeshausen (1199–1233);
*Moorlosen*: die sog. Moorlose Kirche an der
Weser im bremischen Werderland; *Urbansfest*: Fest des Hl. Urban, am 25. Mai; *Schönmoor:* Schönemoor, Gem. Ganderkesee;
*die oldenburgischen Grafen Heinrich von Ol-
denburg und Heinrich von Wildeshausen*:
nur eine Person, nämlich Heinrich III. von
Oldenburg-Wildeshausen (1199–1234),
der Bruder des im Vorjahr gefallenen Grafen Burchard.
*Q*: Renner, wie oben – **Bearb.**: novellistische Geschichtserzählung.

[11. Des Landes letzten Schicksale] –
**Komm.**: *Kapelle zu Ehren des hl. Gallus:* die
St.-Gallus-Kirche in Altenesch, Gem. Lem-
werder; *Hochamt*: besonders feierliche
Form der katholischen Messe; *der Großher-
zog des Landes*: Paul Friedrich August,
Großherzog von Oldenburg (1829–1853),
ein Vetter des russischen Zaren Alexander.
**Bearb.**: novellistische Geschichtserzählung
– **Ed.**: PEUCKERT, Sagen Nr. 91 S. 54–58.

## II, 20. Das feurige Rad

**Komm.**: Im Original fälschlich mit *XII.*
numeriert; *Auf der Hofe*: Von der Großenstraße abzweigende platzartige Gasse »Auf
der Hove« in der Steffensstadt.
*Q*: Mündliche Überlieferung – *Typ*: Geist
oder Teufel als glühendes Rad, Mot. E

421.3.1 und J 1781.3; nur das brennende
Johannisrad bringt Glück, Hdwb. 4 Sp. 733
– **Bearb.**: novellistisch ausgeformter Er-
zählstoff – **Ed.**: PEUCKERT, Sagen Nr. 267.

## II, 21. Der Wechselritt

**Komm.**: Im Original fälschlich mit *XIII.*
numeriert; *Neuenstraße*: Neue- oder Neuenstraße in der Steffensstadt; *die Halfter:*
heute üblicherweise *das Halfte*r.
*Q*: Mündliche Überlieferung – *Typ*: zwei
Motive, *with in form of horse*, Mot G 211.1,
und *with in form of cat*, Mot G 211.1.7,
miteinander verknüpft; mit dem Hufeisen
beschlagen s. Mot G 211.1.1.2 –*Bearb.*: novellistisch breit ausgeformter Erzählstoff –
**Ed.**: PEUCKERT, Sagen Nr. 460.

## II, 22. Die Saake

**Komm.**: Im Original fälschlich mit *XV.* numeriert; *Saake*: mittelniederdt. *sake* s.v.w.
Ding, Sache, vgl. *sak*, liederliche Frau;
*Schütting* s. oben Nr. I,20,1; *Fulbras*: Wirtshaus; *Amtshaus*: Haus einer Zunft; *Großenstraße* s. oben Nr. II,12; *Schlachte* s. oben
Nr. I,4,2; *Lohgärber*: Gerber, Handwerker,
der sich der Lederherstellung widmet.
*Q*: Mündliche Überlieferung – *Typ*: zum
Motiv vom Aufhocker s. oben II,10; eine
Spukgestalt dieses Namens gibt es nur
noch in Verden, vgl. PEUCKERT S. 273 f.
aus einer Verdener Aufzeichnung von 1843
(danach WEICHELT, Sagen 1 S. 216 ff.) –
**Bearb.**: novellistisch breit ausgeformter Erzählstoff – **Ed.**: PEUCKERT, Sagen Nr. 328.

# Nachwort

## Friedrich Wagenfeld – eine Spurensuche

Friedrich Wagenfeld, der 1836 in der akademischen Gelehrtenwelt zur Berühmtheit geworden war, weil er sich mit der Auffindung der phönizischen Sanchuniathon-Chronik schmückte, hat in seiner Vaterstadt Bremen nur wenig Spuren hinterlassen: Seine Grabstätte ist verschollen, ein Portait von ihm ist nicht bekannt, die Zahl seiner Biographen ist mehr als klein und keine Gedenktafel hält heute im Stadtbild die Erinnerung an den einst populären Schriftsteller wach.

1807 hatte der Krämer Friedrich Wagenfeld im Hause Faulenstraße 19 einen »Höckereiwarenladen« eröffnet, der später als »Butter- und Linnenhandlung« geführt wurde.[1] Hier wurde am 3. Januar 1810 der zweite Sohn Friedrich geboren.[2] Die Faulenstraße, der Wagenfeld mit seiner Erzählung von den *Sieben Faulen* ein unvergängliches Denkmal gesetzt hat, besitzt noch immer ihre ursprüngliche Breite; die Hausnummer 19, das Eckhaus zur heutigen Töpferbohmstraße, mußte jedoch zwischenzeitlich einem Neubau weichen. In diesem Haus inmitten des Stephaniviertels verlebte Wagenfeld seine Kindheit. Er besuchte zunächst die Vorschule, dann die Gelehrtenschule, die den klassischen Bildungskanon vermittelte und ihre Schüler auf das Universitätsstudium vorbereitete.

In der bis heute ausführlichsten und kenntnisreichsten Wagenfeld-Biographie, die am 7. September 1846 als Nachruf in der *Bremer Zeitung für Politik, Handel und Literatur* erschienen ist, heißt es über den Schüler Wagenfeld: »Er war … auf der Schule ungemein gesetzt und fleißig, er trieb vor allem das Griechische eifrig, so daß er selbst Verse in dieser Sprache zu machen versuchte, daneben beschäftigte er sich mit dem Arabischen und hatte die Absicht, der orientalischen Philologie sich besonders zuzuwenden.«[3] Zum Wintersemester 1829/30 bezog Wagenfeld die Universität Göttingen. Die Universitätsmatrikel weisen ihn als Studierenden zweier Fakultäten, der theologischen und der philosophischen aus. Was er genau studiert hat, bleibt unklar, ebenso, ob er überhaupt eine Abschlußprüfung bestanden hat.[4] Der schon zitierte Nachruf schildert seine Studienzeit folgendermaßen:»Auf der Universität hörte er wenige Collegia, mit der Theologie scheint er sich fast gar nicht befaßt zu haben, und selbst seine näheren Bekannten wissen nicht viel über das, was er eigentlich studierte, anzugeben, so daß er wohl schon damals, wie später oft, bei aller sonstigen Aufrichtigkeit, in etwas Geheimnisvolles sich zu hüllen liebte. Bei der Beschäftigung mit orientalischer Geschichte und Literatur mag die erste Idee zu der Wiedererweckung des Sanchuniathon in ihm aufgetaucht sein ...«

Wagenfelds späteren Kenntnisse und Interessen legen aber nahe, daß er sich in Göttingen der orientalischen, griechischen und deutschen Philologie sowie der Geschichte und den klassischen Altertumswissenschaften gewidmet hat. Diese Ausrichtung vertraten auch sein Landsmann, der aus Arbergen stammende Geschichts- und Philosophieprofessor Arnold Heeren (1760–1842), und der Orientalist und Theologe Georg Heinrich Ewald. Dieser war nur wenig älter als Wagenfeld, arbeitete seit 1824 als Repetent für die Theologen und wurde 1827 außerordentlicher Professor der Philologie. Heeren wiederum arbeitete eng mit dem Sprachwissenschaftler Georg Friedrich Grotefend (1775–1853) zusammen, der dann 1836 das Vorwort zur Wagenfeldschen Sanchuniathon-Chronik schreiben sollte.

Zu dieser Zeit lehrten an der Georgia Augusta auch der Historiker Friedrich Christoph Dahlmann, der Altertumsforscher Karl Otfried Müller und Jacob Grimm, der Ende 1829 seinen Ruf als ordentlicher Professor und Bibliothekar erhielt und wenig später gemeinsam mit seinem Bruder Wilhelm von Kassel nach Göttingen übersiedelte. Die Grimms hatten schon 1816, nur vier Jahre nach Erscheinen der *Kinder- und Hausmärchen*, als weiteres Ergebnis ihrer unermüdlichen Sammelarbeit den ersten Teil der *Deutschen Sagen* herausgegeben; 1818 war dann auch der zweite Band mit ausschließlich historischen Sagen fertiggestellt. Zur Unterscheidung von Märchen und Sage gab Jacob Grimm folgende vielzitierte Definition:»Das Märchen ist poetischer, die Sage historischer; jenes stehet beinahe nur in sich selber fest, in seiner angeborenen Blüte und Vollendung; die Sage, von einer geringern Mannigfaltigkeit der Farbe, hat noch das Besondere, daß sie etwas Bekanntem und Bewußtem hafte, an einem Ort oder einem durch die Geschichte gesicherten Namen. Aus dieser ihrer Gebundenheit folgt, daß sie nicht, gleich dem Märchen, überall zu Hause sein könne.«[5] Auch

*Kopf der Bremer Zeitung für Politik, Handel und Literatur,*
*in der der umfangreichste Nachruf auf Wagenfeld erschienen ist.*

wenn der verlegerische Erfolg der *Deutschen Sagen* weit hinter dem der
*Kinder- und Hausmärchen* zurückblieb, hatten sie eine wichtige Vorbildfunk-
tion für die zahlreichen Sammlungen von mündlich und schriftlich tradier-
tem Erzählgut spezieller Landschaftsgebiete, die in der Nachfolge der Brüder Grimm entstanden sind. Auch Friedrich Wagenfelds *Bremen's Volks-*
*sagen* sind mit Sicherheit von ihnen beeinflußt worden.

Die Verhältnisse jener Jahre waren geprägt von dem Ruf nach politischer
Freiheit und einer einheitlichen Nation. Die Brüder Grimm gehörten ebenso wie Ewald, Albrecht, Dahlmann und Müller zu den »Göttinger Sieben«,
die gegen die Aufhebung der hannoverschen Verfassung von 1833 durch den
starr konservativen König Ernst August protestierten. Das liberale und natio-
nale Gedankengut, das sie vertraten, wird Wagenfeld nicht unbeeindruckt
gelassen haben, zumal im Januar 1831 heftige Unruhen in Osterode und
Göttingen ausbrachen, in die auch die Studentenschaft verwickelt war. Inmitten dieser verfassungspolitischen Auseinandersetzungen, in deren Folge
die sieben Göttinger Professoren ihrer Ämter enthoben und der Stadt verwiesen wurden, verließ Wagenfeld am 7. November 1832 die Universität,
um als Hauslehrer in Brinkum (Grafschaft Hoya) tätig zu werden.

Hier in Brinkum, fernab der politischen Aufbruchstimmung des Vor-
märz, entstand Wagenfelds genialische Fälschung, die angebliche Chronik
des Phöniziers Sanchuniathon. Im Nachruf auf den Fälscher heißt es dazu
rückblickend: »Es wird noch recht vielen in lebhafter Erinnerung sein, was

für ein Aufsehen es erregte, als die Zeitungen die Nachricht mitteilten, eine Abschrift des phönizischen Geschichtsschreibers Sanchuniathon in Philo's griechischer Uebertragung sei in einem portugiesischen Kloster aufgefunden worden, und als gar hinzugefügt ward, sie sei im Besitze eines Landsmannes von uns, der die Herausgabe besorgen wolle, sie werde in unserer unmittelbaren Nähe, in dem hannoverschen Brinkum, wo jener als Hauslehrer wohnte, aufbewahrt. Ein Geschichtsschreiber, dessen Leben nach der gewöhnlichen Annahme in das 13. Jahrhundert vor Christus fällt, der noch obendrein einem Volke angehörte, das durch seinen Handel und seine Schiffahrt so unendlich viel zur Verbindung der um die mittelländische See sich herumlegenden Länder beitrug, das die asiatische Bildung nach dem entfernten unbekannten Westen zu verpflanzen so tätig war! Was für Aufschlüsse über die früheren Perioden der Geschichte des Menschengeschlechts ließen sich da nicht erwarten, so daß die in literarischen Kreisen sich zeigende Aufregung vollkommen gerechtfertigt erschien ... Ein Werk im Geist eines mittelalterlichen Chronisten abzufassen, mußte unleugbar für einen, der viel mit mittelalterlichen Studien sich beschäftigt hatte, bei weitem leichter sein ... Während die Blätter aller gebildeten europäischen Völker den Fund besprachen und die Historiker ihre Aufmerksamkeit der Sache zuwandten, während die englische Regierung amtlich über das Kloster in Portugal und den Obristen in der portugiesischen Armee Erkundigungen einzog, fand bei uns am Orte, wo der hauptsächlich dabei Beteiligte sich aufhielt, eine Aufregung statt, die bis in die untern Klassen ging und Personen ergriff, die sonst für Dinge dieser Art gerade keinen Sinn zeigen, überall wurde darüber lebhaft und eifrig hin und her gesprochen. Und selten ist der Glaube der Gelehrten, auch derjenigen, welche als die befugtesten Richter angesehen werden konnten, in Hinsicht der Echtheit des Werks so bestimmt und entschieden gewesen, als in dieser Angelegenheit ...«

Tatsächlich ist es Wagenfeld gelungen, seine Zeitgenossen derart gekonnt zu täuschen, daß erste Auszüge aus der vermeintlichen Sanchuniathon-Chronik im Mai 1836 in der renommierten Hahn'schen Hofbuchhandlung in Hannover erscheinen konnten.[6] Sein Vorwort leitete der oben bereits erwähnte Grotefend – der Entzifferer der Keilschrift – mit emphatischen Worten ein:»Welche Druckschrift könnte ich mit größerer Freude dem gelehrten Publicum empfehlen, als die, welche uns den Inhalt eines Werkes offenbart, das uns, lange schmerzlich vermisst, ein unerwarteter Zufall in einer wohlerhaltenen Handschrift wieder auffinden und in deutsche Hände kommen liess.«

Die Fortsetzung des Sanchuniathons ließ freilich auf sich warten, denn zwischenzeitlich wurden nicht nur verstärkte Zweifel an der Echtheit der phönizischen Handschrift angemeldet, Wagenfeld selbst hatte an Fälscher-Energien eingebüßt und trug offensichtlich schwer an der Bürde, das einmal begonnene Unternehmen auch konsequent zu Ende zu führen. Der vollständig übersetzte Text wurde erst 1837 bei Carl Schünemann verlegt,[7] die Fälschung schon bald eindeutig anhand des von Wagenfeld verwendeten Beschreibstoffes entlarvt: Das Papierzeichen ließ nämlich auf eine Osnabrücker Fabrik schließen.

Wagenfelds Biographen sind selbstverständlich auch der Frage nachgegangen, welche Motive den erst 25jährigen dazu verleitet haben mögen, die gelehrte Welt seiner Zeit auf solch freche Weise zum Narren zu halten. Und bezeichnenderweise kommen sie zu dem recht einhelligen Urteil, daß es weder persönlicher Geltungsdrang noch die Aussicht auf »pekuniären Erfolg« gewesen sind, die Wagenfeld bei dieser »literarischen Täuschung« bestimmt haben, sondern sein »Hang zum Mystifizieren«, seine geniale Erfindungskraft und reiche Phantasie.[8] Wagenfeld hatte sich einen »großartigen Scherz« erlaubt und er hätte, so der anonyme Nachrufautor in der *Bremer Zeitung*, »bei regelmäßigem Fleiß und regelmäßiger Lebensweise ein tüchtiger Philologe, er hätte bei der Gewandtheit, mit welcher er in die Zustände fremder, uns so entfernt liegender Völker sich zu versetzen verstand, ein ausgezeichneter Historiker werden können. Wir fügen hinzu, es ist auch wahrscheinlich ein Poet in ihm zugrunde gegangen.« Damit ist bereits ein Schlaglicht auf den weiteren Lebensweg des als Fälscher enttarnten Kandidaten der Theologie geworfen, dem es nicht gelingen sollte, seine berufliche Karriere in die »gewöhnlichen Gränzen des ruhigen Bürgerlebens« zu lenken.

Nach dem Tode des Vaters 1835/36 führte zunächst Wagenfelds Mutter den Krämerladen weiter, um ihn dann 1837 an den älteren Sohn Joachim Albert abzugeben. In diesem Jahr kehrte auch der junge Friedrich wieder in das elterliche Haus zurück. Bald nach dem Vater starben jedoch auch die Mutter und der Bruder an Lungentuberkulose, und 1838 zog Wagenfeld in das nahe gelegene Haus Am Wall 38 um. Nachdem die vollständige Ausgabe seiner Sanchuniathon-Fälschung 1837 endlich erschienen war, gab Wagenfeld, wie der Verfasser des Nachrufs vermerkte, »alles Arbeiten so gut wie ganz auf … trieb sich abenteuernd, gewöhnlichen Vergnügungen und schlechten Witzen nachjagend, umher, und der fortwährende Mangel an regelmäßiger Tätigkeit, vielleicht auch der Umstand, daß er über eine nicht ganz unbeträchtliche Summe Geldes frei gebieten konnte, wirkten bald in jeder Weise nachteilig auf ihn. Er fing, wir sprechen es mit Bedauern aus, ein Leben an, welches seine Bekannten nötigte, sich von ihm zurückzuziehen, er verfiel immer mehr in einen, so viel wir wissen, ihm früher fremden Fehler, einen Fehler, gegen welchen man jetzt durch Vereine so nachdrücklich zu wirken bemüht ist, und bald ward es so arg mit ihm, daß er oft genug seinen Aufenthalt hatte, wo man zwar umsonst, aber doch zwangsweise ein nächtliches Unterkommen findet. Aber selbst durch diesen trüben Nebeldunst blitzte noch bisweilen eine Falstaff'sche Genialität, z.b. in der oft erzählten Anekdote, die wir freilich nicht verbürgen wollen, wie er vor einen angesehenen, mit der Polizeigewalt beauftragten Herrn, zu welchem er in ganz anderer Absicht gerufen wurde, ruhig und unbefangen tritt und, seinen Namen nennend, ihn daran erinnert, daß er gewünscht habe, seine Bekanntschaft zu machen.«

In diesen Jahren hatte die *Freye Hansestadt Bremen*, wie der bremische Staat offiziell bezeichnet wurde, eine in vielerlei Hinsicht bemerkenswerte Entwicklung durchlaufen. Das Gemeinwesen, dessen Tore seit den zwanziger Jahren systematisch abgerissen wurden, beherbergte etwa 40.000 Einwohner. An der Wesermündung war 1827 Bremerhaven gegründet worden und nahm einen raschen Aufschwung. Die bremische Handelsflotte wuchs, Industrie und Arbeiterschaft – damit aber auch die Armut und unzumutbare Wohnungsverhältnisse – nahmen zu. Eine Verfassungsreform wie in Hannover erfolgte nicht, doch waren die politischen Gegensätze auch nicht mit denen in den monarchisch regierten Ländern des Deutschen Bundes zu vergleichen. Am Akademischen Gymnasium wirkte mancher bedeutende Gelehrte, und auf dem Rathaus wurden 16.000 Titel alter Drucke und Handschriften der Ratsbibliothek aufbewahrt. Als Naturwissenschaftler machten sich Wilhelm Olbers und Gottfried Reinhold Treviranus einen Namen, und auf dem Gebiete der Theologie lieferten sich Pietisten und Aufklärer erbitterte Kämpfe, denen die Öffentlichkeit große Aufmerksamkeit schenkte. »Im übrigen ist das hiesige Leben ziemlich einförmig und kleinstädtisch,« schrieb Friedrich Engels, der 1838–1841 als Kaufmannslehrling in der Hansestadt lebte, »die haute voleé, d.h. die Familien der Patrizier und Geldaristokraten, sind den Sommer über auf den Landgütern, die Damen der mittleren Stände können sich auch in der schönen Jahreszeit nicht von ihren Teekränzchen … losreißen, und die Kaufleute besuchen Tag für Tag das Museum, die Börsenhalle oder die Union, um über Kaffee- oder Tabakpreise und den Stand der Unterhaltungen mit dem Zollverband zu sprechen; das Theater wird wenig besucht … Man ist in einem Lesezirkel abonniert, teils der Mode halber, teils um bei einem Journal bequemer Sieste zu halten zu können, aber Interesse erregt nur der Skandal und alles, was etwa über Bremen in den Blättern gesagt wird.«

1839 siedelte Wagenfeld zur Langenstraße 111 über; dort pulsierte das Leben, denn die Langenstraße bildete die eigentliche Verkehrsader der Altstadt, an der zahlreiche Handwerksbetriebe und Kontorhäuser lagen. Dieses Viertel war ihm aus frühesten Kindertagen vertraut. Schon zwei Jahre später zieht der unstete Wagenfeld, dem seine Biographen ein »wüstes Trinkerleben« bescheinigten, jedoch in die Neustadt um, ins Wohnquartier der »kleinen Leute«: Der Krämer Christian Hildebrandt gibt ihm eine Wohnung in der Osterstraße 50, wo jener einen »Kram-, Gewürz-, Brunnen-, Fett-, Fisch-, Papier- und Getreidehandel« betreibt. Hier entsteht das Manuskript zu *Bremen's Volkssagen,* deren erste Lieferung im August 1844 vom *Bürgerfreund* euphorisch begrüßt wird: »Es handelt sich nämlich hier nicht um ein Buch, das wir aus der Leihbibliothek holen lassen können, durchlesen und wieder hinsenden, mit zwei Groten Lesegeld dabei; es handelt sich auch nicht um eines, das wir Abends beim Zubettgehen durchfliegen und hernach als Maculatur getrost unter die Bank werfen können; auch von einem gelehrten Werk ist nicht die Rede, … sondern von einem Buche, das jedem Bremer, vom Rathsmann bis zum Arbeitsmann, mundgerecht ist, das ihm sein liebes Bremen, durch so manche Erinnerung noch lieber macht, das der Handwerker wenn er's gelesen hat, seinem Nachbar wiedererzählt, …das er Abends seiner Frau vorliest, wenn Feierabend gekommen und die kleinen Kinder zu Bette gebracht sind, das er seinen erwach-

senen Kindern, Töchtern wie Söhnen, ruhig in die Hand geben kann und
sagen: ›So, Kinder, das lest, denkt, daß auch Ihr Bremer Kinder seid, und
behaltet, wohin Ihr auch einmal kommen mögt, Euer altes Bremen im Herzen!‹«[9]

*Bremen's Volkssagen* wurden im Verlag Wilhelm Kaiser veröffentlicht, der
auch das *Bremer Unterhaltungsblatt* herausgab, bei dem Wagenfeld – zwischenzeitlich wieder in die Altstadt, Pelzerstraße 53, verzogen – seit 1844/
45 als Redakteur arbeitete. Offensichtlich bestanden enge Verbindungen
zwischen Wilhelm Kaiser und Friedrich Wagenfeld, denn Kaiser war es auch,
der 1845 die Wagenfeldschen *Skizzen aus Bremens Volksleben* und ein Jahr
später seine *Kriegsfahrten der Bremer zu Lande und zu Wasser zur Begründung
und Beschirmung ihrer Unabhängigkeit* verlegte.[10] Leider wissen wir über diese
letzten, so fruchtbaren Lebensjahre Wagenfelds nicht viel mehr, auch über
seine Redakteurs-Tätigkeit beim *Unterhaltungsblatt* ist weiter nichts bekannt.

Nach Aussage der Biographen kam der frühe Tod Wagenfelds weder für
ihn selbst noch für seine Mitmenschen überraschend. Der erst 36jährige
infizierte sich an der Lungentuberkulose, wurde ins Krankenhaus am Neu-
markt in der Neustadt eingeliefert, und ist hier am 26. August 1846 »ruhig
und schmerzlos eingeschlafen, es hat ihm in seinen letzten Tagen an sorgfältiger Pflege von Seiten seiner Angehörigen, es hat ihm an einem anstän-
dig-ehrenvollen Begräbnisse nicht gefehlt«.[11]

## Wagenfeld als Sagensammler – eine Ehrenrettung

> *Sagen sind grünes Holz, frisches Gewässer und reiner Laut*
> *entgegen der Dürre, Lauheit und Verwirrung unserer Geschichte*
> JACOB GRIMM (1807)

Nach wie vor hat das Urteil des Bremer Verlegers Hans Kasten, wonach
Friedrich Wagenfeld seiner Vaterstadt einen »unvergänglichen Schatz Bremer Literatur« geschenkt hat, nichts von seiner Gültigkeit verloren. *Bremen's
Volkssagen* sind aber nicht nur Literatur, sondern auch Zeugnis einer unter-
gegangenen Welt, deren kulturelles Leben weniger durch literarisch-schrift-
liche Aufzeichnungen als vielmehr durch die mündliche Überlieferung be-

## BREMISCHES
## UNTERHALTUNGSBLATT.
### EIN VOLKSBLATT.

Erscheint jeden Mittwoch und Sonn-
abends.) — Der Pränumerationspreis
beträgt vierteljährlich 36 Gr. Einzelne Nos. werden nicht abgegeben.

**Nr. 72.**

Man abonnirt in der Buchh. von W.
Kaiser, auswärts bei den löbl. Post-
ämtern. Für Bremerhaven besorgt
Herr F. Heyermann die Blätter.

**Mittwoch, den 2. September 1846.**

### † Friedrich Wagenfeld.

Mit schmerzlichem Bedauern erfüllen wir unsere Pflicht berichten zu müssen, daß unser Herr **Friedrich Wagenfeld**, erst 36 Jahr alt, in vergangener Woche an der Schwindsucht nach längerem Leiden verschieden ist. Sein Verlust, obwohl vorauszusehen, wird namentlich in diesem Augenblicke von uns und Anderen, die ihn gekannt haben, als schwer und unersetzlich empfunden. Schon an dem Knaben offenbarten sich die herrlichen Talente, die ihn später so sehr aus-zeichneten und von denen wir nur zu beklagen, daß ihre Wirksamkeit weder mehr allgemein sein konnte, noch auch die an-gemessene Sphäre fand. Nachdem Wagenfeld seine Vorbildung in den gewöhnlichen Schulen genossen hatte, besuchte er die Gelehrtenschule und zwar nach der einstimmigen Versicherung seiner Commilitonen ein ebenso beliebter, wie flei-ßiger Schüler, welcher nicht allein den gestellten Anforderungen entsprach, sondern auch, seinem Character gemäß, sich in selbständigen Forschungen erging, namentlich Griechisch, Hebräisch und Arabisch eifrig cultivirte und dies in mannich-faltigen Ausarbeitungen bewies. Nach Vollendung seiner Schulzeit widmete er sich der Theologie und Philosophie und bezog die Universität Göttingen, wo er außer seiner Fachwissenschaft, deren grammatischer Theil ihn hauptsächlich fesselte, besonders das Studium der orientalischen Sprachen betrieb, auch fing er damals an den Grund zu seinen ausgebrei-teten antiquarischen Kenntnissen zu legen, welche, obgleich man ihn wie ein Lexikon aufschlagen konnte, doch zu einem schönen und organischen Gebilde verbreitet waren. Bei Göttingen hat er in dem Dorfe Wake gepredigt, und so viel wir überhaupt wissen nicht wieder —, der dortige Pastor soll den muntern und kenntnißreichen Jüngling sehr lieb ge-wonnen haben. Nach Bremen zurückgekehrt, nahm er auf einige Zeit eine Hauslehrerstelle in Brinkum an, begab sich aber bald darauf wieder in seine Vaterstadt und beschäftigte sich theils, wozu ihn der gewaltige Drang seines Genius über die gewöhnlichen Gränzen des ruhigen Bürgerlebens nicht selten hinaustrieb, anhaltend mit der Bremischen Ge-schichte, worüber seine nachgelassene Bibliothek das beste Zeugniß liefert. Im Jahre 1837 edirte er den bekannten Sanchuniathon und entfaltete in demselben, die gewöhnliche Philologie gleichsam in einer Komödie verspottend, eine ausgezeichnete Gabe der Darstellung, wie eine nicht gewöhnliche Kenntniß der griechischen Sprache. Seit dieser Zeit waren bremische Antiquitäten sein Hauptstudium, es findet sich eine sehr genaue Bekanntschaft mit den Quellen in seinen „bremischen Sagen" und den „Kriegsfahrten der Bremer" (bei W. Kaiser), und wir glauben, daß durch diese beiden letzten Werke, deren Kunstform außerdem wohl gelungen ist, er ein schönes Denkmal gesetzt hat, dessen Werth immer mehr und mehr anerkannt werden wird. Die Sagen haben schon der Kritik unterlegen, und sich einer sehr günstigen Beurtheilung zu erfreuen gehabt, nicht minderen Anklang scheinen die Kriegsfahrten, welches Werk er in seiner Krankheit verfaßt, bei dem Publikum finden zu wollen. Wagenfeld's tiefer und ernster Sinn, den er unter einer leichten, heitern Form verbarg, und dem zu seiner vollständigen Entfaltung nur ein höheres Ziel fehlte, konnte nicht Jeglichem klar werden, doch bei näherer Bekanntschaft zeigte sich das lautere Gold seines Innern, dann wurde der Ausdruck seines Gesichts lebhafter, und wo sich die Gelegenheit bot, bewies er den wahren Gehalt seines Geistes. Bei diesem reichen Verstande und, obgleich mehre Male bitter getäuscht, war er die gutmüthigste Natur von der Welt, er sah in jedem Menschen den Bruder und liebte ganz besonders die Kinder, deren munteres, unschuldiges Wesen gleichsam Balsam auf seine verwun-dete Seele zu tröpfeln schien, auf seine Seele, die vergeblich darnach rang eine Stellung in der äußern Welt anzunehmen und diese mit sich zu versöhnen. Indem er mit allen möglichen Leuten verkehrte, erlangte er eine große Menschenkenntniß und

*Titel des Bremischen Unterhaltungsblattes vom 2. September 1846*
*mit einem Nachruf auf Friedrich Wagenfeld*

stimmt war. Schon Friedrich Schiller beobachtete, daß der »Weg der Sage«
unsicher und wandelbar sei;»von Munde zu Munde pflanzte sich eine solche Begebenheit durch eine lange Folge von Geschlechtern fort, und da sie
durch Media ging, die verändert werden und verändern, so mußte sie diese
Veränderungen mit erleiden. Die lebendige Tradition oder die mündliche
Sage ist daher eine sehr unzuverlässige Quelle für die Geschichte; daher
sind alle Begebenheiten vor dem Gebrauche der Schrift für die Weltge-
schichte so gut als verloren.«[12] Wenigstens einen Teil dieser mündlichen
Überlieferung einer Stadt, genauer *eines* Stadtteils, und *einer* Gattung hat
der historisch versierte Schriftsteller Wagenfeld in die materialisierten Me-
dien hinübergerettet: die Sagen aus der Bremer Steffensstadt bzw. die aus
niederdeutschen Chroniken und frühneuzeitlichen Kriminalberichten zu-
sammengetragenen, wenngleich novellistisch überarbeiteten Texte.

Die moderne Mittelalterforschung hat herausgefunden, daß auch die
Berichte seriöser Geschichtsschreiber, wie im 10. Jahrhundert Liutprand
von Cremona oder Widukind von Corvey, deren Chroniken als authenti-
sche Berichterstattung gelten,»sich allesamt, bevor sie niedergeschrieben
wurden, durch das Nadelöhr langer ... mündlicher Traditionen hindurch-
pressen« mußten, weil»das gesprochene Wort, die erinnerte, nicht die ge-
lesene Vergangenheit das geistige Niveau dieser Gesellschaft« bestimmt
hätten, die den Boden für die damalige Geschichtsschreibung bildeten.[13]
Wenn Wagenfeld also neben dem Feld der mündlichen Überlieferung die
Chroniken des 15. bis 18. Jahrhunderts beackert hat, steht er einem An-
satz, der der wechselseitigen Beeinflussung von Mündlichkeit und Schrift-
lichkeit Rechnung trägt, überraschend nahe.

Der Quellenwert sagenmäßiger Überlieferungen liegt dabei weniger in
den mitgeteilten Tatsachen selbst, als darin, was sich in Beziehung zum Milieu der Erzähler und Hörer als Reflex auf die geschichtliche Seite menschlichen Seins ergibt. Über die Sage rufen wir also die Geschichte der Mentali-
täten ab, nicht die der Ereignisse. Wagenfeld hat dies bereits erkannt, wenn
er für seine Textauswahl folgende Rechtfertigung anführt:»Man wird es ferner nicht mißdeuten, daß ich auch einzelne kurze, reinhistorische Notizen
gebracht, da ich bloß solche gewählt habe, welche einen Beitrag der Sittengeschichte und Meinungen unserer Vorfahren in der Sagenzeit liefern.«[14]

Der Historiker František Graus hat historische Traditionen einmal als die illegitimen Kinder der chronikalisch-gelehrten Forschung bezeichnet.[15] Kennen wir also das Milieu, in dem die Erzählstoffe gedeihen, dann lernen wir zugleich die Mutter dieser Kinder kennen – und die Erzähler der Wagenfeldschen Sagen kennen wir wenigstens annähernd: Es waren die reisenden Handwerksgesellen sowie die kleinen Leute der Steffensstadt und die Schiffsknechte der Schlachte. Wagenfeld brauchte von seiner Wohnung, sei es in der Faulen- oder Langenstraße, sei es am Wall oder in der Pelzerstraße, nicht weit zu gehen, um sie anzutreffen. Seine Biographen bezeugen zudem, daß Wagenfeld des Plattdeutschen mächtig war. Halb Falstaff, halb Ulenspegel, wird es ihm nicht schwergefallen sein, den Kontakt zur »einfachen Bevölkerung« herzustellen.

Wagenfelds Buch steht im hanseatischen Umfeld einzigartig da. Erst 1854 bzw. 1852 erhielten die Schwesterstädte Hamburg und Lübeck ihre Sagenbücher durch den Archivar Dr. Otto Beneke und den Professor Ernst Deecke. Daß Wagenfeld das Vorbild für Beneke abgab, läßt sich sogar nachweisen: Ein im Staatsarchiv der Freien Hansestadt Bremen verwahrtes Volkssagen-Exemplar gehörte laut Besitzeintrag von 1845 *Dr. Otto Benecke Hambg.* Und die Brüder Grimm, die seit dem Erscheinen ihrer *Deutschen Sagen* (1816–1818) den Buchmarkt in puncto Sagen sehr genau beobachteten, konnten aus dem norddeutschen Raum bis 1844 nur zwei einschlägige Titel verzeichnen: Die westfälischen Sagen von Jodocus D.H. Temme (1831) und die niedersächsischen Volkssagen von Hermann Harrys (1840). Die vermutlich ab 1837 begonnene Sammlung Wagenfelds ist also eine der ganz frühen Arbeiten dieser Art.

Dennoch lastet das Verdikt, es mit der Authentizität der Stoffe nicht so genau genommen, wenn nicht sogar vieles neu erdacht zu haben, als schwere Hypothek auf dem Buch. Schon der Titel des beliebten Sagenbuches sei »strenggenommen eine Täuschung«, urteilte der Volkskundler Hermann Tardel 1947. Hat Wagenfeld also nicht nur Sanchuniathons Chronik erfunden, sondern auch seine Bremer Volkssagen? Hören wir, was er selbst dazu in seinem Vorwort vom Dezember 1844 sagt: »Manche Sage hat sich in ihrer ganzen Reinheit im Munde des Volkes erhalten … Andre sind schon getrübter, und man sieht sich genöthigt, aus den verschiedenen Erzählungen den ursprünglichen Faden erst herauszusuchen … Eine dritte Art endlich ist die, wo sich nur Bruchstücke vorfinden, in denen aber, denkt man sich dieselben in einem möglichen Zusammenhang, oft die meiste Poesie liegt.« Untersucht man die Quellen, auf die sich Wagenfeld bei seinen »Sagen« gestützt hat, so ergibt sich, daß einige Stücke des ersten Bandes und fast alle des zweiten zur ersten Kategorie – der mündlichen Überlieferung – gezählt werden können. Bei den Stücken der beiden anderen Kategorien handelt es sich hingegen um Rekonstruktionen, und zu seiner Bearbeitungsweise führt Wagenfeld dann weiter aus: »Ich glaube keinen Tadel zu verdienen, wenn ich in diesem Fall einen solchen, durch Verflechtung mit Ereignissen aus der Bremer Vorzeit zu vermitteln gesucht habe.«

Woher Wagenfeld diese »Ereignisse aus der Bremer Vorzeit« bezog, wird deutlich, wenn man sich seine Arbeitsweise genauer ansieht. Hauptquelle war für ihn die *Chronica der Stadt Bremen* des Notars Johann Renner aus dem Jahre 1582. Die daraus entnommenen Angaben – zusammengehörig oder nicht – verleihen dem Erzählstil Wagenfelds ihr besonderes historisches Kolorit. Wie stark Wagenfelds Arbeitsweise von der Chroniklektüre bestimmt war, soll an der Sage von *St. Oleffs Sarg* (Nr. 20) gezeigt werden. Über den unverwesten Leichnam des norwegischen Königsheiligen Olaf (†1029) schrieb Renner zum Jahre 1565: »...leden de Normans dat corpus inn ein nie sarck, und vele buren worpen silber und golt darin, wort also wedder in sin graf gelecht, dat nie sarck makede sunte Oleve, ein schepes tymmermann van Bremen, de hete Carsten Thiermann.«[16] Diese Mitteilung wird zum Ausgangspunkt für Wagenfelds umfängliche Novelle mit einem *Karsten Tiemann* als Helden. Auch der Einstieg in die Handlung, die Schilderung vom Empfang des Erzbischofs Heinrich III. in Bremen (1579), ist Renner entnommen. Selbst die drei Paderborner Prälaten, die Tiemann die Olafs-Reliquien abkaufen, finden sich bereits als »afgeordente rhede int stift Paderborn« bei Renner.[17]

Manch erzählerisches Beiwerk der Handlung stammt ebenfalls aus dieser Chronik. So erzählt man sich in der Wagenfeldschen St.-Oleffs-Sage von Tiemanns Schiffsknecht *Johann Knecht*, daß er in Lehe drei Personen betrügerisch die Ehe versprochen habe und dann vom Teufel in Bedrängnis gebracht worden sei. Diese Notiz über einen *Johan Knecht* findet sich zum März 1579 in Renners Chronik.[18] Ein Kabinettstück dieser Arbeitstechnik ist ferner die »Sage« vom Scharfrichter Adelarius (Nr. 4), in der mündliche

Erzählstoffe mit Anleihen aus Renner und aus Kriminalberichten zu einer plausiblen Handlung aufgebaut werden.

Bis Sage Nr. 20 ist Wagenfeld seinem Gewährsmann Johann Renner auf dem Fuße gefolgt. Nun aber, bei Gelegenheit eines Berichts über einen Raubmord (Nr. 21), greift er zu einer zweiten wichtigen Quelle, zum bremischen »Pitaval«, der Kriminalgeschichte Bremens. Diese war im 17. Jahrhundert in der Hansestadt auf großes Interesse gestoßen, zumal der Rat seit dem 13. Jahrhundert Buch über Personen geführt hatte, die aus der Stadt verbannt oder überhaupt straffällig geworden waren. Die Texte dieser Verzeichnisse, der sogenannten *Nequamsbücher*, standen allen historisch Interessierten im Ratsarchiv zur Verfügung. Der Archivar Hermann Post (†1762) trug nach 1715 einen *Extract* daraus zusammen, und der Notar Friedrich Stöver, Actuarius des Schwurgerichts, führte seine dreibändige *Rerum in foro criminali reipublicae patriae Bremensis* 1734 und 1736 bis auf seine eigene Zeit weiter. 1715 legte der Camerarius Johann Georg Zepper eine dreibändige *Copia des eltesten Nequamsbuchs* an, wofür er nach eigener Angabe aus der Bibliothek des Professors Iken schöpfte. All diese Werke sind nur handschriftlich überliefert, wobei Zeppers Hinweis darauf schließen läßt, daß noch weitere Manuskripte dieser Art angefertigt wurden. Wagenfelds Abweichungen, etwa in der Liste der 1539 hingerichteten Piraten (Nr. 4), sprechen für eine Vorlage, die wie die Zusammenstellungen Posts, Stövers und Zeppers auf dem Nequamsbuch beruht, aber nicht mit ihnen identisch ist. Da die chronologischen Notizen dieser Werke bis ins einzelne übereinstimmen, ist die Kenntnis der speziellen Quelle Wagenfelds für uns ohne Belang.

Wie Wagenfeld gearbeitet hat, können wir anhand der Sage vom *Gottlosen Armenvogt* (Nr. 7) noch einmal gut studieren. Das Nequamsbuch enthält die kurze Notiz: »7. Juni 1606, Gerd Geeloge, ein prachervogt, erloßen, hatte ohne deß camerarius wißen und befehl auß sich selbst die leute mit handeysen geschloßen.«[19] Wagenfeld schreibt auf dieser Grundlage eine Geschichte mit einem Umfang von immerhin drei Seiten. Ähnlich verfährt er mit einer Kriminalgeschichte von 1664, derzufolge der Offizier Johann Dietrich Mortaigne eine niederländische Jungfrau nach Bremen entführt hatte (dem Auslieferungsverlangen der Regierung in Den Haag entzog er sich durch Flucht). Die nicht undramatische Schilderung dieses Vorgangs im Nequamsbuch[20] hat unser Autor sehr feinsinnig mit dem Leben und Unglück des *Alten Franzosen Thomas* (Nr. 39) verflochten. Den Anknüpfungspunkt dafür bot wahrscheinlich eine viel kürzere Denkmalssage zu einem Grabstein auf dem Stephanikirchhof.

Die von Wagenfeld »verwerteten« Vorkommnisse sind nicht ohne Geschick aus der Fülle des Materials ausgewählt, denn sie stellen eine Art Blütenlese zum Aberglauben und Hexenwahn im 16. und 17. Jahrhundert dar.[21] Einerseits ist unser Autor ersichtlich bemüht, die oft dunkle Überlieferung rational aufzuhellen (z.b. in Bd. II, Nr. 19), andererseits zeigen etliche der von ihm aus dem Volksmund aufgezeichneten Sagen das zähe Weiterleben des Hexenglaubens noch bis um 1840. Die der Hexerei verdächtigten Frauen werden im Zeitalter der Aufklärung zwar nicht mehr verbrannt, wohl aber stigmatisiert (Bd. II, Nr. 5f. und 9).

Nicht anders als die Brüder Grimm, die für ihre *Deutschen Sagen* gedruckte und handschriftlich überlieferte Chroniken nachgerade ausgeschlachtet haben, befaßte sich auch Wagenfeld eingehend mit den lokalen Geschichtswerken. Hier hatten es dem studierten Philologen vor allem die in mittelniederdeutscher Sprache verfaßten Chroniken angetan. So fand er in einer Edition des Philosophen Gottfried Wilhelm Leibniz von 1711 Botes *Cronecken der Sassen* von 1492.[22] Wagenfelds einfühlsame und dabei korrekte Übertragung ins Neuhochdeutsche veranschaulicht nachfolgende Gegenüberstellung von Botes chronikalischem Text mit der Sage Nr. 8:

| Cronecken der Sassen 1492: | Bremen's Volkssagen 1844/45: |
|---|---|
| *M.XII. Myrakel* | *VIII. Schreckliche Mißgeburt* |
| *In dussem sulven jare worden twey kinder geboren to like, de hadden münde alse gösesnevele, unde hadde den rechten arme alse göseflogel, unde in dem dridden dage orer gebort, lachede ör eyns dem anderen to. De richter leyt se beyde döden, wente malckem gruwede dar vore.* | *Im Jahre 1013 wurden zwei Kinder zugleich geboren, deren Mund wie ein Gänseschnabel war, und deren rechter Arm einem Gänseflügel glich. Am dritten Tage nach ihrer Geburt lachte der eine dem Andern zu; da wurden beide getödtet, weil Jedermann bei diesem Anblick sich des Grausens nicht erwehren konnte.* |

Daß Wagenfeld daneben volksläufige Erzählstoffe gekannt haben muß, zeigt
Sage Nr. 2 *Von der Kindeshand, die zum Grabe herauswächst.* Diese Sage, die
dem Erzählmotiv »lebender Leichnam« zuzurechnen ist, knüpft rein asso-
ziativ an das Grabmal des Klerikers Bernhard Stein (†1558) im St. Petri
Dom an, auf dessen Wappen zwei aufgerichtete Hände zu sehen sind.[23]
Der Bremer Historiker Christian Nikolaus Roller schreibt hierzu 1799: »Die
eingehauenen Hände haben zu einer fabelhaften Erzählung des gemeinen
Mannes Anlaß gegeben, nemlich; es sey ein gewisser Knabe hieselbst gewesen, der seine Mutter mit Schlägen mißhandelt hätte, welches die Mutter jedoch aus Schwachheit oder Unvermögen weder selbst bestraft, noch
der Obrigkeit zur gerechten Bestrafung angezeigt habe. Wie hernach dieses ungerathene Kind noch bey Lebzeiten der Mutter gestorben, und begraben worden, seyen dessen Hände aus der Erde hervorgewachsen, und
hätten auf keine Weise damit wieder bedeckt werden können, bis man der
Mutter den Rath gegeben, sie solle eine Ruthe nehmen und damit auf die
Hände, die sich vorher an ihr so vergriffen hätten, tüchtig hauen; worauf,
als die Mutter dieses gethan, die Hände alsobald, nach erhaltener wohlverdienter Bestrafung unter die Erde sich gezogen hätten.«[24]
1855 hieß es in Krügers Geschichtsbildern: »…davon erzählt die Sage die
alberne Geschichte, daß ein Knabe seine Mutter geschlagen habe und, als er
gestorben sei, habe die Erde die ruchlosen Hände nicht bedecken wollen,
bis die Mutter dieselben mit Ruten gepeitscht.«[25] Während das Erzählmotiv
jeweils identisch ist, variiert die Handlung. Diese wurde in der Wagenfeldschen
Bearbeitung nicht nur breit ausgeführt, sondern auch mit einem historisch
verbürgten Ereignis verknüpft, das für die Einleitung Verwendung fand:
*Schwanke*, die Frau des mächtigen Conrad von Verden, unterstützte zu Anfang des 14. Jahrhunderts ihre alt gewordene treue Dienstmagd – eben jene
Mutter, an der sich dann die Kindeshand vergreifen sollte. Die Altersversor-
gung der Magd bleibt jedoch aus – und hier beginnt der von Wagenfeld kon-
struierte Spannungsbogen –, als »der mächtige Conrad von Verden, der sich
in Verbindung mit seinen reichen Vettern mehrere Gewaltthaten erlaubt hatte, mit seiner ganzen Sippschaft aus der Stadt vertrieben wurde.« Genau
dieser Vorfall aber entstammt der Rennerschen Chronik, wonach 1304
»Conrad van Verden und Svaneke sin wif unnd alle sine kinder« aus der
Stadt verbannt wurden.[26]

Aber Wagenfeld hat sich keinesfalls darauf beschränkt, historische Berichte und Notizen novellistisch auszuschmücken. Die Echtheit seiner in der Steffensstadt und im Umland gesammelten Stücke, vor allem die des zweiten Bandes, wird von einer ganz anderen Seite gestützt: Der Volkskundler Will-Erich Peuckert hat offensichtliche Übereinstimmungen zwischen den von Wagenfeld mitgeteilten Stoffen und den vom Sagensammler Bernhard Rutenberg zwischen 1929 und 1935 im bremischen Niedervieland aufgezeichneten Texten festgestellt.[27] Nach dem jetzigen Kenntnisstand dürfen wir also alle Sagen, für die keine chronikalischen Vorlagen nachgewiesen sind, als echte Überlieferungen ansprechen. Bestätigt wird dieses Ergebnis noch dadurch, daß sich sämtliche Wagenfeld-Sagen der bestehenden wissenschaftlichen Systematik von Erzähltypen und -motiven zuordnen lassen. Der Kommentar zu den Sagen gibt hierüber im einzelnen Aufschluß.

Gedruckte Sagensammlungen hat Wagenfeld hingegen kaum benutzt. Ob er beispielsweise die Sage vom *Oldenburger Wunderhorn* (Bd. I, Nr. 10) aus Grimms bzw. Bechsteins Sagen oder aber anderswoher kannte, bleibt ungewiß, da seine Variante deutliche Abweichungen zeigt. Dagegen finden wir die Sage vom *Hahl-awer* (Bd. I, Nr. 47) schon 1840 in der Sammlung von Hermann Harrys: Hier als den »schöpfenden Geist«, der allerdings *hol over!* ruft, und in viel knapperer, ursprünglicherer Form mitgeteilt ist als bei Wagenfeld. Dieser hat eine ausführliche Biographie zweier unterschiedlicher Brüder entworfen, um ein Motiv für das Umgehen des *Hahl-awers* zu erhalten.

Wo und in welchen Kreisen hat Wagenfeld seine Erzählstoffe gehört? Eng verwurzelt war der junge Mann mit dem Stadtviertel, in dem er als Sohn eines Krämers aufgewachsen war, dem Kirchspiel St. Stephani mit seinen verwinkelten Gassen und belebten Innenhöfen. Und wenn er von der *Faulenstraße* (Bd. I, Nr. 26), der Straße *Am Geeren* (Bd. I, Nr. 39) oder von der *Aschenburg* (Bd. I, Nr. 20) erzählte, so gerieten ihm seine Schilderungen besonders ausführlich und warmherzig. Die Stücke, denen keine schriftliche Quellen zugrundeliegen, spielen überwiegend in der Steffensstadt (Bd. I, Nr. 9, 20, 26, 39, 42; Bd. II, Nr. 11f., 15, 20f.). Bei den »kleinen Leuten« dieses westlichsten Viertels der Altstadt und an der *Schlachte*, dem damaligen Hafenkai der Hansestadt, wird er manches gehört haben. »Abends gingen wir dann in eine Schifferschenke nahe am Hafen«, so läßt Wagenfeld den Barmircharbas in seiner Sanchuniathon-Chronik berichten,

»und hörten da häufig den Erzählungen der Schiffsknechte von den Inseln und den Barbarenländern zu. Hier also kamen wir bei einbrechender Nacht zusammen, so verkleidet, daß wir gänzlich unkenntlich waren: Die Sidonier halten es nämlich für sehr unanständig, mit Schiffsknechten Umgang zu haben.«

## Wagenfelds berühmteste Sagen

Die drei populärsten Sagen Friedrich Wagenfelds unter den neu gewonnenen Gesichtspunkten nicht noch einmal ins Auge zu fassen, wäre wohl unverzeihlich. In ihrer dichterischen Einkleidung haben die Sage von der *Gluckhenne*, *Gräfin Emma von Lesum und der Krüppel*, sowie die *Sieben Faulen* besondere Beliebtheit erlangt.

Wagenfelds Sage Nummer eins, *Die Gluckhenne von Bremen*, galt lange als seine eigene Erfindung, wofür die romantisierende Einkleidung und die Hervorhebung Bremens als »Hort der Freiheit« auch zu sprechen schienen. Ein Gedanke, der bei der »Gründung einer ›freien‹ Hansestadt auch nahe genug lag«, wie schon Hermann Tardel bemerkte. Doch läßt sich die These seit der Auffindung der spätmittelalterlichen Gründungssage Bremens nicht mehr aufrechterhalten. Diese Tradition, die zwischen 1493 und 1503 aufgezeichnet wurde, lautet folgendermaßen: »Bremen. Die Sachsen hatten unter ihrer Volksmenge [welche], die fischen konnten. Die begaben sich an die Stelle, wo die Stadt Bremen [heute] liegt, und bauten dort eine Feste aus Holzbrettern. Wenn ihre Leute sie fragten, ›Wo wohnt ihr?‹, sprachen sie: ›to Breden‹. Und auf diese Weise bekam die Stadt den Namen von der Fischer Häuser.«[28] Ihr stehen zwei mündliche Überlieferungen aus Wildeshausen und aus Hasenbüren zur Seite: »Die Stadt Bremen soll von Wildeshausen aus erbaut sein. Wildeshauser Fischer zogen dorthin, um in der Weser zu fischen, und da ihnen die Reise an einem Tage hin und zurück zu beschwerlich fiel, so bauten sie sich Hütten von Bram und daher bekam die Stätte den Namen Brämen. Nach und nach kamen statt der Hütten Häuser, aber der Name Bremen blieb.«[29] Die Vieländer Sage hörte Bernhard Rutenberg 1925/39 von einem alten Bauern und Fischer: »Use Vor-

fahren sind mit anner tosamen van baben kamen, dar so bi Achim weg. Dat
weern de ersten hier in Hasenbüren. Dat sind jümmer Fischerlüer wesen,
un se kemen ok mit Schepen de Werser daal. Wo nu de Riesmöhlen van
Nielsen is, weern fröher bloß Sandbarge. Dar sind se an Land gahn. Dar
weer ene Kluckhänen mit Küken, aber anners weer da jo nix. Do föhren se
wieter de Werser daal. Bi Hasenbüren weer ok ene hoge, sandige Stäer.
Dar sind se do bleben. Se hebt sik Huttens ut Busch maakt un de mit
Lehm versmärt. To'r Hauptsaak hebt se von Fisch leeft.«[30]

Auch eine Kirchweyher Sage macht sich einen Reim darauf, warum Bischof Willehad seine Bischofskirche in Bremen, und nicht an der Stelle der
Kirche zu Kirchweyhe errichtet hat.[31] Danach kam ein Bootsmann des Bischofs »de Werser dool«, um einen Platz für die Bischofskirche zu suchen.
»An vell'n Stäärn hett de Bischof al Minschen sehn, de sik von Jagd un
Fischfang an'n Lewen hööln'n. Vör de Lesum, up de Dünen in Vegesack
un Blomendool sünd woll de ersten Seedlungen wesen. As de Bootsmann
nun sowiet komen weer, wo dat vondoog ›An de Tiefer‹ heet, is'n groot
Gewitter komen, un ene Oonte, de dor up de Werser mit veel annere Oonten
bi'n Krabbenfang weer, is ok bi dat Gewitter to ehrt Neest flogen, wat se
bloß'n Ogenblick verloten harr. Dat hett de Bootsmann sehn, un hett dacht,
wo de henfluggt mutt dat sekerer ween as hier an'n Woter. He is dor
henkomen, wo de Oonte ehr Neest harr, un wo dat Woter den Sand tor
Düne tohoopspöölt harr. De Bootsmann ist trügglopen, un hett flink den
Bischof hoolt, de denn seggt hett, dat man hier den Dom boon woll. De
Oont harr jem den drögen Platz wießt.« Nun sind diese Parallelüber-
lieferungen zwar nach 1844 aufgezeichnet worden, und damit ist eine Beeinflussung durch Wagenfelds Buch nicht auszuschließen. Doch zeigen sie
jeweils so eigenständige Strukturen, daß wir davon ausgehen müssen, daß
diese und ähnliche Gründungssagen an mehreren Stellen Bremens erzählt
wurden. Wagenfeld dürfte seine Fassung in der Steffensstadt gehört haben, worauf die Hervorhebung des *Fischeramts* als älteste Zunft Bremens[32]
am Schluß der Sage hindeutet. Das *Amtsfischerhaus* befand sich in der
Großenstraße Nr. 77[33], also in der Steffensstadt.

Aber auch die Sage von der *Gräfin Emma und dem Krüppel* ist mit Sicherheit keine Erfindung Wagenfelds. Schon der bremische Chronist Renner notierte 1582 über Emma: »Se gaff ock der stadt eine grote wische und

weide, welches nu de borgerweide hett, up welcher de beeste [das Vieh]
nene noth enhebben, von bromsen, wepsen edder flegen, unnd dit was
anno 1032.«[34] 1700 und 1772 machten Eggeling und der Historiker Cassel
auf diesen Erzählstoff aufmerksam. Johann Philipp Cassel schrieb:»Unten
zwischen seinen [des Rolands] Füssen lieget ein Krüppel, von welchem die
Fabel saget, daß es ein reiches Frauenzimmer gewesen, welchem die jetzige
Bürgerweide mit andern Ländereien zugehöret, und daß sie den Bürgern
versprochen, soviel Land zum allgemeinen Gebrauch der Gemeinheit davon
zu schenken, als sie an einem Tage davon umkriechen könte; und daß sie
dem zufolge, dasjenige grosse Stük Landes von 1500 Kuhweiden, welches
nun die Bürgerschaft mit ihren Kühen jährlich betreibet, an einem Tage um-
gekrochen, und zur gemeinen Stadtweide geschenket habe.«[35] Auch der To-
pograph Franz Buchenau wußte 1862 von der Schenkung der Gräfin:»…der
Volksmund fügte in früherer Zeit dann noch hinzu, daß sie den Bürgern
soviel Land versprochen habe, als ein gewisser in der Stadt lebender Zwerg
in einem Tage umgehen könnte.«[36]

Nachdem wir Wagenfelds Umgang mit chronikalischen Quellen ken-
nengelernt haben, läßt sich auch seine Fassung der Sage recht genau gliedern. Sie beginnt mit der Vorstellung der Gräfin Emma und ihrer Verwandtschaft, nämlich ihres Bruders Meinwerk von Paderborn und ihres Eheman-
nes, des Billungers Liudger (†1011), und dessen Bruder Herzog Bernhard
I. (973–1011) nach dem Wortlaut von Renners Chronik.[37] Ist die Schenkung von Kleinodien noch aus der Renner-Chronik übernommen, so wird
die schon oben zitierte Notiz über die Bürgerweide sodann durch die ausführliche Erzählung der Krüppelsage ersetzt, die mit Renners Worten»Dies
war im Jahre 1032« abschließt. Es folgen – abermals aus Renner – Emmas
Wohltätigkeit, ihr Tod (†1038), das Grab im Dom und die Schenkung
Lesums durch Kaiser Konrad II. Den Schluß bildet die Geschichtserzählung
von dem Mordanschlag auf Kaiser Heinrich III., verübt durch die Leute
des Grafen Thietmar, eines Sohnes Herzog Bernhards. Mit Mißgunst hatte
Wagenfeld schon in der Krüppelsage den Gegensatz Herzog Bernhards zur
Stadt Bremen und damit die Wahl des Krüppels motiviert. Man kann also
sagen, daß er die von Roller und Buchenau bezeugte volksmündliche Überlieferung nicht ungeschickt in einen allgemeingeschichtlichen Zusammenhang verwoben hat. Wanderstoffe, wie den vom Umpflügen und Um-

schreiten zur Landgewinnung, erkennt Wagenfeld allerdings nie als solche. Nicht selten ist er deshalb bei dem Bemühen anzutreffen, rationale Begründungen für das Handeln seiner Sagenhelden zu liefern.

Noch ein Wort über die Sage von den *Sieben Faulen* (Nr. 26), dieses »ganz und gar genial erdachte satirische Märchen«, wie G. F. Hartlaub es genannt hat: Da im Mittelniederdeutschen *vûl* so viel wie »faul« im Sinne von »schmutzig, unrein, stinkend« bedeutete, ist Will-Erich Peuckerts Urteil zuzustimmen, wonach eine Etymologie des Namens »Faulenstraße« sicher den Kern der Erzählung bildet. Wenn auch der Volksmund *vûl* zu »faul« im Sinne von »träge« umgedeutet hat, so trifft die Sage dennoch exakt das Richtige, da ihre Helden die Gegend entwässern und pflastern. Die Überlieferung von ihrem Brunnenbau haftete überdies an einem der öffentlichen Brunnen auf der Faulenstraße und konnte so zusätzlich wach gehalten werden. Wagenfelds Sage dürfte also eine mit jener Volksetymologie kombinierte Denkmals-/Brunnen-Sage zugrundeliegen, deren Rahmen der verbreitete Erzählstoff von den sieben *Fleißigen* oder *Faulen Brüdern* bildete. In solchen Märchen und Schwänken erscheinen die Brüder stets nur zu Anfang faul – am Ende sind sie doch erfolgreich.

Nicht zuletzt aber gibt die Sieben-Faulen-Sage beredtes Zeugnis ab von dem ironischen Erfindungsgeist der Dichterpersönlichkeit Friedrich Wagenfeld: »Er selbst war ja so einer von den sieben Faulen«, schrieb Hartlaub zum 100jährigen Geburtstag Wagenfelds, »der in scheinbarer Untätigkeit mühelos allem Fleiß überlegene Leistungen produzierte, der in der praktischen Handelsstadt wie ein Fremdling des Geistes einsam stand und ganz notwendig in dieser Umgebung zum Bohèmien und Sonderling werden mußte. Er war Gegenstand unendlichen Klatsches, der Mittelpunkt mancher Anekdoten, das Ärgernis und vielleicht doch der heimliche Stolz der Stadt, ja zu einer Zeit ihre höchste Sensation und darüber hinaus die Sensation der ganzen wissenschaftlichen Welt.«[38]

# Anmerkungen

1 Neues Bremer Adreß-Buch von 1807.

2 Hans ÜLTZEN: Die Singuhr und andere Novellen von dem bremischen Volksdichter Friedrich WAGENFELD, Bremen 1919, S. 9.

3 Dieses und alle nachfolgenden Zitate aus dem Nachruf folgen dem Original in: Friedrich Wagenfeld – Ein Nachruf. In: Bremer Zeitung für Politik, Handel und Literatur, No. 250, den 7. September 1846. Der Bremer Verleger und Wagenfeld-Liebhaber Hans KASTEN hat vermutet, daß als Verfasser des anonymen Artikels entweder der Literaturhistoriker Johann Wilhelm SCHÄFER (1809–1880) oder der Philologe und Dichter Friedrich RUPERTI (1805–1867) in Frage kommt.

4 Die Bremer Adreßbücher weisen Friedrich Wagenfeld ab 1840 als »Doctor der Philosophie« aus. Eine Nachfrage beim Göttinger Universitätsarchiv ergab jedoch, daß Wagenfeld an der Georgia Augusta keinen Doktortitel erworben hat. Auch die Meldung von seinem Tode in der Bremer Zeitung vom 28. August 1846, die auf amtlichen Nachrichten beruhte, billigte ihm nur die Bezeichnung »Candidat der Theologie« zu. So stellt sich die Frage, ob Wagenfeld den Doktortitel damals überhaupt zu Recht geführt hat.

5 Jacob GRIMM: Kleinere Schriften, hg. von K. MÜLLENHOFF und E. IPPEL. Bd. 8, Berlin 1890, S. 10.

6 Vgl. Sanchuniathon's Urgeschichte der Phönizier in einem Auszuge aus der wieder aufgefundenen Handschrift von Philo's vollständiger Übersetzung. Nebst Bemerkungen von Fr. WAGENFELD. Mit einem Vorworte vom Dr. G.F. Grotefend, Director des Lyceums zu Hannover. Mit einem Facsimile. Hannover 1836. Der Verleger Heinrich Wilhelm Hahn (1795–1873) war Spielkamerad von Georg Heinrich Pertz (1795–1876). Pertz gründete die *Hannoversche*

*Zeitung* und war der erste Herausgeber und Leiter der hochangesehenen *Monumenta Germaniae Historica*, der größten historischen Quellensammlung zur deutschen Geschichte.

7 Diese Ausgabe erschien unter dem lateinischen Titel: Sanchunianthonis historiarum Phoeniciae libros novem graece versos a Philone Byblio edidit latinaque versione donavit F. WAGENFELD, Bremen 1837.

8 Vgl. G.F. HARTLAUB: Friedrich Wagenfeld. Zu seinem 100jährigen Geburtstage. Jahrbuch der bremischen Sammlungen III (1910), S. 125: »Im akademischen Lehrbetriebe der Universität muß sich bei ihm eine starke Verachtung der zünftigen Vertreter der Wissenschaft herausgebildet haben. Darüber hinaus scheint der Hang zum Mystifizieren auch schlechthin als nicht weiter zu begründende Anlage seines Wesens bestanden zu haben.«

9 Vgl. Der Bürgerfreund [Bremen], No. 63, den 8. Aug. 1844, S. 504.

10 Neben der Titelauflage bei Kaiser erschienen die *Szenen aus dem Bremer Volksleben* auch noch einmal im Verlage von Gerhard Stalling, Oldenburg, unter der Bezeichnung *Tobias uppen Queenenmarkt – Szenen aus dem Bremer Volksleben. Die Kriegsfahrten der Bremer* beruhen nach dem Urteil des Bremer Historikers Wilhelm VON BIPPEN (†1923) auf »ziemlich oberflächlichen historischen Forschungen«. Sieht man sich die Texte näher an, dann entpuppen sie sich als bloße Übernahmen aus Renners Chronik und dessen Fortsetzungen.

11 Zitiert nach der Bremer Zeitung, 7. Sept. 1846 (vgl. Anm. 3).

12 Friedrich von SCHILLER: Sämtliche Werke in 15 Bdn., mit Einleitungen von K. GOEDEKE. Bd. 12, Stuttgart o.J. (ca. 1880), S. 237.

13 Johannes FRIED: Die Königserhebung Heinrichs I. Erinnerung, Mündlichkeit und Tra-

ditionsbildung im 10. Jahrhundert, in: Mittelalterforschung nach der Wende 1989, hg.
von M. BORGOLTE (HZ Beihefte N.F. 20,
1995), S. 270; vgl. im übrigen Michael
RICHTER, The Formation of the Medieval
West. Studies in the Oral Culture of the
Barbarians, Dublin u. New York 1994.

14  Aus Wagenfelds Vorrede zu *Bremen's Volks-
    sagen*, S. IV.

15  František GRAUS, Lebendige Vergangenheit.
    Überlieferung im Mittelalter und Vorstel-
    lungen vom Mittelalter, Köln/Wien 1975,
    S. 12.

16  Johann RENNER: Chronica der Stadt Bre-
    men (Mskr. von 1582), Bl. 52$^r$.

17  Vgl. die transkribierte Renner-Ausgabe von
    1995, Bd. 2, S. 674.

18  Ebd., S. 668.

19  Hermann POST: Extract Nequamsbuchs
    von 1052–1675 (Mskr. von 1715), S. 377.

20  Ebd., S. 526–530 und Friedrich STÖVER:
    Rerum in foro criminalis reip. patriae Bre-
    mensis … (Mskr. von 1716). Bd. 2, S. 75–
    84.

21  Viele dieser Fälle – allerdings ohne Bezug
    zu Wagenfeld – untersuchte auch Herbert
    SCHWARZWÄLDER: Die Geschichte des Zau-
    ber- und Hexenglaubens in Bremen. In:
    Bremisches Jahrbuch 46 (1959), S. 156–
    233 und 47 (1961), S. 99–142.

22  Gottfried Wilhelm LEIBNIZ (Hrsg.): Scrip-
    tores rerum Brunsvicensium. Bd. 3, 1711,
    S. 320.

23  Vgl. Marianne SCHWEBEL: Der Bremer Ge-
    neraloffizial Bernhard Stein (†1558) und
    die Familie Stein, Bremisches Jahrbuch 74/
    75 (1995/96), S. 86–106; auf S. 87 findet
    sich eine Abbildung des Steines.

24  ROLLER, Bremen, Bd. 1, S. 84f.

25  Zit. nach TARDEL, Sagen nach Kunstwer-
    ken, S. 104.

26  Wie Anm. 16, Bl. 235$^v$.

27  Will-Erich PEUCKERT: Bremer Sagen (Denk-
    mäler deutscher Volksdichtung 5), Göttin-
    gen 1961, S. VIf.

28  Bernd Ulrich HUCKER: Die mittelalterliche
    Gründungstradition der Stadt Bremen,
    Bremisches Jahrbuch 62 (1984), S. 11.

29  Ludwig STRACKERJAN: Aberglaube und Sa-
    gen aus dem Herzogthum Oldenburg. Bd.
    1, Oldenburg 1867, S. 200 – Nr. 520g.

30  Wie Anm. 27, Nr. 128.

31  HEINRICH WARNEKE, De Spaziergang in un
    um Weyhe, Weyhe 1984, S. 12f., unter dem
    Titel *So keem Bremen woll ton Dombo*.

32  Wie Anm. 24, Bd. 1, S. 45.

33  Die gerettete Fassade des 1938 niederge-
    legten Hauses von 1759 wurde am Neu-
    bau Schnoor Nr. 31 wiederverwendet. Vgl.
    Karl HELM: Das Amtsfischerhaus. Kleine
    Chronik eines Hauses aus der Steffens-
    stadt, Bremen 1977.

34  Wie Anm. 16, Bl. 55$^r$.

35  Johan Philipp CASSEL: Vollständiges Bremi-
    sches Münz Cabinet. Th. 2, Bremen 1772,
    S. 194; zu Eggeling s. den Kommentar zu
    Sage I,3.

36  Franz BUCHENAU, wie Anm. 25, S. 71.

37  Wie Anm. 16, Bl. 54$^v$f.

38  Wie Anm. 8, S. 124f.

# Quellen- und Literaturverzeichnis

## 1. Ungedruckte Quellen

**Staatsarchiv der Freien Hansestadt Bremen:**
2-D 16 b Friedrich Stöver: *Kurtzer Außzug von hochnothpeinlichen halßgerichten und ergangenen Lebensstrafen wie solche in dieser heyl. Reichs-Stadt Bremen und dero bothmäßigkeit von alters biß hir her vorgefallen und geheget worden ab anno 1699 colligiret*, Quart-Bd., Mskr. von 1736, X u. 231 Seiten.
2-D 16 c Friedrich Stöver: *Collectanea*, Mskr. von 1734, Quart-Bd., XII u. 227 Seiten.
2-D 16 g 2a *Copia des eltesten Nequamsbuchs auf pergamen geschrieben ab ao. 1418, 23. Nov. 1715 durch Joh. Georg Zepper, Camerarius ex bibliotheca domini doct. & prof. J. Yken*; Bd. 1 (1293–1561), 2 (1570–1588), 3 (1588–1591).
2-D 16 g 2d *Extract Nequamsbuchs von 1052–1675 geschrieben von Archivar Hermann Post*, Mskr. von 1715
2-D 16 d-e Friedrich Stöver, *Rerum in foro criminalis reip. patriae Bremensis …* [Rückentitel: *Criminalgeschichte der Stadt Bremen*], 2 Bde., Mskr. von 1716, Folio- u. Quartbd., 898 u. 665 Seiten.
2-D 16 f J. Harms: *Index über die Criminal-Geschichte der Stadt Bremen*, Mskr. in Folio.

**Staats- und Universitätsbibliothek Bremen:**
Renners Chronica der Stadt Bremen, 2 Bde., Brem.a. 96/97.

## 2. Gedruckte Quellen

Magistri Adam Bremensis Gesta Hammaburgensis ecclesie pontificum, ed. B. SCHMEIDLER, Monumenta Germaniae Historica,

Scriptores rerum Germanicarum in usum scholarum [2] (1917)
Albert von Stade: Chronicon, ed. R. REINECCIUS (Helmstedt 1587)
Hermen Bote: Cronecken der Sassen (Mainz: Schöffer 1492); ed. LEIBNIZ, Scriptores rerum Brunsvicensium 3 (1711)
Hermann Hamelmann: Oldenburgisch Chronicon (1599; Neudruck 1983)
Hermann Hamelmann: Oldenburgische Chronik, ed. G. RÜTHNING (Oldenburgische Geschichtsquellen 1, 1940)
Historia archiepiscoporum Bremensium, ed. E. LINDENBROG (1595); E. LINDENBROG, SS rer. Germ. (1630) S. 77–134 und 3. Aufl. (1706) S. 69–115 (vollständig)
J.M. LAPPENBERG: Geschichtsquellen des Erzstifts und der Stadt Bremen S. 7–54 (Teiledition)
Gottfried Wilhelm LEIBNIZ: Scriptores rerum Brunsvicensium, 3 Bde. (1707–1711)
Die Matrikel der Georg-August-Universität zu Göttingen 1734–1837, hg. von G. VON SELLE (1937)
Johann Renner: Chronica der Stadt Bremen, Transkription von Lieselotte KLINK, 2 Bde., Bremen (1995)
Christian Nikolaus ROLLER: Versuch einer Geschichte der Kaiserlichen und Reichs-freyen Stadt Bremen. Aus ächten Quellen geschöpft, 4 Theile, Bremen 1799–1803
Gert Rinesberch: Herbert Schene und Johann Hemeling, Bremer Chronik, ed. H. MEINERT (Chroniken der Deutschen Städte 37, Bremen 1968)
Heinrich Wolters: Archiepiscopatus Bremensis Chronicon, ed. H. MEIBOM, SS rer. Germ. 2 (1688) S. 19–82.

# 3. Sagensammlungen

BECHSTEIN, Ludwig: Deutsches Sagenbuch, Leipzig 1853

Bremische Sagen. [Bearbeitet von F. KLINGE], Bremen 1903

BEHNKEN, Johann: Unterm Sagenbaum. Alte Sagen aus Bremen und Niedersachsen neu erzählt, Bremen 1936

BURGDORFF, Hermann: Niedersächsische Sagen, Bremen 1919

CARSTENSEN, Richard: Die schönsten Sagen aus Bremen nacherzählt, Essen 1982

DIEDERICHS, Ulf und Christa HINZE: Norddeutsche Sagen. Schleswig-Holstein, Friesland, Hansestädte, Düsseldorf u. Köln 1976

DROSTE, Georg: Old-Bremer Toll- und Smuggelgeschichten un anner lustige Vertellsels, Bremen 1932

FREUDENTHAL, August: Aus Niedersachsen. 2 Bde., Bremen 1893–1895

GRAESSE, J[ohann] G[eorg] Th[eodor]: Sagenbuch des Preußischen Staats. 2 Bde. Glogau 1868–1871 (Neudruck Hildesheim 1977)

GRIMM, Jacob und Wilhelm: Deutsche Sagen, 2 Bde. 1816–1818; hg. von H.-J. UTHER. 3 Bde., München 1993

HARRYS, Hermann: Volkssagen, Märchen, Legenden Niedersachsens, Celle 1840

HENNIGER, Karl und Johann VON HARTEN: Niedersachsens Sagenborn. 2 Bde., Hildesheim 1909

HUCKER, Bernd Ulrich: Heimatgeschichte im Spiegel der Sage. Erzählungen aus dem Altkreis Grafschaft Diepholz historisch erläutert, Diepholz 1995 (Schriften d. Instituts f. Geschichte u. Historische Landesforschung Vechta 5)

IBA, Eberhard Michael: Aus der Schatzkammer der deutschen Märchenstraße. Sagen, Geschichten, Märchen, Erzählungen, Gedichte und Lieder aus Bremen, Bremerhaven, Verden und Nienburg, Bremen 1987

KAHLO, Gerhard: Niedersächsische Sagen. Bd. 1, Leipzig 1923

KARSTENS, Heinrich: Zwischen Harz und Nordsee. Niedersächsische Sagen, Frankfurt a.M. 1930

—: Niedersächsische Sagen, Hannover 1951

KIPPENBERG, Anton: Geschichten aus einer alten Hansestadt, Leipzig 1937

KÖSTER, Friedrich: Alterthümer, Geschichten und Sagen der Herzogthümer Bremen und Verden, Stade 1856

KRÜGER, Johann: Bilder aus der Geschichte Bremens, Bremen 1855

KUCKUCK, August: Im Lande der Niedersachsen. 34 Sagen aus Heide, Marsch und Moor, Bremen o.J. (1925)

LÜBBING, Hermann: Friesische Sagen von Texel bis Sylt, Jena 1928

—: Oldenburgische Sagen. Ausgewählt und neu erzählt, Oldenburg 1968

LÜHRS, Wilhelm: Bremer Sagen, hg. von Will-Erich Peuckert. In: Bremisches Jahrbuch 48 (1962) S. 446–449

MACKENSEN, Lutz: Hanseatische Sagen, Leipzig 1928 (Eichblatts deutscher Sagenschatz 13)

—: Niedersächsische Sagen Bd. 2, Leipzig 1925 (Eichblatts deutscher Sagenschatz 8)

MINDERMANN, Marie: Sagen der alten Brema, Bremen 1867

MUSÄUS, Johann Karl August: Volksmärchen der Deutschen. 5 Bde., Gotha 1782–1786

PAETOW, Karl: Die schönsten Wesersagen, Hannover 1961

PETZOLDT, Leander: Historische Sagen. 2 Bde. München 1976–77

PEUCKERT, Will-Erich: Verborgenes Niedersachsen, Göttingen 1960

—: Niedersächsische Sagen. Bd. 1–3 und 5–6, Göttingen 1968 ff.

—: [und Bernhard RUTENBERG]: Bremer Sagen, Göttingen 1961 (Denkmäler deutscher Volksdichtung 5); Neudruck Göttingen 1988

SCHACHT, August: Hansische Sagen. Erzählungen aus Alt-Hamburg sowie aus der Vergangenheit der Hansestädte Lübeck und Bremen, Hamburg 1894

Schoppe, Amalie: Sagenbibliothek. Norddeutsche Sagen, Volksmärchen und Legenden, 1832, 3. Aufl. 1866

Schröder, Klaus: Hüklot, wat de Lüe sick vertellt twischen Elw un Werser. Hg. von Clasen und Diedrich Steilen, Bremen 1923 (Uns Modersprak 3)

Strackerjan, Ludwig: Aberglaube und Sagen aus dem Herzogthum Oldenburg. 2 Bde., Oldenburg 1867; 2. erweiterte Aufl. hg. von Karl Willoh, Oldenburg 1909

Thalenhorst, Carl: Bremen binnen un buten. 2 Bde., Bremen 1955–1957

Wulff, Hinrich: Sagen aus dem Bremer Blocklande, in: Erlebtes, Erzähltes, Er-forschtes. Festgabe für Hans Wohltmann zur Vollendung des 80. Lebensjahres, Stade 1964 (Einzelschriften des Stader Geschichts- und Heimatvereins 19) S. 239–246.

## 4. Darstellungen

von Bippen, Wilhelm: Friedrich Wagenfeld, in: ADB 40 (1896) S. 476–477

Buchenau, Franz: Die Freie Hansestadt Bremen und ihr Gebiet. Ein Beitrag zur Geographie und Topographie Deutschlands, Bremen 1865

Cassel, Johan Philipp: Volständiges Bremisches Münz Cabinet. Th. 2, Bremen 1772

Denecke, Ludwig und Irmgard Teitge: Die Bibliothek der Brüder Grimm, Weimar 1989

Fried, Johannes: Die Königserhebung Heinrichs I. Erinnerung, Mündlichkeit und Traditionsbildung im 10. Jahrhundert, in: Mittelalterforschung nach der Wende 1989, hg. von M. Borgolte (HZ Beihefte N.F. 20, 1995) S. 267–318

Graus, František: Lebendige Vergangenheit. Überlieferung im Mittelalter und Vorstellungen vom Mittelalter, Köln/Wien 1975

Hoops, Heinrich: Geschichte der Börde Lesum, Bremen 1909

Hartlaub, G.F.: Friedrich Wagenfeld. Zu seinem 100jährigen Geburtstage. In: Jahrbuch der bremischen Sammlungen III (1910) S. 118–130

Hucker, Bernd Ulrich: Die mittelalterliche Gründungstradition der Stadt Bremen. In: Bremisches Jahrbuch 62 (1984) S. 9–18

—: Auf den Spuren der Gesellenwanderung. Bamberger Forschungsvorhaben widmet sich den alten Stadtwahrzeichen der Handwerker (gemeinsam mit S. M. Haag), in: Bamberger Forschungsprojekte 1980–1985 (1985) S. 181–191

—: Stift Bassum. Die 1100jährige Geschichte einer Frauengemeinschaft (Schriften d. Instituts f. Geschichte u. Historische Landesforschung Vechta 3, 1995)

Kohl, J[ohann] G[eorg]: Alte und neue Zeit. Episoden aus der Cultur-Geshichte der Freien Reichs-Stadt Bremen, Bremen 1871

Schwebel, Marianne: Der Bremer Generaloffizial Bernhard Stein (†1558) und die Familie Stein, Brem. Jb. 74/75 (1995/96) S. 86–106

Storck, Adam: Ansichten der Freien Hansestadt Bremen und ihrer Umgebung, Bremen 1822

Tardel, Hermann: Die bremische Sage vom Hahlawer, Jahrbuch der bremischen Sammlungen IV (1911) S. 35–44

—: Bremische Sagen nach Kunstwerken (Gluckhenne am Rathaus, Roland), Niederdt. Jb. f. Volkskunde 22 (1947) S. 85–110.

Warnecke, Heinrich. De Spaziergang um un in Weyhe, Weyhe 1984

## 5. Wagenfelds Schriften (chronologisch)

1. *Sanchuniathon's Urgeschichte der Phönizier in einem Auszuge aus der wieder aufgefundenen Handschrift von Philo's vollständiger Übersetzung.*

Nebst Bemerkungen von Fr[iedrich] Wagenfeld. Mit einem Vorworte vom Dr. G[eorg] F[riedrich] Grotefend, Director des Lyceums zu Hannover. Mit einem Facsimile.

Hannover: Hahn'sche Hofbuchhandlung 1836, Oktav-Format, Orig.-Brosch., XXXII u. 96 SS., 1 ungez. Bl., 1 lithographierte Tafel, 2 Tabellen, Holzschnittvignette auf dem Umschlag.

2. *Sanchuniathonis historiarum Phoeniciae libros novem graece versos a Philone Byblio edidit latinaque versione donavit* F[riedrich] Wagenfeld. Bremen: Carl Schünemann 1837, Gr. 8°, 13¼ Bogen.

3. *Sanchuniaton: Phönizische Geschichte.* Lübeck: von Rohdensche Buchhandlung 1837, Gr. 8°, 7⅛ Bogen

4. *Bremer Unterhaltungsblatt.* Ein Volksblatt, Redaction: W. Fricke [und Fr. Wagenfeld]. Jahrgänge 1842–1847, je 104 Nummern.

5. *Bremen's Volkssagen, herausgegeben von Friederich Wagenfeld. Erster Band* [Lfg. 1–6] Bremen: Verlag von Wilh. Kaiser 1844/45 – 8°, VII u. 304 SS. [mit XVI SS. *Subscribenten-Verzeichniß*] – [Zweiter Band, Lfg. 1 u. 2] Bremen: Verlag von Wilh. Kaiser 1845 – 8°, 96 SS.
Neuausgaben: u. d. T. *Bremer Volkssagen*, 2. Auflage hg. von Karl EICHWALD [d.i. Karl TANNEN], Bremen: Karl Tannen 1878; 3. Ausgabe, Bremen: Haake 1886; 3. Auflage, Bremen: E. von Masars 1906; dasselbe., 4. Gabe der Bremer Bibliophilen Gesellschaft [Auswahl, bearb. von Hans KASTEN], Bremen 1928 (nur 350 Exemplare); dasselbe, hg. von Hans KASTEN (Bremer Schlüssel-Bibliothek 11), Bremen 1947; dasselbe, Vollständige und unveränderte Neuausgabe der Erstauflage von 1845 [hrsg. von Friedrich RÖVER], Bremen 1965

6. *Skizzen aus Bremens Volksleben.* Bremen: Wilhelm Kaiser 1845 (als Titelauflage *Tobias uppen Queenenmarkt – Szenen aus dem Bremer Volksleben.* Oldenburg: Gerhard Stalling 1845)

7. *Die Kriegsfahrten der Bremer zu Lande und zu Wasser zur Begründung und Beschirmung ihrer Unabhängigkeit.* Bremen: Wilhelm Kaiser 1846, Oktav-Format, 350 Seiten.

8. *Die Singuhr und andere Novellen von dem bremischen Volksdichter Friedrich Wagenfeld*, hg. von Hans UELTZEN (Schlenderungen H. 1), Bremen: Johann Ültzen 1919.

# Index